普通高等教育土建类规划教材

建　筑　CAD

张同伟　张孝廉　**编**

宋红英　**主审**

机械工业出版社

本书按照建筑设计的实际工作流程，紧密结合现行建筑设计规范及制图标准，根据工科院校学习计算机工程制图应达到的教学深度要求，通过将专业的工程制图知识与典型的应用实例相结合，以 AutoCAD 2018、天正建筑 T20 软件为蓝本，循序渐进地对建筑制图技术进行了系统的介绍。

本书分两部分，共 11 章。第一部分系统地介绍了 AutoCAD 2018 中文版的使用及绘图技巧，包括 AutoCAD 2018 绘图基础，AutoCAD 基本绘图命令，二维建筑图形的编辑，建筑图形的尺寸、文字标注与表格，使用块、外部参照和设计中心，房屋建筑制图基础知识，利用 AutoCAD 进行工程图绘制。第二部分详细介绍了天正建筑 T20 绘制建筑施工图的相关技术和方法，包括天正建筑平面图、立面图和剖面图的绘制，天正文字表格与尺寸标注，并利用天正建筑 T20 进行了工程实例的绘制。

本书可作为高等学校建筑 CAD 课程的教材，也可作为相关工程技术人员学习 AutoCAD 2018、天正建筑 T20 应用技术的参考书。

图书在版编目（CIP）数据

建筑 CAD/张同伟，张孝廉编. —北京：机械工业出版社，2018.8
（2025.6 重印）
普通高等教育土建类规划教材
ISBN 978-7-111-60394-8

Ⅰ.①建… Ⅱ.①张… ②张… Ⅲ.①建筑制图-AutoCAD 软件-高等学校-教材 Ⅳ.①TU204.1-39

中国版本图书馆 CIP 数据核字（2018）第 147289 号

机械工业出版社（北京市百万庄大街 22 号　邮政编码 100037）
策划编辑：马军平　刘春晖　责任编辑：马军平
责任校对：郑　婕　　　　　责任印制：李　昂
北京华宇信诺印刷有限公司印刷
2025 年 6 月第 1 版第 8 次印刷
184mm×260mm · 17.75 印张 · 435 千字
标准书号：ISBN 978-7-111-60394-8
定价：49.00 元

电话服务　　　　　　　　　网络服务
客服电话：010-88361066　机 工 官 网：www.cmpbook.com
　　　　　010-88379833　机 工 官 博：weibo.com/cmp1952
　　　　　010-68326294　金 书 网：www.golden-book.com
封底无防伪标均为盗版　机工教育服务网：www.cmpedu.com

前　　言

　　本书是一本全面介绍建筑领域计算机辅助设计的教材，是在总结多年的教学与设计实践经验的基础上，按照建筑设计的实际工作流程编写的建筑 CAD 课程适用教材。在本书编写过程中，编者紧密结合现行建筑设计规范及制图标准，根据工科院校学习计算机绘图应达到的教学深度要求，将工程制图知识与典型应用实例相结合，以 AutoCAD 2018、天正建筑 T20 系列软件为蓝本，循序渐进地对建筑 CAD 技术进行了系统的介绍。本书分两部分，共 11 章。

　　第一部分：系统地介绍了 AutoCAD 2018 中文版的使用及绘图技巧。本部分包含第 1~7 章，对 AutoCAD 绘图的基本概念，绘图环境的定制，基本绘图命令，编辑命令，文字标注和尺寸标注，使用块、外部参照和设计中心，房屋建筑制图基础知识等进行了系统介绍。

　　第二部分：详细介绍了天正建筑 T20 绘制建筑施工图的相关技术和方法。本部分包含第 8~11 章，通过对使用天正建筑 T20 绘制建筑平、立、剖面图的方法及技巧的讲解，使学生掌握综合制图的能力，并以一个建筑工程的设计实例，帮助学生快速理解天正建筑 T20 软件的使用方法。

　　本书由佳木斯大学张同伟和华建集团——上海建筑设计研究院有限公司张孝廉共同编写，张同伟编写第 1~6 章、张孝廉编写第 7~11 章，全书由张同伟统稿。沈阳工业大学宋红英审阅了书稿，并提出了许多建设性的意见和建议，在此表示衷心感谢。佳木斯大学的关大鹏、葛孟婧、张雪琪、史神玮、巩霁霄、王艺璇、辛鹤、王建协助完成了本书的制图、校对等工作，在此一并表示感谢。

　　在本书编写过程中，注重了选材的系统性、实用性及通用性，内容由浅入深，从基础延伸到专业，软件应用结合实例是本书的主要特色。本书编写过程中参考了很多资料，在此谨向相关文献的作者表示衷心感谢。

　　限于编者水平，书中不妥之处，恳请批评指正。

编　者

佳木斯大学基础研究类（自然类）面上项目（JMSUJCMS2016-003）

佳木斯大学教育教学研究项目（2016LGL-017）

目　录

第 1 章 AutoCAD 2018 绘图基础

本章主要介绍运用 AutoCAD 2018 绘图所需的基础知识，内容包括 AutoCAD 2018 的操作界面、图形文件的管理、设置绘图环境和 AutoCAD 2018 的基本操作。

AutoCAD 是 20 世纪 80 年代初由美国 Autodesk 公司开发，是微型计算机上应用最广泛的计算机辅助设计技术（Computer Aided Design，CAD），在航空航天、造船、建筑、机械、电子、化工、美工、轻纺等领域得到了广泛应用。目前 AutoCAD 的较新版本是 AutoCAD 2018，其性能得到了全面提升，能够更加有效地提高设计人员的工作效率。

1.1 AutoCAD 2018 功能简介

1. 应用程序菜单

AutoCAD 2018 的工作界面左上角有 ![按钮] 按钮，单击该按钮会弹出一个下拉菜单，即应用程序菜单，根据需要可选择相应的命令。通过应用程序菜单能更方便地访问公用工具，如新建、打开、保存、输出、发布、打印、查找和清理 AutoCAD 文件，如图 1-1 所示。

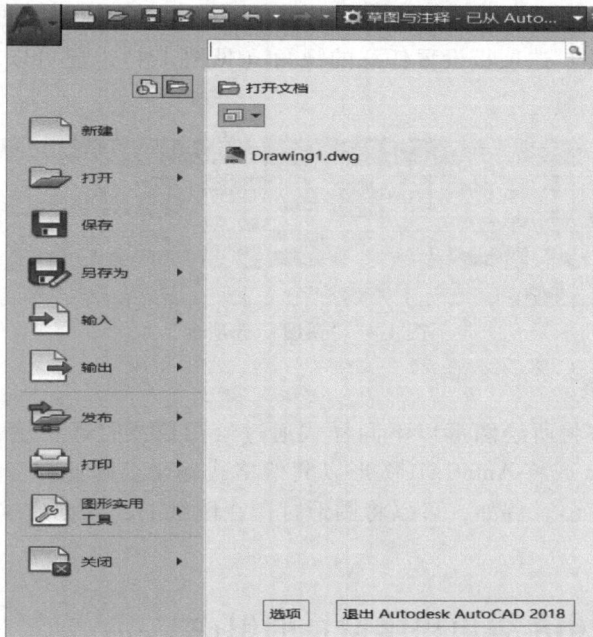

图 1-1 应用程序菜单

2. 绘制与编辑功能

AutoCAD 不仅具有强大的绘图功能，还具有强大的图形编辑功能。通过"编辑"工具栏中相应按钮，用户可完成对图形的删除、移动、复制、镜像、旋转、修剪、缩放等编辑工作。

针对相同图形的不同情况，AutoCAD 2018 还提供了多种绘制方法供用户选择，如圆弧的绘制方法就有 11 种（见图 1-2），借助于"修改"选项板中的修改命令，可以绘制出各种各样理想的图形（见图 1-3）。

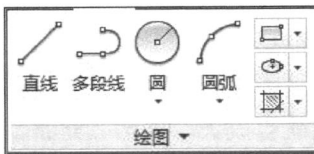

图 1-2　"绘图"选项板

图 1-3　"修改"选项板

3. 标注图形尺寸

尺寸标注是向图形中添加测量注释的过程，是整个绘图过程中不可缺少的一步。AutoCAD 的"标注"菜单中包含了一套完整的尺寸标注和编辑命令，使用它们可以在图形的各个方向上创建各种类型的标注，也可以方便、快速地以一定格式创建符合行业或项目标准的标注。

4. 图形显示功能

AutoCAD 可以任意调整图形的显示比例，以观察图形的全部或局部，并可以使图形上、下、左、右移动来进行观察。

AutoCAD 为用户提供了 6 个标准视图（6 种视角）和 4 个轴测视图，可以利用"视图"选项卡下的"视点工具"选项板设置任意的视角（见图 1-4），还可以利用三维动态观察器设置任意的透视效果。

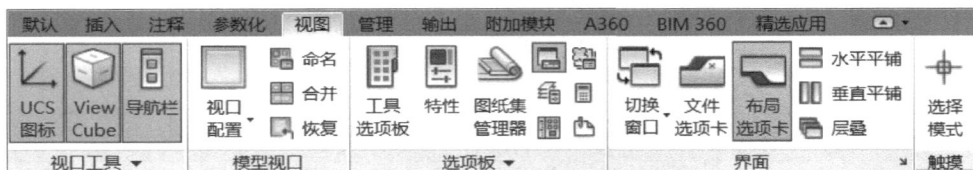

图 1-4　"视图"选项卡

5. 输出与打印图形

AutoCAD 不仅允许将所绘图形以不同样式通过绘图仪或打印机输出，还能够将不同格式的图形导入 AutoCAD 或将 AutoCAD 图形以其他格式输出。因此，当图形绘制完成之后可以使用多种方法将其输出。例如，可以将图形打印在图纸上，或创建成文件以供其他应用程序使用。

1.2　AutoCAD 2018 应用程序窗口的组成

当正常安装并首次启动 AutoCAD 2018 时，系统将以默认的"草图与注释"窗口显示，如图 1-5 所示。中文版 AutoCAD 2018 应用程序窗口窗口新颖别致，在图形最大化显示的同时，也更容易访问大部分普通的工具。通过自定义或扩展用户界面、减少到达命令的步骤来提高绘图的效率。默认应用程序窗口包括标题栏、应用程序菜单按钮、快速访问工具栏、信息中心、工具栏选项板、命令行和状态栏等。

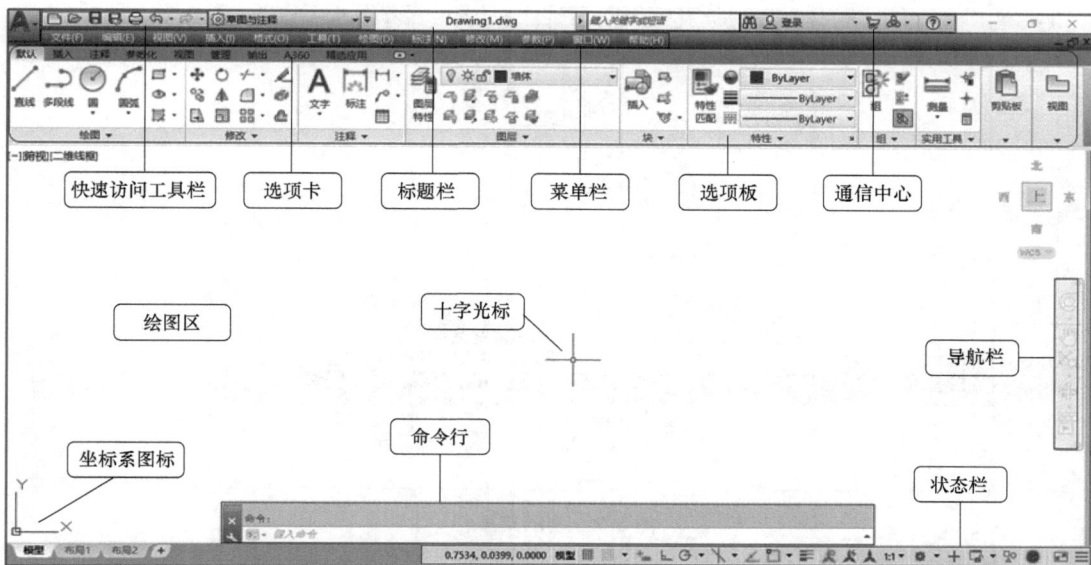

图 1-5   AutoCAD 2018 应用程序窗口

1. 标题栏

标题栏位于应用程序窗口的最上面，用于显示当前正在运行的程序名及文件名等信息。如果是 AutoCAD 默认的图形文件，其名称为 DrawingN. dwg（ N 是数字）。单击标题栏右端的按钮，可以最小化、最大化或关闭应用程序窗口。在标题栏中，包括了快速访问工具栏和通信中心工具栏，如图 1-6 所示。

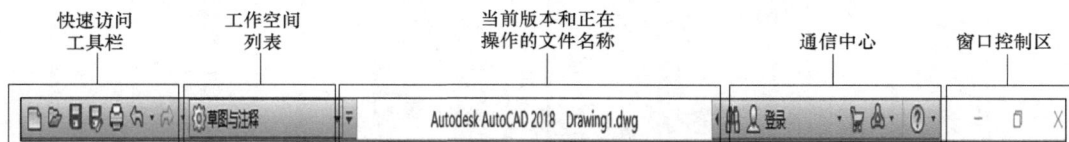

图 1-6   标题栏

标题栏最左端是"快速访问工具栏"，依次包括有"新建""打开""保存""另存为""打印""放弃"和"重做"按钮，还可以根据用户的个人习惯自行增减按钮；接着是"工作空间列表"，用于工作空间窗口的选择，有"草图与注释""三维基础""三维建模"等模式；其次是软件名称、版本号和当前操作的文件名称信息；然后是"通信中心"，包括"搜索""登陆""交换"等按钮，可以在联网后获得操作和命令相关提示和帮助信息；最右侧则是当前窗口的"最小化""最大化"和"关闭"按钮。

2. 菜单栏与工具栏

在 AutoCAD 2018 的环境中，默认状态下其菜单栏和工具栏处于隐藏状态，如果要显示菜单栏，那么在标题栏的"工作空间"右侧单击倒三角按钮▼（即"自定义快速访问工具栏"列表），从弹出的列表框中选择"显示菜单栏"，即可显示 AutoCAD 的常规菜单栏，如图 1-7 所示。

图 1-7　显示菜单栏

如果要将 Autocad 的常规工具栏显示出来，用户可以选择"工具|工具栏"菜单项，从弹出的下级菜单中选择相应的工具栏即可，如图 1-8 所示。

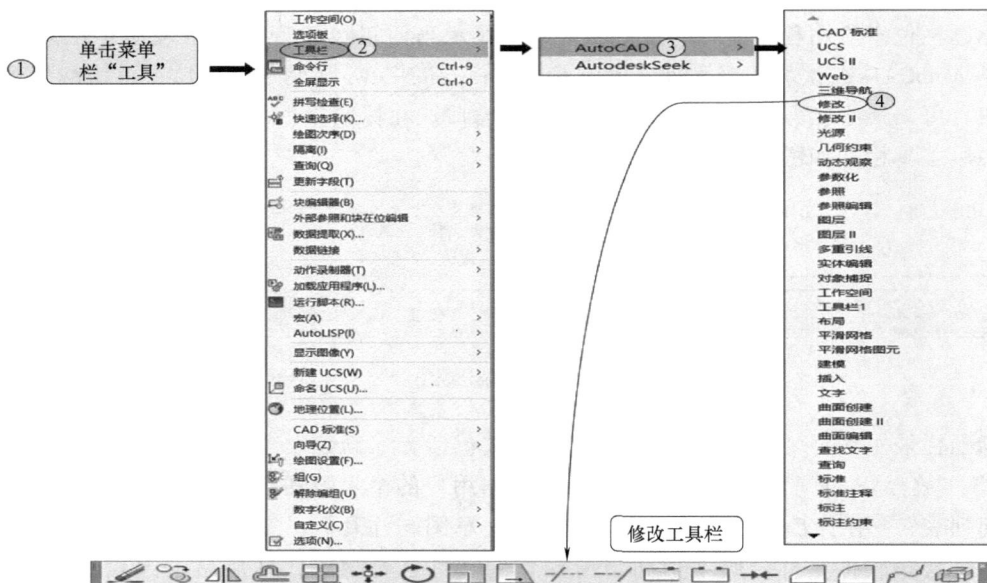

图 1-8　显示工具栏

工具栏是应用程序调用命令的另一种方式，它包含许多由图标表示的命令按钮。在 AutoCAD 中，系统共提供了 20 多个已命名的工具栏。如果要显示当前隐藏的工具栏，可在任意工具栏上右击，此时将弹出一个快捷菜单，通过选择命令可以显示或关闭相应的工具栏。

3. 应用程序菜单与快捷菜单

中文版 AutoCAD 2018 的应用程序菜单由"新建""打开""保存"等命令组成，如图 1-1 所示。

快捷菜单又称为上下文相关菜单。在绘图区域、工具栏、状态行、模型与布局选项卡及一些对话框上右击时，将弹出一个快捷菜单，该菜单中的命令与 AutoCAD 当前状态相关。使用它们可以在不启动菜单栏的情况下快速、高效地完成某些操作。

> 提示：在菜单浏览器中，后面带有符号 ▶ 的命令表示还有级联菜单，如图 1-9 所示。如果命令显示为灰色，则表示该命令在当前状态下不可用。

图 1-9　级联菜单

4. 功能区选项板

使用 AutoCAD 命令的另一种方式就是应用选项卡上的面板。默认状态下，在"草图与注释"空间中，包括的选项卡有"默认""插入""注释""参数化""视图""管理""输出""附加模块""A360""BIM360"和"精选应用"等，如图 1-10 所示。单击相应的选项卡，即可分别调用相应的命令。例如，在"默认"选项卡下包括有"绘图""修改""注释""图层""块""特性""组""实用工具""剪贴板"和"视图"等选项板。如果某个选项板没有足够的空间显示所有的工具按钮，单击该选项卡下方的三角按钮 ▼，可展开折叠区域，显示其他相关的命令按钮。

图 1-10　功能区选项板

5. 绘图窗口

在 AutoCAD 中，绘图窗口是用户绘图的工作区域，所有的绘图结果都反映在这个窗口中。可以根据需要关闭其周围和里面的各个工具栏，以增大绘图空间。如果图纸比较大，需要查看未显示部分时，可以单击窗口右边与下边滚动条上的箭头，或拖动滚动条上的滑块来移动图纸。

绘图窗口中除了显示当前的绘图结果外，还显示了当前使用的坐标系类型，坐标原点，X 轴、Y 轴、Z 轴的方向等。默认情况下，坐标系为世界坐标系（WCS）。

绘图窗口的下方有"模型"和"布局"选项卡，单击其标签可以在模型空间和图纸空间之间来回切换。

6. 命令行与文本窗口

"命令行"窗口位于绘图窗口的底部，用于接收用户输入的命令，并显示 AutoCAD 提示信息。在 AutoCAD 2018 中，"命令行"窗口可以拖放为浮动窗口，如图 1-11 所示。

图 1-11　命令行

"AutoCAD 文本窗口"是记录 AutoCAD 命令的窗口，是放大的"命令行"窗口，它记录了已执行的命令，也可以用来输入新命令。

在 AutoCAD 2018 中，打开文本窗口的常用方法有以下两种：

（1）命令行　输入"TEXTSCR"。

（2）快捷键　按〈F2〉键。

按 F2 键打开 AutoCAD 文本窗口，它记录了对文档进行的所有操作，如图 1-12 所示。

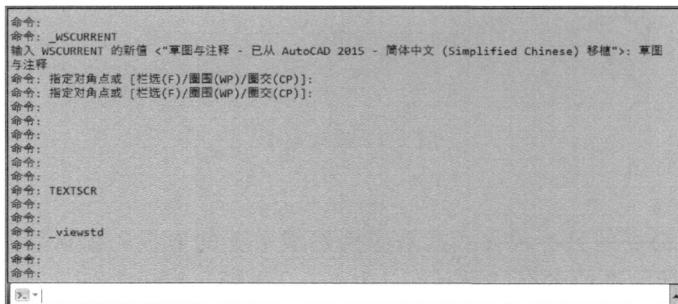

图 1-12　AutoCAD 文本窗口

7. 状态栏

状态栏用来显示 AutoCAD 当前的状态，如当前光标的坐标、命令和按钮的说明等。

在绘图窗口中移动光标时，状态栏左侧的"坐标"区将动态地显示当前坐标值。坐标显示取决于所选择的模式和程序中运行的命令，共有"相对""绝对"和"无"3 种模式。

状态栏中还包括"布局""模型""绘图辅助工具""注释工具""工作空间""锁定""全屏显示"等十几个功能区按钮，如图 1-13 所示。

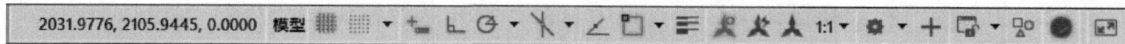

图 1-13　AutoCAD 状态栏

8. 坐标系

AutoCAD 提供两个坐标系：一个称为世界坐标系（WCS）的固定坐标系和一个称为用户坐标系（UCS）的可移动坐标系，两个坐标系图标如图 1-14 所示。用户可以选择"工具"菜单中"命名 UCS"或"新建 UCS"命令，或者在命令行中输入"UCS"来设置 UCS。

图 1-14　坐标系图标

1.3　图形文件管理

在 AutoCAD 2018 中，图形文件管理包括创建新的图形文件、打开已有的图形文件、保存图形文件及关闭图形文件等操作。

1. 图形文件的创建

用户在开始绘制图形之前，一般需要创建新图，可使用以下几种方法：

（1）菜单栏　执行"文件|新建（New）"命令。

（2）工具栏　在"快速访问"工具栏中单击"新建"按钮。

（3）命令行　输入"New"命令并按〈Enter〉键。

（4）快捷键　按〈Ctrl+N〉组合键。

以上任何一种方法都可以创建新图形文件，此时将打开"选择样板"对话框，如图 1-15 所示。在"选择样板"对话框中，可以在"名称"列表框中选中某一样板文件，这时在其右面的"预览"框中将显示出该样板的预览图像。单击"打开"按钮，

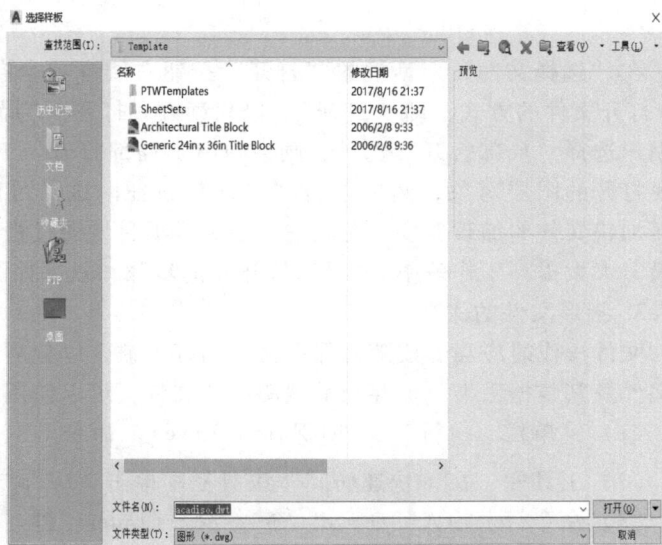

图 1-15　"选择样板"对话框

可以用选中的样板文件为样板创建新图形，此时会显示图形文件的布局（选择样板文件 acad. dwt 或 acadiso. dwt 时除外）。

2. 图形文件的打开

要将已存在的图形文件打开，可以选择以下几种方法：

（1）菜单栏　执行"文件|打开（Open）"命令。

（2）工具栏　在"快速访问"工具栏中单击"打开"按钮。

（3）命令行　输入"Open"命令并按〈Enter〉键。

（4）快捷键　按〈Ctrl+O〉组合键。

以上任何一种方法都可以打开已有的图形文件，此时将打开"选择文件"对话框，选择需要打开的图形文件，在右面的"预览"框中将显示出该图形的预览图像，其步骤如图 1-16 所示。默认情况下，打开的图形文件的格式为 . dwg。

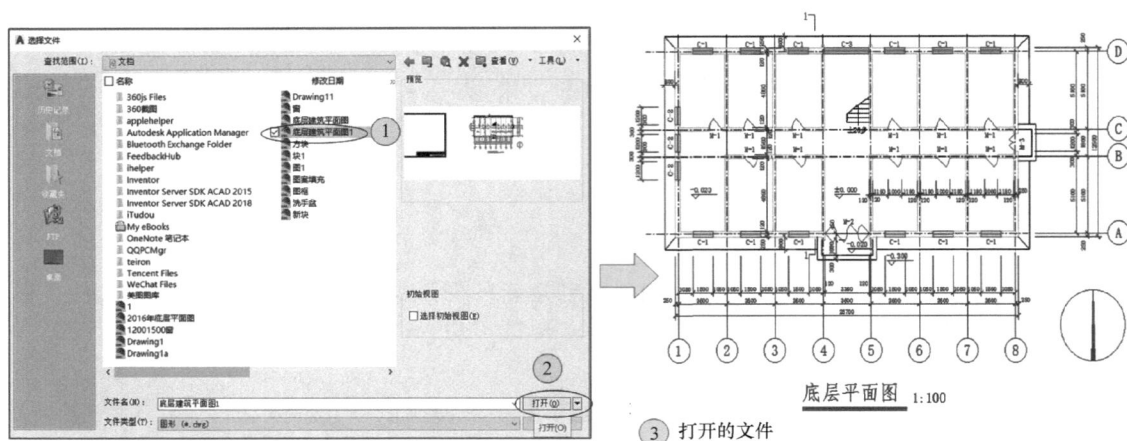

图 1-16　打开图形文件

在"选择文件"对话框的"打开"按钮右侧有一个向下的三角形按钮，单击它将显示 4 种打开文件的方式，即"打开""以只读方式打开""局部打开""以只读方式局部打开"。若用户选择"局部打开"选项，则会弹出"局部打开"对话框，需要在右侧列表框中勾选需要打开的图层对象，然后单击"打开"按钮。这样可以有选择地显示需要的图层对象，进而加快文件的加载速度，尤其在大型工程项目绘图过程中，可以减少屏幕显示的实体图元数量，大大提高工作效率。"局部打开"的步骤和效果如图 1-17 所示。

3. 图形文件的保存

文件操作时应当养成随时保存文件的好习惯，以免当发生电源故障或者其他意外时，图形文件及其数据丢失。保存当前视图中的文件，可以使用以下几种方法：

（1）菜单栏　执行"文件|保存（Qsave）"命令。

（2）工具栏　在"快速访问"工具栏中单击"保存"按钮。

（3）命令行　输入"Qsave"命令并按〈Enter〉键。

（4）快捷键　按〈Ctrl+S〉组合键。

以上任何一种方法，都可以将所绘图形文件以当前使用的文件名存盘。如果想把当前文

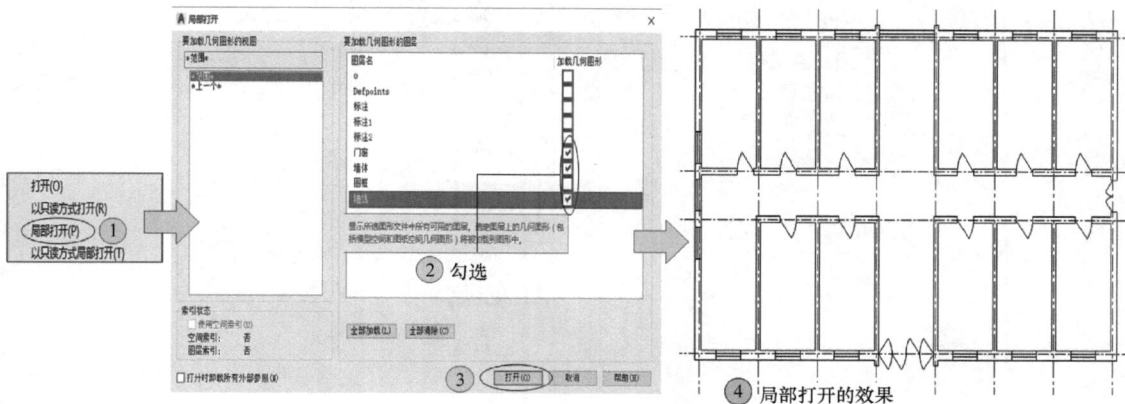

图 1-17　局部打开的步骤和效果

件以另外一个新的文件名进行保存时，可以选择"另存为"命令，其步骤如图 1-18 所示。其中，"另存为"命令的启动可以使用以下几种方法：

（1）菜单栏　执行"文件|另存为（Save As）"命令。

（2）工具栏　在"快速访问"工具栏中单击"保存"按钮。

（3）命令行　输入"Save As"命令并按〈Enter〉键。

（4）快捷键　按〈Ctrl+Shift+S〉组合键。

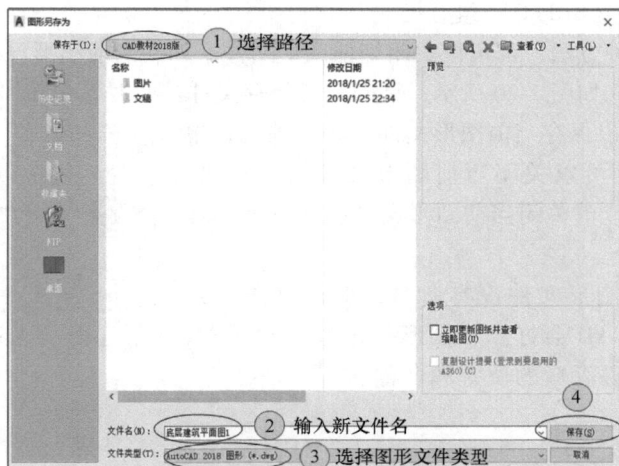

图 1-18　"图形另存为"对话框

提示：在绘制图形时，可以设置为自动定时来保存图形。选择"工具|选项"菜单命令，在打开的"选项"对话框中选择"打开和保存"选项卡，勾选"自动保存"复选框，然后在"保存间隔分钟数"文本框中输入一个定时保存的时间（分钟），如图 1-19 所示。

图 1-19 自动定时保存图形文件

4. 图形文件的关闭

要将当前视图中的文件关闭，可以使用以下方法：

（1）菜单栏 执行"文件|关闭（Close）"命令。

（2）工具栏 单击"关闭"按钮 ▣。

（3）命令行 输入"Quit"命令或"Exit"命令并按〈Enter〉键。

（4）快捷键 按〈Ctrl+Q〉组合键。

通过以上任何一种方法，都可以关闭当前图形文件。如果当前图形没有存盘，系统将弹出
AutoCAD 警告对话框，如图 1-20 所示，询问是否保存文件。此时，单击"是（Y）"按钮或直
接按〈Enter〉键，可以保存当前图形文件并将其关闭；单
击"否（N）"按钮，可以关闭当前图形文件但不存盘；
单击"取消"按钮，取消关闭当前图形文件操作，即不保
存也不关闭。

如果当前编辑的图形文件没有命名，那么单击"是
（Y）"按钮后，AutoCAD 会打开"图形另存为"对话框，
要求用户确定图形文件存放的位置和名称。

图 1-20 "AutoCAD"警告对话框

1.4 设置绘图环境

在 AutoCAD 中建立绘图环境与传统绘图方法类似，要确定度量单位、绘图区大小及标
准绘图约定。

1.4.1 设置图形单位（Units）

在 AutoCAD 中，用户可以采用 1∶1 的比例因子绘图，因此，所有的直线、圆和其他对
象都可以以真实大小来绘制，在需要打印出图时，再将图形按图纸大小进行缩放。图形单位

的设置一般包括长度单位和角度单位。

AutoCAD 中，可以通过以下两种方式设置图形单位：

（1）菜单栏 执行"格式（O）|单位（U）"命令。

（2）命令行 输入"Units"命令或快捷命令"UN"并按〈Enter〉键。

使用上面任何方法，都可以打开"图形单位"对话框，在该对话框中可以设置绘图时使用的长度单位、角度单位，以及单位的显示格式和精度等参数，如图 1-21 所示。

该"图形单位"对话框中，各主要选项的含义如下：

（1）"长度"选项组和"角度"选项组 可以通过下拉列表框来选择长度和角度的记数类型及各自的精度。一般地，建筑工程绘图时使用"长度"单位类型为"小数"，精度为0；"角度"单位类型为"十进制度数"，精度为 0。

（2）"顺时针"复选框 确定角度正方向是顺时针还是逆时针，默认的正角度方向是逆时针方向。

（3）"插入时的缩放单位"选项组 用于设置从设计中心将图块插入此图时的长度单位，若建图块时的单位与此处所选单位不同，系统将自动对图块进行缩放。

（4）"光源"选项组 用于设置当前图形中控制光源强度的测量单位，下拉列表框中提供了"国际""美国"和"常规"3 种测量单位。

（5）"方向"按钮 单击"方向"按钮，弹出图 1-22 所示的"方向控制"对话框，在对话框中可以设置基准角度的方向。在 AutoCAD 的默认设置中，基准角度的方向是指向右（即正东），逆时针方向为角度增加的正方向。在对话框中可以选中 5 个单选按钮中的任意一个来改变角度测量的起始位置。也可以通过选中"其他"单选按钮，并单击"拾取"按钮，在图形窗口中拾取两个点来确定 AutoCAD 中基准角度方向。

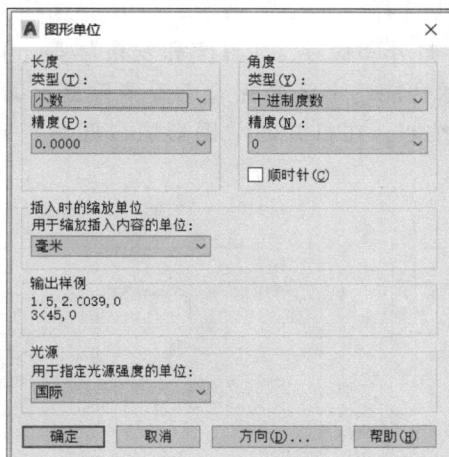

图 1-21 "图形单位"对话框

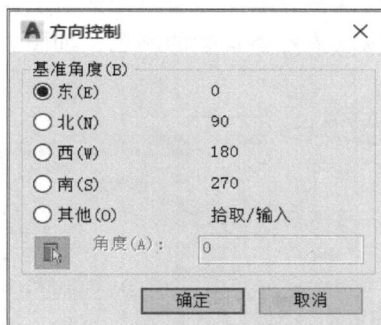

图 1-22 "方向控制"对话框

1.4.2 设置图形界限（Limits）

图形界限就是绘图区域，也称为图限，可以在模型空间中设置一个想象的矩形绘图区域。一般来说，如果用户不做任何设置，AutoCAD 对作图范围没有限制，但所绘制的图形大小是有限制的。为了更好地绘图，需要设定作图的有效区域。

1. AutoCAD 中，可以通过以下方式设置图形界限

（1）菜单栏　执行"格式（O）|图形界限（I）"命令。

（2）命令行　输入"Limits"命令并按〈Enter〉键。

下面以 A4 绘图范围为例，说明设置图形界限的操作方法。执行"图形界限"命令，其命令行提示如下：

命令：'_ limits

重新设置模型空间界限：

指定左下角点或［开（ON）/关（OFF）］<0.0000，0.0000>：

指定右上角点<420.000，297.000>：210，297

2. 执行该命令后　各选项的含义如下

（1）"开（ON）"　打开图形界限检查，防止拾取点超出图形界限。

（2）"关（OFF）　关闭图形界限检查（默认设置），可以在图形界限之外拾取点。

（3）"指定左下角点"　设置图形界限左下角的坐标，默认为（0.0000，0.0000）。

（4）"指定右上角点"　设置图形界限右上角的坐标。

以上操作虽然设置了图形界限，但此时窗口看不到整个图限界限，需要输入缩放命令（Zoom），然后才能观察全部图形界限区域。其命令行提示如下

命令：zoom

指定窗口角点，输入比例因子（nX 或 nP）或［全部（A）/中心点（C）/动态（D）/范围（E）/上一个（P）/比例（S）/窗口（W）］<实时>：A

1.4.3 设置绘图窗口颜色

在绘图区空白处右击，从打开的快捷菜单选项中选择"选项"命令，打开"选项"对话框，其中有很多设置内容，如"文件""显示""打开和保存""打印和发布"等。其中"显示"选项卡用于设置窗口元素、布局元素、显示性能、十字光标大小等多种显示属性。在该选项卡中设置图形窗口的颜色。单击"颜色"按钮，在打开的"图形窗口颜色"对话框中可以设置各类背景的颜色，如图 1-23 所示。

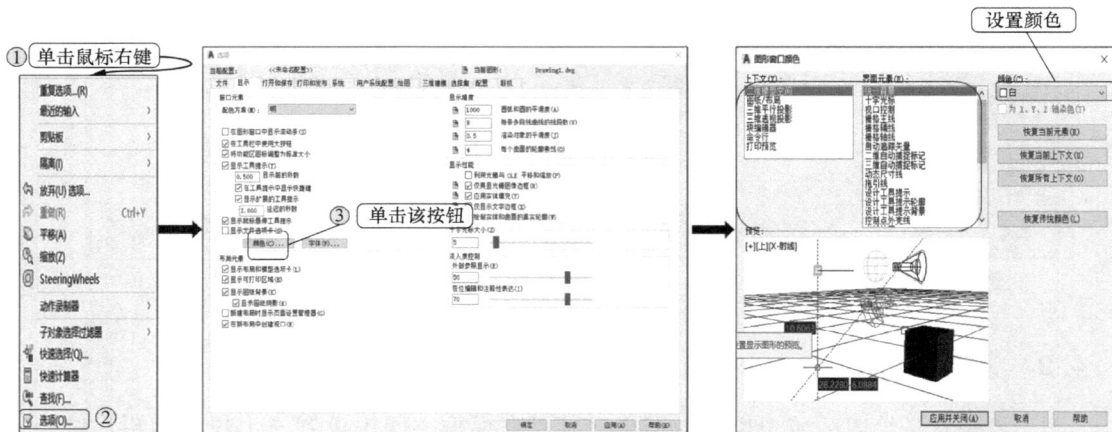

图 1-23　设置绘图窗口颜色

1.5　设置绘图辅助功能

在实际绘图中用鼠标定位虽然方便快捷，但精度不高，绘制的图形很不精确，远不能满足制图的要求，这时可以使用系统提供的绘图辅助功能。

用户可采用以下的方法打开"草图设置"对话框，设置 AutoCAD 提供的各种绘图辅助功能。

（1）菜单栏　执行"工具|绘图设置"菜单命令。

（2）命令行　在命令行输入或动态输入"Dsetting"（快捷键"SE"）。

1.5.1　设置捕捉和栅格

捕捉和栅格是 AutoCAD 提供的精确绘图工具之一。"捕捉"用于设置鼠标光标移动的间距；"栅格"是一些标示定位的位置点，使用它可以提供直观的距离和位置参照，类似于坐标纸上定位点的作用。栅格不是图形的组成部分，也不能被打印出来。

在"草图设置"对话框的"捕捉和栅格"选项卡中，可以启动或关闭"捕捉"和"栅格"功能，并设置"捕捉"和"栅格"的间距与类型，如图 1-24 所示。

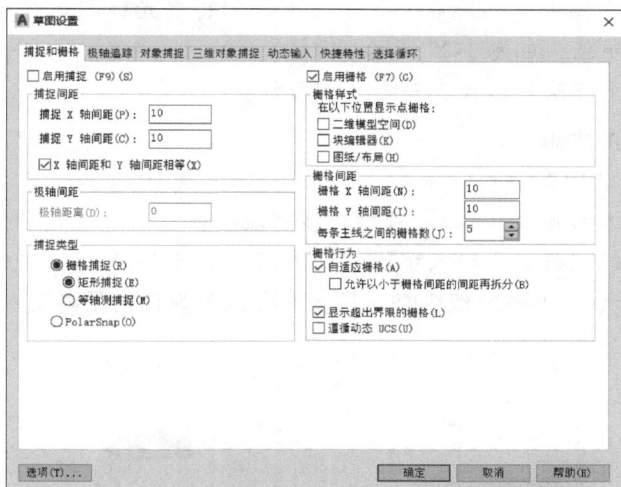

图 1-24　"捕捉和栅格"选项卡

> 提示：在状态栏中鼠标右击"图形栅格"按钮▦或"栅格捕捉"按钮▦，在弹出的快捷菜单中选择"网格设置"或"捕捉设置"命令，也可打开"草图设置"对话框。

"捕捉和栅格"选项卡中各选项的含义如下

（1）"启用捕捉"复选框　用于打开或关闭捕捉方式。

（2）"捕捉间距"选项组　用于设置 X 轴和 Y 轴的捕捉间距。

（3）"启用栅格"复选框　用于打开或关闭栅格的显示。

（4）"栅格样式"选项组　用于设置在二维模型空间、块编辑器、图纸/布局位置中显示点栅格。

（5）"栅格间距"选项组　用于设置 X 轴和 Y 轴的栅格间距，以及每条主线之间的栅格数量。

（6）"栅格行为"选项组　设置栅格的相应规则。

1）"自适应栅格"复选框：用于限制缩放时栅格的密度。

2）"允许以小于栅格间距的间距再拆分"复选框：放大时，生成更多间距更小的栅格线。主栅格线的频率确定这些栅格线的频率。只有勾选了"自适应栅格"复选框，此选项才有效。

3）"显示超出界限的栅格"复选框：用于确定是否显示图形界限之外的栅格。

4）"遵循动态 UCS"复选框：随着动态 UCS 的 XY 平面而改变栅格平面。

设置好捕捉和栅格后，用户可以通过以下方法来打开或关闭"捕捉"或"栅格"

（1）状态栏　单击"图形栅格"按钮 或"栅格捕捉"按钮 。

（2）快捷键　按〈F7〉键或〈F9〉键。

1.5.2　动态输入

使用动态输入功能可以在指针位置处显示标注输入和命令提示信息，极大地方便了绘图。当用户启动"动态输入"功能后，其工具栏提示将在光标附近显示信息，该信息会随着光标的移动而动态更新，如图 1-25 所示。

用户可以通过以下方法来打开或关闭"动态输入"

（1）状态栏　单击按钮 。

（2）快捷键　按〈F12〉键。

在输入字段中输入值并按〈Tab〉键后，该字段将显示一个锁定图标，并且光标会受输入值的约束，随后可以在第二个输入字段中输入值，如图 1-26 所示。另外，如果用输入值后按〈Enter〉键，则第二个字段被忽略，且该值将被视为直接距离输入。

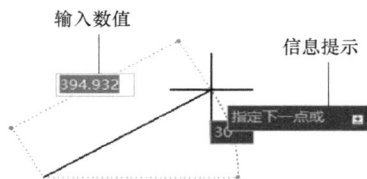

图 1-25　动态输入

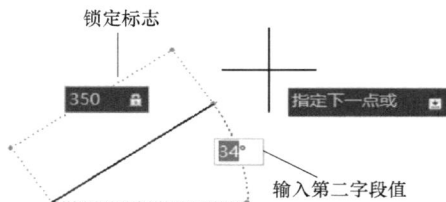

图 1-26　锁定标记

在状态栏的"动态输入"按钮上右击，从弹出的快捷菜单中选择"设置"命令，将弹出"草图设置"对话框的"动态输入"选项卡。当勾选"启用指针输入"复选框，且有命令在执行时，十字光标的位置将在光标附近的工具栏提示中显示为坐标。

在"指针输入"和"标注输入"选项组中分别单击"设置"按钮，将分别弹出"指针输入设置"对话框和"标注输入的设置"对话框，可以设置坐标的默认格式，以及控制指针输入工具栏提示的可见性，如图 1-27 所示。

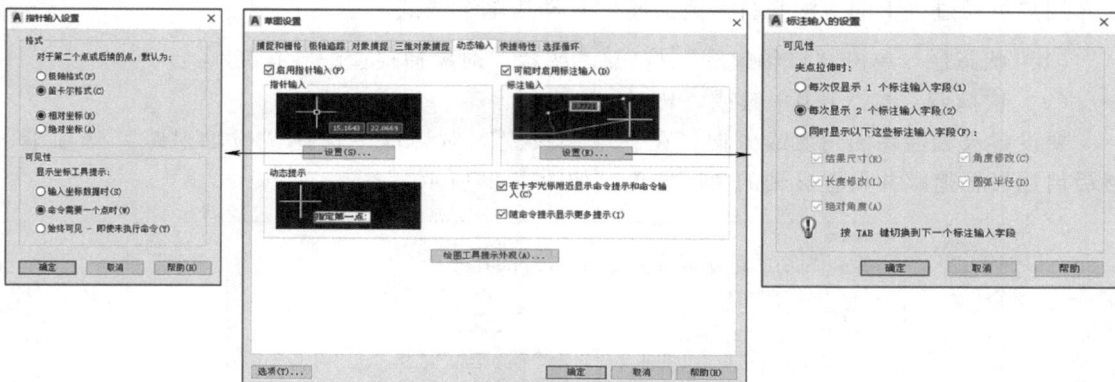

图 1-27　"动态输入"选项卡

1.5.3　设置正交模式

"正交"是指在绘制图形时指定第一个点后，连接光标和起点的直线总是平行于 X 轴或 Y 轴。若捕捉设置为等轴测模式时，"正交"还使直线平行于三个轴中的一个。在"正交"模式下，使用光标只能绘制水平直线或垂直直线，此时只要输入直线的长度就可以。

用户可通过以下的方法来打开或关闭"正交"模式：

（1）状态栏　单击"正交"按钮 ⌐ 。

（2）快捷键　按〈F8〉键。

（3）命令行　在命令行输入或动态输入中键入"Ortho"命令，然后按〈Enter〉键。

执行上面命令之后，可以打开正交功能。通过单击"正交"按钮或<F8>功能键可以进行正交功能打开与关闭的切换。正交模式下不能控制键盘输入点的位置，只能控制鼠标拾取点的方位。

1.5.4　设置自动与极轴追踪

自动追踪实质上也是一种精确定位的方法，当要求输入的点在一定的角度线上，或者输入的点与其他对象有一定关系时，可以利用自动追踪功能来确定位置。

自动追踪包括两种追踪方式：极轴追踪和对象捕捉追踪。极轴追踪是按照事先给定的角度来增加追踪点；对象捕捉追踪是按与已绘图形对象的某种特定关系来追踪。

如果用户事先知道要追踪的角度（方向），可以用极轴追踪；如果事先不知道具体的追踪角度（方向），但知道与其他对象的某种关系，则用对象捕捉追踪，如图 1-28 所示。

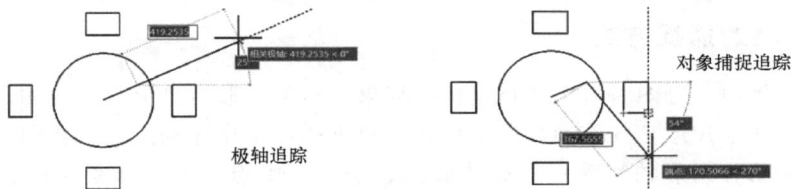

图 1-28　极轴追踪和对象捕捉追踪

用户可通过以下的方法来打开或关闭"自动追踪"模式

（1）状态栏　单击"极轴追踪"按钮 ⟳ 或者"对象捕捉追踪"按钮 ∠ 。

（2）快捷键　按〈F10〉键或〈F11〉键。

要设置极轴追踪的角度或方向，在"草图设置"对话框中选择"极轴追踪"选项卡，然后启用极轴追踪并设置极轴的角度即可，如图 1-29 所示。

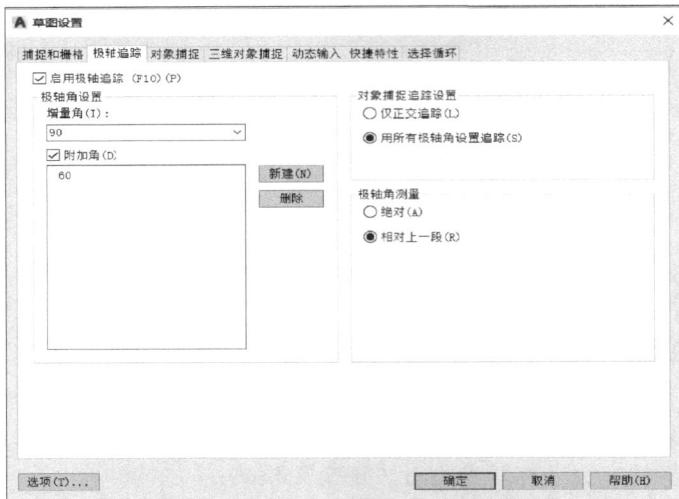

图 1-29　"极轴追踪"选项卡

在"极轴追踪"选项卡中，各选项的含义如下：

（1）"极轴角设置"选项组　用于设置极轴追踪的角度。默认的极轴追踪角度是 90°，用户可以在"增量角"下拉列表框中选择角度增加量。若该下拉列表框中的角度不能满足用户的要求，可以勾选下侧的"附加角"复选框。用户也可以单击"新建"按钮并输入一个新的角度值，将其添加到附加角的列表框中。

（2）"对象捕捉追踪设置"选项组　若选择"仅正交追踪"单选按钮，可在启用对象捕捉追踪的同时，显示获取的对象捕捉的正交对象捕捉追踪路径；若选择"用所有极轴角设置追踪"单选按钮，可以将极轴追踪设置应用到对象捕捉追踪，此时可以将极轴追踪设置应用到对象捕捉追踪上。

（3）"极轴角测量"选项组　用于设置极轴追踪对其角度的测量基准。若选择"绝对"单选按钮，表示以用户坐标 UCS 和 X 轴正方向为 0°时计算极轴追踪角；若选择"相对上一段"单选按钮，可以基于最后绘制的线段确定极轴追踪角度。

1.5.5　设置对象的捕捉方式

在实际绘图过程中，绘图时所需的点坐标，如果用光标点取，难免有一定的误差，如果用键盘输入，又可能不知道它的准确数据。那么，对于图形中这样的点，就要利用对象捕捉功能。AutoCAD 对已有图形的特殊点，如圆心点、切点、中点、象限点等，设有对象捕捉功能，可以迅速定位对象上的精确位置，而不必知道坐标。

"对象捕捉"与"捕捉"的区别："对象捕捉"是把光标锁定在已有图形的特殊点上，

它不是独立的命令，是在执行命令过程中结合使用的模式；"捕捉"是将光标锁定在可见或不可见的栅格点上，是可以单独执行的命令。

在"草图设置"对话框中单击"对象捕捉"选项卡，分别勾选要设置的捕捉模式即可，如图 1-30 所示。

设置好捕捉选项后，用户可通过以下的方法来打开或关闭"对象捕捉"模式：

（1）状态栏 单击"对象捕捉"按钮 ▣ 。

（2）快捷键 按〈F3〉键。

（3）菜单栏 按住〈Ctrl〉键或〈Shift〉键，并右击，弹出对象捕捉快捷菜单，如图 1-31 所示。

激活"对象捕捉"后，如果光标放在捕捉点附近 3s 以上，则系统将显示捕捉对象的提示文字信息。

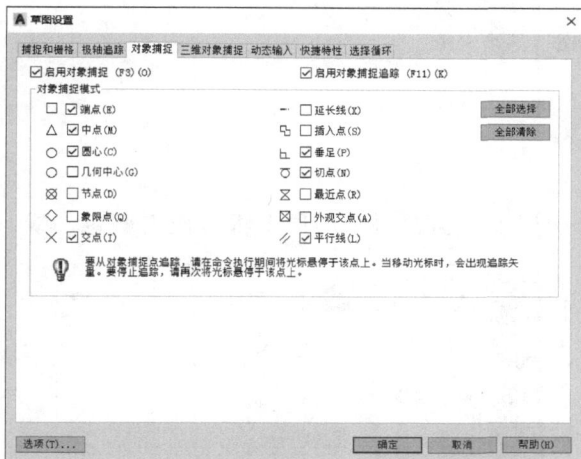

图 1-30 "对象捕捉"对话框

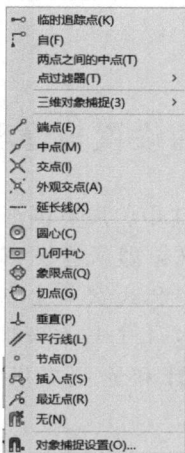

图 1-31 "对象捕捉"快捷菜单

通过调整对象捕捉靶框大小，可以只对落在靶框内的对象使用对象捕捉。靶框大小应根据选择的对象、图形的缩放设置、显示分辨率和图形的密度进行设置。此外，还可以设置确定是否显示捕捉标记、自动捕捉标记框的大小和颜色、是否显示自动捕捉靶框等。

执行"工具|选项"菜单命令，或者单击"草图设置"对话框中的"选项"按钮，打开"选项"对话框，选择"绘图"选项卡，即可进行对象捕捉的参数设置，如图 1-32 所示。

在"绘图"选项卡中，各主要选项的含义如下：

（1）"标记"复选框 当光标移到对象上或接近对象时，将显示对象捕捉位置。标记的形状取决于它所标记的捕捉。

（2）"磁吸"复选框 吸引并将光标锁定到检测到的最接近的捕捉点。提供一个形象化设置，与捕捉栅格类似。

（3）"显示自动捕捉工具提示"复选框 在光标位置用一个小标志指示正在捕捉对象的部分。

（4）"显示自动捕捉靶框"复选框 围绕十字光标并定义对象捕捉的区域。可以选择显示或不显示靶框，也可以改变靶框的大小。

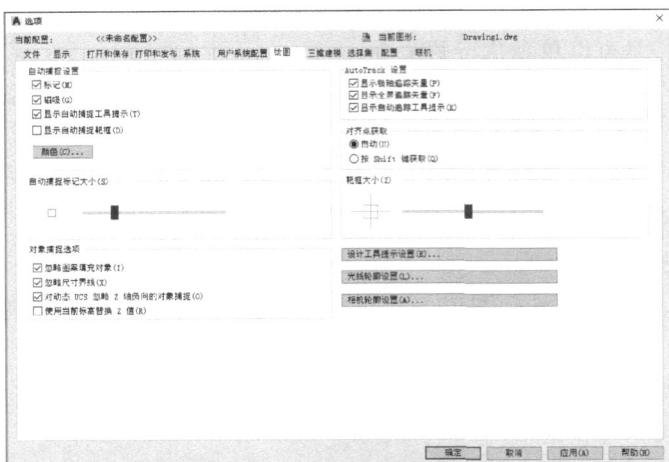

图 1-32 "绘图"选项卡

1.6 图层的设置与管理

在 AutoCAD 中，所有图形对象都画在某个图层上，而在每个图层上都对应有颜色、线型和线宽的定义，即所有图形对象都具有图层、颜色、线型和线宽 4 个基本属性。图层设置就是定义这 4 个基本属性，为完成一幅工程图纸的设计和绘制提供必要的线型和线宽。

AutoCAD 2018 图层管理在"默认"工具栏选项板中，如图 1-33 所示，并排列出一些主要的使用功能。

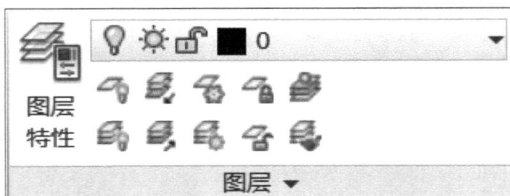

图 1-33 图层管理工具栏

1.6.1 概述

在建筑工程制图中，图形主要包括基准线、轮廓线、虚线、剖面线、尺寸标注及文字说明等元素。如果用图层来管理它们，不仅能使图形的各种信息清晰、有序、便于观察，也会给图形的编辑、修改和输出带来很大的方便。

图层相当于一张全透明的纸，在每张纸的相应位置上绘制图形后，将所有的纸张叠放在一起，组合成最后的图形。用户可根据需要设置几个图层，一幅图的层数是不受限制的，每一层上的实体数也不限。

虽然 AutoCAD 允许用户定义多个图层，但只能在当前图层上绘图。选择哪一层作为当前层，用户可通过图层操作命令来确定。

1.6.2 图层的创建

默认情况下，图层"0"将被指定使用 7 号颜色（白色或黑色，由背景色决定）、Continuous 线型、"默认"线宽及 Normal 打印样式。在绘图过程中，如果要使用更多的图层来组织图形，就需要先创建新的图层。

用户可以通过以下方法来打开"图层特性管理器"面板，如图 1-34 所示。

（1）菜单栏 选择"格式 | 图层"菜单命令。

（2）工具栏 单击"图层"工具栏的"图层特性"按钮。

（3）命令行 在命令行输入或动态输入"Layer"命令或快捷命令"LA"。

在"图层特性管理器"面板中单击"新建图层"按钮，在图层的列表中将出现一个名称为"图层 1"的新图层。默认情况下，新建图层与当前图层的状态、颜色、线型及线宽等设置相同。如果要更改图层名称，可单击该图层名，或者按〈F2〉键，然后输入一个新的图层名并按〈Enter〉键即可。

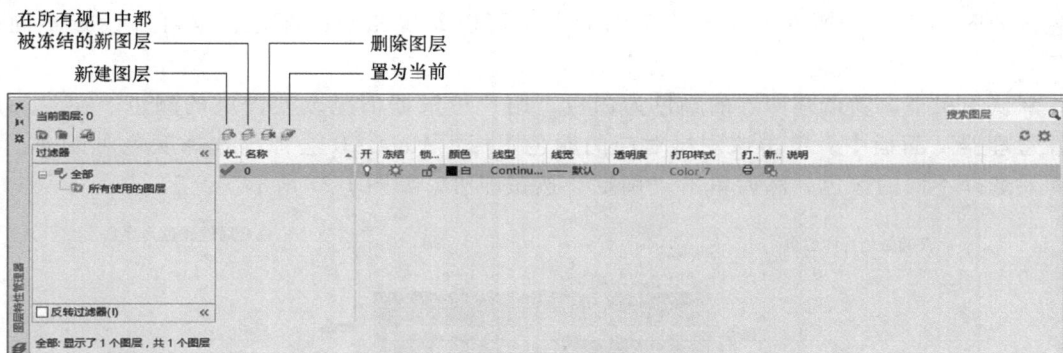

图 1-34 "图层特性管理器"面板

1.6.3 图层的删除

用户在绘制图形过程中，若发现有一些多余图层，可以通过"图层特性管理器"面板来删除图层。在删除图层的时候，只能删除未参照的图层，换而言之，删除的图层必须是不包含图形对象的图层，此外"0"图层（初始层）是不能删除的。参照图层包括"图层 0"及 Defpoints、包含对象（包括块定义中的对象）的图层、当前图层和依赖外部参照的图层。不包含对象（包括块定义中的对象）的图层、非当前图层和不依赖外部参照的图层都可以用图层删除命令（Purge）删除。

要删除图层，在"图层特性管理器"面板中，使用鼠标选择需要删除的图层，然后单击"删除图层"按钮或按〈Alt+D〉组合键即可。如果要同时删除多个图层，可以配合〈Ctrl〉键或〈Shift〉键来选择多个连续或不连续的图层。

1.6.4 设置当前图层

在 Autocad 中绘制的图形对象，都是在当前图层中进行的，且所绘制图形对象的属性也将继承当前图层的属性。在"图层特性管理器"面板中选择一个图层，并单击"置为当前"按钮，即可将该图层设置为当前图层，并在图层名称前面显示标记，如图 1-35 所示。

另外，在"图层"工具栏中单击按钮，然后使用鼠标选择指定的对象，即可将选择的图形对象置为当前图层，如图 1-36 所示。

图 1-35　当前图层　　　　　　　　　　　图 1-36　"图层"工具栏

1.6.5　设置图层颜色

颜色在图形中具有非常重要的作用，可用来表示不同的组件、功能和区域。图层的颜色实际上是图层中图形对象的颜色。每一图层应设置一种颜色，绘制复杂图形时就很容易根据颜色区分图形各部分所在的图层。不同的图层可以设置相同的颜色，也可以设置不同的颜色。

默认情况下，新创建图层的颜色为白色，用户可根据情况改变图层的颜色。在"图层特性管理器"面板中，单击该图层对应的颜色图标，AutoCAD 会弹出选择颜色对话框，根据需要选择不同的颜色，然后单击"确定"按钮即可，如图 1-37 所示。

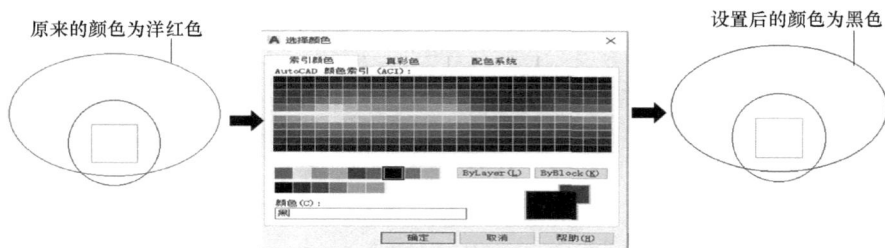

图 1-37　设置图层颜色

1.6.6　设置图层线型

线型是指图形基本元素中线条的组成和显示方式，如虚线和实线等。每个实体和每一图层都应有一个相应的线型，不同的图层可以设置相同的线型，也可以设置不同的线型。在默认情况下，图层的线型为 Continuous（实线），用户可根据需要为图层设置线型。

在 AutoCAD 中既有简单线型，也有由一些特殊符号组成的复杂线型，以满足不同国家或行业标准的要求，用户可从中选择所需的线型。单击线型栏下该图层对应的线型名，AutoCAD 会弹出"选择线型"对话框，用户可选择相应线型，完成线型设置工作。

用户可以在"选择线型"对话框中单击"加载"按钮，打开"加载或重载线型"对话框，可以将更多的线型加载到"选择线型"对话框中，以便用户设置图层的线型，如图1-38所示。

在"图层特性管理器"面板中，单击某个图层名称的"线型"列，即可弹出"选择线型"对话框，从中选择相应的线型，然后单击"确定"按钮即可，如图 1-39 所示。

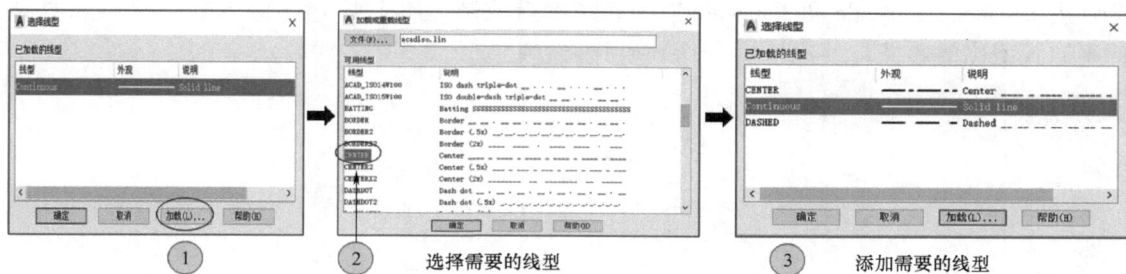

图 1-38　加载 AutoCAD 线型

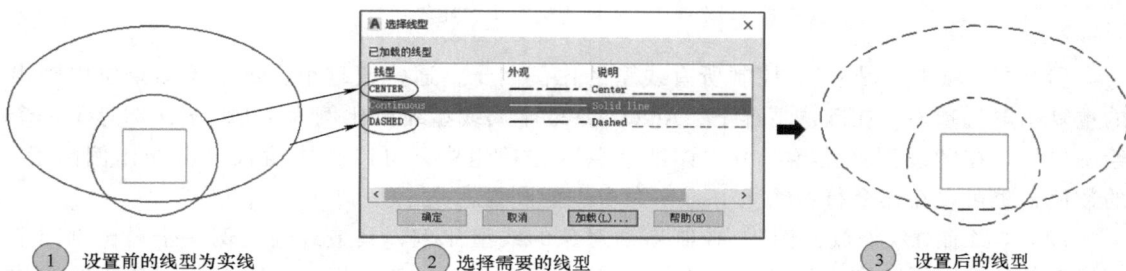

图 1-39　设置图层线型

1.6.7　设置线型比例

用户选择"格式|线型"菜单命令，将弹出"线型管理器"对话框，选择某种线型，单击"显示细节"按钮，可以在"详细信息"选项组中设置线型比例，如图 1-40 所示。

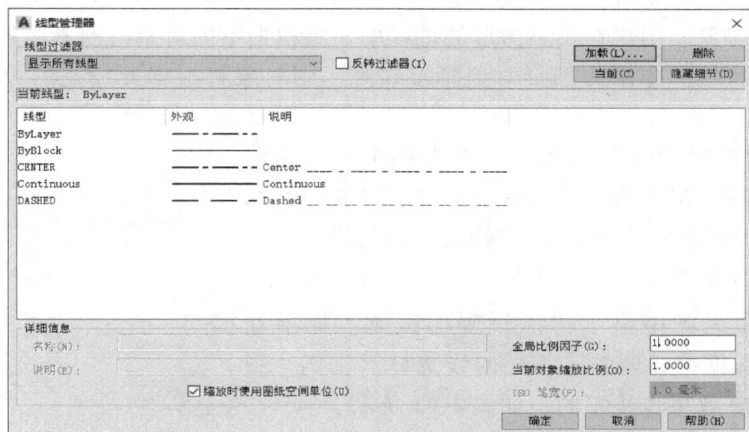

图 1-40　"线型管理器"对话框

线型比例分为三种："全局比例因子""当前对象缩放比例"和"图纸空间的线型缩放比例"。"全局比例因子"控制所有新的和现有的线型比例因子；"当前对象缩放比例"控制新建对象的线型比例；"图纸空间的线型缩放比例"作用为当"缩放时使用图纸空间单位"复选框被勾选时，Autocad 自动调整不同图纸空间视窗中线型的缩放比例。这三种线型比例分别由 Ltscale、Celtscale 和 Psltscale 三个系统变量控制。图 1-41 所示为分别设置图元对象的不同线型比例效果。

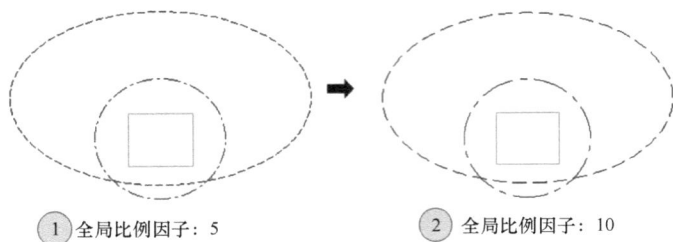

图 1-41   不同比例因子的比较

（1）"全局比例因子" 控制所有线型的比例因子，通常值越小，每个绘图单位中画出的重复图案就越多。在默认情况下，AutoCAD 的全局线型缩放比例为 1.0，该比例等于一个绘图单位。在"线型管理器"中"详细信息"选项组中，可以直接输入"全局比例因子"的数值，也可以在命令行中输入 ltscale 命令进行设置。

（2）"当前对象缩放比例" 控制新建对象的线型比例，其最终的比例是全局比例因子与该对象比例因子的乘积，设置方法和"全局比例因子"基本相同。所有线型最终的缩放比例是对象比例因子与全局比例因子的乘积，所以在 Celtscale = 2 的图形中绘制的是点画线，如果将 Ltscale 设为 0.5，其效果与在 Celtscale = 1 的图形中绘制 Ltscale = 1 的点画线时的效果相同。

1.6.8   设置图层线宽

线宽即对象的宽度，可用于除 TrueType 字体、光栅图像、点和实体填充（二维实体）之外的所有图形对象。用户在绘制图形的过程中，应根据不同对象绘制不同的线条宽度，以区分不同对象的特性。如果为图形对象指定线宽，则对象将根据此线宽的设置进行显示和打印。

在"图层特性管理器"面板中，单击某个图层名称的"线宽"列，将弹出"线宽"对话框，如图 1-42 所示，在其中选择相应的线宽，然后单击"确定"按钮即可。

当设置了对象的线宽后，应在状态栏中激活"线宽"按钮 ▤ ，才能在视图中显示出所设置的线宽。如果在"线宽设置"对话框中，调整了不同的线宽显示比例，则视图中显示的线宽效果也将不同，如图 1-43 所示。

用户选择"格式|线宽"菜单命令，将弹出"线宽设置"对话框，从而可以通过调整线宽的比例，使图形中的线宽显示得更宽或更窄，如图 1-44 所示。

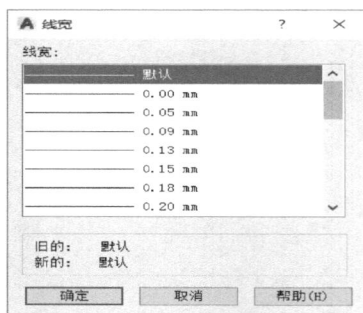

图 1-42   "线宽"对话框

1.6.9   控制图层状态

在"图层特性管理器"面板中，其图层状态包括图层的打开|关闭、冻结|解冻、锁定|

状..	名称		开	冻结	锁..	颜色	线型	线宽	▲	透明度	打印样式	打..	新..
	0					蓝	CENTER	─── 0.30..		0	Color_5		
	门窗					青	Continu..	默认		0	Color_4		
	墙体					白	DASHED	默认		0	Color_7		

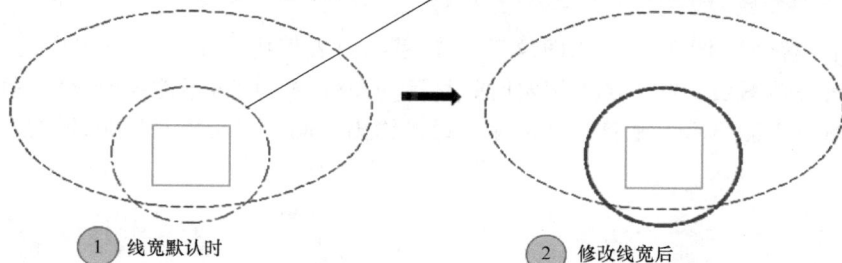

| ① 线宽默认时 | ② 修改线宽后 |

图 1-43　设置线型宽度

解锁等；同样，在"图层"工具栏中，用户也可以设置并管理各图层的特性，如图 1-45
所示。

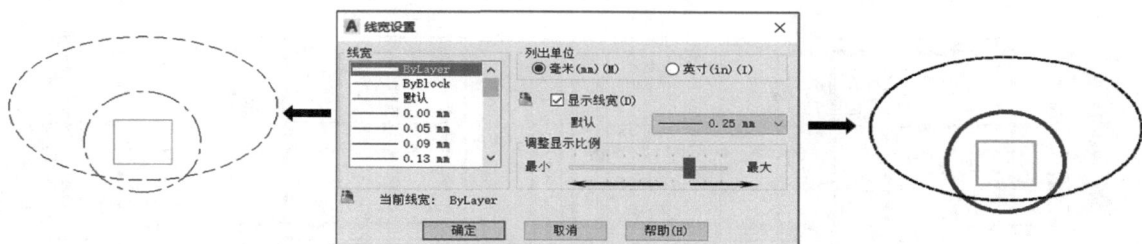

图 1-44　不同线宽显示比例的绘图效果

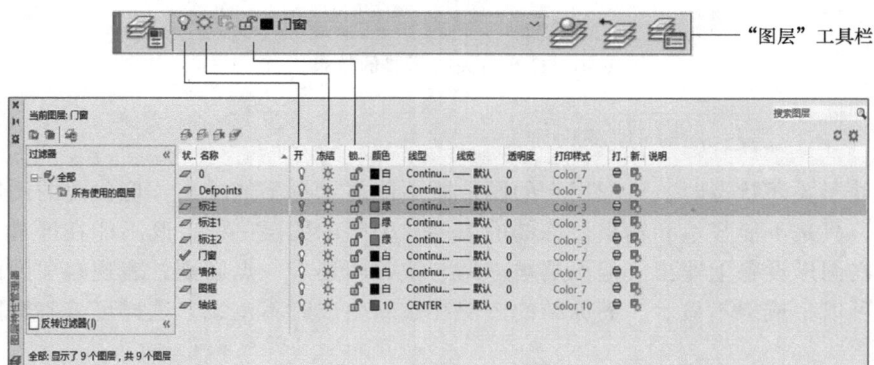

图 1-45　图层状态

（1）"打开|关闭"图层　在"图层"工具栏的列表框中，单击相应图层的小灯泡图标
，可以打开或关闭图层的显示。在打开状态下，灯泡的颜色为黄色，该图层的对象将显
示在视图中，也可以在输出设备上打印；在关闭状态下，灯泡的颜色转为灰色，该图层
的对象不能在视图中显示出来，也不能打印出来，图 1-46 所示为打开和关闭图层的效果比
较。用户可通过单击小灯泡图标来实现图层打开或关闭的转换操作。

（2）"冻结|解冻"图层　在"图层"工具栏的列表框中，单击相应图层的太阳或雪

花图标 ✳，可以冻结或解冻图层。在图层被冻结时，显示为雪花图标 ✳，图形对象不能被显示和打印出来，也不能编辑或修改图层上的图形对象；在图层解冻时，显示为太阳图标 ✪，此时图层上的对象可以进行编辑和修改。用户可单击这些图标来实现图层冻结与解冻的切换。

（3）"锁定|解锁"图层 在"图层"工具栏的列表框中，单击相应图层的小锁图标 🔓，可以锁定或解锁图层。在图层被锁定时，显示为图标 🔒，此时不能编辑锁定图层上的对象，但其上的图形仍能显示出来且被图形输出设备输出，同时仍可以在锁定的图层上绘制新的图形对象。

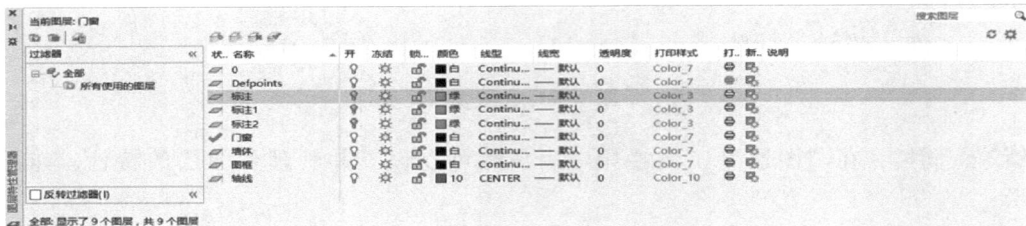

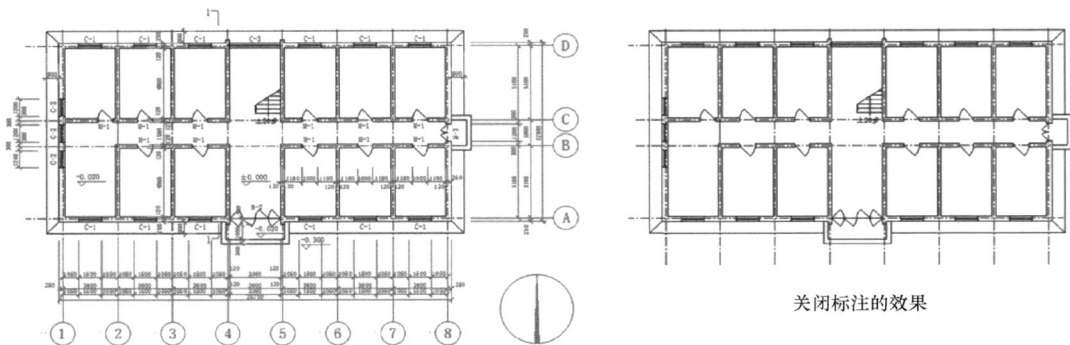

图 1-46　打开与关闭图层的效果比较

> 提示：关闭图层与冻结图层的区别。

当图层处于关闭状态时，该图层上的图形既不能显示也不能输出，但关闭的图层仍是图形的一部分，只是不能显示和输出。冻结的图层与关闭的图层一样，既不能在屏幕上显示出来，也不能在图形设备上输出。但图层被冻结与被关闭还有一点区别，表现在关闭的图层在重新生成时可以生成但不显示，而冻结的图层在重新生成时不生成，这样可节省时间。

1.7　图形的显示控制

在 AutoCAD 中绘制和编辑图形时，常常需要对图形进行放大或平移等显示控制，可以灵活地观察图形的整体效果或局部细节。观察图形的方法有很多，最常用的方法是缩放和平移视图，如图 1-47 所示。

1.7.1　缩放视图

通常在绘制图形的局部细节时，需要使用缩放工具放大该绘图区域，当绘制完成后，再

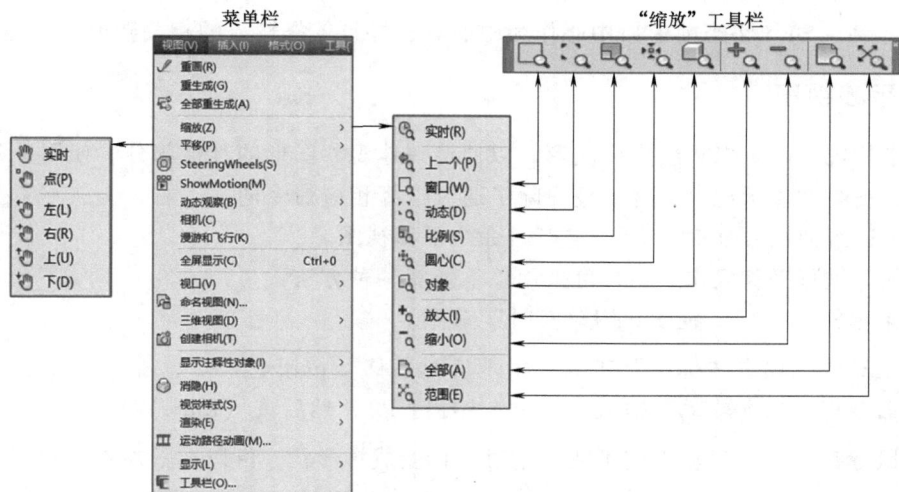

图 1-47　缩放与平移

使用缩放工具缩小图形，从而观察图形的整体效果。通过缩放视图（如同照相机变焦镜头）可以放大或缩小屏幕显示尺寸，而图形的真实尺寸保持不变。

要对图形进行缩放操作，用户可采用以下任意一种方法：

（1）菜单栏　选择"视图|缩放"菜单命令，在其下级菜单中选择相应命令。

（2）工具栏　单击"缩放"工具栏上相应的功能按钮。

（3）命令行　输入或动态输入"Zoom"（快捷键 Z），并按〈Enter〉键。

（4）鼠标键　上下滚动鼠标中键，这时可以放大或缩小视图。

若用户选择"视图|缩放|窗口"命令，其命令行会给出如下的提示信息：

命令：Zoom

指定窗口的角点，输入比例因子（nX 或 nXP），或者［全部（A 中心（O）动态（D）范围（E）上一个（P）比例（S）窗口（W）/对象（O）<实时>：

该命令提示信息中给出多个选项，每个选项含义如下：

（1）全部（A）　用于在当前视口显示整个图形，其大小取决于图形界限的设置或者有效绘图区域，这是因为用户可能没有设置图形界限或有些图形超出了绘图区域。

（2）中心（C）　该选项要求确定一个中心点，然后绘出缩放系数（后跟字母 X）或一个高度值。Autocad 就缩放中心点区域的图形，按缩放系数或高度值显示，所选的中心点将成为视口的中心点。如果保持中心点不变，而只想改变缩放系数或高度值，则在新的"指定中心点："提示符下按〈Enter〉键即可。

（3）动态（D）　该选项集成了"平移"或"缩放"命令中的"全部"和"窗口"选项的功能。使用时，系统将显示一个平移观察框，拖动它至适当位置并单击将显示缩放观察框，并能够调整观察框的尺寸。如果单击鼠标，则系统将再次显示平移观察框。如果按〈Enter〉键或单击鼠标，则系统将利用该观察框中的内容填充视口。

（4）范围（E）　用于将图形的视口最大限度地显示出来。

（5）上一个（P）　用于恢复当前视口中上一次显示的图形，最多可以恢复 10 次。

（6）窗口（W）　用于缩放一个由两个角点所确定的矩形区域。

（7）比例（S）　将当前窗口中心作为中心点，并且依据输入的相关数值进行缩放。

1.7.2　平移视图

通过平移视图，可以重新定位图形，以便清楚地观察图形的其他部分。使用平移命令平移视图时，视图的显示比例不变。用户除了通过选择相应命令向左、右、上、下 4 个方向平移视图外，还可使用"实时"和"定点"命令平移视图。

要对图形进行平移操作，用户可采用以下任意一种方法：

（1）菜单栏　执行"视图|平移|实时"命令。

（2）工具栏　单击"标准"工具栏中"实时平移"按钮 🖐。

（3）命令行　输入或动态输入"Pan（快捷键 P），然后按〈Enter〉键。

（4）鼠标键　按住鼠标中键不放，这时光标变成 ● 形状，可以上下左右平移视图。

1.8　基本输入与命令的终止、撤销和重做

在 AutoCAD 中，菜单命令、工具栏按钮、命令行输入命令和系统变量大都是相互对应的。想要执行某一个命令，可采用选择某一菜单命令，或单击某个工具栏按钮，或在命令行中输入命令和系统变量等多种方法。可以说，命令是 AutoCAD 绘制与编辑图形的核心。

1.8.1　命令的输入方式

1. 使用鼠标操作执行命令

在绘图窗口，光标通常显示为"+"字线形式。当光标移至菜单选项、工具栏或对话框内时，它会变成一个箭头。无论光标是"+"字线形式还是箭头形式，当单击或者按动鼠标键时，都会执行相应的命令或动作。在 AutoCAD 中，鼠标键是按照下述规则定义的：

（1）拾取键　通常指鼠标左键，用于指定屏幕上的点，也可以用来选择 Windows 对象、AutoCAD 对象、工具栏按钮和菜单命令等。

（2）回车键　指鼠标右键，相当于〈Enter〉键，用于结束当前使用的命令，此时系统将根据当前绘图状态弹出不同的快捷菜单。

（3）弹出菜单　当使用〈Shift〉键和鼠标右键的组合时，系统将弹出一个快捷菜单，用于设置捕捉点的方法。对于 3 键鼠标，弹出按钮通常是鼠标的中间按钮。

2. 使用命令行输入

在 AutoCAD 中，可以在当前命令行提示下输入命令、对象参数等内容。如果用户觉得命令行窗口不能显示更多的内容，可以将鼠标置于命令行上侧，当鼠标呈 ↕ 形状时，可以上下拖动命令行窗口，可以改变命令行窗口的高度，显示更多的内容。

AutoCAD 中可以按快捷键〈Ctrl+9〉对命令行进行显示或隐藏。

3. 使用透明命令

在 AutoCAD 中，透明命令是指在执行其他命令的过程中可以执行的命令。常使用的透明命令多为修改图形设置的命令、绘图辅助工具命令，如 Snap、Grid、Zoom 等。

要以透明方式使用命令，应在输入命令之前输入单引号（'）。命令行中，透明命令的提示前有一个双折号（>>）。当完成透明命令后，将继续执行原命令。

1.8.2　数据的输入方式

在 AutoCAD 中绘图或编辑图形时，系统常提示用户输入一个点。根据绘图时情况不同，点分为起始点、基点、位移点、中心点和终点等，并且有时要求用户精确输入一个特殊位置点。

1. 用键盘输入点坐标

在 AutoCAD 2018 中，点的坐标可以用直角坐标、极坐标、球面坐标和柱面坐标表示，每一种坐标又分别具有两种坐标输入方式，即绝对坐标和相对坐标。直角坐标和极坐标最为常用，下面介绍它们的输入方法。

（1）输入绝对坐标值　以坐标原点为参照基准点的坐标值即绝对坐标。在命令行中，输入（X，Y）值即表示输入点的直角坐标，其绝对坐标值为 X、Y。如果输入点（X<Y）的坐标，则表示输入点的极坐标，其绝对极坐标的极径长 X，极角为 Y。

（2）输入相对坐标值　命令行中，如果在输入坐标值前增加符号@，如@（X，Y）表示新输入点与原来已经输入点的相对直角坐标为（X，Y）。在动态输入文本框中，首先输入 X 值，按键盘上逗号键后再输入 Y 值，也表示输入点的相对直角坐标；如果输入 X 值，按〈TAB〉键后再输入 Y 值（角度），这时则是输入点的相对极坐标。

如图 1-48 所示，A 点的绝对坐标为（10，20），B 点对于 A 点的相对坐标为@（30，0），C 点对于 B 点的相对极坐标为@（10<150）。

2. 用对象捕捉方式

对象捕捉是将指定点限制在现有对象的确切位置上，如线段的端点、中点或交点等。利用对象捕捉可以迅速定位对象上的精确位置，而不必知道坐标。

如果打开对象捕捉功能，只要将鼠标移到捕捉点附近，AutoCAD 就会显示标记和工具栏提示，此功能提供了视觉提示。

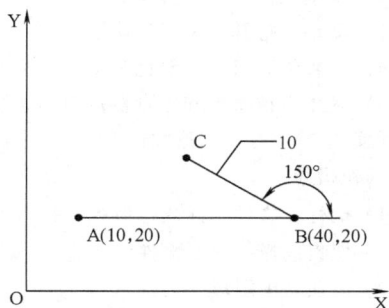

图 1-48　点坐标输入示例

1.8.3　命令的终止、撤销与重做

在 AutoCAD 环境中绘制图形时，对执行的操作可以进行终止、撤销及重做操作。

1. 终止命令

在执行命令过程中，如果用户不准备执行正在进行的命令，则可以随时通过以下方法终止执行的任何命令：

1）按〈Esc〉键。

2）鼠标键。右击鼠标，从弹出的快捷菜单中选择"取消"命令。

2. 撤销命令

执行了错误的操作或放弃最近一个或多个操作有多种方法，可使用以下方法来放弃单个操作，或者一次撤销前面进行的多步操作：

1）命令行。输入 UNDO 命令，然后在命令行中输入要放弃的数目。

2）工具栏。"标准"工具栏中，单击"放弃"按钮 ↰ 。

3）快捷键〈Ctrl+Z〉。撤销最近一次的操作。

3. 重做命令

如果错误地撤销了正确的操作，可以通过"重做"命令进行还原，或者需要重复 Auto-CAD 命令，都可以通过以下方法重复刚刚执行的任何命令：

1）按〈Enter〉键或空格键。

2）鼠标键　在绘图区域中右击，在弹出的快捷菜单选择"重复"命令。

3）工具栏　在"标准"工具栏中单击"重做"按钮 ↱ 。

本 章 小 结

本章介绍了 AutoCAD 2018 的工作界面，以及图形文件管理、绘图的相关设置等操作，帮助读者掌握 AutoCAD 2018 的学习方法和入门知识，消除对 AutoCAD 2018 的陌生感，为接下来的学习打下坚实的基础。

上 机 实 验

[实验1]：熟悉 AutoCAD 2018 的操作界面

操作指导：

1）运行 AutoCAD 2018，进入 AutoCAD 2018 的操作界面。

2）调整操作界面的大小。

3）移动、打开、关闭工具栏。

4）设置绘图窗口的颜色和十字光标的大小。

5）利用下拉菜单和工具栏按钮随意绘制图形。

[实验2]：管理图形文件

操作指导：

1）执行"文件 | 打开"命令，弹出"选择文件"对话框。

2）搜索选择一图形文件。

3）添加简单图形。

4）执行"文件 | 另存为"命令，将图形赋名存盘。

[实验3]：设置绘图环境

操作指导：

1）执行"文件 | 新建"命令，新建一个图形文件。

2）选择菜单栏中的"格式 | 图形界限"。

3）指定左下角点为0。

4）指定右上角点为 420 和 297。

5）按〈Enter〉键确认，完成 A3 图幅的设置。

思 考 与 练 习

1. 请指出 AutoCAD 2018 操作界面中标题栏、菜单栏、命令行、状态栏、工具栏、功能区的位置及作用。

2. 调用 AutoCAD 命令的方法有（　　）。

A. 在命令行输入命令名　　　　　　　　B. 在命令行输入命令缩写字

C. 选择下拉菜单中的菜单选项　　　　　D. 单击工具栏中的对应图标

E. 以上均可

3. 请将下面左侧所列功能键与右侧相应功能用连线连接。

A. Esc　　　　　　　　　　　　　　（a）剪切

B. UNDO（在"命令："提示下）　　（b）弹出帮助对话框

C. F2　　　　　　　　　　　　　　（c）取消和终止当前命令

D. F1　　　　　　　　　　　　　　（d）图形窗口/文本窗口切换

E. Ctrl+X　　　　　　　　　　　　（e）撤消上次命令

4. 请将下面左侧所列文件操作命令与右侧相应命令功能用连线连接。

A. Open　　　　　　　　　　　　　（a）打开已有的图形文件

B. Qsave　　　　　　　　　　　　（b）将当前图形另命名存盘

C. Save as　　　　　　　　　　　（c）退出

D. Quit　　　　　　　　　　　　　（d）将当前图形存盘

5. 精确绘图需要如何设置绘图环境？

6. 一般情况下，应采用什么尺寸单位类型？应采用什么角度单位类型？

7. 如何同时用对象捕捉方式切换开关和正交方式绘图？应分别使用哪些功能键？

8. 使用模板图的优点有哪些？

9. 使用图层时，关闭（Off）和冻结（Freeze）的作用及区别有哪些？

第2章 AutoCAD 基本绘图命令

从本章开始，用户正式进入图形绘制的学习。AutoCAD 可以创建各类二维建筑图，如平面图、立面图、剖面图等。这些图分解开来，除了文字、尺寸、表格等，实际都是由一些基本的点、线、几何图形、填充内容组成的。因此，熟练地掌握基本二维图形的绘制是非常重要的。AutoCAD 提供了点、直线、射线、折线、多线、多段线、矩形、圆、多边形、圆弧、样条曲线等众多工具和命令，通过它们可以绘制出基本的建筑图形。

本章主要介绍点、线，以及其他几何图形的绘制和图形的填充。AutoCAD 中涉及绘图命令的菜单栏、功能区选项板、工具栏如图 2-1 所示。

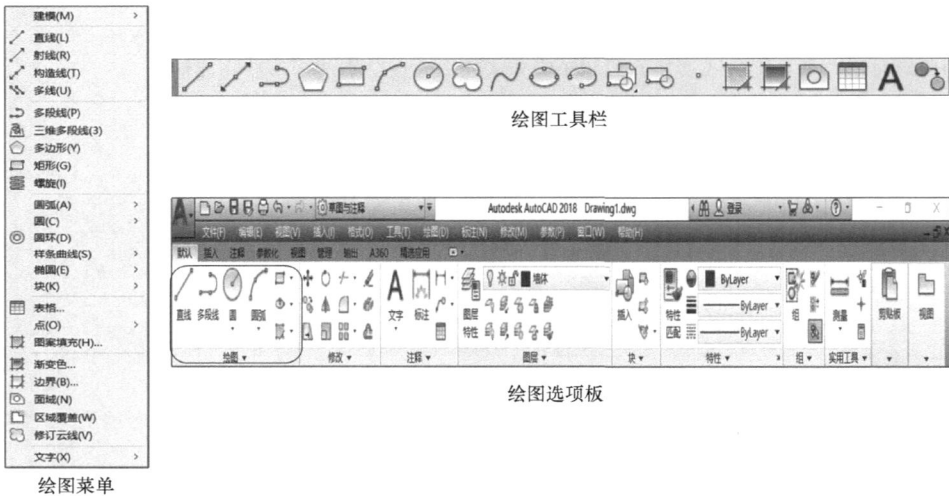

图 2-1　与绘图相关的面板

2.1　绘制线性对象

建筑绘图中，最基本的线性对象包括直线、射线、构造线。直线常用来绘制建筑轮廓，射线和构造线常用作辅助线。比较特殊的多段线，可以创建由直线段、圆弧段组成的对象。利用多段线可以变化线宽的特点，常用来创建箭头图形。

2.1.1　绘制直线

在 AutoCAD 中，直线是指两点确定的一条线段，而不是无限长的直线。构成直线段的两点可以是图元的圆心、端点（顶点）、中点和切点等类型。启动绘制直线命令，可以采用下列方法之一：

（1）菜单栏　选择"绘图|直线"命令。

（2）功能区选项板　"默认|绘图|直线"命令。

（3）工具栏　单击"直线"按钮图标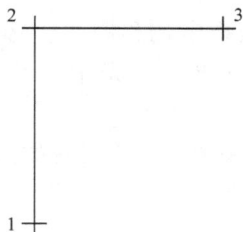。

（4）命令行　Line 或 L。

执行 Line 命令后，命令行依次提示如下信息：

指定第一点：（用鼠标确定起始点 1）

指定下一点或［放弃（U）］：（用相对极坐标（@ 300<90）给定第 2 点）

指定下一点或［闭合（C）/放弃（U）］：（用相对直角坐标（@ 300，0）给定第 3 点）

指定下一点或［闭合（C）/放弃（U）］：（按〈Enter〉键结束命令）

上述命令操作完成，效果如图 2-2 所示。

若在最后一次出现提示行"指定下一点或［闭合（C）/放弃（U）］："时选择"C"项，则图形首尾封闭并结束命令，效果如图 2-3 所示。

图 2-2　画直线

图 2-3　"C"封闭画

用户可以通过鼠标单击或键盘输入来确定线段的起点和终点。AutoCAD 允许以上一条线段的终点为起点，另外确定点为终点，这样一直连续绘制直线，只有按〈Enter〉或〈Esc〉键，才能终止命令。

用"直线"命令绘制的直线在默认状态下是没有宽度的，但可以通过不同的图层定义直线的线宽和颜色，在打印输出时，可以打印粗细不同的直线。

2.1.2　绘制射线

射线是一端固定，另一端无限延伸的直线，即只有起点而没有终点或者终点无穷远的直线，该工具主要用于绘制标高的参考辅助线及角分线。

要绘制射线对象，用户可以通过以下几种方法：

（1）菜单栏　选择"绘图|射线"命令。

（2）功能区选项板　"默认|绘图|射线"按钮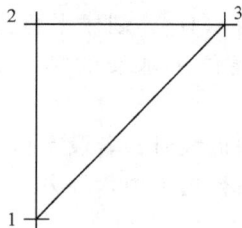。

（3）命令行　在命令行中输入或动态输入 Ray 命令。

在绘图区分别指定射线的起点和通过点，即可绘制一条射线。

2.1.3　绘制构造线

构造线是向两个方向无限延长的直线，没有起点和终点。构造线一般用做绘图的辅助线。

要绘制构造线对象，用户可以通过以下几种方法：

（1）菜单栏　选择"绘图|构造线"命令。

（2）功能区选项板 "默认|绘图|构造线"按钮 ↗。

（3）工具栏 在"绘图"工具栏上单击"构造线"按钮 ↗。

（4）命令行 在命令行中输入或动态输入 Xline 命令（快捷键 XL）。

执行"构造线"命令，并根据命令行提示进行操作，即可绘制垂直和指定角度的构造线。绘制构造线的过程中，各选项的含义如下：

（1）水平（H） 创建一条经过指定点并且与当前坐标 X 轴平行的构造线。

（2）垂直（V） 创建一条经过指定点并且与当前坐标 Y 轴平行的构造线。

（3）角度（A） 创建与 X 轴成指定角度的构造线；也可以先指定一条参考线，再指定参考线与构造线的角度；还可以先指定构造线的角度，再设置通过点。

（4）二等分（B） 创建二等分指定的构造线，即角平分线。要先指定等分角的顶点，然后指出该角两条边上的点。

（5）偏移（O） 创建平行指定基线的构造线，需要先指定偏移距离，选择基线，然后指明构造线位于基线的哪一侧，类似偏移命令，基线可以是一条辅助线、直线或复合线。

在绘制构造线时，若没有指定构造线的类型，用户可在视图中指定任意的两点来绘制一条构造线。执行选项中六种方式绘制构造线，分别如图 2-4 所示。

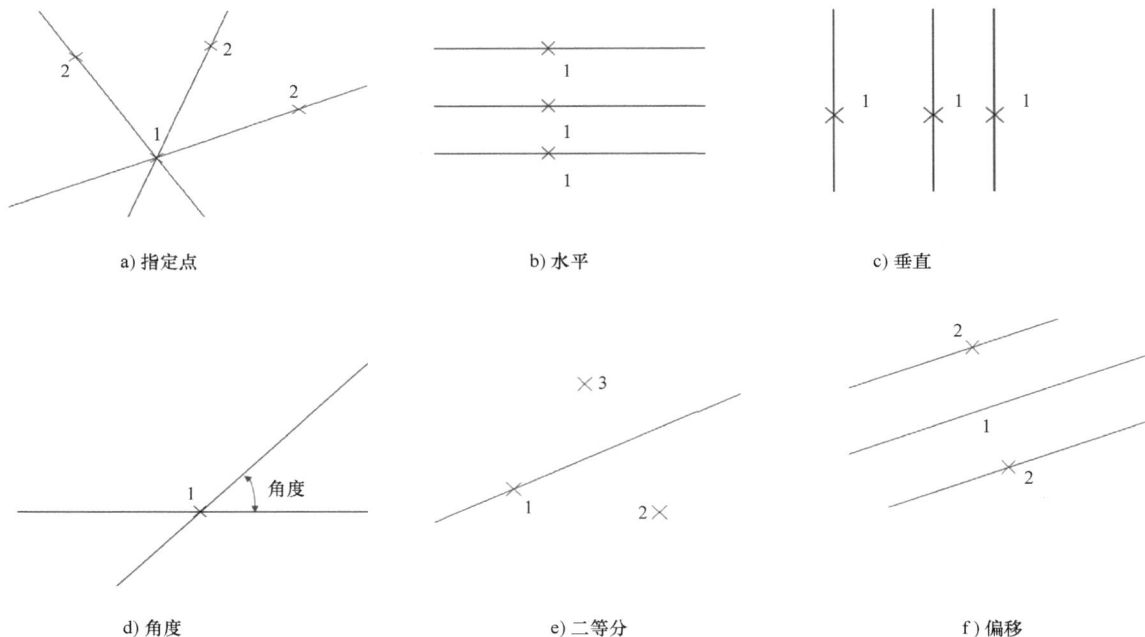

a）指定点　　　　　　　　　　b）水平　　　　　　　　　　c）垂直

d）角度　　　　　　　　　　　e）二等分　　　　　　　　　　f）偏移

图 2-4 构造线的绘制

操作步骤：

命令：Xline

指定点或（水平（H）/垂直（V）/角度（A）/二等分（B）/偏移（O）]：（给出点 1）

指定通过点：（给定通过点 2，绘制一条双向无限长直线）"

指定通过点：(继续给点，继续绘制线，如图 2-4 所示，按〈Enter〉键结束)

2.1.4　绘制多段线

多段线是作为单个对象创建的相互连接的线段序列。启动该命令，可以创建直线段、圆弧段或两者的组合线段，还可以在各段之间设置不同的线宽。它适用于地形、等压和其他学科应用的轮廓素线、布线图和电路印刷板布局、流程图和布管图、三维实体建模的拉伸轮廓和拉伸路径等。

要绘制多段线对象，用户可以通过以下三种方法：

(1) 菜单栏　选择"绘图|多段线"命令。

(2) 工具栏　在"绘图"工具栏上单击"多段线"按钮　。

(3) 命令行　在命令行中输入或动态输入 Pline 命令 (快捷键 PL)。

执行"多段线"命令，并根据命令行提示进行操作，即可绘制带箭头的构造线，在绘制多段线的过程中，其各选项含义如下：

(1) 圆弧 (A)　从绘制的直线方式切换到绘制圆弧方式，如图 2-5 所示。

(2) 半宽 (H)　设置多段线的 1/2 宽度，用户可分别指定多段线的起点半宽和终点半宽，如图 2-6 所示。

图 2-5　圆弧多段线

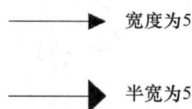

图 2-6　半宽多段线

(3) 长度 (L)　指定绘制直线段的长度。

(4) 放弃 (U)　删除多段线的前一段对象，从而方便用户及时修改在绘制多段线过程中出现的错误。

(5) 宽度 (W)　设置多段线的不同起点和端点宽度，如图 2-7 所示。

提示：当用户设置了多段线的宽度时，可通过 Fill 变量来设置是否对多段线进行填充，如果设置为"开 (ON)"，则表示填充，若设置为"关 (OF)"，则表示不填充，如图 2-8 所示。

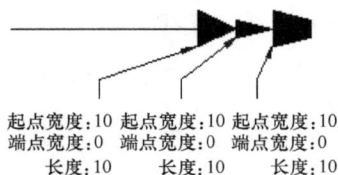

起点宽度：10　起点宽度：10　起点宽度：10
端点宽度：0　端点宽度：0　端点宽度：0
长度：10　长度：10　长度：10

图 2-7　绘制不同宽度的多段线

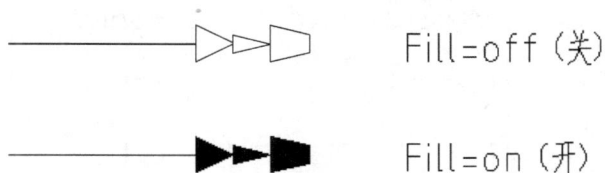

Fill=off (关)

Fill=on (开)

图 2-8　是否填充的效果

(6) 闭合 (C)　与起点闭合，并结束命令。当多段线的宽度大于 0 时，若想绘制闭合的多段线，一定要选择"闭合 (C)"选项，这样才能使其完全闭合，否则即使起点与终点重合，也会出现缺口现象，如图 2-9 所示。

图 2-9　起点与终点是否闭合

2.2　绘制曲线类对象

2.2.1　绘制圆

圆是工程制图中一种常见的基本实体，用户要绘制圆对象，可以通过以下 3 种方法来实现：

（1）菜单栏　选择"绘图|圆"子菜单下的相关命令，如图 2-10 所示。

（2）工具栏　在"绘图"工具栏上单击"圆"按钮 。

（3）命令行　在命令行中输入或动态输入 Circle 命令（快捷键 C）。

在 AutoCAD 2018 中，可以使用 6 种方法来绘制圆对象，如图 2-11 所示。

"绘图|圆"命令的子菜单中各命令的功能如下：

（1）"绘图|圆|圆心、半径"命令　指定圆的圆心和半径绘制圆。

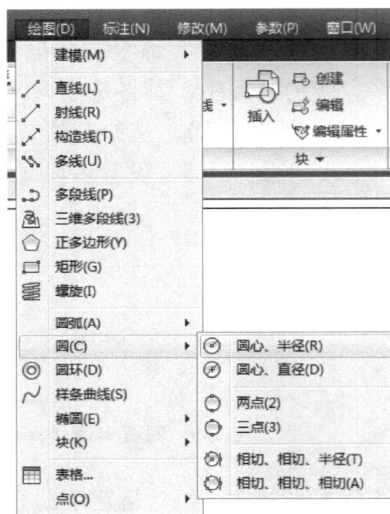

图 2-10　"圆"子菜单的相关命令

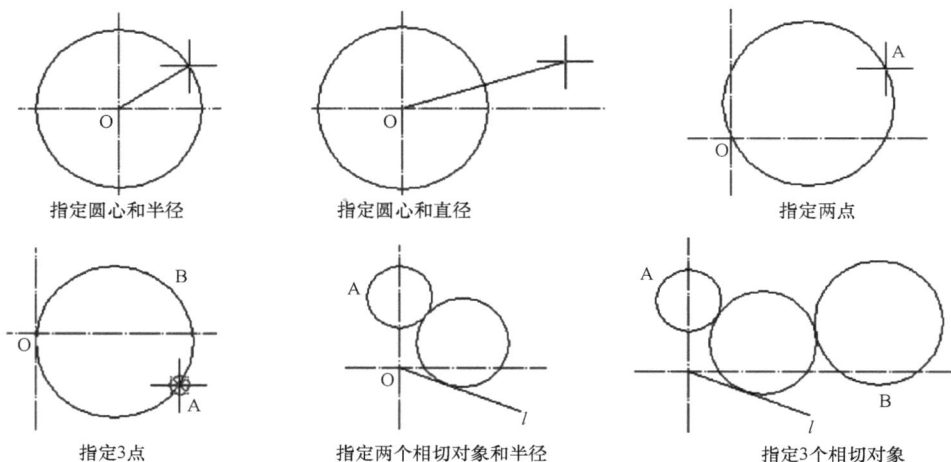

指定圆心和半径　　　　　指定圆心和直径　　　　　指定两点

指定3点　　　　　指定两个相切对象和半径　　　　　指定3个相切对象

图 2-11　圆的 6 种绘制方法

（2）"绘图｜圆｜圆心、直径"命令　指定圆的圆心和直径绘制圆。

（3）"绘图｜圆｜两点"命令　指定两个点，并以两个点之间的距离为直径来绘制圆。

（4）"绘图｜圆｜三点"命令　指定 3 个点来绘制圆。

（5）"绘图｜圆｜相切、相切、半径"命令　以指定的值为半径，绘制一个与两个对象相切的圆，在绘制时，需要先指定与圆相切的两个对象，然后指定圆的半径。

（6）"绘图｜圆｜相切、相切、相切"命令　依次指定与圆相切的 3 个对象来绘制圆。

如果在命令提示要求输入半径或者直径时输入的值无效，如英文字母、负值等，系统将显示"需要数值距离或第二点""值必须为正且非零"等信息，并提示重新输入值或者退出。

> 提示：在"指定圆的半径或〈直径（D）〉："提示下，也可移动十字光标至合适位置单击，系统将自动把圆心和十字光标确定的点之间的距离作为圆的半径，绘制出一个圆。

2.2.2　绘制圆弧

在 AutoCAD 中，提供了多种不同的画弧方式，可以指定圆心、端点、起点、半径、角度、弦长和方向值的各种组合形式。

要绘制圆弧对象，用户可以通过以下 3 种方法：

（1）菜单栏　选择"绘图｜圆弧"子菜单下的相关命令，如图 2-12 所示。

（2）工具栏　在"绘图"工具栏上单击"圆弧"按钮。

（3）命令行　在命令行中输入或动态输入 Arc 命令（快捷键 A）。

执行圆弧命令后，并根据提示进行操作，即可绘制一个圆，如图 2-13 所示。

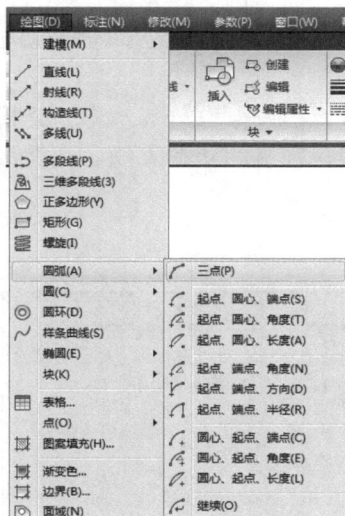

图 2-12　圆弧的子菜单命令

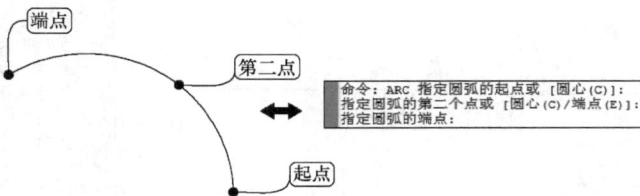

图 2-13　绘制的圆弧

在"绘图｜圆弧"子菜单下，有多种绘制圆弧的方式，其具体含义如下：

（1）"三点"　通过指定三点可以绘制圆弧。

（2）"起点、圆心、端点" 如果已知起点、圆心和端点，可以通过首先指定起点或圆心来绘制圆弧，如图 2-14 所示。

（3）"起点、圆心、角度" 如果存在可以捕捉到的起点和圆心点，并且已知包含角度，请使用"起点、圆心、角度"或"圆心、起点、角度"选项，如图 2-15 所示。

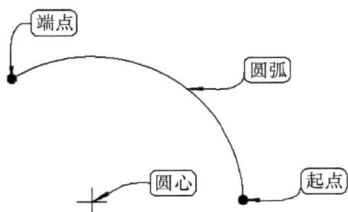

图 2-14 "起点、圆心、端点"画圆弧

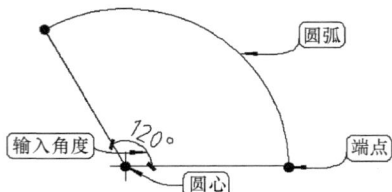

图 2-15 "起点、圆心、角度"画圆弧

（4）"起点、圆心、长度" 如果存在可以捕捉到的起点和圆心，并且已知弦长，此时可执行"起点、圆心、长度"或"圆心、起点、长度"选项，如图 2-16 所示。

（5）"起点、端点、方向/半径" 如果存在起点和端点，此时可执行"起点、端点、方向"或"起点、端点、半径"选项，如图 2-17 所示。

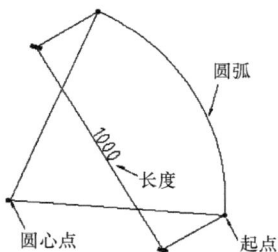

图 2-16 "起点、圆心、长度"画圆弧

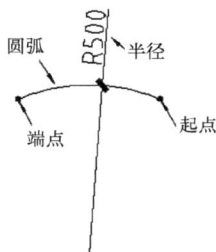

图 2-17 "起点、端点，方向/半径"画圆弧

提示：完成圆弧的绘制后，执行直线命令 Line，在"指定第一点："提示下，直接按 < Enter >键，再输入直线的长度数值，可以立即绘制一端与该圆弧相切的直线。其提示及视图效果如图 2-18 所示。

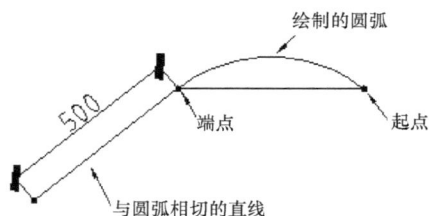

图 2-18 绘制与圆弧相切的直线段

2.2.3　绘制圆环

用户可通过指定圆环的内、外直径绘制圆环，也可绘制填充圆。

要绘制圆弧对象，用户可以通过以下 3 种方法：

（1）命令行　Donut。

（2）菜单栏　"绘图 | 圆环"。

（3）功能区　单击"默认"选项卡"绘图"面板中的"圆环"按钮 ◎。

执行圆环命令后，依据命令行的提示分别设置圆环的内径和外径值，并按〈Enter〉键确认，即可绘制圆环，效果如图 2-19 所示。

在绘制圆环前，如果在命令行中输入 Fill 指令，即可通过命令行中的"开（ON）"或"关（OFF）"模式控制圆环内部填充的显示状态。如果此时选择"开（ON）"，将打开填充显示；如果选择"关（OFF）"，将关闭填充显示，如图 2-20 所示。

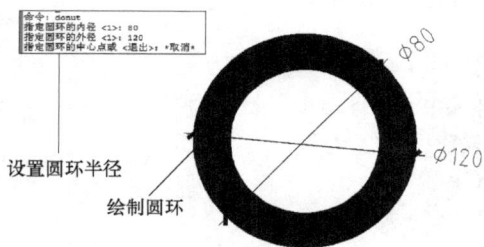

图 2-19　绘制圆环

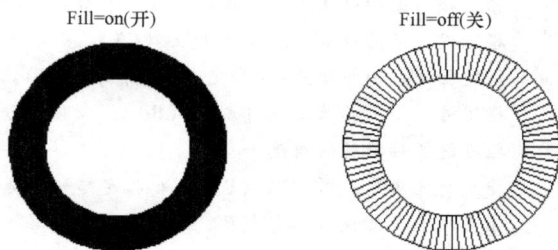

图 2-20　控制圆环内部填充显示

2.2.4　绘制椭圆和椭圆弧

椭圆是指平面上到定点距离与到定直线间距离之比为常数的所有点的集合，其形状主要由长轴、短轴和椭圆中心这 3 个参数确定。

要绘制椭圆或者椭圆弧对象，用户可以通过以下 3 种方法：

（1）菜单栏　"绘图 | 椭圆 | 圆心或轴、端点或圆弧"。

（2）工具栏　"绘图 | 椭圆 ◯ 或椭圆弧" ◯。

（3）功能区　单击"默认"选项卡"绘图"面板中的"椭圆"下拉菜单（图 2-21）。

执行椭圆和椭圆弧命令时的主要选项说明如下：

（1）指定椭圆的轴端点　根据两个端点定义椭圆的第一条轴。第一条轴的角度确定了整个椭圆的角度。第一条轴既可以定义椭圆的长轴也可以定义短轴。

（2）旋转（R）　通过绕第一条轴旋转圆来创建椭圆，相当于将一个圆绕圆轴翻转一个角度后的投影视图，如图 2-22 所示。

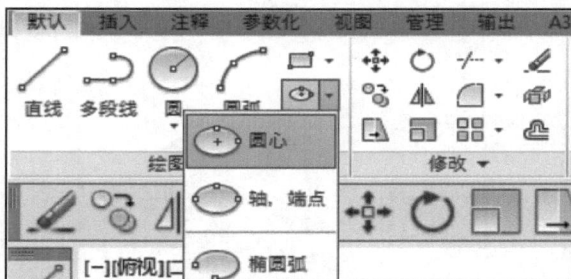

图 2-21　"椭圆"下拉菜单

（3）中心点（C） 通过指定的中心点创建椭圆。

（4）圆弧（A） 用于创建一段椭圆弧。与"绘制"工具栏中的"椭圆弧"按钮的功能相同。其中第一条轴的角度确定了椭圆弧的角度。第一条轴既可定义椭圆弧长轴也可定义椭圆弧短轴。选择该项，系统继续提示：

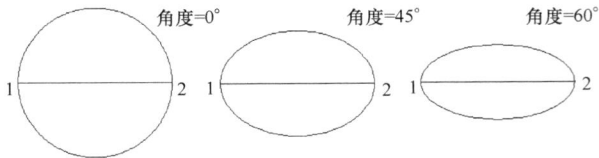

图 2-22　旋转

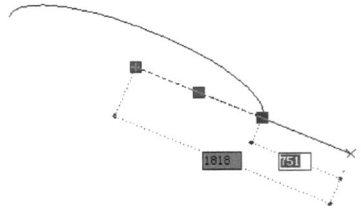

图 2-23　椭圆弧

指定椭圆弧的轴端点或［圆弧（A)/中心点（C）］：//指定端点或输入 C

指定椭圆弧的轴端点或［中心点（C）］：

指定轴的另一个端点：（指定另一端点）

指定另一条半轴长度或［旋转（R）］：//指定另一条半轴长度或输入 R

指定绕长轴旋转的角度

指定起始角度或［参数（P）］：//指定起始角度或输入 P

指定端点角度或［参数（P）/夹角（I）］：

其中各选项含义如下：

1）角度：指定椭圆弧端点的两种方式之一，光标和椭圆中心点连线与水平线的夹角为椭圆端点位置的角度，如图 2-23 所示。

2）参数（P）：指定椭圆弧端点的另一种方式，该方式同样是指定椭圆弧端点的角度，通过以下矢量参数方程创建椭圆弧。

$$p(u) = c + a * cos(u) + b * sin(u)$$

其中，c 是椭圆的中心点，a 和 b 分别是椭圆的长轴和短轴，u 为光标与椭圆中心点连线的夹角。

3）夹角（I）：定义从起始角度开始的包含角度。

实例：绘制图 2-24 所示的洗脸盆。

绘制步骤分别为"绘制水龙头"→"绘制旋钮"→"绘制脸盆外沿"→"绘制脸盆内沿"，如图 2-25 所示。

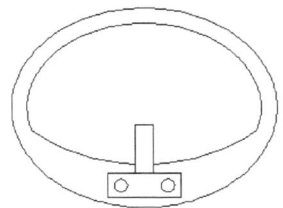

图 2-24　浴室洗脸盆图形

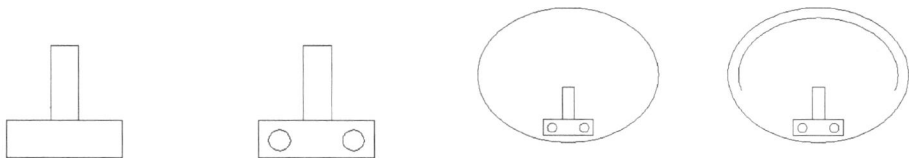

图 2-25　浴室洗脸盆绘制过程分解

2.2.5　样条曲线

样条曲线常用于绘制不规则零件轮廓，如零件断裂处的边界。

1. 绘制样条曲线

要绘制样条曲线，用户可以采用以下 4 种方法：

（1）菜单栏　"绘图|样条曲线"。

（2）工具栏　"绘图|样条曲线" ⬚。

（3）功能区　单击"默认"选项卡"绘图"面板中的"样条曲线拟合"按钮 ⬚ 或"样条曲线控制点"按钮 ⬚。

（4）命令行　输入 Spline。

在绘制样条曲线的过程中，各选项的含义如下：

（1）对象（O）　将二维或三维的二次或三次样条曲线拟合多段线转换为等价的样条曲线，然后（根据 Delobj 系统变量的设置）删除该多段线。

（2）闭合（C）　将最后一点定义为与第一点一致，并使它在连接处相切，这样可以闭合样条曲线。

（3）拟合公差（F）　修改当前样条曲线的拟合公差。根据新公差以现有点重新定义样条曲线。公差表示样条曲线拟合所指定的拟合点集时的拟合精度。公差越小，样条曲线与拟合点越接近。公差为 0，样条曲线将通过该点。输入大于 0 的公差，将使样条曲线在指定的公差范围内通过拟合点。在绘制样条曲线时，可以改变样条曲线拟合公差以查看效果。

（4）<起点切向>　定义样条曲线的第一点和最后一点的切向。如果在样条曲线的两端都指定切向，可以输入一个点或者使用"切点"和"垂足"对象捕捉模式使样条曲线与已有的对象相切或垂直。如果按〈Enter〉键，AutoCAD 将计算默认切向。

（5）<端点相切>　停止基于切向创建曲线。可通过指定拟合点继续创建样条曲线。选择"端点相切"后，将提示指定最后一个输入拟合点的最后一个切点。

（6）变量控制　系统变量 Splframe 用于控制绘制样条曲线时是否显示样条曲线的线框。将该变量的值设置为 1 时，会显示出样条曲线的线框。

2. 编辑样条曲线

要编辑样条曲线，用户可以通过以下 5 种方法

（1）命令行　输入 Splinedit。

（2）快捷菜单　选择要编辑的样条曲线，右击，从打开的快捷菜单上选择"编辑样条曲线"。

（3）菜单栏　"修改|对象|样条曲线"。

（4）工具栏　"修改 II|编辑样条曲线"按钮 ⬚。

（5）功能区　单击"默认"选项卡"修改"面板中的"编辑样条曲线"按钮 ⬚。

各主要选项说明如下：

（1）闭合（C）　在"闭合"和"开放"之间切换，具体取决于选定样条曲线是否为闭合状态。

（2）合并（J）　选定的样条曲线、直线和圆弧在重合端点处合并到现有样条曲线。选

择有效对象后，该对象将合并到当前样条曲线，合并点处将具有一个折点。

（3）拟合数据（F）　编辑近似数据。选择该项后，创建该样条曲线时指定的各点以小方格的形式显示出来。

（4）编辑顶点（E）　可以精密调整样条曲线定义。

（5）转换为多段线（P）　将样条曲线转换为多段线。精度值决定多段线与厚样条曲线拟合的精确程度。有效值为 0~99 的任意整数。

（6）反转（E）　翻转样条曲线的方向。该项操作主要用于应用程序。

3. 实例：绘制雨伞

绘制图 2-26 所示的雨伞，绘制过程如图 2-27 所示。

图 2-26　雨伞

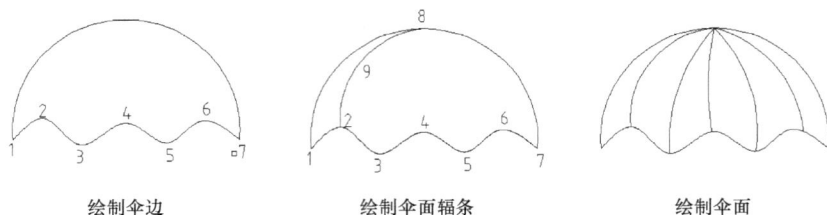

图 2-27　雨伞绘制过程

绘制伞边　　　　绘制伞面辐条　　　　绘制伞面

1）单击"默认"选项卡"绘图"面板中的"圆弧"按钮，绘制伞的外框（半圆）。

2）单击"默认"选项卡"绘图"面板中的"样条曲线拟合"按钮，绘制伞的底边，命令行提示如下：

命令：Spline

当前设置：方式=拟合节点=弦

指定第一个点或「方式（M）/节点（K）/对象（O）]：_ M

输入样条曲线创建方式/拟合（E）/控制点（CV）]，<拟合>：_ FIT

当前设置：方式=拟合　　节点=弦

指定第一个点或 [方式（M）/节点（K）/对象（O）]：//指定样条曲线的起点

输入下一个点或 [起点切向（m）/公差（L）]：//输入下一个点

输入下一个点或 [端点相切（T）/公差（L）/放弃（U）]：//指定样条曲线的下一个点

输入下一个点或 [端点相切（T）/公差（L）/放弃（U）/闭合（C）]：//指定样条曲线的下一个点

输入下一个点或 [端点相切（T）/公差（L）/放弃（U）/闭合（C）]：//指定样条曲线的下一个点

输入下一个点或 [端点相切（T）/公差（L）/放弃（U）/闭合（C）]：//指定样条曲线的下一个点

输入下一个点或 [端点相切（T）/公差（L）/放弃（U）/闭合（C）]：//指定样条曲线的下一个点

输入下一个点或 [端点相切（T）/公差（L）/放弃（U）/闭合（C）]：

指定起点切向：//在 1 点左边顺着曲线往外指定一点并右击确认

指定端点切向：//在 7 点左边顺着曲线往外指定一点并右击确认

3）单击"默认"选项卡"绘图"面板中的"圆弧"按钮，绘制伞面辐条，命令行提示与操作如下：

命令：Arc

指定圆弧的起点或［圆心（C）］：//在圆弧大约正中点 8 位置指定圆弧的起点

指定圆弧的第二个点或［圆心（C）/端点（E）］：//在点 9 位置指定圆弧的第二个点

指定圆弧的端点：//在点 2 位置指定圆弧的端点

采用同样方法，单击"默认"选项卡"绘图"面板中的"圆弧"按钮，绘制其他雨伞辐条，绘制结果如图 2-27 所示。

4）单击"默认"选项卡"绘图"面板中的"多段线"按钮，绘制伞顶和伞把，命令行提示与操作如下：

命令：Pline

指定起点：//在图 2-27 的点 8 位置指定伞顶起点

当前线宽为 3.0000

指定起点宽度<3.0000>：4

指定端点宽度<4.0000>：2

指定下一个点或［圆弧（A）/半宽（H）/长度（L）/放弃（U）/宽度（N）］：//指定伞顶终点

指定下一个点或［圆弧（A）/闭合（C）/半宽（H）/长度（L）/放弃（U）/宽度（N）］：U//位置不合适，取消

指定下一个点或［圆弧（A）/半宽（H）/长度（L）/放弃（U）/宽度（N）］：//重新在往上适当位置指定伞顶终点

指定下一点或［圆弧（A）/闭合（C）/半宽（H）/长度（L）/放弃（U）/宽度（N）］：//右击确认

命令：Pline

指定起点：//在图 2-27 的点 8 正下方点 4 位置附近指定伞把起点

当前线宽为 2.0000

指定下一个点或［圆弧（A）/半宽（H）/长度（L）/放弃（U）/宽度（W）］：H

指定起点半宽<1.0000>：1.5

指定端点半宽<1.5000>：

指定下一个点或［圆弧（A）/半宽（H）/长度（工）/放弃（U）/宽度（N）］：//往下适当位置指定下一点

指定下一点或［圆弧（A）/闭合（C）/半宽（H）/长度（L）/放弃（U）/宽度（W）］：A

指定圆弧的端点（按住 Ctrl 键以切换方向）或［角度（A）/圆心（CE）/闭合（CL）/方向（D）/半宽（H）/直线（L）/半径（R）/第二个点（S）/放弃（U）/宽度（N）］：//指定圆弧的端点

指定圆弧的端点（按住 Ctrl 键以切换方向）或［角度（A）/圆心（CE）/闭合（CL）/方向（D）/半宽（H）/直线（L）/半径（R）/第二个点（S）/放弃（U）/宽度（W）］：//右击确认

最终绘制的图形如图 2-26 所示。

2.2.6　修订云线

利用该工具可以绘制类似于云彩的图形对象，在检查或用红线圈阅图形时，可以使用修订云线功能亮显标记，以提高工作效率。

在"绘图"选项板中单击"修订云线"按钮，命令行将显示"指定起点或［弧长（A）/对象（O）/样式（S）］<对象>："的提示信息。各选项的含义及设置方法分别介绍如下：

（1）指定起点　该方式是指从头开始绘制修订云线，即默认云线的参数设置。在绘图

区中指定一点为起始点，拖动鼠标将显示云线，当移至起点时自动闭合，并退出云线操作，如图 2-28 所示。

（2）弧长（A） 指定云线的最小弧长和最大弧长，默认情况下弧长的最小值为 0.5 个单位，最大值不能超过最小值的 3 倍。

（3）对象（O） 选择该选项，可以将指定对象转换为云线。可以转换为云线的对象包括圆、椭圆、矩形、多边形等，转换效果如图 2-29 所示。

（4）样式（S） 该选项用于指定修改云线的外观样式，包括"普通"和"手绘"两种样式，图 2-30 所示是两种云线样式的对比效果。

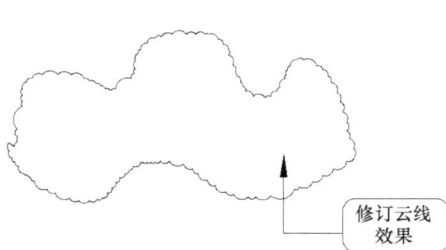

图 2-28　绘制修订云线

图 2-29　转换对象后的两种情况

图 2-30　两种样式绘制的修订云线

2.3　绘制多边形和点

2.3.1　绘制矩形对象

矩形命令是 AutoCAD 最基本的平面绘图命令，用户在绘制矩形时仅需提供两个对角的坐标即可。在 AutoCAD 2018 中，用户绘制矩形时可以进行多种设置，使用该命令创建的矩形是由封闭的多段线作为矩形的 4 条边。

绘制矩形对象，用户可以通过以下 3 种方法：

（1）菜单栏　选择"绘图|矩形"命令。

（2）工具栏　在"绘图"工具栏上单击"矩形"按钮　　。

（3）命令行　在命令行中输入或动态输入 Rectang 命令（快捷键 REC）。

执行"矩形"命令，并根据命令行提示进行操作，即可绘制一个矩形，如图 2-31 所示。

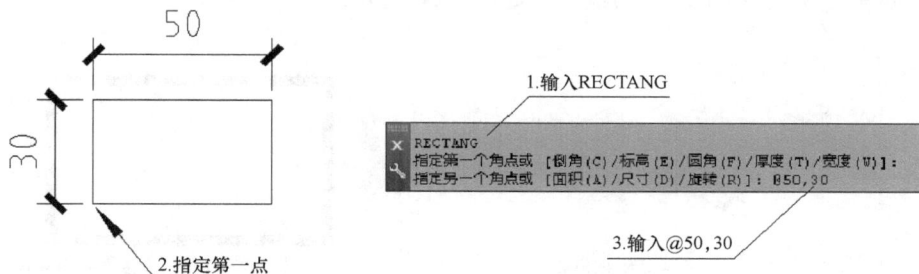

图 2-31　绘制的矩形

在绘制矩形的过程中，各主要选项含义如下：

（1）倒角（C）　指定矩形的第一个与第二个倒角的距离，如图 2-32 所示。

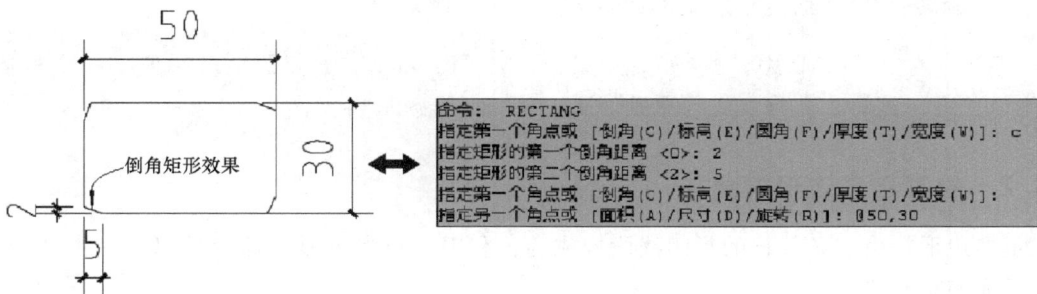

图 2-32　绘制的倒角矩形

（2）标高（E）　指定矩形 XY 平面的高度，如图 2-33 所示。

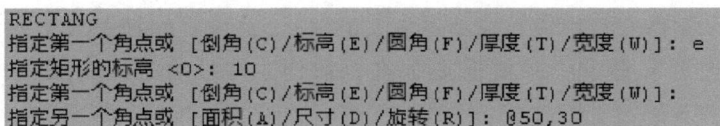

图 2-33　绘制的标高矩形

（3）圆角（F）　指定带圆角半径的矩形，如图 2-34 所示。

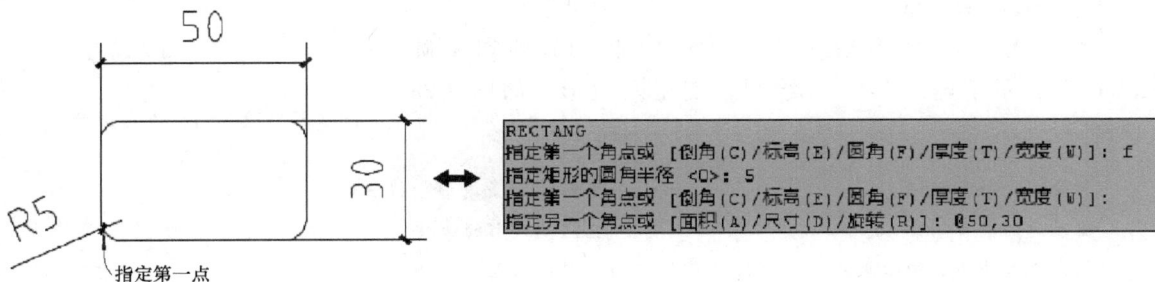

图 2-34　绘制的圆角矩形

（4）厚度（T）　指定矩形的厚度，如图 2-35 所示。

（5）宽度（W）　指定矩形的线宽，如图 2-36 所示。

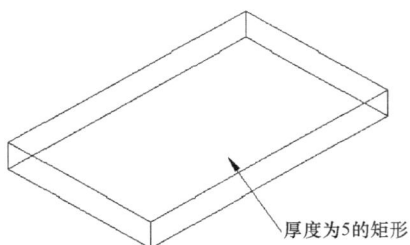

厚度为5的矩形

图 2-35　绘制的厚度矩形

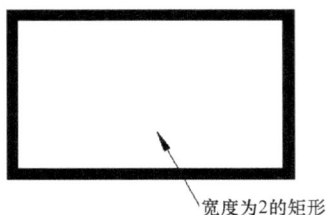

宽度为2的矩形

图 2-36　绘制的宽度矩形

（6）面积（A）　通过指定矩形的面积来确定矩形的长或宽。

（7）尺寸（D）　通过指定矩形的宽度、高度和矩形另一角点的方向来确定矩形。

（8）旋转（R）　通过指定矩形旋转的角度来绘制矩形。

> 提示：在 AutoCAD 中，执行"矩形"命令（Rectang）绘制的矩形对象是一个整体，不能单独进行编辑。若需要进行单独编辑，应将其分解后再操作。

2.3.2　绘制正多边形对象

正多边形是由多条等长的封闭线段构成的，利用"正多边形"命令可以绘制由 3~1024 条边组成的正多边形。

要绘制正多边形对象，用户可以通过以下 3 种方法：

（1）菜单栏　选择"绘图|正多边形"命令

（2）工具栏　在"绘图"工具栏上单击"正多边形"按钮

（3）命令行　在命令行中输入或动态输入 Polygon 命令（快捷 POL）

执行"正多边形"命令，并根据提示进行操作，即可绘制一个正多边形，如图 2-37 所示。

```
命令：_ polygon                    //单击"正多边形"按钮
输入边的数目<4>：6                 //指定多边形的边数
指定正多边形的中心点或［边（E）］：//指定中心点
输入选项［内接于圆（I）/外切于圆（C）］<I>：i
指定圆的半径：50
```

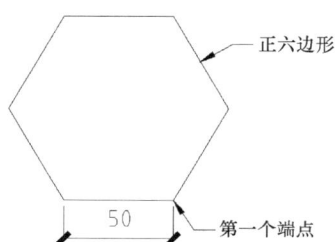

正六边形

50

第一个端点

图 2-37　绘制内接正六边形

用户可以在"输入选项［内接于圆（I）/外切于圆（C）］"提示下输入"C"，绘制外切正六边形，如图 2-38 所示。

```
命令：_ polygon                    //单击"正多边形"按钮
输入边的数目<4>：6                 //指定多边形的边数
指定正多边形的中心点或［边（E）］    //指定中心点
输入选项［内接于圆（I）外切于圆（C）<I>：C
```

指定圆的半径：50

在绘制正多边形的过程中，各主要选项含义如下

（1）中心点　　通过指定一个点来确定正多边形的中心点。

（2）边（E）　　通过指定正多边形的边长和数量来绘制正多边形，如图 2-39 所示。

图 2-38　绘制外切正六边形　　　　　　　　　　图 2-39　指定边长及角度

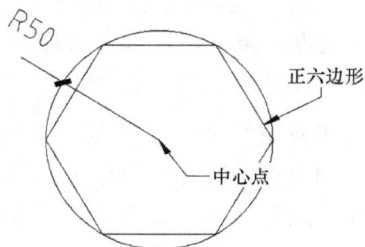

命令：_　polygon　　　　//单击"正多边形"按钮

输入边的数目<4>：6

指定正多边形的中心点或［边（E）］：e

指定正多边形的中心点或［边（E）］

指定边的第一个端点　　//确定第一个端点

指定边的第二个端点：@ -50，0

（3）内接于圆（I）　　以指定多边形内接圆半径的方式来绘制正多边形，如图 2-40 所示。

（4）外切于圆（C）　　以指定多边形外接圆半径的方式来绘制正多边形，如图 2-41 所示。

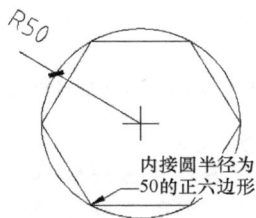

图 2-40　内接于圆　　　　　　　　　　　　图 2-41　外切于圆

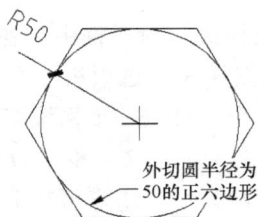

提示：

1）执行"正多边形"命令时，绘制的正多边形是一个整体，不能单独进行编辑，如需进行单独的编辑，应将其对象分解后操作。

2）利用边长绘制出正多边形时，用户确定的两个点之间的距离即多边形的边长，两个点可通过捕捉栅格或相对坐标方式确定。

3）利用边长绘制正多边形时，绘制出的正多边形的位置和方向与用户确定的两个端点的相对位置有关。

2.3.3 绘制点对象

在 AutoCAD 中，可以一次绘制多个点，也可绘制单个点。可以通过"单点""多点""定数等分"和"定距等分"4 种方式来创建点对象。

1. "单点"或"多点"的绘制

要绘制点对象，用户可以通过以下 3 种方法：

（1）菜单栏　选择"绘图|点"子菜单下的相关命令，如图 2-42 所示。

（2）工具栏　单击"绘图"工具栏的"点"按钮 。

（3）命令行　在命令行输入或动态输入"Point"命令（快捷键"PO"）。

执行"点"命令，在命令行"指定点："的提示下使用鼠标在窗口的指定位置单击即可绘制点对象。

在 AutoCAD 中可以设置点的不同样式和大小，用户可选择"格式|点样式"命令，或者在命令行中输入 Ddptype 命令，即可弹出"点样式"对话框，从而设置不同点样式和大小，如图 2-43 所示。

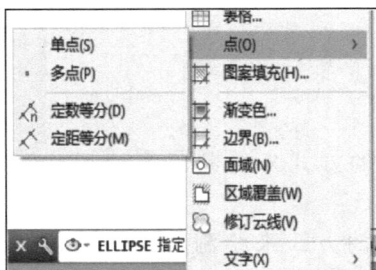

图 2-42　绘制点的几种方式　　　　　　　　图 2-43　"点样式"对话框

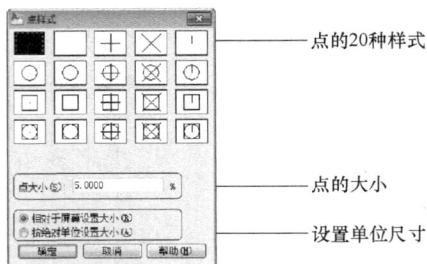

在"点样式"对话框中，各主要选项的含义如下

（1）"点样式"选项组　在上侧的多个点样式中，列出来 AutoCAD 2018 提供的所有点样式，且每个点对应一个系统变量（Pdmode）值。

（2）"点大小"文本框　设置点的显示大小，可以相对于屏幕设置点的大小，也可以设置对单位点的大小，用户可在命令行中输入系统变量（Pdsize）来重新设置。

（3）"相对于屏幕设置大小（R）"单选按钮　按屏幕尺寸的百分比设置点的显示大小，当进行缩放时，点的显示大小并不改变。

（4）"按绝对单位设置大小（A）"单选按钮　按照"点大小"文本中的数值设置点显示大小，当进行缩放时，AutoCAD 显示点的大小会随之改变。

2. 定数等分点

"定数等分点"命令的功能是以相等的长度设置点或图块在实体对象中的位置，被等分的对象可以是线段、圆、圆弧以及多段线等实体，等分的效果如图 2-44 所示。

要绘制定数等分点，用户可以通过以下 3 种方法：

（1）菜单栏　选择"绘图|点|定数等分"命令。

（2）功能区　"默认"选项卡"绘图"面板中的"定距等分"按钮 。

（3）命令行　输入 Divide 命令（快捷键 DIV）。

选择要定数等分的对象：　　　　　//选择要等分的对象

输入线段数目或［块（B）］：5　　// 输入线段的等分数

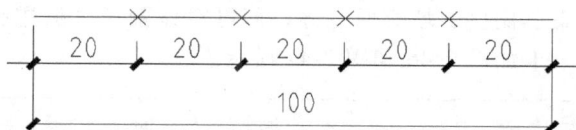

图 2-44　五等分后的线段

提示：在输入等分对象的数量时，其输入值为 2~32767。

3. 定距等分点

"定距等分点"命令用于在选择的实体对象上按给定的距离放置点或图块，等分的效果如图 2-45 所示。

要绘制定距等分点，用户可以通过以下 3 种方法：

（1）菜单栏　"绘图|点|定距等分"命令。

（2）功能区　"默认"选项卡"绘图"面板中的"定距等分"按钮 。

（3）命令行　输入"Measure"命令（快捷键 ME）。

选择要定距等分的对象：　　　　//选择要定距等分的对象

输入线段长度或［块（B）］：24　// 输入线段的长度

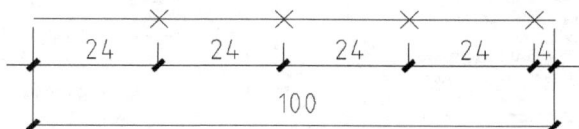

图 2-45　以 24mm 为定距等分线段

2.4　创建与编辑填充对象

当要用一个重复的图案或者颜色填充某个区域时，可以使用图案和渐变色填充命令建立一个相关联的填充阴影对象。填充的内容可以是纯色、渐变色、图案，或者用户自定义的图案。在建筑图中，用户常用填充来表达剖面或者表示建筑物墙面和地面的材料等。渐变色填充主要用于一些装潢、美工图案的绘制。在 AutoCAD 中，渐变色填充有两种类型，一种被称为单色渐变，实际就是某种颜色与白色的渐变；一种被称为双色渐变，可以在两种颜色之间渐变。

2.4.1　创建图案填充对象

用户可以通过下述方法来执行图案填充或渐变色填充命令：

（1）菜单栏　选择"绘图|图案填充"或"渐变色"命令。

（2）工具栏　在"绘图"工具栏中单击"图案填充"按钮 或"渐变色填充"按

钮。

（3）命令行　在命令行中输入或动态输入 Bhatch 命令（快捷键 H）或 Gradient 命令。

执行"填充"命令后，将弹出"图案填充创建"选项卡，根据要求选择一封闭的图形区域，并设置填充的图案、比例、填充原点等，即可对该图形区域进行图案填充，AutoCAD中与填充命令相关的选项卡如图 2-46 和图 2-47 所示。

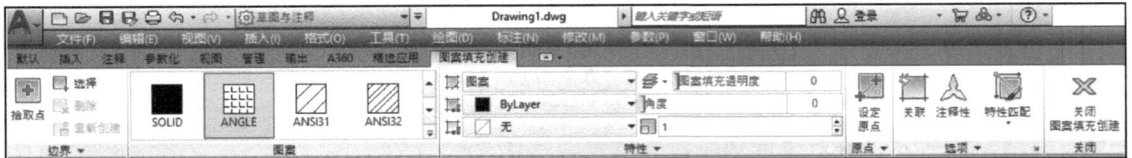

图 2-46　"图案填充创建"选项卡

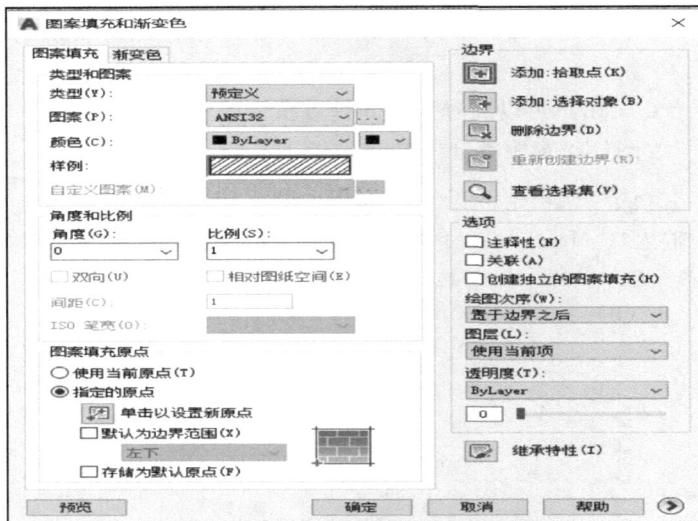

图 2-47　"图案填充和渐变色"选项卡

在上述选项卡中，主要选项按钮及复选框的含义如下：

（1）"图案"面板　选择填充的图案，单击其后的按钮或者，将打开"填充图案选项板"对话框，如图 2-48 所示，用户可以从中选择合适的图案。

（2）"边界"面板

1）拾取点：以拾取点的形式来指定填充区域的边界，单击按钮，系统自动切换至绘图区，在需要填充的区域内任意指定一点即可，如图 2-49 所示。

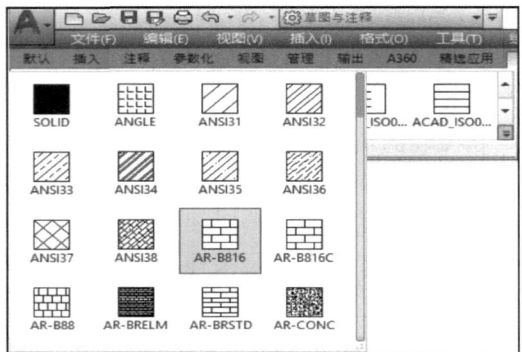

图 2-48　"填充图案选项板"对话框

2）选择对象：单击按钮，系统自动切换至绘图区，在需要填充的对象上单击即可，如图 2-50 所示。

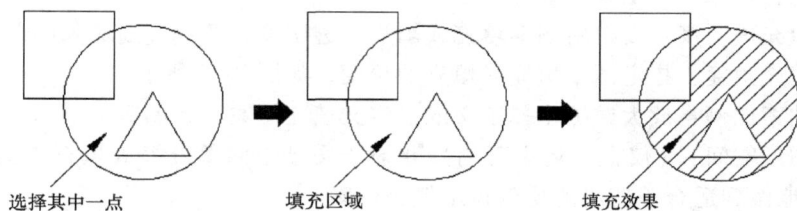

选择其中一点　　填充区域　　填充效果

图 2-49　边界的确定

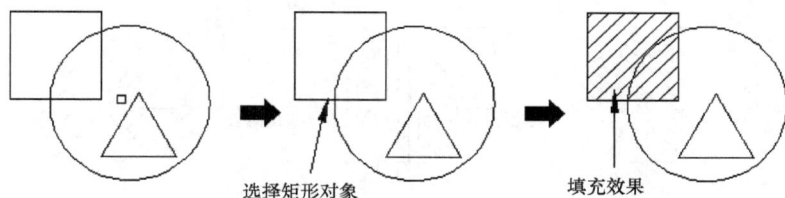

选择矩形对象　　填充效果

图 2-50　选择边界对象

3）删除边界：单击该按钮可以取消系统自动计算或用户指定的边界，如图 2-51 所示。

4）重新创建边界：围绕选定的图案填充或填充对象创建多段线或面域，并使其与图案填充对象相关联（可选）。

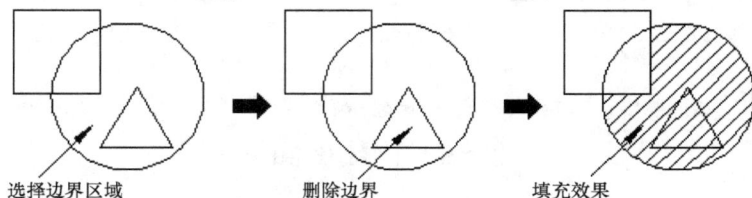

选择边界区域　　删除边界　　填充效果

图 2-51　删除边界后的填充图形

5）显示边界对象：选择构成选定关联图案填充对象的边界的对象，使用显示的夹点可修改图案填充边界。

6）保留边界对象：指定如何处理图案填充边界对象。选项包括：

① 不保留边界。（仅在图案填充创建期间可用）不创建独立的图案填充边界对象。

② 保留边界多段线。（仅在图案填充创建期间可用）创建封闭图案填充对象的多段线。

③ 保留边界面域。（仅在图案填充创建期间可用）创建封闭图案填充对象的面域对象。

④ 选择新边界集。指定对象的有限集（称为边界集），以便通过创建图案填充时的拾取点进行计算。

（3）特性"面板

1）图案填充类型：指定是使用纯色、渐变色图案还是用户自定义的填充。

2）图案填充颜色：替代实体填充和填充图案的当前颜色。

3）背景色：指定填充图案背景的颜色。

4）图案填充透明度：设定新图案填充或填充的透明度，替代当前对象的透明度。

5）图案填充角度：指定图案填充或填充的角度，如图 2-52 所示。

6）填充图案比例：放大或缩小预定义或自定义填充图案，如图 2-53 所示。

7）相对图纸空间：（仅在布局中可用）相对于图纸空间单位缩放填充图案。使用此选项，可很容易地做到适合于布局的比例显示填充图案。

8）双向：（仅当"图案填充类型"设定为"用户定义"时可用）将绘制第二组直线，与原始直线成 90°，从而构成交叉线。

9）ISO 笔宽：（仅对于预定义的 ISO 图案可用）基于选定的笔宽缩放 ISO 图案。

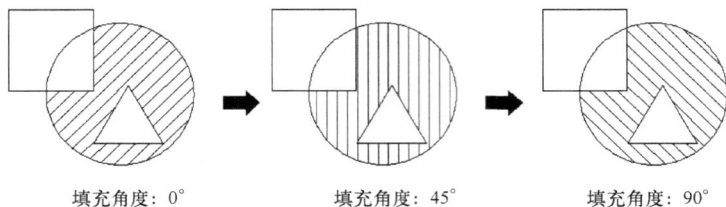

填充角度：0°　　　　　　填充角度：45°　　　　　　填充角度：90°

图 2-52　不同的填充角度

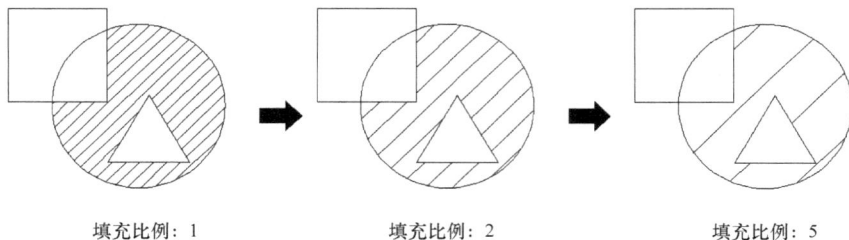

填充比例：1　　　　　　填充比例：2　　　　　　填充比例：5

图 2-53　不同的填充比例

（4）"原点"面板

1）设定原点：直接指定新的图案填充原点。

2）左下：将图案填充原点设定在图案填充边界矩形范围的左下角。

3）右下：将图案填充原点设定在图案填充边界矩形范围的右下角。

4）左上：将图案填充原点设定在图案填充边界矩形范围的左上角。

5）右上：将图案填充原点设定在图案填充边界矩形范围的右上角。

6）中心：将图案填充原点设定在图案填充边界矩形范围的中心。

7）使用当前原点：将图案填充原点设定在 Hporigin 系统变量中存储的默认位置。

8）存储为默认原点：将新图案填充原点的值存储在 Hporigin 系统变量中。

（5）"选项"面板

1）关联：指定图案填充为关联图案填充。关联的图案填充在用户修改其边界对象时将会更新。

2）注释性：指定图案填充为注释性。此特性会自动完成缩放注释过程，从而使注释能够以正确的大小在图纸上打印或显示。

3）特性匹配

① 使用当前原点：使用选定图案填充对象（除图案填充原点外）设定图案填充的特性。

② 使用源图案填充的原点：使用选定图案填充对象（包括图案填充原点）设定图案填充的特性。

4）允许的间隙：设定将对象用作图案填充边界时可以忽略的最大间隙。默认值为 0，此值指定对象必须是封闭区域而没有间隙。

5）创建独立的图案填充：控制指定几个单独的闭合边界时，是创建单个图案填充对象，还是创建多个图案填充对象。

6）孤岛检测

① 普通孤岛检测：从外部边界向内填充。如果遇到内部孤岛，填充将关闭，直到遇到孤岛中的另一个孤岛，如图 2-54 所示。

② 外部孤岛检测：从外部边界向内填充。此选项仅填充指定的区域，不会影响内部孤岛，如图 2-55 所示。

③ 忽略孤岛检测：忽略所有内部的对象，填充图案时将通过这些对象，如图 2-56 所示。

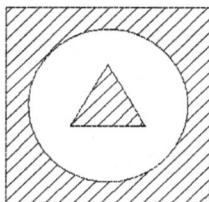
图 2-54 普通

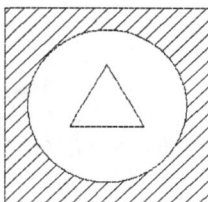
图 2-55 外部

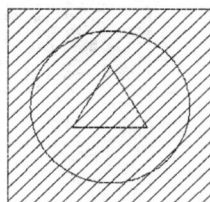
图 2-56 忽略

7）绘图次序：为图案填充或填充指定绘图次序。选项包括不更改、后置、前置、置于边界之后和置于边界之前。

（6）"关闭"面板 关闭"图案填充创建"选项卡，退出图案填充并关闭上下文选项卡。也可以按〈Enter〉键或〈Esc〉键退出图案填充。

2.4.2 编辑图案填充

已经创建的图案填充还可以进行修改。用户可以通过以下几种方法来执行编辑图案或渐变色填充命令：

（1）菜单栏 选择"修改|对象|图案填充"。

（2）工具栏 在"修改 II"工具栏中单击"编辑图案填充"按钮。

（3）命令行 在命令行中输入 Hatchedit。

打开"图案填充编辑器"对话框，如图 2-57 所示，即可修改图案的比例、角度、填充原点位置、填充边界等设置，还可以修改、删除以及重新创建边界。另外在"渐变色"选项卡中可以进行颜色、角度等编辑。

另外，用户还可以利用"特性"面板修改图案填充。做法是将鼠标移至需要进行图案

图 2-57 "图案填充编辑器"对话框

填充编辑的填充图案，打开右键菜单，打开"特性"或"快捷特性"，即可修改填充图案的样式等属性，如图 2-58 所示。

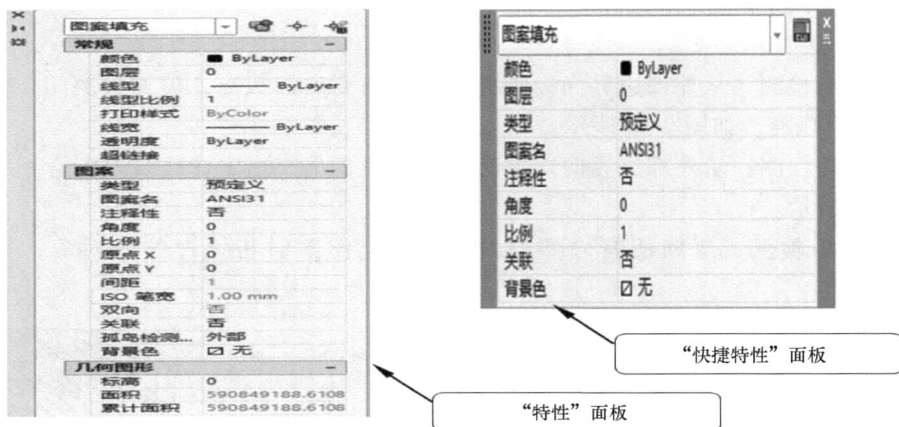

图 2-58 利用"特性"或"快捷特性"面板修改图案填充

2.5 绘制与编辑多线

多线是一种复合线，由连续的直线段复合组成。平行线之间的间距和数目是可以调整的。这种线的突出优点是能够提高绘图效率，保证图线之间的统一性，多线常用于绘制建筑平面图中的墙体等平行线对象。

2.5.1 绘制多线

用户可以通过下述方法来执行多线绘制命令：

（1）菜单栏　选择"绘图|多线"命令。

（2）命令行　Mline。

执行多线命令后，将绘制默认为 Standard 样式的多线，如图 2-59 所示，为改变多线的显示效果，可以设置多线的对正、比例以及样式。其中各选项的含义如下：

（1）对正（J）

1）上（T）：该选项表示当从左向右绘制多线时，多线上位于最顶端的线将随着光标移动。

2）无（Z）：该选项表示绘制多线时，多线的中心线将随着光标点移动。

3）下（B）：该选项表示当从左向右绘制多线时，多线上最底端的线将随着光标移动。

这三种对正方式的对比效果，如图 2-60 所示。

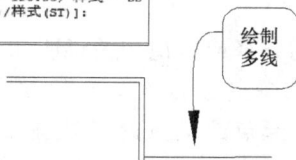

图 2-59　绘制多线

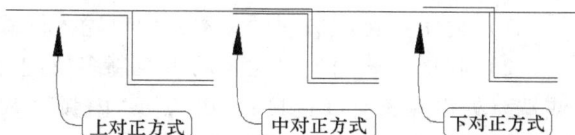

图 2-60　多线的三种对正方式

（2）比例（S）　确定多线的宽度，比例越大则多线越宽。相同的样式使用不同的比例绘制，多线之间的距离也不同，如图 2-61 所示。

（3）样式（ST）　该选项用于确定绘制多线时采用的多线样式，默认样式为标准（Standard）型。执行该选项，可以按照命令行提示输入已定义的多线样式名，也可以输入"?"来显示已有的多线样式。用户可以根据需要定义多线样式。

2.5.2　设置多线样式

多线样式是可以定义的，用户可以根据需要设置颜色、线型、距离和多线封口样式等属性，以便绘制出所需的多线效果。用户可以通过下述方法来执行多线设置命令：

（1）菜单栏　"格式|多线样式"命令。

（2）命令行　输入 Mlstyle 命令。

打开多线样式对话框，如图 2-62 所示。在该对话框中，可以根据需要设置多线样式，对话框中各项含义如下：

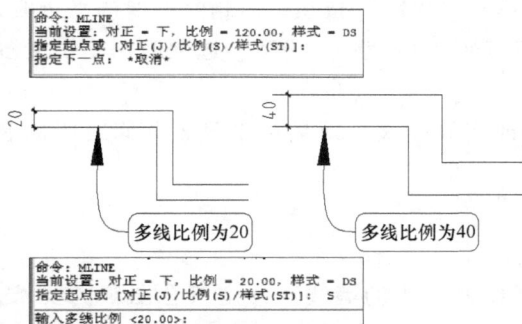

图 2-61　设置多线比例

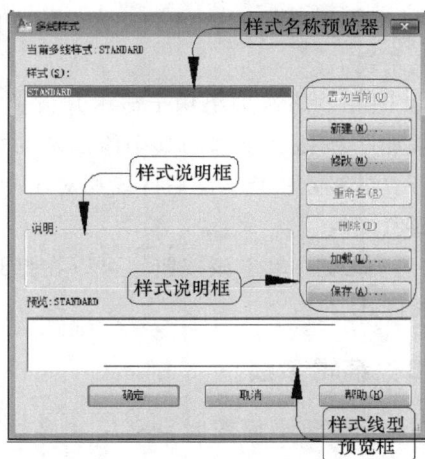

图 2-62　"多线样式"对话框

（1）样式　该选项用于显示当前图形中的所有多线样式。系统单击"置为当前"按钮，即可将样式设置为当前使用样式。

（2）说明　该选项用于显示所选样式的解释或其他相关说明和注释。

（3）预览　该选项用于显示所选样式的缩略预览效果。

（4）新建　单击该按钮，将打开"创建新的多线样式"对话框，输入新样式名，并单击"继续"按钮，即可在打开的新建多线样式对话框中设置新建的多线样式，如图 2-63 所示。该对话框中主要选项的含义如下：

1）说明：在该选项的文本框中可输入样式的解释或其他相关说明和注释。

2）封口：该选项组主要用于控制多线起点和端点处的样式。"直线"表示多线的起点或端点处以一条直线连接；"外弧""内弧"表示起点或端点处以外圆弧或内圆弧连接，并可以通过"角度"文本框设置圆弧包角。

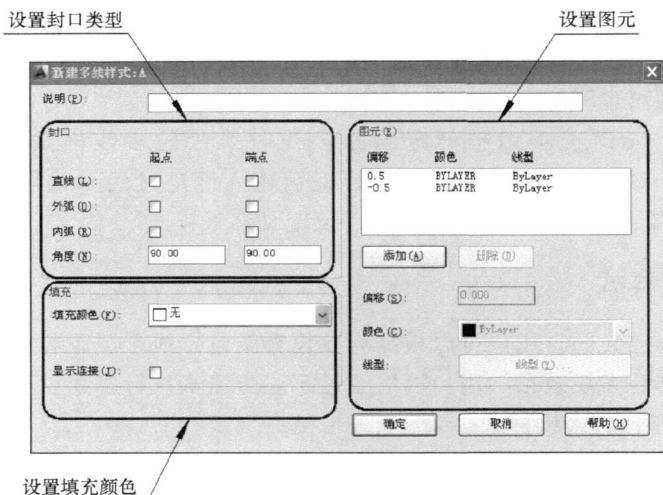

图 2-63　"新建多线样式"对话框

3）填充　该选项组用于设置多线之间的填充颜色，通过"填充颜色"列表框选取或配置颜色系统。

4）图元　该选项组用于显示并设置多线的平行线数量、距离、颜色和线型等属性。单击"添加"按钮，可以向其中添加新的平行线；单击"删除"按钮可以删除选取的平行线；"偏移"文本框用于设置平行线相对于中心线的偏移距离；"颜色|线型"选项组用于设置多线的颜色或线型。

（5）修改　单击该按钮，可以在打开的"修改多线样式"对话框中设置并修改所选取的多线样式。

2.5.3　编辑多线

在绘制建筑平面图时，利用"多线"工具所绘制出来的墙线不一定符合图纸的要求，这时就需要对其进行相应地编辑。使用"多线编辑"工具可以对多线对象执行闭合、结合、修剪和合并等操作从而使绘制的多线达到预想的设计效果。多线可以相交成十字形或 T 字形，并且十字形或 T 字形可以被闭合、打开或合并。

用户可以通过下述方法来执行编辑多线命令：

（1）菜单栏　选择"修改|对象|多线" 📝 。

（2）命令行　输入 Mledit 命令。

（3）在已绘制的多线图元上用鼠标左键双击。

执行多线编辑命令，将打开图 2-64 所示的"多线编辑工具"对话框。该对话框中包括 12 种编辑工具，其中使用第一列和第二列工具以及"角点结合"工具可以编辑多种多线。

（1）"十字闭合"按钮　表示相交两多线的十字封闭状态，AB 分别代表选择多线的次序，垂直多线为 A，水平多线为 B。

（2）"十字打开"按钮　表示相交两多线的十字开放状态，将两线的相交部分全部断开，第一条多线的轴线在相交部分也要断开。

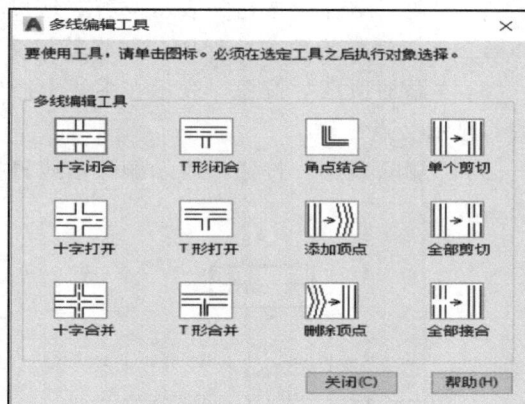

图 2-64　"多线编辑工具"对话框

（3）"十字合并"按钮　表示相交两多线的十字合并状态，将两线的相交部分全部断开，但两条多线的轴线在相交部分相交，如图 2-65 所示。

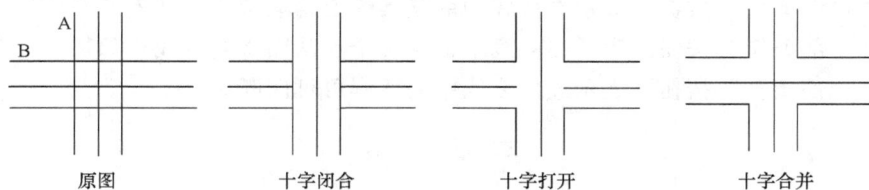

图 2-65　十字编辑的效果

（4）"T 形闭合"按钮　表示相交两多线的 T 形封闭状态，将选择的第一条多线与第二条多线的相交部分修剪去掉，而第二条多线保持原样连通。

（5）"T 形打开"按钮　表示相交两多线的 T 形开放状态，将两线的相交部分全部断开，但第一条多线的轴线在相交部分也断开。

（6）"T 形合并"按钮　表示相交两多线的 T 形合并状态，将两线的相交部分全部断开，但第一条与第二条多线的轴线在相交部分相交，如图 2-66 所示。

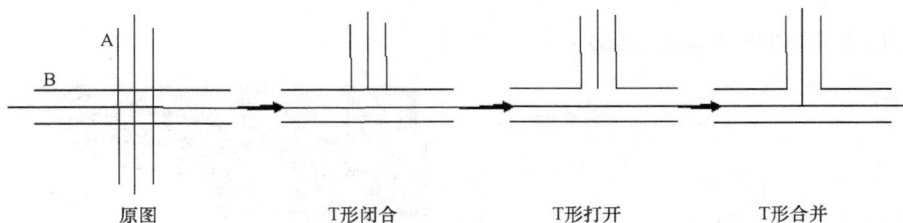

图 2-66　T 形编辑的效果

提示：在处理十字相交和 T 形相交的多线时，用户应当注意选择多线的顺序，如果选择顺序不恰当，可能得到的结果也不会满足实际需要。

（7）"角点结合"按钮　表示修剪或延长两条多线直到它们接触形成一相交角，将第一条和第二条多线的拾取部分保留，并将其相交部分全部断开剪去。

（8）"添加顶点"按钮　表示在多线上产生一个顶点并显示出来，相当于打开显示连接开关、显示交点一样。

（9）"删除顶点"按钮　表示删除多线转折处的交点，使其变为直线形多线，如图 2-67所示。

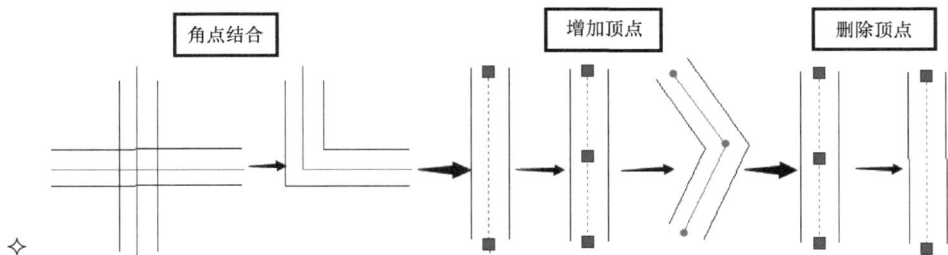

图 2-67　角点编辑的效果

（10）"单个剪切"按钮　表示在多线中的某条线上拾取两个点从而断开此线。

（11）"全部剪切"按钮　表示在多线上拾取两个点从而将此多线全部切断一截。

（12）"全部接合"按钮　表示连接多线中的所有可见间断。

本 章 小 结

本章对 AutoCAD 中基本图形元素的绘制方法进行了详细的介绍，使学生可以运用已学知识绘制简单的图形，有利于尽快熟悉掌握 AutoCAD 的基本操作。

上 机 实 验

［实验 1］：绘制图 2-68 所示的圆形。

操作指导：

1）调用"圆心、半径"方法绘制两个小圆。

2）调用"相切、相切、半径"方法绘制中间与两个小圆均相切的大圆。

3）执行"绘图|圆|相切、相切、相切"菜单命令，以已经绘制的 3 个圆为相切对象，绘制最外面的大圆。

［实验 2］：调用图案填充绘制图 2-69 所示的草坪。

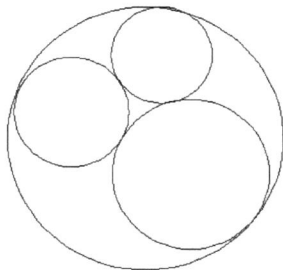

图 2-68　绘制圆形

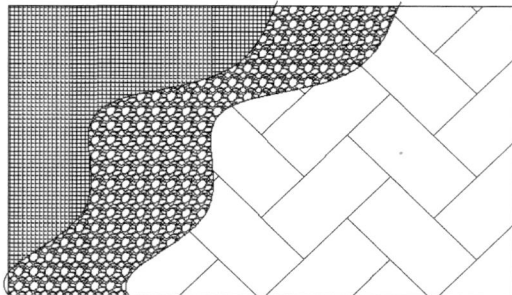

图 2-69　草坪

操作指导：

1）调用"矩形"和"样条曲线"命令绘制初步轮廓。

2）调用"图案填充"命令在各个区域填充图案。

思考与练习

1. 如何绘制带有宽度的正多边形？

2. 点等分有哪两种方法？如何利用外部参照块来等分图形？

3. 可以有宽度的线有（　　　）。

A. 构造线　　　　　　　　B. 多段线　　　　　　　C. 多线　　　　　　　　D. 直线

4. 调用下面的命令能绘制出线段或者类似线段图形的有（　　　）。

A. Line　　　　　　　　　B. Pline　　　　　　　　C. Rectang　　　　　　　D. Arc

第3章　二维建筑图形的编辑

在建筑图的绘制过程中，因为图形复杂多样，常常需要对已绘制出的基本图形进行修改、编辑，以达到最终的图形效果。常见的编辑修改，包括移动、复制、镜像、修剪、倒角、延伸等。在具体的编辑操作中，AutoCAD 为一些常见编辑提供了多种方式，用户可以直接采用命令或工具操作，也可以采用夹点操作。

本章主要讲解建筑图形的常见编辑方法以及操作技巧。

3.1　调整对象位置

调整图形的位置、角度，以及多个图形之间的对齐关系是对图形的最基本的编辑。这类编辑不改变图形的形状。

3.1.1　移动

在绘制图形时，如果图形的位置不满足要求，可以利用"移动"工具将图形对象移动到适当的位置，该操作可以在指定的方向上按指定距离移动对象，且在指定移动基点、目标点时，不仅可以在图中拾取现有点作为移动参照，还可以利用输入坐标值的方法定义出参照点的具体位置。移动对象操作仅仅是图形对象位置的平移，不改变对象的大小和方向。

启动"移动"命令，可以采用下述方法：

（1）菜单栏　选择"修改|移动"命令。

（2）功能区选项板　单击"默认|修改|移动"图标 ✥。

（3）工具栏　单击"修改"工具栏→"移动"图标 ✥。

（4）命令行　输入 Move 或 M 命令。

单击"移动"图标 ✥，选取要移动的对象并指定基点，然后根据命令行提示指定第二个点或输入相对坐标来确定目标点，即可完成移动操作，如图 3-1 所示。

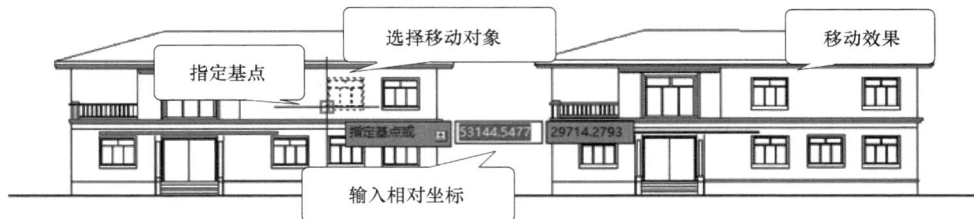

图 3-1　移动窗

3.1.2　对齐

利用"对齐"工具可以将选定的对象移动、旋转或倾斜，使其与另一个对象对齐。该操作可以通过一对点对齐两对象，也可以通过两对点对齐两对象。

启动 "对齐" 命令，可以采用下述方法：

（1）菜单栏　选择 "修改|三维操作|对齐" 命令。

（2）功能区选项板　单击 "默认|修改|对齐" 图标 。

（3）命令行　输入 Align 命令。

在 "修改" 选项板中单击 "对齐" 按钮 ，然后选取要对齐的对象，并依次指定该对象上的源点和另一个对象上的目标点，即可将这两个对象对齐。如图 3-2 所示，选取阁楼为要对齐的对象，并指定阁楼左底端点为源点，然后指定房屋右底端点为目标点，按下 <Enter> 键即可将二者对齐。

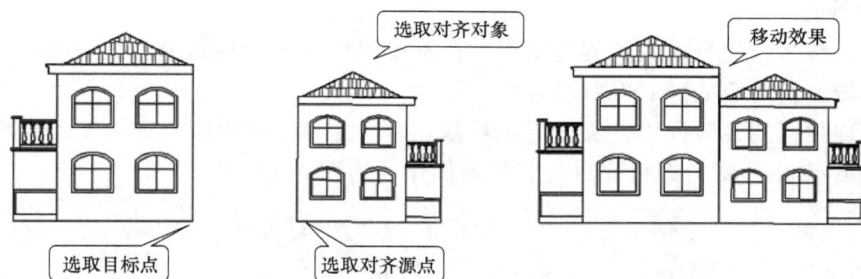

图 3-2　一对点对齐两对象

此外，还可以通过依次指定一个对象上的两个源点和另一个对象上的两个目标点来对齐这两个对象，且该方式可以以两个目标点间的距离作为缩放对象的参考长度，使选定的对象进行缩放。如图 3-3 所示，依次指定第一源点 A1、第一目标点 A2，第二源点 B1、第二目标点 B2，按下 <Enter> 键即可完成对齐操作。

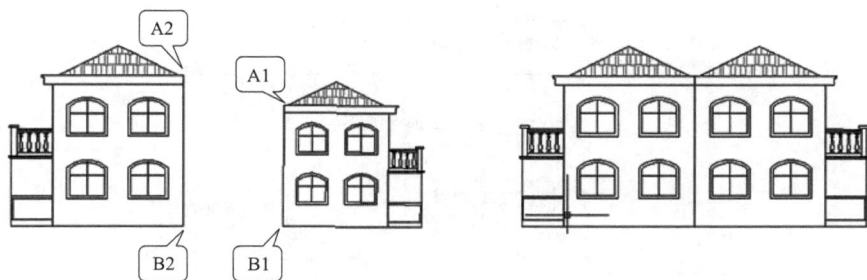

图 3-3　两对点对齐两对象

3.1.3　旋转

旋转是指将图形对象绕指定点旋转任意角度，从而以旋转点到旋转对象之间的距离和指定的旋转角度为参照，调整图形的放置方向和位置。利用 "旋转" 工具除了将对象调整一定角度之外，还可以在旋转得到新对象的同时保留原对象，可以说是集旋转和复制操作于一体。

启动 "旋转" 命令，可以采用下述方法：

（1）菜单栏　选择"修改|旋转"命令。

（2）功能区选项板　单击"默认|修改|旋转"图标 ⟲。

（3）工具栏　单击"修改|旋转"图标 ⟲。

（4）命令行　输入 Rotate 或 Ro 命令。

1. 一般旋转

该方法在旋转图形对象时，原对象将按指定的旋转中心和旋转角度旋转至更新位置，并且不保留对象的原始副本。

单击"旋转"按钮 ⟲，选取旋转对象并指定旋转基点，然后根据命令行提示输入旋转角度，按下<Enter>键，即可完成旋转对象操作，如图 3-4 所示。

2. 复制旋转

使用该旋转方法进行对象的旋转操作时，不仅可以将对象的放置方向调整一定的角度，还可以在旋转出新对象的同时保留原对象。

按照上述相同的旋转操作方法指定旅转基点后，在命令行中输入字母 C。然后指定旋转角度，并按下<Enter>键，即可完成复制旋转操作，如图 3-5 所示。

> 提示：在系统默认的情况下，输入角度为正数时，对象的旋转方向为逆时针旋转；输入角度为负数时，对象的旋转方向为顺时针旋转。

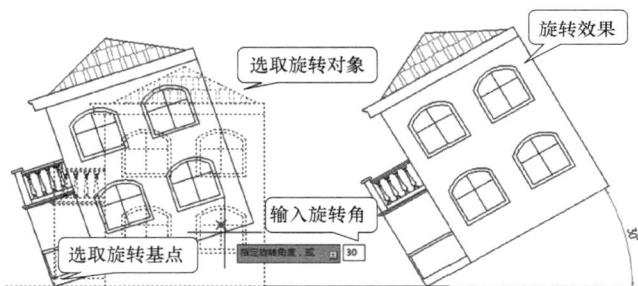

图 3-4　一般旋转

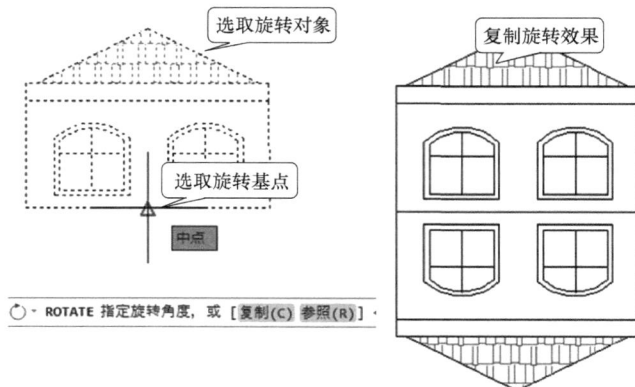

图 3-5　复制旋转

3.2 复制对象

在建筑图绘制中，总有很多相同对象，如一栋楼的门窗、楼梯，大多数都是同一样式同一尺寸；又如整体对称布局的楼体、楼层；再如按一定距离、角度均匀排列的设备、座椅等。这些对象没有必要一一绘制，都只需要绘制一个或者一半，然后通过复制、镜像、阵列的方式来完成。如此，既避免了重复工作，又提高了绘图效率和绘图精度。

本节所指的复制，不仅包括常规所指的复制，还包括镜像、阵列、偏移，这 3 种操作都能在保留原对象的同时生成与原对象相同或相似的对象。

3.2.1 复制

启动"复制"命令，可以采用下述方法：

（1）菜单栏　选择"修改|复制"命令。

（2）功能区选项板　单击"默认|修改|复制"图标。

（3）工具栏　单击"修改|复制"图标。

（4）命令行　Copy 或 Co。

在"修改"选项板中单击"复制"按钮，选取需要复制的对象后指定复制的基点，然后指定新的位置点，即可完成复制操作，如图 3-6 所示。此外，还可以在选取复制对象并指定复制基点后，在命令行中输入新位置点相对于移动基点的坐标值，来确定复制目标点，如图 3-7 所示。

> 提示：执行复制操作时，系统默认的复制模式是多次复制。此时修改复制"模式（O）"，即可将复制模式设置为单个复制。

图 3-6 复制窗

3.2.2 镜像

将指定的对象按照给定的镜像线做反向复制，即为镜像。该操作适用于对称图形，是一种常用的编辑方法。

启动"镜像"命令，可以采用下述方法：

（1）菜单栏　选择"修改|镜像"命令。

图 3-7　输入相对坐标复制对象

（2）功能区选项板　单击"默认|修改|镜像"图标 ◤◥。

（3）工具栏　单击"修改"工具栏→"镜像"图标 ◤◥。

（4）命令行　输入 Mirror 或 Mi 命令。

在绘制门窗和联排别墅等具有对称性质的图形时，可以先绘制出处于对称中线一侧的图形轮廓线。然后单击"镜像"按钮 ◤◥，选取绘制的图形轮廓线并右击。指定对称中心线上的两点以确定镜像线，按<Enter>键即可完成镜像操作，如图 3-8 所示。

默认情况下，对图形执行镜像操作后，系统仍然保留原对象。如果对图形进行镜像操作后需要将原对象删除，只需在选取原对象并指定镜像中心线后，在命令行出现"MIRROR 要删除原对象吗？[是（Y）否（N）]"提示时，选择"是"，即可完成删除原对象的镜像操作，如图 3-9 所示。

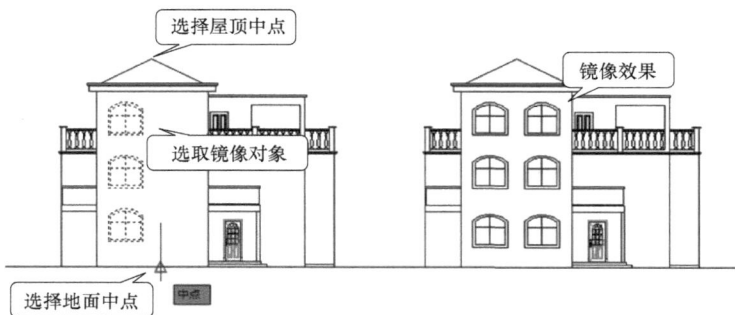

图 3-8　镜像窗户

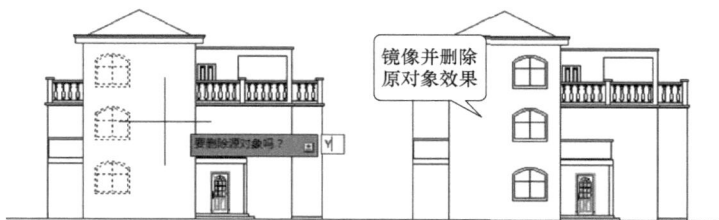

图 3-9　删除原对象的镜像效果

3.2.3 偏移

利用"偏移"工具可在指定的距离创建与原对象形状相同或相似的新对象。对于直线来说，可以绘制出与其平行的多个对象；对于圆、椭圆、矩形及由多段线围合成的封闭图形，可以绘制出一定偏移距离的同心相似图形。

启动"偏移"命令，可以采用下述方法：

（1）菜单栏 选择"修改|偏移"命令。

（2）功能区选项板 单击"默认|修改|偏移"图标 🔩。

（3）工具栏 单击"修改|偏移"图标 🔩。

（4）命令行 输入 Offset 命令。

1. 定距离偏移

该偏移方式是系统默认的偏移类型。它根据输入的偏移距离数值为偏移参照，以指定的方向为偏移方向，偏移复制出对象的副本。

单击"偏移"按钮 🔩，根据命令行提示输入偏移的距离，并按<Enter>键。然后选取图中的对象，在对象的偏移侧单击，即可完成定距离偏移操作，如图 3-10 所示。

> 提示："偏移"命令是一个单对象的编辑命令，在使用过程中，只能以直接选取的方式选择图形对象。另外以给定偏移距离的方式偏移对象时，距离值必须大于零。

2. 通过点偏移

这是指通过指定现有的端点、节点、切点等作为原对象的偏移参照，对图形执行偏移操作。单击"偏移"按钮 🔩，并在命令行出现"Offset 指定偏移距离或［通过（T）删除（E）图层（L）]<通过>:"提示时，输入字母 T 或单击"通过（T）"字符，然后选取图中的偏移对象，并指定通过点，即可完成该偏移操作，效果如图 3-11 所示。

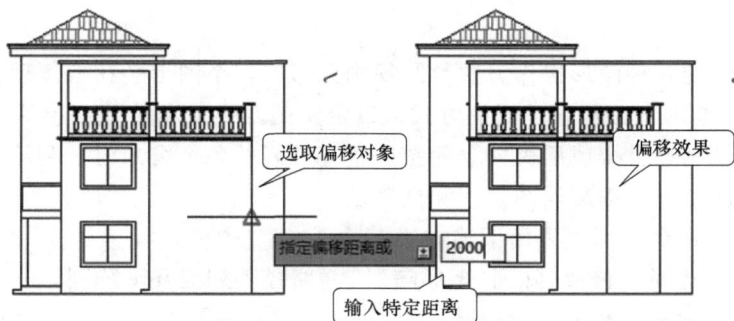

图 3-10 定距偏移效果图

3. 删除原对象偏移

系统默认的偏移操作是在保留原对象的基础上偏移出新对象，但如果仅以原图形对象为偏移参照，则偏移出新图形对象后需要将原对象删除，这时可利用删除原对象偏移的方法。

单击"偏移"按钮 🔩，在命令行出现"Offset 指定偏移距离或［通过（T）删除（E）

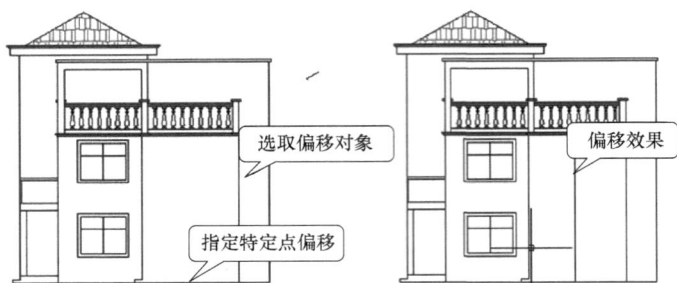

图 3-11 通过点偏移效果

图层（L）]<通过>:"提示时，输入字母 E 或单击"删除（E）"字符，然后按上述偏移操作方式进行偏移，即可在偏移后将原对象删除，如图 3-12 所示。

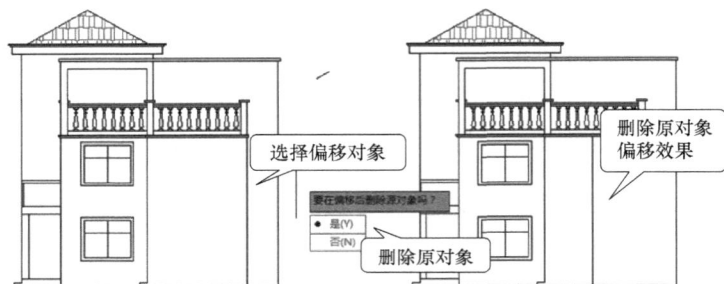

图 3-12 删除原对象偏移

其中，启动"偏移"命令后，命令行提示中的"图层（L）"选项，确定了将偏移对象创建在当前图层还是源对象所在的图层上。选择该选项命令行会出现"输入偏移对象的图层选项［当前（C）/源（S）］<源>:"提示。

3.2.4　阵列

使用前面介绍的几种图形操作方法复制规则分布的多个图形会比较烦琐，此时可以利用"阵列"工具按照矩形、路径或环形的方式，以定义的距离或角度复制出原对象的多个对象副本。例如，在绘制办公楼或居民楼立面图中整齐排列的各个窗户时，利用该工具可以大量减少重复性的绘图步骤，提高绘图效率和准确性。

启动"阵列"命令，可以采用下述方法

（1）菜单栏　选择"修改|阵列|矩形阵列"（路径阵列或环形阵列）。

（2）功能区选项板　单击"默认|修改|矩形阵列"图标 ▦（路径阵列图标 ⤴ 或环形阵列"图标 ▥）。

（3）工具栏　单击"修改|矩形阵列"图标 ▦（路径阵列图标 ⤴ 或环形阵列图标 ▥）。

（4）命令行输入　输入 Array 命令。

1. 矩形阵列

矩形阵列是以控制行数、列数，以及行和列之间的距离，或添加倾斜角度的方式，使选取的对象进行阵列复制，从而创建出对象的多个副本。

在"修改"选项板中单击"矩形阵列"按钮 ⊞，并在绘图区中选取对象后按<Enter>键，然后当命令行出现"Array 输入矩阵类型［矩形（R）路径（PA）极轴（PO）］<矩形>："提示时，输入字母 R 或者单击"矩形（R）"字符，打开"阵列创建"选项卡，如图3-13 所示，依次设置矩形阵列的行数和列数、行间距和列间距，即可完成矩形阵列特征的创建，如图 3-14 所示。

> 提示：行距、列距和阵列角度值的正负将影响将来阵列的方向。正值将使阵列沿 X轴或 Y 轴正方向进行；阵列角度为正值时，对象沿逆时针方向阵列，负值则相反。

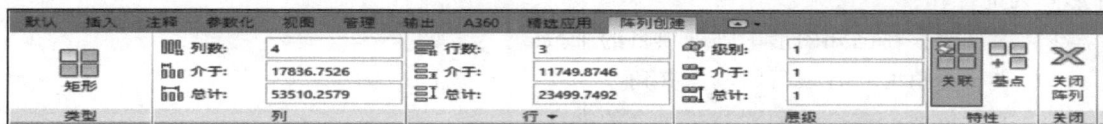

图 3-13　"阵列创建"选项卡

2. 路径阵列

在路径阵列中，阵列的对象将均匀地沿路径排列。在路径阵列中，路径可以是直线、多段线、三维多段线、样条曲线、圆弧、圆或椭圆等。

在"修改"选项板中单击"路径阵列"按钮 ⌒，并选取绘图中的对象和路径曲线，系统会打开相应的"阵列创建"选项卡，如图 3-15 所示。在选项卡中设置参数后，阵列效果如图 3-16 所示。

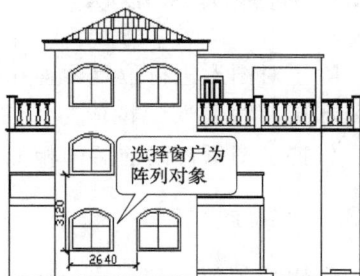

图 3-14　矩形阵列效果

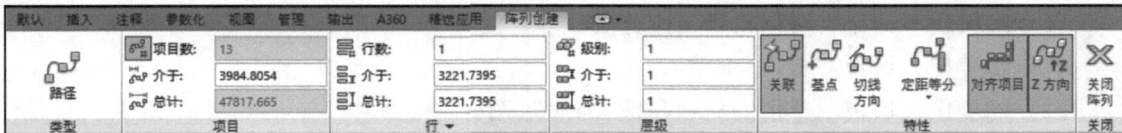

图 3-15　"路径阵列"选项卡

3. 环形阵列

环形阵列能够以任一点为阵列中心点，将阵列对象按圆周或扇形的方向，以指定的阵列填充角度、项目数目或项目之间夹角为阵列值，进行图形的阵列复制。该阵列方式在绘制餐桌椅等具有圆周分布特征的图形时经常使用。

在"修改"选项板中单击"环形阵列"按钮 ⊞，并依次选取绘图区中的对象和阵列中心点，系统自动打开"阵列创建"选项卡，如图 3-17 所示。

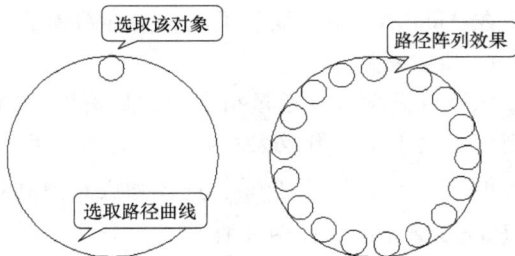

图 3-16　路径阵列效果图

在选项卡的"项目"选项板中，用户可以通过设置环形的项目数、项目间角度和填充角度 3 种参数中的任意两种来完成环形阵列的操作。

图 3-17 "环形阵列"选项卡

同样，用户也可以在快捷菜单中设置环形阵列的项目数、项目间角度和填充角度来完成环形阵列的操作：

1）项目数：在已知图形中阵列项目的个数。

2）项目间角度：各项目间具体夹角。

3）填充角度：整个环形阵列所包含的夹角。

3.3 调整对象形状

除了对图形进行位置调整和复制外，有时还需要对图形的形状和大小进行改变。本节将介绍利用"拉长""拉伸""缩放"等工具修改图形形状的方法。这几种工具在修改图形时，保持了图形修改前后的相似性。

3.3.1 缩放

利用"缩放"工具可以将图形对象以指定的缩放基点为缩放参照，放大或缩小一定比例，创建出与原对象成一定比例且形状相同的新图形对象。

启动"缩放"命令，可以采用下述方法

（1）菜单栏 选择"修改|缩放"。

（2）功能区选项板 单击"默认|修改|缩放"图标 。

（3）工具栏 单击"修改|缩放"图标 。

（4）命令行 输入 Scale 命令。

在 AutoCAD 中，缩放可以分为参数缩放、参照缩放、复制缩放 3 种类型。

1. 参数缩放

该缩放类型可以通过指定缩放比例因子的方式，对图形对象进行放大或缩小。当输入的比例因子大于 1 时将放大对象；比例因子为 0~1 时将缩小对象。

单击"缩放"按钮 ，选择缩放对象并指定缩放基点，然后在命令行中输入比例因子，按<Enter>键即可，如图 3-18 所示。

2. 参照缩放

该缩放方式是以指定参照长度和新长度的方式，由系统自动计算出两长度之间的比例数值，从而定义出图形的缩放因子，对图形进行缩放操作。当参照长度大于新长度时，图形将被缩小；反之将对图形执行放大操作。

单击"缩放"按钮，命令行出现"Scale 指定比例因子或 ［复制（C）参照（R）］:"提示时，选择"参照（R）"或输入字母 R，然后根据命令行提示依次定义出参照长度和新长度，按<Enter>键即可完成参照缩放操作，如图 3-19 所示。

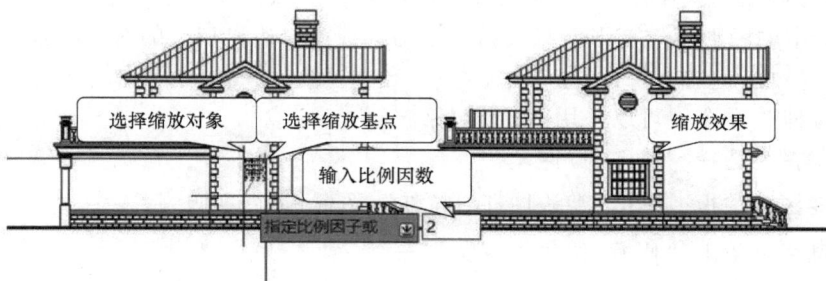

图 3-18　参数缩放图形

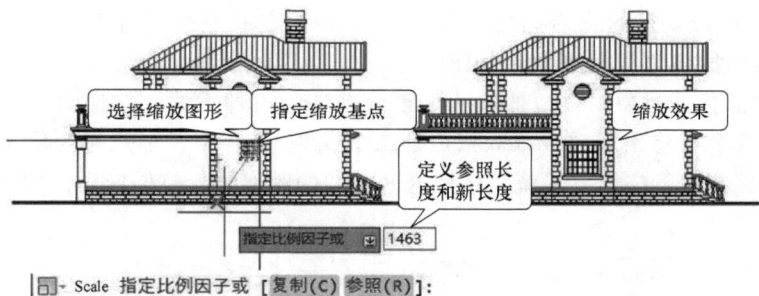

图 3-19　参照缩放图形

3. 复制缩放

该缩放类型可以在保留原图形对象不变的情况下，创建出满足缩放要求的新图形对象。利用该方法进行图形的缩放操作时，在指定缩放对象和缩放基点后，当命令行出现"Scale 指定比例因子或 ［复制（C）参照（R）］:"提示时，选择"复制（C）"或输入字母 C，然后利用设置缩放参数或参照的方法定义图形的缩放因子，即可完成复制缩放操作，如图 3-20 所示。

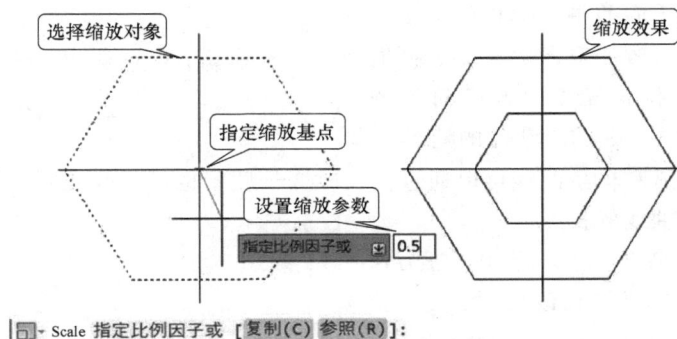

图 3-20　复制缩放效果

3.3.2 拉伸

"拉伸"操作能够将图形中的一部分拉伸、移动或变形，而其余部分保持不变，是一种十分灵活的调整图形大小的工具。选取拉伸对象时，可以使用"交叉窗口"的方式，其中全部处于窗口中的图形不作变形而只作移动，与选择窗口边界相交的对象将按移动的方向进行拉伸变形。

启动"拉伸"命令，可以采用下述方法：

（1）菜单栏　选择"修改|拉伸"。

（2）功能区选项板　单击"默认|修改|拉伸"图标 。

（3）工具栏　单击"修改|拉伸"图标 。

（4）命令行　输入 Stretch 命令。

单击"拉伸"按钮 ，命令行将提示选取对象，用户便可以使用上面介绍的方式选取对象，并按<Enter>键。此时命令行将出现"Stretch 指定基点或［位移（D)]<位移>:"的提示信息，这两种拉伸方式分别介绍如下。

（1）指定基点拉伸对象　该拉伸方式是系统默认的拉伸方式，按照命令行提示指定一点作为拉伸基点，命令行将出现"Stretch 指定第二个点或<使用第一个点作为位移>:"的提示信息。此时在绘图区指定第二点，系统将按照这两点间的距离执行拉伸操作，如图 3-21 所示。

图 3-21　指定基点拉伸对象

（2）指定位移量拉伸对象　该拉伸方式是指将对象按照指定的位移量进行拉伸，而其余部分并不改变。选取拉伸对象后，选择"位移（D)"或输入 D，然后输入位移量并按<Enter>键，系统将按照指定的位移量进行拉伸操作，如图 3-22 所示。

3.3.3 拉长

在 AutoCAD 中，拉伸和拉长工具都可以改变对象的大小，不同的是拉伸操作可以一次框选多个对象，不仅改变对象的大小，同时改变对象的形状；而拉长操作只改变对象的长度，且不受边界的局限。非闭合的直线、圆

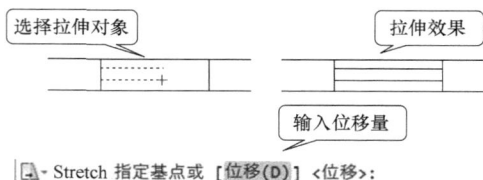

图 3-22　输入位移量拉伸对象

弧、多段线、椭圆弧和样条曲线可以通过拉长改变长度，也可以改变圆弧的角度。该工具经常用于调整墙体中轴线的长度。

启动"拉长"命令，可以采用下述方法：

（1）菜单栏　选择"修改|拉长"。

（2）功能区选项板　单击"默认|修改|拉长"图标 。

（3）命令行　输入 Lengthen 命令。

单击 "拉长" 按钮 ⟋ , 命令行将出现 "Lengthen 选择要拉长的对象或 ［增量 (DE)/百分比 (P)/总计 (T)/动态 (DY)］<总计 (T)>:" 的提示信息。此时指定一种拉长方式, 并选取要拉长的对象, 即可以该方式进行相应的拉长操作。各种拉长方式的设置方法分别介绍如下:

(1) 增量　以指定的增量修改对象的长度, 且该增量从距离选择点最近的端点处开始测量。在命令行中输入字母 DE, 命令行将出现 "输入长度增量或 ［角度 (A)］<0.0000>:" 的提示信息。此时输入长度值, 并选取对象, 系统将以指定的增量修改对象的长度, 效果如图 3-23 所示。

(2) 百分数　指以相对于原长度的百分比来修改直线或圆弧的长度。在命令行中输入字母 P, 命令行将出现 "输入长度百分数<100.0000>:" 的提示信息。此时如果输入的参数值小于 100 则缩短对象, 大于 100 则拉长对象, 效果如图 3-24 所示。

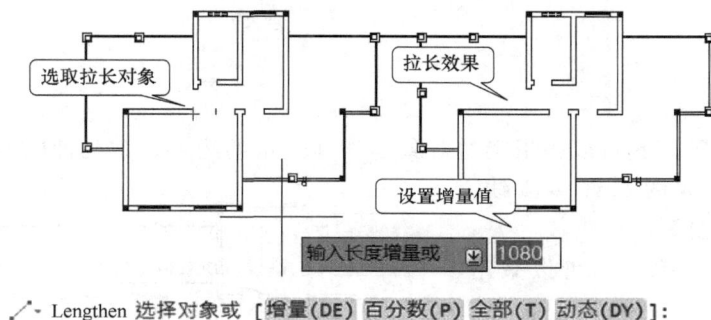

图 3-23　设置增量拉长对象

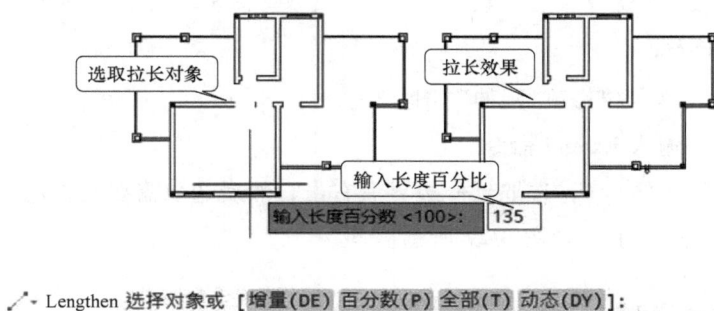

图 3-24　以百分数形式拉长对象

(3) 总计　是指通过指定总长度来修改选定对象的长度。在命令行中输入字母 T, 然后输入对象的总长度, 并选取要修改的对象。此时, 选取的对象将按照设置的总长度相应地缩短或拉长, 如图 3-25 所示。在进行该方式操作时, 选取修改对象的位置的不同将直接影响最终的拉长效果。

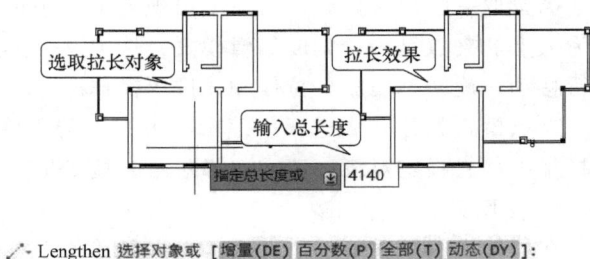

图 3-25　按输入的总长度拉长对象

（4）动态　该选项允许动态地改变直线或圆弧的长度。该方式通过拖动选定对象的端点之一来改变其长度，且其他端点保持不变。在命令行中输入字母 DY，并选取对象。然后拖动鼠标指针，对象将随之拉长或缩短，如图 3-26 所示。

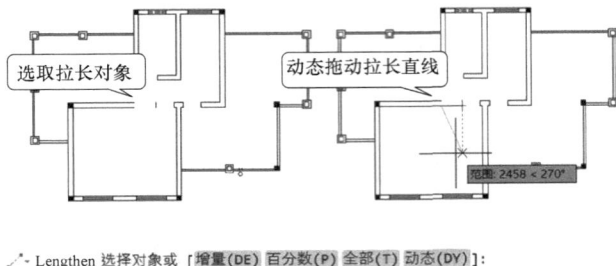

图 3-26　动态拉长轴线

3.3.4　延伸

利用"延伸"工具可以将指定的对象延伸到选定的边界，被延伸的对象包括圆弧、椭圆弧、直线、开放的二维多段线、三维多段线和射线等。

启动"延伸"命令，可以采用下述方法：

（1）菜单栏　选择"修改|延伸"。

（2）功能区选项板　单击"默认|修改|延伸"图标 ---/。

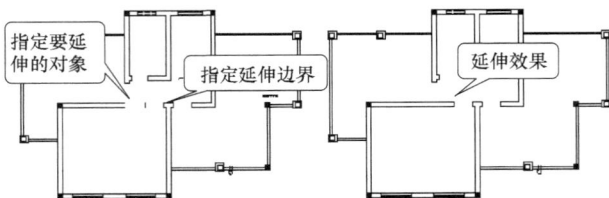

图 3-27　指定边界延伸

（3）工具栏　单击"修改|延伸"图标 ---/。

（4）命令行　输入 Extend 命令。

单击"延伸"按钮 ---/，选取延伸边界后右击，然后选取需要延伸的对象，系统将选取对象延伸到指定的边界上，如图 3-27 所示。

3.4　应用夹点调整对象

当选取一图形对象时，对象上出现若干个小正方形，同时对象高亮显示，这些小正方形即为夹点。夹点是一种集成编辑模式，选中某个夹点，可以看到程序允许用户对选中的图形执行移动、旋转、缩放、拉伸和镜像等操作。

夹点模式就是"先选择后编辑"方式，若要移去夹点可以按<Esc>键。若从已有的夹点选择集中移去指定对象，请在选择对象时按<Shift>键。

1. 使用夹点拉伸对象

在拉伸编辑模式下，当选取的夹点是线条端点时，可以拉长或缩短对象。如果选取的夹点是线条的中点、圆或圆弧的圆心，或者块、文字、尺寸数字等对象时，则只能移动对象。

　　如图 3-28 所示，选取一指引线将显示其夹点，然后选取底部夹点，并打开正交功能，向下拖动即可改变该指引线的长度。

　　2. 使用夹点移动对象

　　夹点移动模式可以编辑单一对象或一组对象，利用该模式可以改变对象的放置位置，而不改变大小和方向。在夹点编辑模式下选取基点后，输入字母 MO 进入移动模式。然后输入移动距离或者指定标点的位置，系统将会以基点为起点将对象移动到指定的位置，效果如图 3-29 所示。

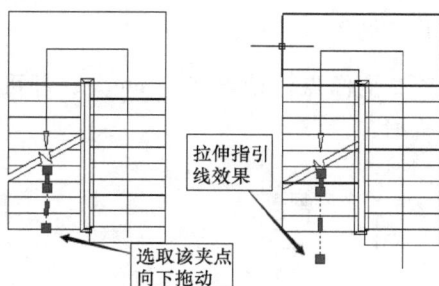

图 3-28　拖动夹点拉伸指引线长度

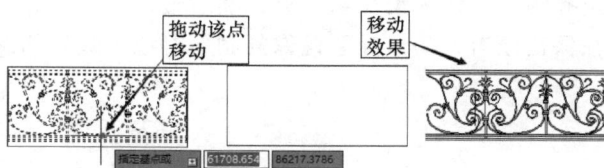

图 3-29　利用夹点移动

　　3. 使用夹点旋转对象

　　运用夹点旋转功能可以使对象绕基点旋转，并且可以编辑对象的旋转方向。在夹点编辑模式下指定基点后，输入 RO 即可进入旋转模式，旋转的角度可以通过输入角度值精确定位，也可以通过指定点位置来实现，如图 3-30 所示。

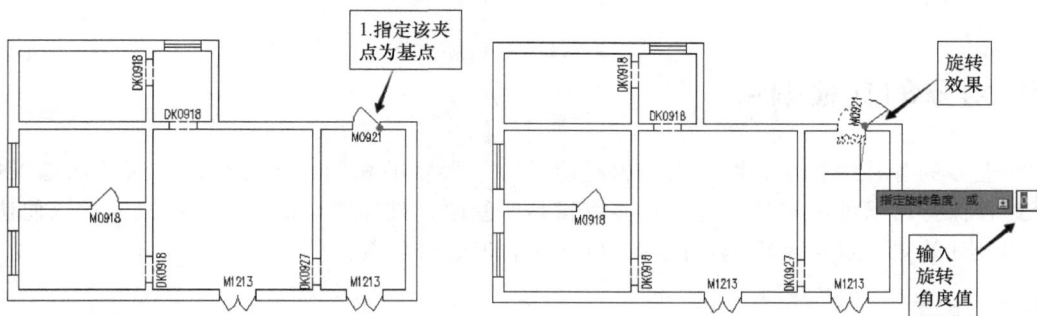

图 3-30　利用夹点旋转门

　　4. 使用夹点缩放对象

　　在夹点编辑模式下指定基点后，输入字母 SC 进入缩放模式。此时可以通过定义比例因子或缩放参照的方式缩放对象，且当比例因子大于 1 时放大对象，当比例因子大于 0 而小于 1 时缩小对象，如图 3-31 所示。

　　5. 使用夹点镜像对象

　　夹点镜像编辑方式是以指定两点的方式定义出镜像中心线，进行图形的镜像操作。利用夹点镜像图形，镜像后既可以删除原对象，也可以保留原对象。

　　进入夹点编辑模式后指定一基点，并输入字母 MI，进入镜像模式。此时系统将会以刚

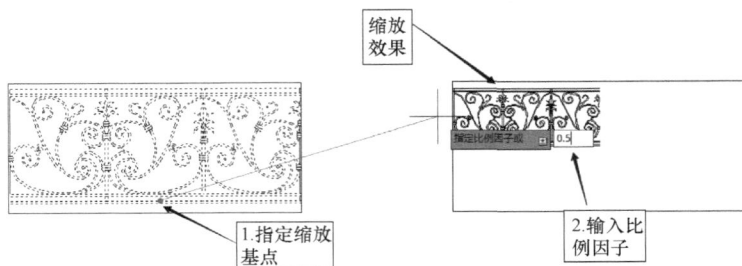

图 3-31　利用夹点缩放图形

选择的基点作为镜像第一点，然后输入字母 C，并指定第二镜像点。接着按<Enter>键即可在保留原对象的情况下镜像复制新对象，效果如图 3-32 所示。

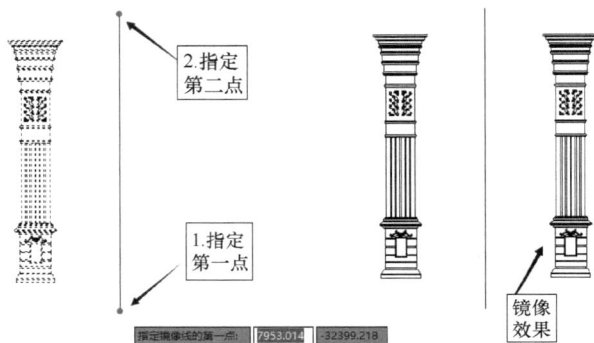

图 3-32　利用夹点镜像图形

3.5　对象的其他编辑

在上方的各种编辑中，图形在编辑前后保持了形状的相同或者相似。在实际的绘图中，除开这种保持形状的编辑外，还有很多编辑是要修改、破坏图形的原有形状或属性以便达到预想的设计效果。这类编辑包括修剪、倒角、打断、分解等。

3.5.1　修剪

利用"修剪"工具可以以某些图元为边界，删除边界内的指定图元。利用该工具编辑图形对象时，首先需要选择用以定义修剪边界的对象，且修剪边可以同时作为被修剪边进行修剪操作。修剪边可以是直线、圆弧、圆、多段线、椭圆、样条曲线、构造线、射线和图纸空间的视口。执行修剪操作的前提条件是：修剪对象必须与修剪边界相交。

启动"修剪"命令，可以采用下述方法：

（1）菜单栏　选择"修改|修剪" 。

（2）功能区选项板　单击"默认|修改|修剪"图标 。

（3）工具栏　单击"修改|修剪"图标。

（4）命令行　输入 Trim 命令。

单击"修剪"按钮 ，选取边界并右击，然后选取图形中要去除的部分，即可将多余的图形对象去除，如图 3-33 所示。

在选择对象时，如果按住<Shift>键，系统将自动将"修剪"命令转换成"延伸"命令。

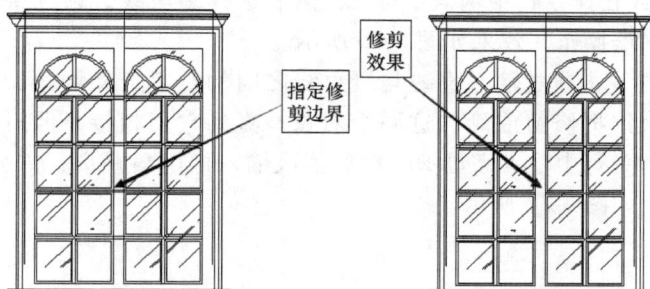

图 3-33　修剪窗户

3.5.2　倒角

在 AutoCAD 中，利用"倒角"工具可以连接两个不平行的对象，这些对象包括直线、多段线、参照线和射线等线性图形。AutoCAD 采用两种方法确定连接两个线型对象的斜线。

（1）指定斜线距离　指从被连接对象与斜线角点，到被连接的两对象的可能交点之间的距离，如图 3-34 所示。

（2）指定斜线角度和一个斜线的距离　需要两个参数，及斜线与一个对象的斜线距离和斜线与另一个对象的夹角，如图 3-35 所示。

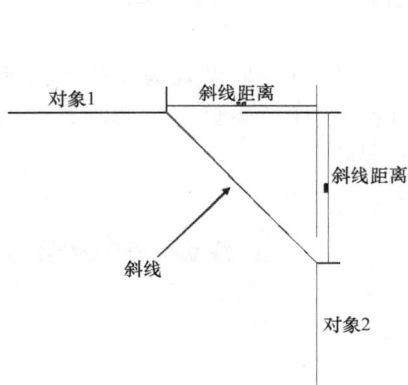

图 3-34　斜线距离

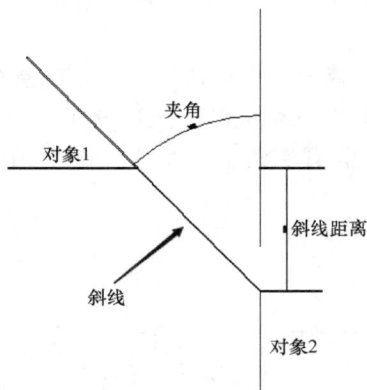

图 3-35　斜线距离与夹角

启动"倒角"命令，可以采用下述方法：

（1）菜单栏　选择"修改|倒角"。

（2）功能区选项板　单击"修改|倒角"图标 。

（3）工具栏　单击"修改|倒角"图标 。

（4）命令行　输入 Chamfer 命令。

单击"倒角"按钮 ，命令行将出现"Chamfer 选择第一条直线或〔放弃（U）多段

线（P）距离（D）角度（A）修剪（T）方式（E）多个（M）]:"的提示信息。下面分别介绍各个选项的含义

（1）多段线　如果选择的对象是多段线，那么可以方便地对整条多段线进行倒角。选择"多段线（P）"或在命令行中输入字母 P，然后选择多段线，系统将以当前设定的倒角参数对多段线进行倒角操作，效果如图 3-36 所示。

（2）距离　该方式指通过输入直线与倒角线之间的距离定义倒角。如果两个倒角距离都为零，那么倒角操作将修剪或延伸这两个对象，直到它们相接，但不创建倒角线。选择"距离（D）"或在命令行中输入字母 D，然后依次输入两倒角距离，并分别选取两倒角边，即可获得倒角效果，如图 3-37 所示。

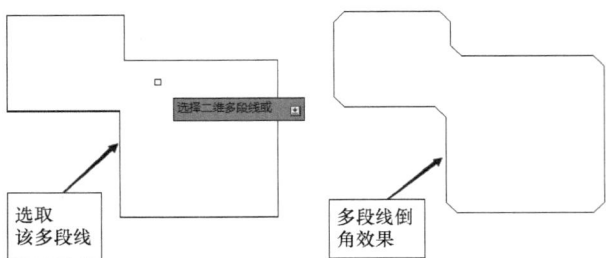

图 3-36　多段线倒角

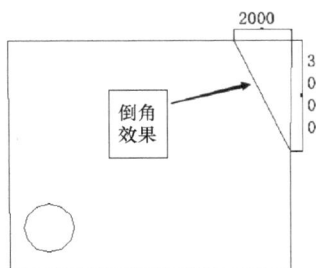

图 3-37　指定距离绘制倒角

（3）角度　该方式通过指定倒角的长度以及它与第一条直线形成的角度来创建倒角。选择"角度（A）"选项或在命令行中输入字母 A，然后分别指定第一条直线的倒角长度为 1500 和倒角角度为 45°，并依次选取两直线对象，即可获得倒角效果，如图 3-38 所示。

（4）修剪　在默认情况下，对象在倒角时需要修剪，但也可以设置为保持不修剪的状态。选择"修剪（T）"选项或在命令行中输入字母 T 后，选择"不修剪"选项，然后按照上述方法设置倒角参数即可，效果如图 3-39 所示。

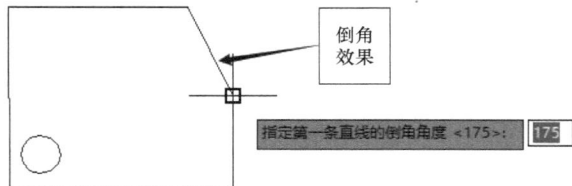

图 3-38　指定角度绘制倒角

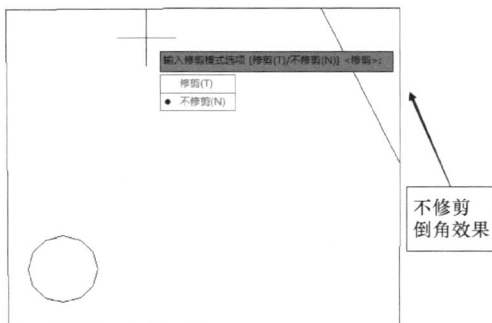

图 3-39　不修剪倒角

3.5.3　圆角

在 AutoCAD 中，利用"圆角"工具可以通过一指定半径的圆弧光滑地连接两个图形对

象，其中可以执行圆角操作的对象有圆弧、圆、椭圆、椭圆弧、直线和射线等。此外，直线、构造线和射线在相互平行时也可以进行圆角操作，且此时圆角半径由系统自动计算，设为平行直线距离的一半。

AutoCAD 用"倒角"或"圆角"工具能够以平角或圆角的连接方式，修改图形相接处的具体形状。其不同之处在于："倒角"工具只能应用在图形对象间具有相交性的情况下，而"圆角"工具可以应用于任何位置关系的图形对象之间。

启动"圆角"命令，可以采用下述方法：

（1）菜单栏　选择"修改|圆角"。

（2）功能区选项板　单击"默认|修改| 圆角"图标。

（3）工具栏　单击"修改|圆角"图标。

（4）命令行　输入 Fillet 命令。

单击"圆角"按钮，命令行将出现"Fillet 选择第一个对象或［放弃（U）多段线（P）半径（R）修剪（T）多个（M）]:"的提示信息。下面分别介绍各个选项的含义：

（1）半径　该方式是绘图中最常用的创建圆角方式。单击"圆角"按钮后，选择"半径（R）"选项或输入字母 R，并设置圆角半径值为 5100。然后依次选取两操作对象，即可获得圆角效果，如图 3-40 所示。

（2）不修剪　点击"圆角"按钮后，选择"修剪（T）"选项或输入字母 T，就可以指定相应的圆角类型，即设置倒圆角后是否保留原对象，可以选择"不修剪"选项，获得不修剪的圆角效果，如图 3-41 所示。

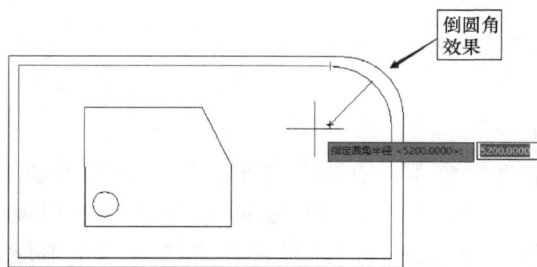

图 3-40　指定半径绘制圆角

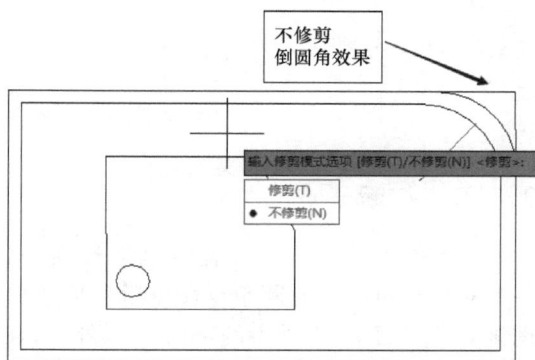

图 3-41　不修剪倒圆角效果

3.5.4　打断

打断是删除部分图形对象或将对象分解成两部分，且对象之间可以有间隙，也可以没有间隙。在 AutoCAD 中，可以打断的对象包括直线、圆、圆弧、椭圆和参照线等。打断命令主要用于删除断点之间的对象，如圆的中心线或者对称中心线过长时，可以调用打断命令进行删除。

启动"打断"命令，可以采用下述方法：

（1）菜单栏　选择"修改|打断"。

（2）功能区选项板　单击"默认|修改|打断"图标📄。

（3）工具栏　单击"修改|圆角"图标📄。

（4）命令行　输入 Break 命令。

单击"打断"按钮📄，命令行将提示选取要打断的对象。当在对象上单击时，系统将默认选取对象时所选点作为断点 1，然后指定另一点作为断点 2，系统将删除这两点之间的对象，效果如图 3-42 所示。

如果选择"第一点（F）"选项，或在命令行中输入字母 F，则可以重新定位第一点。在确定第二个打断点时，如果在命令行中输入@，可以使第一个和第二个打断点重合，此时该操作相当于打断于点。

另外，在默认情况下，系统总是删除从第一个打断点到第二个打断点之间的部分，且在对圆和椭圆等封闭图形进行打断时，系统将按照逆时针方向删除从第一打断点到第二打断点之间的圆弧等对象。

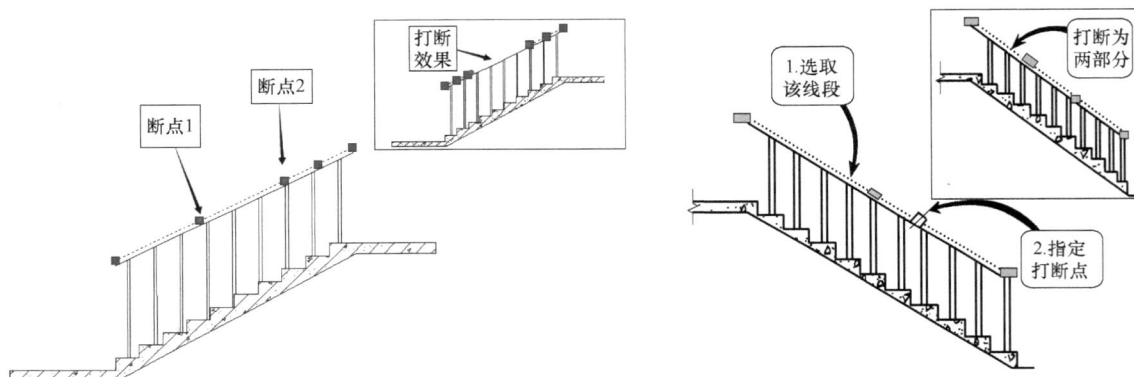

图 3-42　打断

3.5.5　打断于点

打断于点是"打断"命令的后续命令，它是将对象在一点处断开生成两个图形对象。一个对象在执行过打断于点命令后，从外观上看不出什么差别。但当选取该对象时，可以发现该对象已经被打断为两部分。另外，该工具不能应用于圆，否则系统将提示圆弧不能是 360°。

启动"打断于点"命令，可以采用下述方法：

（1）功能区选项板　"默认|修改|打断于点"图标📄。

（2）工具栏　单击"修改|打断于点"图标📄。

（3）命令行　输入 Break 命令。

单击"打断于点"按钮📄，然后选取一对象并在该对象上单击指定打断点的位置，即可将该图形对象分割为两个对象，效果如图 3-43 所示。

3.5.6　合并

合并是指将相似的对象合并为一个对象。其中可以执行合并操作的对象包括圆弧、椭圆弧、直线、多段线和样条曲线等。
利用该工具可以将被打断为两部
分的线段合并为一个整体，也可
以利用该工具将圆弧或椭圆弧创
建为完整的圆和椭圆。

　　启动"合并"命令，可以采
用下述方法：

　　（1）菜单栏　选择"修改|合
并"。

　　（2）功能区选项板　单击"默
认|修改|合并"图标 ➡️◄。

　　（3）工具栏　单击"修改|合并"图标 ➡️◄。

　　（4）命令行　输入 Join 命令。

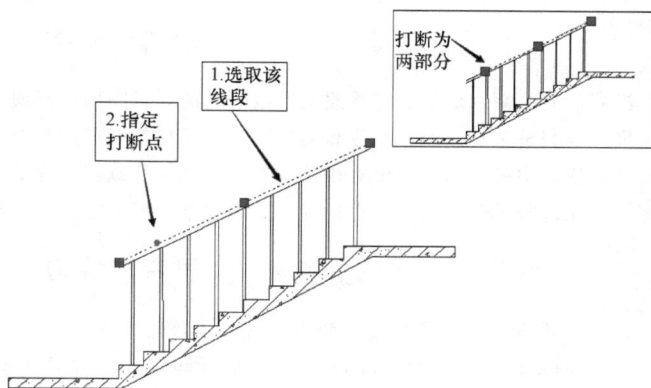

图 3-43　打断于点

　　单击"合并"按钮 ➡️◄，然后按照命令行提示选取源对象。如果选取的对象是圆弧，
命令行将出现"选择圆弧，以合并到源或进行
［闭合（L）］："的提示信息。此时选取需要合并
的另一部分对象，按<Enter>键即可。如果在命
令行中输入字母 L，系统将创建完整的圆，如图
3-44 所示。

3.5.7　分解

　　对于矩形、块、多边形和各类尺寸标注等对
象，以及由多个图形对象组成的组合对象，如果
需要对单个对象进行编辑操作，就需要先利用

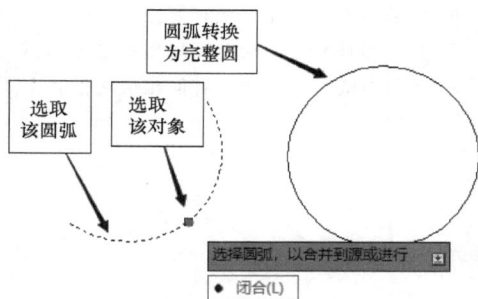

图 3-44　合并圆弧

"分解"工具将这些对象拆分为单个的图形对象，然后再利用相应的编辑工具进行进一步地
编辑。其中可以分解的对象包括三维网格、三维实体、块、矩形、标注、多线、多面网格、
多段线和面域等。

　　启动"分解"命令，可以采用下述方法：

　　（1）菜单栏　选择"修改|分解"。

　　（2）功能区选项板　单击"默认|修
改|分解"图标 📦。

　　（3）工具栏　单击"修改|分解"图
标 📦。

　　（4）命令行　输入 Explode 命令。

　　单击"分解"按钮 📦，选取要分解
的对象，单击右键或者按<Enter>键即可
完成分解操作，效果如图 3-45 所示。

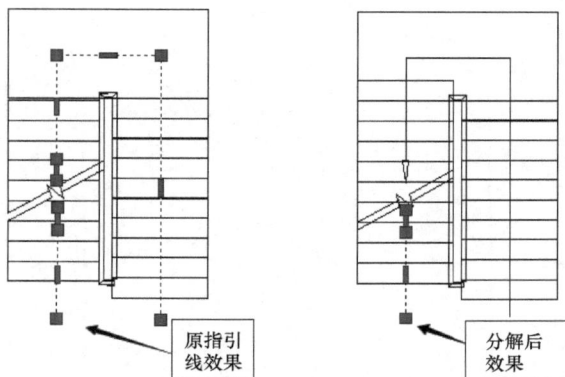

图 3-45　分解楼梯指引线效果

本 章 小 结

没有任何一幅图形是不经修改就可以完成的。对图形进行编辑是绘图过程的一部分。AutoCAD 2018 提供了强大的编辑工具,用于修改和编辑图形。任何复杂的图形都会含有许多典型结构,如倾斜结构、平行结构、对称结构等,用户需要对相关对象进行移动、旋转、缩放、修剪等操作。本章结合实例对其中的基本编辑功能进行了介绍,对工程设计人员和初学者有一定的指导作用。

思考与练习

1. 能够改变一条线段长度的命令有 (　　　)。

A. Ddmodify　　　　B. Lengthen　　　C. Extend　　　D. Trim

E. Stretch　　　　　F. Scale　　　　　G. Break　　　H. Move

2. 下列命令中,可以用来去掉图形中不需要的部分的命令是 (　　　)。

A. 删除　　　　　B. 清除　　　　C. 修剪　　　D. 放弃

3. 在调用"修剪"命令对图形进行修剪时,有时无法实现修剪,试分析可能的原因。

4. 说明下列选择对象方式的含义:点选、W 窗口方式、C 窗交方式、全部方式。

5. 什么是夹点?如何改变夹点的大小及颜色?

6. 调整对象尺寸的方法有哪些?说明延伸操作的步骤。

7. 修剪和打断在功能上有何相似之处和不同点?

8. 倒角与圆角在功能上有何相似之处和不同点?

第4章 建筑图形的尺寸、文字标注与表格

4.1 尺寸标注概述

在标注尺寸前，一般都要创建尺寸样式，尺寸样式是尺寸变量的集合，只要调整样式中的某些尺寸变量，就能改变标注的外观。系统默认的尺寸样式为ISO-25，用户可以改变这个样式或者生成自己的尺寸样式。

4.1.1 AutoCAD 尺寸标注的类型

AutoCAD 提供了十余种标注工具用以标注图形对象，分别位于"标注"菜单或"标注"工具栏中，常用的尺寸标注方式如图 4-1 所示，使用它们可以进行角度、直径、半径、线性、对齐、连续、圆心及基线等标注。

（1）线性标注　通过确定标注对象的起始和终止位置，依照其起止位置的水平或竖直投影来标注的尺寸。

（2）对齐标注　尺寸线与标注起止点组成的线段平行，能更直观地反映标注对象的实际长度。

（3）连续标注　在前一个线性标注基础上，继续标注其他对象的标注方式。

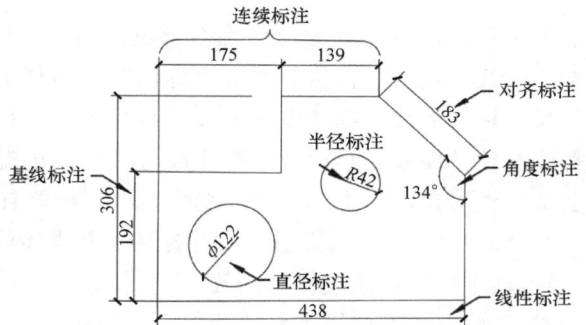

图 4-1　标注的类型

4.1.2 AutoCAD 尺寸标注的组成

在建筑工程图中，一个完整的尺寸标注是由标注文字、尺寸线、尺寸界线、尺寸线起止符号（尺寸线的端点符号）及起点等组成的，如图 4-2 所示。

（1）标注文字　表明图形对象的标识值。标注文字可以反映建筑构件的尺寸。在同一图样上，不论各个部分的图形比例是否相同，其标注文字的字体、高度必须统一。施工图上尺寸文字的高度需满足制图标准的规定。

（2）箭头（尺寸起止符）　建筑工程图样中，尺寸起止符必须是 45°中粗斜短线。尺寸起止符绘制在尺寸线的起止点，用于指出标识值的开始和结束位置。

（3）起点　尺寸标注的起点是尺寸标注对象标注的起始定义点。通常尺寸的起点与标注图形对象的起止点重合（图 4-2 所示尺寸起点离开矩形的下边界，是为了表述起点的含义）。

（4）尺寸界线　从标注起点引出的表明标注范围的直线，可以从图形的轮廓、轴线、对称中心线等引出。尺寸界线是用细实线绘制的。

（5）超出尺寸界线值　尺寸界线超出尺寸线的大小。

（6）起点偏移量　尺寸界线离开尺寸线起点的距离。

（7）基线距离　使用 AUTOCAD 的"基线标注"时，基线尺寸线与前一个基线对象尺寸线之间的距离。

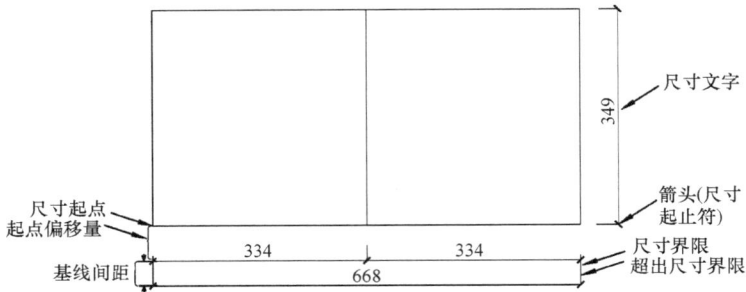

图 4-2　尺寸标注的组成

4.1.3　AutoCAD 尺寸标注的基本步骤

AutoCAD 2018 的尺寸标注命令都被归类在"标注"菜单下，进入 AutoCAD 2018 后任意绘制一些线段或图形，然后单击"标注"工具栏下的"尺寸标注"按钮，就可进行标注。

尺寸标注的尺寸线是由多个尺寸线元素组成的匿名块，该匿名块具有一定的"智能"，当标注对象被缩放或移动时，标注该对象的尺寸线也会自动缩放或移动，且除了尺寸文字内容会随标注对象图形大小变化而变化之外，还能自动控制尺寸线的其他外观保持不变。

在 AutoCAD 中对图形进行尺寸标注的基本步骤如下：

1）确定打印比例或视口比例。

2）创建一个专门用于尺寸标注的文字样式。

3）创建标注样式，依照是否采用注释标注及尺寸标注操作类型设置标注参数。

4）进行尺寸标注。

4.2　设置尺寸标注样式

4.2.1　创建标注样式

在 AutoCAD 中，使用"标注样式"可以控制标注的格式和外观，建立强制执行的绘图标准，并有利于对标注格式及用途进行修改。

创建尺寸标注样式，用户可以采用下述方法：

（1）菜单栏　选择"标注|标注样式"命令。

（2）功能区选项板　单击"默认|注释|标注样式"图标 ![icon]。

（3）工具栏　单击"标注|标注样式"按钮 ![icon]。

（4）命令行　输入 Dimstyle 或 快捷键 D。

执行"标注样式"命令后，系统将弹出"标注样式管理器"对话框，单击"新建"按钮，将弹出"创建新标注样式"对话框，然后在"新样式名"文本框中输入样式的名称，最后单击"继续"按钮，如图 4-3 所示。

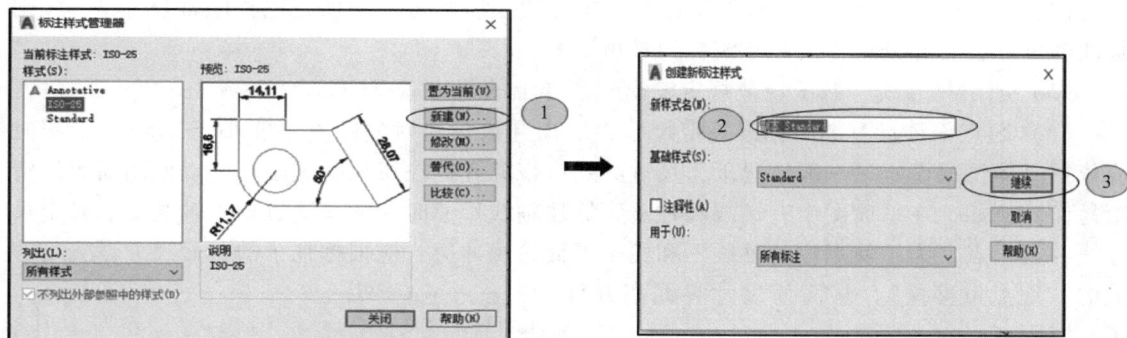

图 4-3　创建标注样式

标注样式的命名要遵守"有意义，易识别"的原则，如"1-100 平面"表示该标注样式是用于标注 1：100 绘图比例的平面图，又如"1-50 大样图"表示该标注样式是用于标注大样图的尺寸。

4.2.2　编辑并修改标注样式

当用户新建并命名标注样式后，单击"继续"按钮将弹出"新建标注样式：×××"对话框，从而可以根据需要来设置标注样式线、箭头和符号、文字、调整、主单位等，如图 4-4 所示。下面就针对各选项卡的设置参数进行介绍：

1. 设置尺寸线

在"线"选项卡中。可设置尺寸线、尺寸界线、超出尺寸线长度值、起点偏移量等。

（1）线的颜色、线型、线宽　在 AutoCAD 中，每个图形实体都有自己的颜色、线型、线宽。颜色、线型、线宽可以设置实体的真实参数，以颜色为例，可以把某图形实体的颜色设置为红、蓝或绿等物理色。另外，为了实现绘图的一些特定要求，AutoCAD 还允许对图形对象的颜色、线型、线宽设置成 ByLock（随块）和 ByLayer（随层）两种逻辑值。ByLayer（随层）是指与图层的颜色设置一致，而 ByLock（随块）是指随图块定义的图层。通常情况下，对尺寸标注线的颜色、线型、线宽，无需进行特别的设置，采用 AutoCAD 默认的 ByLock（随块）即可。

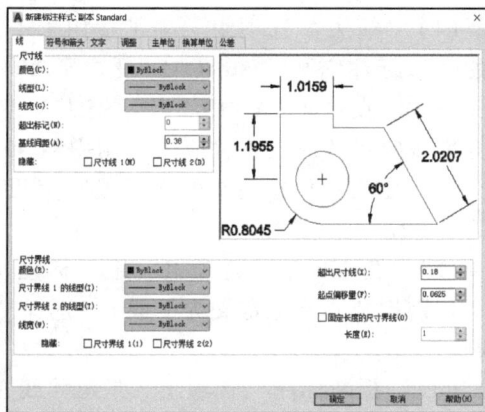

图 4-4　设置标注样式

（2）超出标记　当用户采用"建筑标记"作为箭头符号时，该选项即可激活，从而确定尺寸线超出尺寸界线的长度。制图标准规定，超出标记宜为 0，也可为 2~3mm。

（3）基线间距　用于限定"基线"标注命令标注的尺寸线离开基础尺寸标注的距离。在建筑图标注多道尺寸线时有用，其他情况下也可以不进行特别设置。如果要设置，则应设置为 7~10mm。

（4）"隐藏"尺寸线　用来控制标注的尺寸线是否隐藏。例如，选择隐藏尺寸线 1，则标注的尺寸会有部分尺寸线和建筑标记都被隐藏。

（5）超出尺寸线　制图规范规定输出到图样上的值为 2~3mm。

（6）起点偏移量　制图标准规定尺寸界线离开被标注对象距离不能小于 2mm。绘图时应依据具体情况设定，一般情况下，尺寸界线应该离开标注对象一定距离，以使图面表达清晰易懂。例如，在平面图中有轴线和柱子，标注轴线尺寸时一般是通过单击轴线交点确定尺寸线的起止点，为了使标注的轴线不和柱子平面轮廓冲突，应根据柱子的截面尺寸设置足够大的"起点偏移量"，从而使尺寸界线离开柱子一定距离。

（7）固定长度的尺寸界线　当勾选该复选框后，可在下面的"长度"文本框中输入尺寸界线的固定长度值。

（8）"隐藏"尺寸界线　用来控制标注的尺寸界线是否隐藏。

2. 设置符号和箭头

在图 4-5 所示的"符号和箭头"选项卡中，用户可以设置箭头的类型、大小、引线类型、圆心标记、折断标注等。

（1）"箭头"选项组　为了适用于不同类型的图形标注需要，AutoCAD 设置了 20 多种

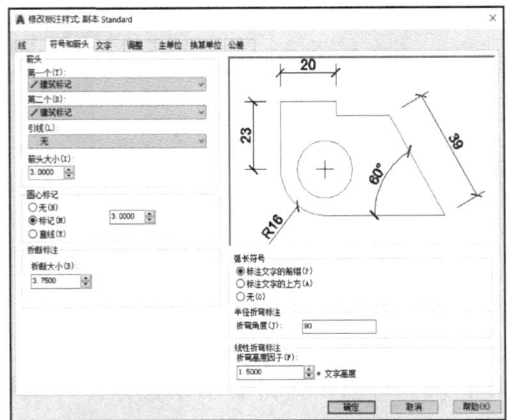

图 4-5　"符号和箭头"选项卡

箭头样式。在 AutoCAD 中，其"箭头"标记就是建筑制图标准里的尺寸线起止符，建筑制图标准规定尺寸线起止符应该选用中粗 45°角斜短线，短线的图样长度为 2~3mm。其"箭头大小"定义的值指箭头的水平或竖直投影长度，如值为 1.5 时，实际绘制的斜短线总长度为 2.12。

（2）"圆心标记"选项组　用于标注圆心位置。在图形区任意绘制两个大小相同的圆后，分别把圆心标记定义为 2 或 4，选择"标注|圆心标记"命令后，分别标记所绘制的两个圆。

（3）"折断标注"选项组　是尺寸线在遇到的其他图元处被打断后，其尺寸界线的断开距离。"线性弯折标注"是把一个标注尺寸线进行折断时绘制的折断符高度与尺寸文字高度的比值。"折断标注"和"折弯线性"都是属于 AutoCAD 中"标注"菜单下的标注命令。

（4）"半径折弯标注"选项组　用于设置标注圆弧半径时标注线的折弯角度大小。

3. 设置标注文字

尺寸文字设置是标注样式定义的一个很重要的内容。"修改标注样式：×××"对话框中，可以使用"文字"选项卡设置标注文字的外观、位置和对齐方式，如图 4-6 所示。

（1）"文字样式"下拉列表框　单击按钮 ⃞，打开"文字样式"对话框新建尺寸标注专用的文字样式，之后回到"新建标注样式"对话框的"文字"选项卡选用这个文字样式。

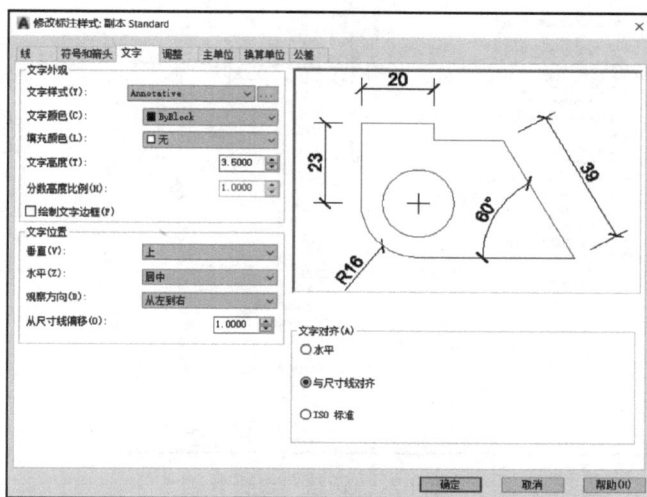

图 4-6　"文字"选项卡

在进行"文字"参数设置中，标注用的文字样式中文字高度必须设置为 0，而在"标注样式"对话框中设置尺寸文字的高度为图纸高度，否则容易导致尺寸标注设置混乱. 其他参数可以直接选用 AutoCAD 默认设置。

（2）"文字高度"下拉列表框　指定标注文字的大小，也可以使用变量 DIMTXT 来设置。

（3）"分数高度比例"下拉列表框　建筑制图一般不用。

（4）"绘制文字边框"复选框　设置是否给标注文字加边框，建筑制图一般不用。

（5）"文字位置"选项组　用于设置尺寸文本相对于尺寸线和尺寸界线的放置位置。文字对齐方向应选择"与尺寸线对齐"。

（6）"从尺寸线偏移"文本框　可以设置一个数值以确定尺寸文本和尺寸线之间的偏移距离。

4. 对标注进行调整

对"调整"选项卡上的参数进行设置，即对标注文字、尺寸线、尺寸箭头等进行调整，如图 4-7 所示，"标注特征比例"选项组是标注样式设置过程中的一个很重要的参数，在建立尺寸标注样式时，应依据具体的标注和打印方式进行设置。

（1）"调整选项"选项组　当尺寸界线之间没有足够的空间同时放置标注文字和箭头时，可通过"调整选项"选项组设置，移出到尺寸线的外面。

（2）"文字位置"选项组　当尺寸文字不能按"文字"选项卡设定的位置放置时，尺寸文字按这里设置的调整"文字位置"放置。

（3）"注释性"复选框　注释性标注时需要勾选。

（4）"将标注缩放到布局"单选按钮　在"布局"选项卡上激活视口后，在视口内进行标注，按此项设置。标注时，尺寸参数将自动按所在视口的视口比例放大。

（5）"使用全局比例"单选按钮　全局比例因子的作用是把标注样式中的所有几何参数值都按其因子值放大后，再绘制到图形中，如文字高度为 3.5，全局比例因子为 100，则图形内尺寸文字高度为 350。在"模型"选项卡上进行尺寸标注时，应按打印比例或视口比例

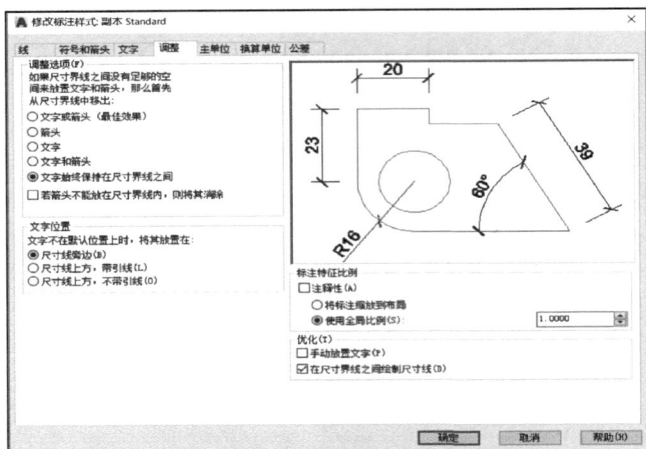

图 4-7 "调整"选项卡

设置此项参数值。

5. 设置主单位

"主单位"选项卡用于设置单位格式、精度、比例因子和消零等参数，如图 4-8 所示。

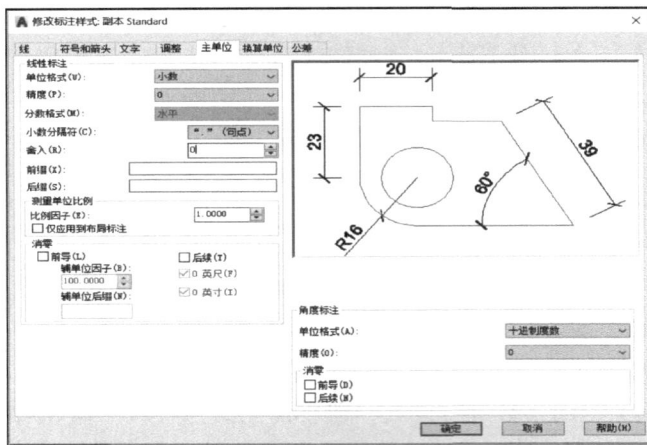

图 4-8 "主单位"选项卡

（1）"单位格式"下拉列表框 设置除角度标注之外的其余各标注类型的尺寸单位，建筑绘图中常选"小数"方式。

（2）"精度"下拉列表框 设置除角度标注之外的其他标注的尺寸精度，建筑绘图中常取"0"。

（3）"比例因子"下拉列表框 尺寸标注长度为标注对象图形测量值与该比例的乘积，绘制详图时需要修改此数值。例如 1∶20 的详图，该比例因子为 0.2；1∶50 的详图比例因子为 0.5。

（4）"仅应用到布局标注"复选框 在没有视口被激活的情况下，在"布局"选项卡上直接标注尺寸时，如果勾选了"仅应用到布局标注"复选框，则此时标注长度为测量值与该比例的积。而在激活视口内或在"模型"卡上的标注值与该比例无关。

（5）"角度标注"选项组　可以使用"单位格式"下拉列表框设置标注角度单位。使用"精度"下拉列表框设置标注角度的尺寸精度，使用"消零"选项组设置是否消除角度尺寸的前导和后续零。

4.3　图形尺寸的标注和编辑

由于各种建筑工程图纸的不同，在进行尺寸标注时需要采用不同的标注方式和标注类型。AutoCAD 中有多种标注的样式和种类，进行尺寸标注时应根据具体需要来选择，使标注的尺寸符合设计要求，方便施工和测量。

在对图形进行尺寸标注时，可以将"尺寸标注"工具栏调出，并将其放置到绘图窗口的边缘，从而可以方便地输入标注尺寸的各种命令。

4.3.1　对图形进行尺寸标注

尺寸标注的种类很多，受篇幅限制，下面简要讲解一些建筑制图中常用的尺寸标注工具按钮。

启动"标注"命令，可以采用下述方法
（1）菜单栏　选择"标注"→各种标注类型命令。
（2）功能区选项板　单击"默认|注释"→部分标注类型图标。
（3）工具栏　单击"标注"工具栏→各种标注类型图标。
"尺寸标注"常用工具按钮如下：

1）"线性标注"按钮 用于标注水平和垂直方向的尺寸，还可以设置为角度与旋转标注。

2）"连续标注"按钮 用于创建从上一个或选定标注的第二条延伸线开始的线性、角度坐标标注。

3）"对齐标注"按钮 用于标注倾斜方向的尺寸。

4）"基线标注"按钮 用于从上一个或选定标注的基线作连续的线性、角度或坐标标注。

5）"角度标注"按钮 用于测量选定的对象或者 3 个点之间的角度。

6）"半径标注"按钮 用于测量选定圆或圆弧的半径，并显示前面带有半径符号（R）的标注文字。

7）"直径标注"按钮 用于测量选定圆或圆弧的直径，并显示前面带有直径符号（φ）的标注文字。

在进行圆弧的半径或直径标注时，如果选择"文字对齐"方式为"水平"的话，则所标注的数值将以水平的方式显示出来。

4.3.2　尺寸标注的编辑方法

在 AutoCAD 2018 中，用户可以对已标注出的尺寸进行编辑修改，修改的对象包括尺寸文本、位置、样式等内容。

（1）编辑标注文字　在"标注"工具栏单击"编辑标注文字"按钮 ![A]，可以修改尺寸文本的位置、对齐方向及角度等。在"标注"工具栏单击"编辑标注"按钮 ![图标] 可以修改尺寸文本的位置、方向、内容及尺寸界线的倾斜角度等。

（2）通过特性来编辑标注　在"标准"工具栏中单击"特性"按钮 ![图标] 可以更改选择对象的一些属性。同样，如果要编辑标注对象，单击"特性"按钮 ![图标]，将打开"特性"面板，从而可以更改标注对象的图层对象、颜色、线型、箭头、文字等内容。

4.4　多重引线标注和编辑

引线对象是一条线或样条曲线，其一端带有箭头，另一端带有多行文字对象或块。在某些情况下，有一条短水平线（又称为基线）将文字或块和特征控制框连接到引线上，如图 4-9 所示。

右击工具栏，从弹出的快捷菜单中单击"多重引线"按钮，将打开"多重引线"工具栏，如图 4-10 所示。

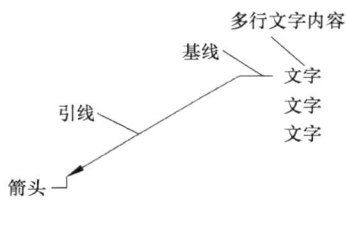

图 4-9　引线的结构

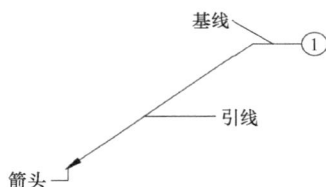

图 4-10　"多重引线"工具栏

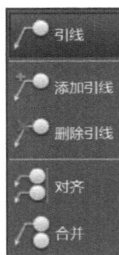

4.4.1　创建多重引线样式

多重引线样式与标注样式一样，也可以创建新的样式来对不同的图形进行引线标注，其创建方式如下：

（1）菜单栏　选择"格式|多重引线样式"命令。

（2）工具栏　在"多重引线"工具栏中单击"多重引线样式"按钮 ![图标]。

（3）命令行　输入或动态输入 Mleaderstyle。

用户可以选择其中一种方式执行"多重引线样式"命令，在弹出的"多重引线样式管理器"对话框中的"样式"列表框中列出了已有的多重引线样式，并在右侧的"预览"框中可以看到该多重引线样式的效果。如果用户要创建新的多重引线样式，可单击"新建"按钮，将弹出"创建新多重引线样式"对话框，在"新样式名"文本框中输入新的多重引线样式的名称，如图 4-11 所示。

当单击"继续"按钮后，系统将弹出"修改多重引线样式：×××"对话框，用户可以根据需要对引线的格式、结构和内容进行修改，如图 4-12 所示。

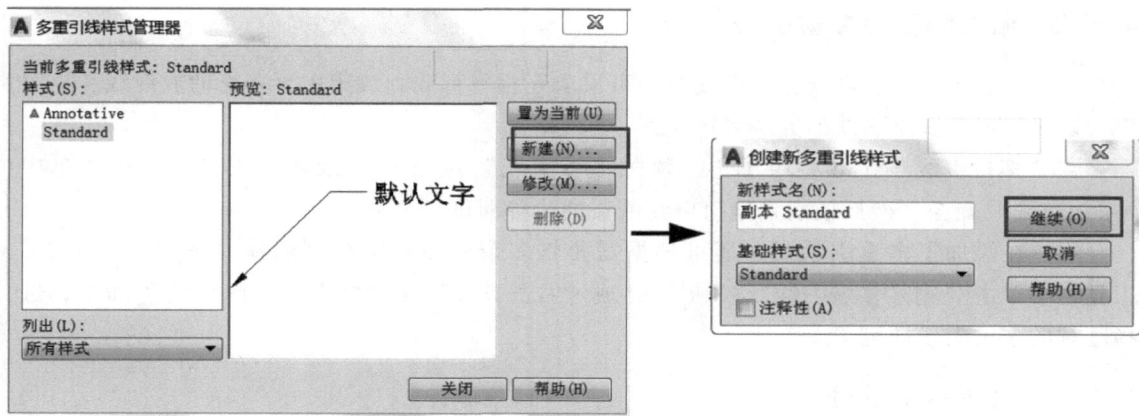

图 4-11　创建新的多重引线样式

图 4-12　修改多重引线样式

在"修改多重引线样式.:×××"对话框中，各选项的设置方法与"新建标注样式：×××"对话框中的设置方法大致相同，在这里就不一一讲解了。

4.4.2　创建与修改多重引线

当用户创建了多重引线样式后，就可以通过此样式来创建多重引线，并且可以根据需要来修改多重引线。

创建多重引线命令的启动方法如下：

（1）菜单栏　选择"标注|多重引线"命令。

（2）工具栏　在"多重引线"工具栏上单击"多重引线"按钮 。

（3）命令行　输入或动态输入 Mleader。

执行"多重引线"命令之后，用户根据提示信息进行操作，即可对图形对象进行多重引线标注。

当用户需要修改选定的某个多重引线对象时，可以右击该多重引线对象，从弹出的快捷菜单中选择"特性"命令，将弹出"特性"面板，从而可以修改多重引线的样式、箭头样式与大小、引线类型、是否水平基线、基线间距等。

在创建多重引线时，选择的多重引线样式类型应尽量与标注的类型一致，否则标注出来的效果与标注样式不一致。

4.4.3　添加和删除多重引线

当同时引出几个相同部分的引线时，可采取互相平行或画成集中于一点的放射线，这时就可以采用添加多重引线的方法来操作。

在"多重引线"工具栏中单击"添加多重引线"按钮，或者右击打开快捷菜单中"添加引线"命令，然后依次指定引出线箭头的位置即可。

用户在添加了多重引线后，还可根据需要将多余的多重引线删除掉。在"多重引线"工具栏中单击"删除多重引线"按钮，或者右击打开快捷菜单中"删除引线"命令，选择已有的多重引线即可。

4.4.4　对齐多重引线

当一个图形中有多处引线标注时，如果没有对齐操作，会显得图形不规范，也不符合要求，这时可以通过 AutoCAD 2018 提供的多重引线对齐功能，对多个多重引线以某个引线为基准进行对齐操作。

在"多重引线"工具栏中单击"多重引线对齐"按钮，并根据如下提示选择要对齐的引线对象，再选择要作为对齐的基准引线对象及方向即可。

```
命令：_ mleaderalign                              //执行"多重引线对齐"命令
选择多重引线：找到 1 个，总计 9 个                 //选择多个要对齐的引线对象
选择多重引线：                                    //按<Enter>键结束选择
当前模式：使用当前间距                            //显示当前的模式
选择要对齐到的引选择要对齐到的多重引线或［选项（O）］：//选择要对齐到的引线
指定方向：                                        //使用鼠标来指定对齐的方向
```

4.5　文字标注的创建和编辑

完整的建筑图不仅包括墙体、门窗、楼梯等图形，还包括设计、施工说明，文字主要用来阐释设计思想、施工要求等。在 AutoCAD 2018 中，"文字"工具栏如图 4-13 所示。

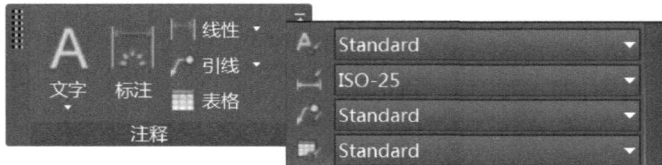

图 4-13　"文字"工具栏

4.5.1　创建文字样式

在 AutoCAD 2018 中，所有的文字都有与之对应的文字样式，系统一般使用 Standard 样式作为当前设置，也可修改当前文本样式或创建新的文本样式来满足不同绘图环境的需要。

用户可以通过下述方法来新建文字样式：

（1）菜单栏　选择"格式|文字样式"菜单命令。

（2）工具栏　在"文字"工具栏中单击"文字样式"按钮 **A**。

（3）命令行　在命令行中输入 Style 命令（快捷键 ST）。

执行上述操作后，将弹出"文字样式"对话框，如图 4-14 所示。单击"新建"按钮，弹出"新建文字样式"对话框，如图 4-15 所示，在"样式名"文本框中输入样式的名称，最后单击"确定"按钮开始新建文字样式。

"文字样式"对话框中各选项内容的功能与含义如下：

（1）"样式"列表框　当"样式"列表框下方的下拉列表框中选择了"所有样式"时，样式列表框将显示当前图形文件中所有定义的文字样式。选择"当前样式"时，其样式列表框中只显示当前使用的文字样式。

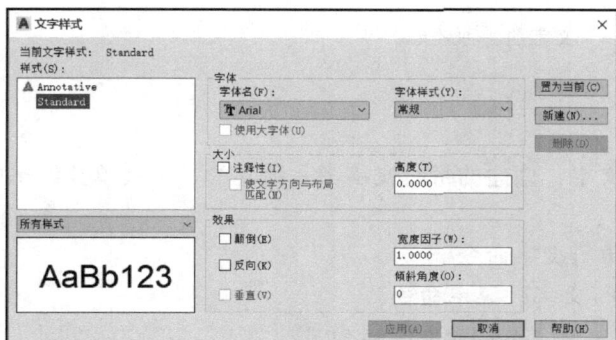

图 4-14　"文字样式"对话框

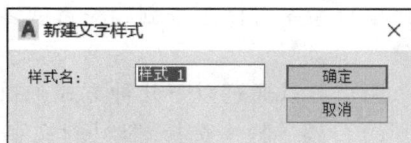

图 4-15　"新建文字样式"对话框

（2）"字体名"下拉列表框　在其下拉列表框中可以选择文字样式所使用的字体。

（3）"字体样式"下拉列表框　在其下拉列表中可以选择字体的格式。

（4）"使用大字体"复选框　勾选该复选框，"字体样式"的下拉列表框变为"大字体"下拉列表框，用于选择大字体文件。

（5）"注释性"复选框　勾选该复选框，文字被定义为可注释的对象。

（6）"使注释方向与布局匹配"复选框　勾选该复选框，则注释方向与布局对齐。

（7）"高度"文本框　指定文字的高度，系统将按此高度来显示文字，而不再提示高度设置。

（8）"颠倒"复选框　勾选该复选框，系统会上下颠倒显示输入的文字。

（9）"反向"复选框　勾选该复选框，系统将左右反转地显示输入的文字。

（10）"垂直"复选框　勾选该复选框，系统将垂直显示输入的文字，但其功能对汉字无效。

（11）"宽度因子"文本框　在其文本框中可以设置文字字符的高度与宽度之比，当输入值小于 1 时，会压缩文字，大于 1 时，将会扩大文字。

（12）"倾斜角度"文本框　在其文本框中可以设置文字倾斜的角度。设置为 0 时不倾斜，角度大于 0 时向右倾斜，角度小于 0 时向左倾斜。

（13）"置为当前"按钮　将在"样式"列表框中选中的文字样式置为当前使用样式。

（14）"删除"按钮　删除在"样式"列表框中选中的文字样式。

图 4-16 所示为各种不同的文字效果。

CAD 2018　　　　　原始状态

8ﾄO2 ᗡA϶　　　　　反向

CAD 2018　　　宽度因子：1.5

CAD 2018　　　　角度：50度

ᗡAƆ 2018　　　　颠倒

图 4-16　文字的各种效果

4.5.2　创建单行文字

单行文字可以用来创建一行或多行文字，创建的每行文字都是独立的、可被单独编辑的对象。

用户可以通过以下几种方式来执行单行文字命令

（1）菜单栏　选择"绘图|文字|单行文字"菜单命令。

（2）工具栏　在"文字"工具栏中单击"单行文字"按钮Ａ。

（3）功能区选项板　"默认|注释|单行文字"图标**A**。

（4）命令行　输入或动态输入 Dtext（快捷键 DT）。

执行"单行文字"命令后，根据如下提示即可创建单行文字，如图 4-17 所示。

命令:D text　　　　　　　　　　　　　　　　　　　//启动单行文字命令

当前文字样式:"Standard"　文字高度:884.8150 注释性:否　//当前设置

指定文字的起点或[对正(J)/样式(S)]:　　　　　　　//指定文字的起点

指定高度<>:500　　　　　　　　　　　　　　　　　//设置文字的字高

指定文字的旋转角度<>:0　　　　　　　　　　　　　//在光标闪烁处输入文字

　　　　　　　　　　　　　　　　　　　　　　　　//在另一位置单击并输入文字

执行"单行文字"命令后，各选项的含义

（1）"起点"　选中该项时，用户可使用鼠标来捕捉或指定视图中单行文字的起点位置。

（2）"对正（J）"　此项来确定单行文字的排列方向，在选择该项后，命令行会出现如下提示：

→ CAD 2018 →

指定位置　　　输入文字　　　再次输入文字

图 4-17　单行文字的创建

[对齐(A)/布满(F)/居中(C)/中间(M)/右对齐(R)/左上(TL)/中上(TC)/右上(TR)/左中(ML)/正中(MC)/右中(MR)/左下(BL)/中下(BC)/右下(BR)]:　\\ 输入对正选项

具体位置参考图 4-18 和图 4-19 的文本对正参考线以及文本对齐方式。

（3）"样式（S）"　此项用来选择已被定义的文字样式，选择该项后，命令行出现如下提示：

输入样式名或 [?]<Standard>:　　　　\\ 输入已存在的文字样式名

CAD 2018 ——顶线
——中线
——基线
——底线

图 4-18　文本对正参考线

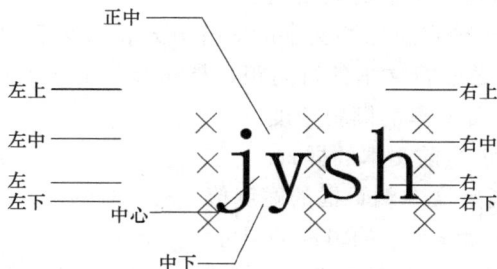

图 4-19　文本对齐方式

用户可直接在命令行输入"？"，再按 <Enter>键，则在其视图窗口中会弹出当前图形已有文字样式，如图 4-20 所示。

```
命令: _text
当先文字样式: "Standard"　文字高度: 2.5000　注释性: 否　对正: 左
制定文字的起点 或[对正（J）/样式（S）]: S
输入样式名或 [?] <Standard>: ?
输入要列出的文字样式 <*>: ?
文字样式
    未找到匹配的文字样式。
当前文字样式: Standard
当前文字样式: "Standard"　文字高度: 2.5000　注释性: 否　对正: 左
```

图 4-20　显示当前的文字样式

4.5.3　创建多行文字

多行文字是一种更加易于管理与操作的文字对象，可以用来创建两行或两行以上的文字，而每行文字都是独立的、可被单独编辑的整体。

用户可以通过以下几种方式来执行多行文字命令

（1）菜单栏　"绘图|文字|多行文字"菜单命令。

（2）工具栏　在"文字"工具栏中单击"多行文字"按钮**A**。

（3）功能区选项板　"默认|注释|多行文字"图标**A**。

（4）命令行　输入或动态输入 MText（其快捷键为 MT 或 T）。

执行"多行文字"命令后，根据如下命令行提示确定多行文字的文字矩形编辑框后，将弹出"文字格式"工具栏，根据要求设置格式及输入文字并单击"确定"按钮即可。

命令：T　　　　　　　　　　　　　　　//启动多行文字命令

当前文字样式："Standard" 文字高度：500 注释性：否 //当前默认设置

指定第一角点： //指定文字矩形编辑框的第一个点

指定对角点或［高度（H）/对正（J）/行距（L）/旋转（R）/样式（S）/宽度（W）/栏（C）］：
//指定第二个角点

执行多行文字命令后，各选项的含义

（1）"高度（H）" 指定文本框的高度值。

（2）"对正（J）" 用于确定所标注文字的对齐方式，将文字的某一点与插入点对齐。

（3）"行距（L）" 设置多行文本的行间距，指相邻两个文本基线之间的垂直距离。

（4）"旋转（R）" 设置文本的倾斜角度。

（5）"样式（S）" 指定当前文本的样式。

（6）"宽度（W）" 指定文本编辑框的宽度值。

（7）"栏（C）" 用于设置文本编辑框的尺寸。

执行上述操作后，将弹出"文字格式"对话框，如图 4-21 所示。

图 4-21 "文字格式"对话框

在"文字格式"工具栏中，有许多设置选项与 Word 文字处理软件的设置类似，相似部分不再赘述，下面介绍一些常用的选项。

（1）"堆叠"按钮 是数学中"分子/分母"形式，使用符号"/"和"^"来分隔后，选择这一部分文字，再单击该按钮即可，其操作步骤如图 4-22 所示。

图 4-22 多行文字的"堆叠"

（2）"插入"选项卡中的"@符号"选项 在实际绘图时，会常常需要像正负号这样的一些特殊字符，这些特殊字符并不能在键盘上直接输入，因此 AutoCAD 2018 提供了相应的控制符，以实现这些标注的要求，表 4-1 所示为常用的标注控制符。

表 4-1　常用的标注控制符

控制符	功　　能
%%O	打开或关闭文字的上画线
%%U	打开或关闭文字的下画线
%%D	标注度(°)符号
%%P	标注正负公差(±)符号
%%C	标注直径(φ)字符

4.6　表格的创建和编辑

表格作为一种信息的简洁表达方式，常用于像材料清单、零件尺寸一览表等由许多组件构成的图形对象中。

4.6.1　设置表格样式

表格样式同文本样式一样，具有许多的性质参数，比如字体、颜色、文本、行距等，系统提供 Standard 为其默认样式，用户可以根据绘图环境的需要重新定义新的表格样式。

用户可以通过下述方法来新建表格样式：

（1）菜单栏　选择"格式|表格样式"菜单命令。

（2）工具栏　在"样式"工具栏中单击"表格样式"按钮 ▦ ，如图 4-23 所示。

（3）命令行　输入或动态输入 Tablestyle。

图 4-23　"样式"工具栏

执行上述操作后，弹出"表格样式"对话框，如图 4-24 所示。在"表格样式"对话框中单击"新建"按钮，打开"创建新的表格样式"对话框来创建新的表格样式，如图 4-25 所示。

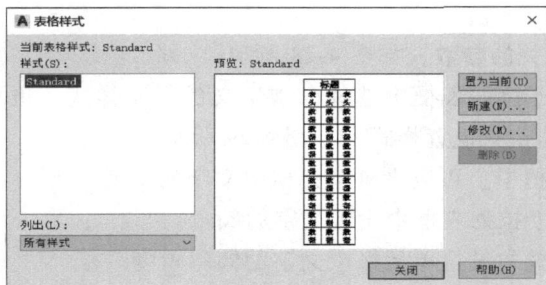

图 4-24　"表格样式"对话框

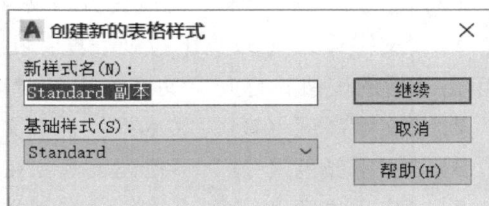

图 4-25　"创建新的表格样式"对话框

在"新样式名"的文本框中输入新建表格样式的名称,并在"基础样式"的下拉列表框中选择默认的表格样式 Standard 或者其他的已被定义的表格样式。单击"确定"按钮将弹出"新建表格样式:×××"对话框,如图 4-26 所示。用户可以在此对话框中设置表格的各种参数,如方向、格式、对齐等。

图 4-26 "新建表格样式"对话框

在"新建表格样式"对话框中,各选项的功能与含义如下:

(1)"起始表格(E)"选项组 单击按钮 ![icon],将在绘图区选择一个表格作为新建表格样式的起始表格。

(2)"表格方向(D)"下拉列表框 选择"向上",将创建由下而上读取的表格;选择"向下",将创建由上而下读取的表格。

(3)"单元样式"下拉列表框 有"标题""表头"和"数据"3 种选项,3 种选项的表格设置内容基本相似,都要对"基本""文字""边框"3 个选项卡进行设置。

(4)"常规"选项卡

1)"填充颜色(F)"下拉列表框:在其下拉列表框中设置表格的背景颜色。

2)"对齐(A)"下拉列表框:调整表格单元格中的文字的对齐方式。

3)"格式(O)"下拉列表框:单击按钮打开"表格单元格式"对话框,如图 4-27 所示,用户可在此对话框中设置单元格的数据格式。

4)"类型(T)"下拉列表框:其下拉列表框中可设置"数据"类型还是"标签"类型。

(5)"文字"选项卡 可以设置与文字相关的参数,如图 4-28 所示。

1)"文字样式(S)"下拉列表框:在其下拉列表框中选择已被定义的文字样式,也可以单击其后的按钮,打开"文字样式"对话框,并设置样式,如图 4-29 所示。

2)"文字高度(H)"文本框:在其文本框中,可以设置单元格中文字的高度。

3)"文字颜色(C)"下拉列表框:在其下拉列表框中设置文字的颜色。

4)"文字角度(G)"文本框:在其文本框中设置单元格中文字的倾斜角度。

(6)"边框"选项卡 可以设置与边框相关的参数,如图 4-30 所示。

1)"线宽(L)"下拉列表框:在其下拉列表框中选择线宽。

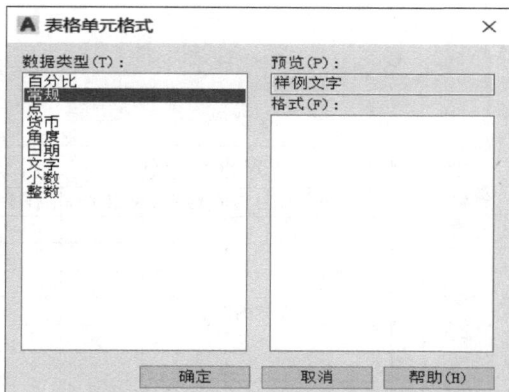

图 4-27　"表格单元格式"对话框

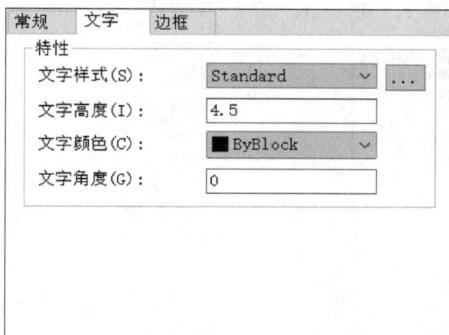

图 4-28　"文字"选项卡

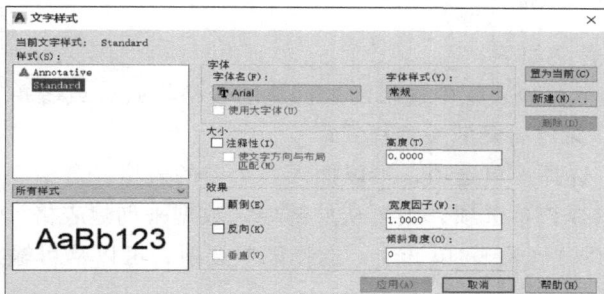

图 4-29　"文字样式"对话框

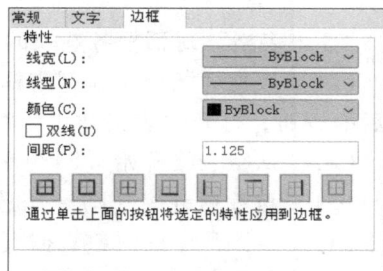

图 4-30　"边框"选项卡

2）"线型（N）"下拉列表框框：在其下拉列表框中选择线型。

3）"颜色（C）"下拉列表框框：在其下拉列表框中选择颜色。

4）"双线（U）"复选框：勾选其复选框，并在"间距"后的文本框中输入偏移的距离。

（7）"页边距"选项组　在"水平"和"垂直"的文本框中，分别设置表格单元内容距连线的水平和垂直距离。

（8）"创建行列时合并单元（M）"复选框　勾选该复选框，将使用当前表格样式创建的所有新行或新列合并为一个单元，可使用该选项在表格的顶部创建标题栏。

4.6.2　创建表格

在 AutoCAD 2018 中，表格可以从其他软件里复制粘贴过来生成，或从外部导入生成，也可以在 CAD 中直接创建生成表格。

用户可以通过以下几种方法来创建表格：

（1）菜单栏　选择"绘图|表格"菜单命令。

（2）工具栏　在"绘图"工具栏中单击"表格"按钮 。

（3）功能区选项板　"默认|注释|表格"图标 。

（4）命令行　输入或动态输入 Table。

执行"表格"命令之后，系统将打开"插入表格"对话框，根据要求设置插入表格的列数、列宽、行数和行高等，然后单击"确定"按钮，即可创建一个表格，如图 4-31 所示。

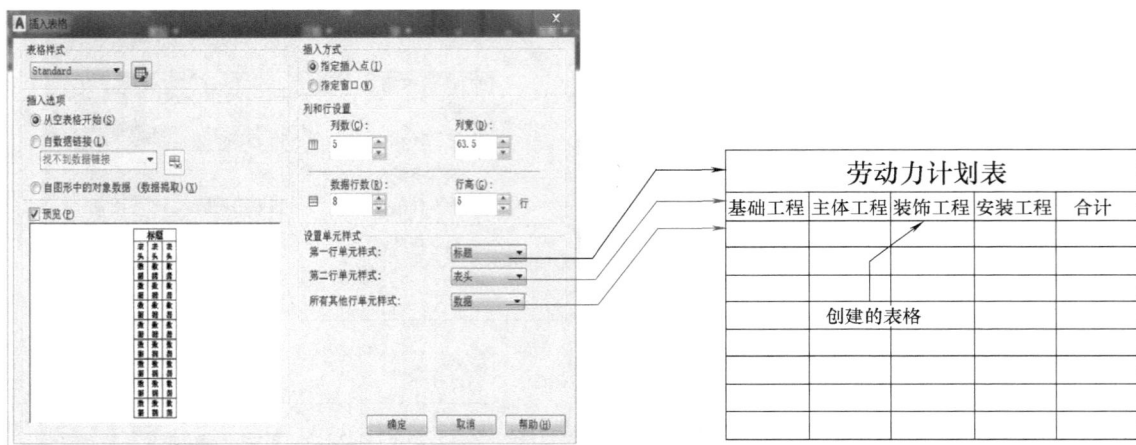

图 4-31　创建表格的方法和效果

"插入表格"对话框各选项的功能与含义如下：

（1）"表格样式"下拉列表框　在其下拉列表框中选择已被创建的表格样式，或者单击其后的按钮，打开"表格样式"对话框，新建需要的表格样式。

（2）"从空表格开始（S）"单选项　选择该单选项，可以插入一个空的表格。

（3）"自数据链接（L）"单选项　选择该单选项，则可从外部导入数据来创建表格。

（4）"自图形中的对象数据（数据提取）（X）"单选项　选择该单选项，可以从可输出到表格或外部文件的图形中提取数据来创建表格。

（5）"预览（P）"复选框　勾选该复选框，可在其下的预览框中预览插入的表格样式。

（6）"指定插入点（I）"单选项　选择该单选项，可以在绘图区中的指定的点插入固定大小的表格。

（7）"指定窗口（W）"单选项　选择该单选项，可以在绘图区中通过移动表格的边框来创建任意大小的表格。

（8）"列数（C）"文本框　在其下的文本框中设置表格的列数。

（9）"列宽（D）"文本框　在其下的文本框中设置表格的列宽。

（10）"数据行数（R）"文本框　在其下的文本框中设置行数。

（11）"行高（G）"文本框　在其下的文本框中按照行数来设置行高。

（12）"第一行单元样式"下拉列表框　设置第一行单元样式为"标题""表头""数据"中的任意一个。

（13）"第二行单元样式"下拉列表框　设置第二行单元样式为"标题""表头""数据"中的任意一个。

（14）"所有其他行的单元样式"下拉列表框　设置其他行的单元样式为"标题""表头""数据"中的任意一个。

4.6.3　编辑表格

创建表格后，用户可以单击该表格上的任意网格线以选中该表格，然后使用鼠标拖动夹点来修改该表格，如图 4-32 所示。

图 4-32　表格控制的夹点

在表格中单击某单元格，即可选中单个单元格；在选中单元格的同时，将显示"表格单元"对话框，从而可以借助该对话框对 AutoCAD 的表格进行多项操作，如图 4-33 所示。

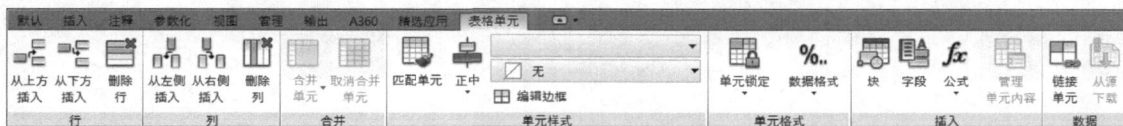

图 4-33　"表格单元"对话框

用户在选定表格单元后，可以从"表格单元"对话框中插入公式，也可以打开在位文字编辑器，然后在表格单元中手动输入公式。

本 章 小 结

本章主要介绍了尺寸标注样式的创建方法和标注尺寸的方法。学完本章后，读者应对尺寸标注有一个清楚的了解，初步掌握根据自己的需要创建出合适的尺寸标注样式或改变尺寸标注样式。同时，本章介绍了标注文字和编辑文字的方法，以及字体设置、文本标注等。学完这部分内容，读者应能熟练地标注各种样式、各种内容的文本。

上 机 实 验

[实验1]：绘制图 4-34 并标注尺寸。

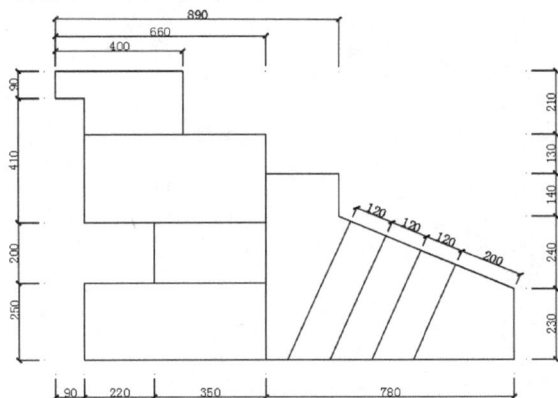

图 4-34　实验 1 图

［实验2］：绘制图 4-35。

	A	B	C	D
1	门窗编号	洞口尺寸	数量	位置
2	M1	4260X2700	2	阳台
3	M2	1500X2700	1	主入口
4	C1	1800X1800	2	楼梯间
5	C2	1020X1500	2	卧室

图 4-35 实验 2 表

第 5 章　使用块、外部参照和设计中心

5.1　创建与编辑图块

在使用 AutoCAD 绘图的过程中，经常会绘制一些形状类似的图形，如图框、标题栏、标高符号、门窗等。一般情况下，都是事先画好图形后再采用复制、粘贴的方式，这并不是一个省事的方法。如果用户对 AutoCAD 中块图形的操作十分了解，就会发现插入图块比复制粘贴更加方便快捷。

图块的主要作用概括起来有 4 大方面：一是建立图形库，避免重复工作；二是节省磁盘的存储空间；三是便于图形修改；四是可以为图块增添属性。

在绘图过程中，要插入的图块可以有两种：一种来自当前绘制的图形之内，这种图块称为“内部图块”，可用 Wblock 命令以文件的形式保存到磁盘上；还有一种可以插入到其他图形文件中的图块称为“外部图块”，已经保存在磁盘的图形文件也可以当成“外部图块”，可以用“插入”命令插入到当前图形中。

5.1.1　图块的主要特点

图块是图形中的多个实体组合成的一个整体，它的图形实体可以分布在不同的图层上，可以具有不同的线型和颜色等特征，但是在图形中图块是作为一个整体参与图形编辑和调用的，要在绘图过程中高效率地使用已有图块，首先需要了解 AutoCAD 图块的特点。

1. “随层”特性

如果由某个层的具有“随层”设置的实体组成一个内部块，这个层的颜色和线型等特性将设置并储存在块中，以后不管在哪一层插入都保持这些特性。如果在当前图形中插入一个具有“随层”设置的外部图块，当外部图块所在层在当前图形中没定义，则 AutoCAD 自动建立该层来放置块，块的特性与块定义时一致；如果当前图形中存在与之同名而特性不同的层，当前图形中该层的特性将覆盖块原有的特性。

在通常情况下，AutoCAD 会自动把绘制图形时的绘图特性设置为 Bylayer（随层），除非在前面的绘图操作中修改了这种设置方式。

2. “随块”特性

如果组成块的实体采用 ByBlock（随块）设置，则块在插入前没有任何层，颜色、线型、线宽设置被视为白色连续线。当块插入当前图形中时，块的特性按当前绘图环境的层（颜色、线型和线宽）进行设置。

3. 在“0”层上创建的图块具有浮动特征

在进入 AutoCAD 绘图环境之后，AutoCAD 默认的图层是“0”层。如果组成块的实体是在“0”层上绘制的并且用“随层”设置特性，则该块无论插入哪一层，其特性都采用当前插入层的设置。

4. 关闭或冻结选定层上的块

当非"0"层块在某一层插入时，插入块实际上仍处于创建该块的层中（"0"层块除外），因此不管它的特性怎样随插入层或绘图环境变化，当关闭该插入层时，图块仍会显示出来，只有将建立该块的层关闭或将插入层冻结，图块才不再显示。

而"0"层上建立的块，无论它的特性怎样随插入层或绘图环境变化，当关闭插入层时，插入的"0"层块都会随之关闭，即"0"层上建立的块是随各插入层浮动的。

创建块之前的图层设置及绘图特性设置是很重要的一个环节，在具体绘图工作中，要根据图块是建筑图块还是标准图块来考虑图块内图形的线宽、线型、颜色的设置，并创建需要的图层，选择适当的绘图特性，在插入图块之前，还要正确选择要插入的图层及绘图特性。

5.1.2　图块的创建

图块的创建就是将图形中选定的一个或几个图形对象组合成一个整体，并为其取名保存，这样它就被视作一个实体对象在图形中随时进行调用和编辑，即所谓的"内部图块"。

1. 创建图块的 3 种方式

（1）菜单栏　选择"绘图|块|创建"命令。

（2）工具栏　在"绘图"工具栏上单击"创建块"按钮 。

（3）命令行　输入或动态输入 Block（快捷键 B）。

执行"创建图块"命令后，系统将弹出"块定义"对话框，单击"选择对象"按钮 切换到绘图区中选择构成块的对象后返回，单击"拾取点"按钮 选择一个点作为特定的基点后返回，再在"名称"文本框中输入块的名称，然后单击"确定"按钮即可，如图 5-1 所示。

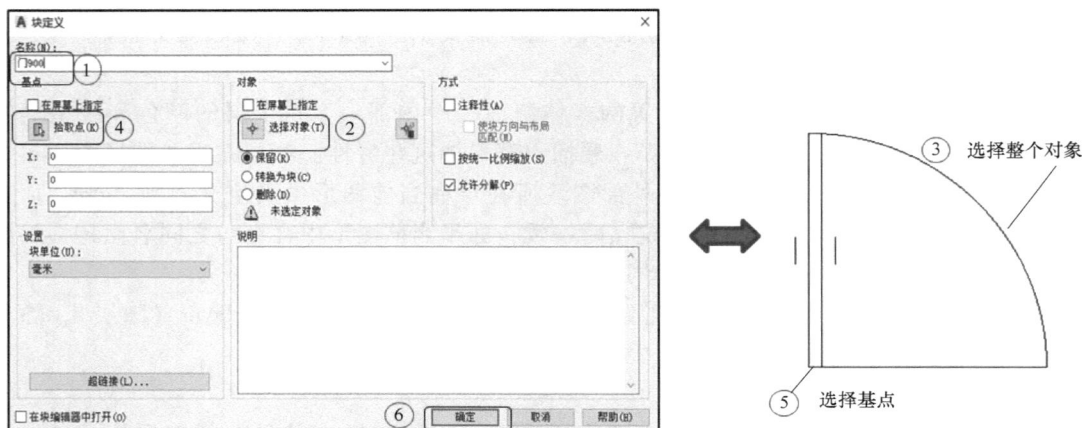

图 5-1　创建图块的方法

2. "块定义"对话框中各选项的含义

（1）"名称"文本框输入块的名称　但最多可使用 255 个字符，可以包括字母、数字、空格以及微软和 AutoCAD 没有用作其他用途的特殊字符。在图块命名时要注意 3 点：一是图块名要统一；二是图块名要尽量代表其内容；三是同一个图块插入点要一致，插入点要选插入时最方便的点。

（2）"基点"选项组　用于确定插入点位置，默认值为（0，0，0）。用户可以单击"拾取点"按钮，然后用十字光标在绘图区内选择一个点；也可以在 X、Y、Z 文本框中输入插入点的具体坐标参数值。一般基点选在块的对称中心、左下角或其他有特征的位置。

（3）"对象"选项组　设置组成块的对象。单击"选择对象"按钮，可切换到绘图区中选择构成块的对象；单击"快速选择"按钮，在弹出的"快速选择"对话框中进行设置过滤，使其选择组成块的对象；选中"保留"单选项，表示创建块后其原图形仍然在绘图窗口中；选中"转换为块"单选项，表示创建块后将组成块的各对象保留并将其转换为块；选中"删除"单选项，表示创建块后其原图形将在图形窗口中删除。

（4）"方式"选项组　设置组成块对象的显示方式。

（5）"设置"选项组　用于设置块的单位是否链接。单击"超链接"按钮，将打开"插入超链接"对话框，在此可以插入超链接的文档。

（6）"说明"文本框　在其中输入与所定义块有关的描述性说明文字。

5.1.3　图块的插入

当用户在图形文件中定义了块以后，即可在内部文件中进行任意的插入块操作，还可以改变插入块的比例和旋转角度。

1. 插入图块的 3 种方式

（1）菜单栏　选择"插入|块"命令。

（2）工具栏　在"绘图"工具栏上单击"插入块"按钮。

（3）命令行　输入或动态输入 Insert（快捷键 I）。

执行"插入图块"命令后，系统将弹出"插入"对话框，在"名称"下拉列表框中选择已经定义的图块，或者单击"浏览"按钮选择已经定义的"外部图块"或图形文件，可在该对话框中设置插入块的基点、比例和旋转角度，然后单击"确定"按钮，如图 5-2 所示。

2. "插入"对话框中各选项的含义

（1）"名称"下拉列表框　用于选择已经存在的块或图形名称。若单击其后的"浏览"按钮，将打开"选择图形文件"对话框，从中选择已经存在的外部图块或图形文件。

图 5-2　"插入"对话框

（2）"插入点"选项组　确定块的插入点位置。若勾选"在屏幕上指定"复选框，表示用户将在绘图窗口内确定插入点；若不勾选该复选框，用户可在其下的 X、Y、Z 文本框中输入插入点的坐标值。

（3）"比例"选项组　确定块的插入比例系数。用户可直接在 X、Y、Z 文本框中输入块在 3 个坐标方向的不同比例；若勾选"统一比例"复选框，表示插入的比例一致。

（4）"旋转"选项组　用于设置块插入时的旋转角度，可直接在"角度"文本框中输

入角度值，也可直接在屏幕上指定旋转角度。

（5）"分解"复选框　表示是否将插入的块分解成各基本对象。

用户在插入图块对象后，也可以单击"修改"工具栏的"分解"按钮对其进行分解操作。

5.1.4　图块的保存

前面介绍了图块的创建和插入的内容，但是用户创建图块后，只能在当前图形中插入，而其他图形文件仍无法引用已创建的图块，这仍然很不方便。为解决这个问题，使实际工程设计绘图时创建的图块实现共享，AutoCAD 为用户提供了图块的存储命令，通过该命令可以将已创建的图块或图形中的任何一部分（或整个图形）作为外部图块进行保存。用图块存储命令保存的图块与其他的图形文件并无区别，同样可以打开和编辑，也可以在其他的图形文件中进行插入。

要进行图块的存储操作，在命令行中输入 Wblock 命令（快捷键 W），此时将弹出"写块"对话框，利用该对话框可以将图块或图形对象存储为独立的外部图块，如图 5-3 所示。

用户可以使用 Save 或 Save as 命令创建并保存整个图形文件，也可以使用 Export 或 Wblock 命令从当前图形中创建选定的对象，然后保存到新图形中，不论使用哪一种方法创建一个普通的图形文件，都可以作为块插入到其他任何图形文件中，如果需要作为相互独立的图形文件来创建几种版本的符号，或者要在不保留当前图形的情况下创建图形文件，建议使用 Wblock 命令。

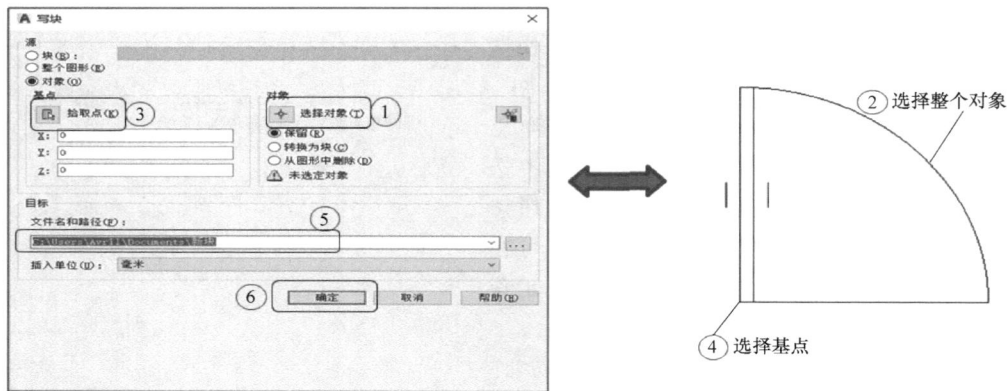

图 5-3　保存图块

5.1.5　属性图块的定义

AutoCAD 允许为图块附加一些文本信息，以增强图块的通用性，这些文本信息称为属性。如果某个图块带有属性，那么用户在插入该图块时可根据具体情况，通过属性来为图块设置不同的文本信息。特别对于那些经常要用到的图块来说，利用属性尤为重要。

要创建属性，首先创建包含属性特征的属性定义。特征包括标记（标识属性的名称）、插入块时显示的提示、值的信息、文字格式、块中的位置和所有可选模式（不可见、常数、验证、预设、锁定位置和多行）。

1. 定义图块对象属性的两种主要方式

（1）菜单栏　选择"绘图|块|定义属性"命令。

（2）命令行　输入或动态输入 attded（快捷键 ATT）。

当执行"定义对象属性"命令后，将弹出"属性定义"对话框，如图 5-4 所示。

2. "属性定义"对话框中各选项的含义

（1）"不可见"复选框　设置插入块后是否显示其属性值。

（2）"固定"复选框　设置属性是否为固定值。当为固定值时，插入块后该属性值不再发生变化。

（3）"验证"复选框　用于验证输入的属性值是否正确。

（4）"预设"复选框　表示是否将该值预设为默认值。

（5）"锁定位置"复选框　表示固定插入块的坐标位置。

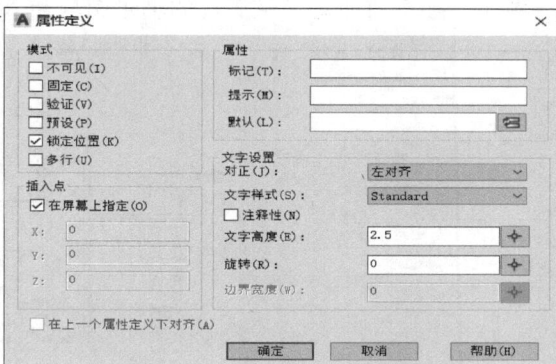

图 5-4　"属性定义"对话框

（6）"多行"复选框　表示可以使用多行文字来标注块的属性值。

（7）"标记"文本框　用于输入属性的标记。

（8）"提示"文本框　输入插入块时系统显示的提示信息内容。

（9）"默认"文本框　用于输入属性的默认值。

（10）"文字位置"选项组　用于设置属性文字的对正方式、文字样式、高度值、旋转角等格式。

在通过"属性定义"对话框定义属性后，还要使用前面的方法来创建或存储图块。例如，要定义一个带属性的轴号对象，其操作步骤如图 5-5 所示。同样，再使用创建图块命令（B）和存储图块命令（W）对其进行操作。

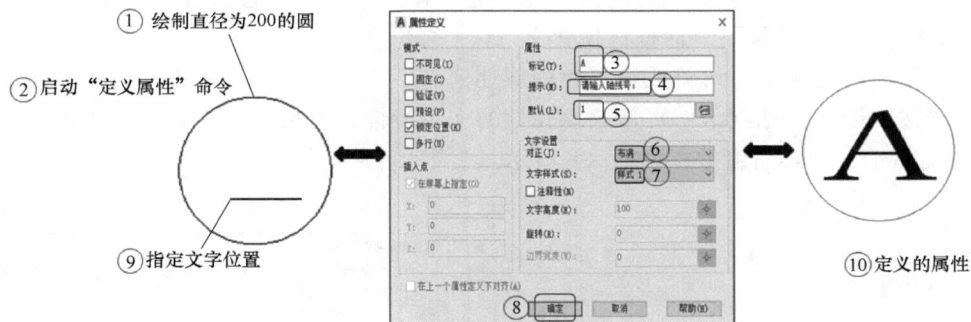

图 5-5　定义属性对象

5.1.6　属性图块的插入

属性图块的插入方法与普通块的插入方法基本一致，只是在设置完块的旋转角度后需输入各属性的具体值。

在命令行中输入或动态输入 Insert（快捷键 I），将弹出"插入"对话框，根据要求选择要插入的带属性的图块，并设置插入点、比例及旋转角度，这时系统将以命令的方式提示要输入的属性值。

例如，要将前面定义带属性的轴号图块插入到指定的位置，其操作步骤如图 5-6 所示。

① 选择已定义好属性的"轴线"块　　② 指定插入点　　　　　　③ 输入需要的轴线号

图 5-6　插入带属性图块的方法

5.1.7　图块属性的编辑

插入带属性的对象后，可以对其属性值进行修改操作。

1. 编辑图块属性的主要方式

（1）菜单栏　选择"修改|对象|属性|单个"命令。

（2）工具栏　在"修改 II"工具栏上单击"编辑属性"按钮。

（3）功能区选项板　"插入|编辑属性"图标。

（4）命令行　输入或动态输入 Eattedit。

执行"编辑块属性"命令，系统提示"选择对象"后，用户可以使用鼠标在视图中选择带属性块的对象，系统将弹出"增强属性编辑器"对话框，根据要求编辑属性块的值即可，如图 5-7 所示。用户也可直接双击带属性块的对象，也将弹出"增强属性编辑器"对话框。

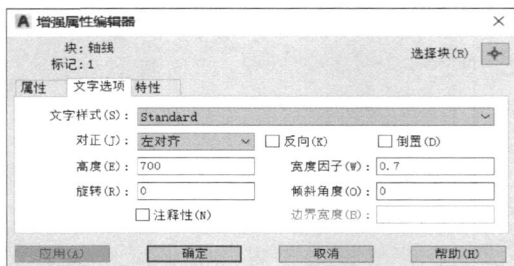

2. "增强属性编辑器"对话框选项含义

（1）"属性"选项卡　可修改该属性的属性值。

（2）"文字选项"选项卡　可修改该属性的文字特性，包括文字样式、对正方式、文字高度、比例因子、旋转角度等，如图 5-8 所示。

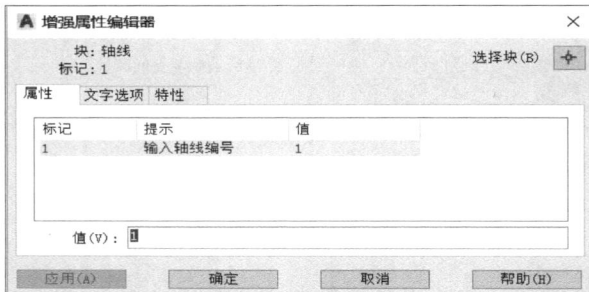

图 5-7　"增强属性编辑器"对话框　　　　　图 5-8　"文字选项"选项卡

（3）"特性"选项卡 可修改该属性文字的图层、线宽、线型、颜色等特性，如图 5-9 所示。

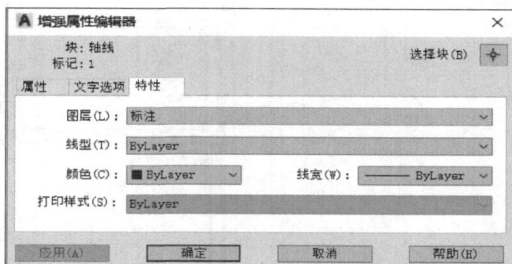

图 5-9 "特性"选项卡

5.2 使用外部参照与设计中心

在 AutoCAD 中将其他图形调入到当前图形中有 3 种方法，一是用块插入的方法插入图形（前文已经讲解）；二是用外部参照引用图形；三是通过设计中心将其他图形文件中的图形、块、图案填充、图层等放置在当前文件中。

5.2.1 使用外部参照

当把一个图形文件作为图块来插入时，块的定义及其相关的具体图形信息都保存在当前图形数据库中，当前图形文件与被插入的文件不存在任何关联。当以外部参照的形式引用文件时，并不在当前图形中记录被引用文件的具体信息，只是在当前图形中记录了外部参照的位置和名字，当一个含有外部参照的文件被打开时，它会按照记录的路径去搜索外部参照文件，此时，含外部参照的文件会随着被引用文件的修改而更新。在土木工程制图中，需要项目组的设计人员协同工作，相互配合，采用外部参照可以保证外部参照文件引用都是最新的，以提高设计效率。

执行外部参照命令的主要方法如下：

（1）菜单栏 选择"插入|外部参照"命令。

（2）工具栏 在"参照"工具栏上单击"外部参照"按钮。

（3）命令行 输入或动态输入 Xref。

执行"外部参照"命令后，系统将弹出"外部参照"选项卡，在该面板上单击左上角的"附着 DWG"按钮 选择参照文件后，将打开"附着外部参照"对话框，利用该对话框可以将图形文件以外部参照的形式插入到当前图形中，如图 5-10 所示。

如果插入的外部参照对象已经是当前主文件的图块时，则系统将不能正确地插入外部参照物。

5.2.2 插入光栅图像参照

用户除了能够在 AutoCAD 2018 环境中绘制并编辑图形之外，还可以插入所有格式的光栅图像文件（如 .jpg），从而能够以此作为参照的底图对象进行描绘。

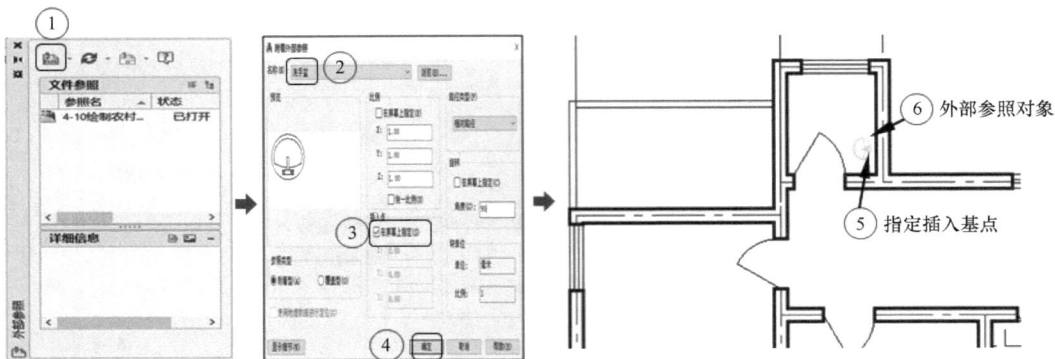

图 5-10　插入带属性图块的方法

例如，在"案例 05"文件夹下存放有"光栅文件 .jpg"图像文件，为了能够更加准确地绘制该图像中的对象，用户可按照如下操作步骤进行：

1）在 AutoCAD 2018 环境中选择"插入|光栅图像参照"菜单命令，弹出"选择参照文件"对话框，选择"光栅文件 .jpg"图像文件，然后依次单击"打开"和"确定"按钮，如图 5-11 所示。

2）此时在命令行提示"指定插入点<0，0>:"，使用鼠标在视图空白处指定位置单击，从而确定插入点，而在命令行将显示图片的基本信息"基本图像大小：宽：5.333333，高：2.166667，Inches"。

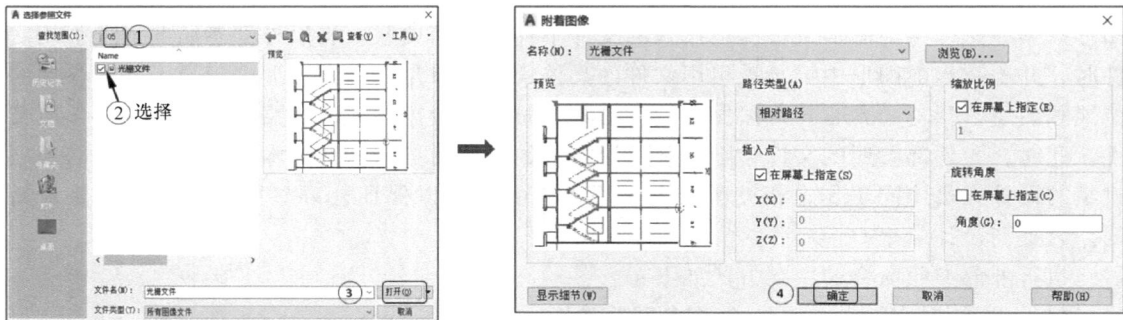

图 5-11　选择参照文件

3）在命令行会提示"指定缩放比例因子或［单位（U）]<1>:"，若此时并不知道缩放的比例因子，用户可按<Enter>键以默认的"比例因子 1"进行缩放，即可在屏幕的空白位置看到插入的光栅图像（如果当前视图中不能完全看到插入的光栅文件，则可使用鼠标对当前图进行缩放和平移操作），如图 5-12 所示。

4）为了使插入的图像能够作为参照底图来绘制图形，用户可选择该对象并右击，从弹出的快捷菜单中选择"绘图次序置于对象之下"命令，如图 5-13 所示。

5）为了使插入的图像比例因子合适，这时可在"标注"工具栏中单击"线性标注"按钮，然后对指定的区域（13700 处）"测量"直线距离为 681，如图 5-14 所示。需要注意的是，在测量时应尽量将视图放大，以便使指定的测量两点距离尽量接近。

6）由于原始的距离为 13700，而现在测量的数值为 103.9545，用户可选择"计算器"

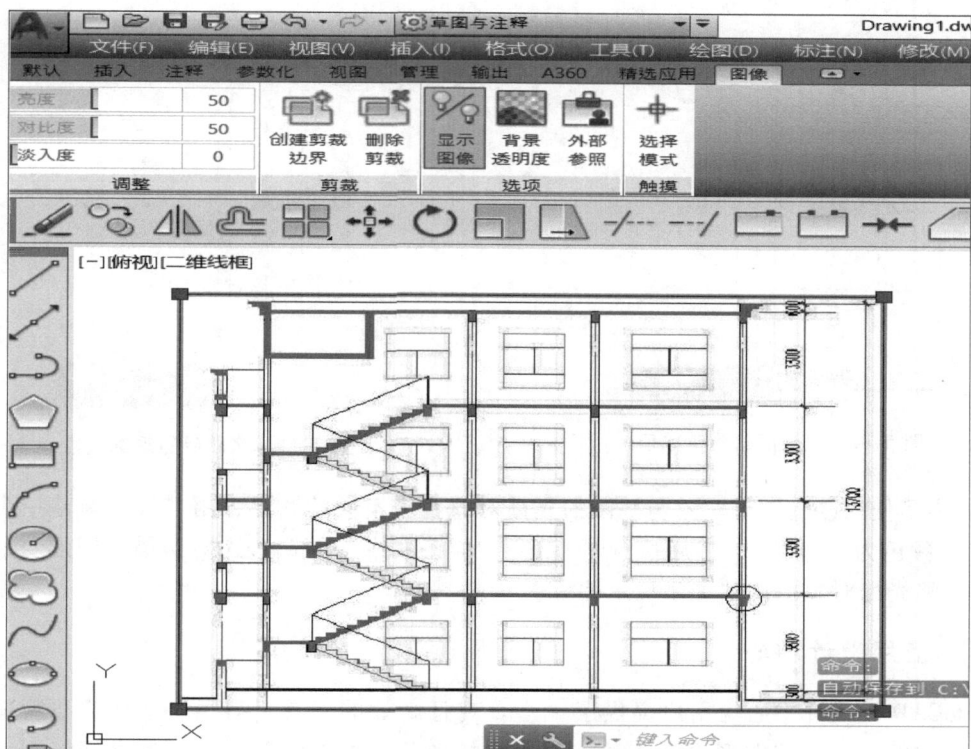

图 5-12 插入的光栅文件

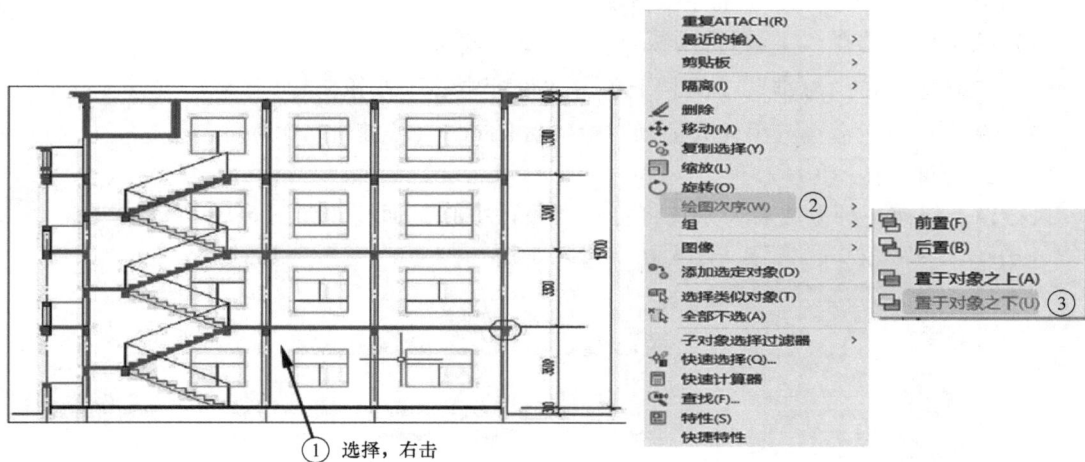

图 5-13 将图像置于对象之下

来进行计算得：13700÷103.9595＝131.788，表示需要将插入的光栅图像缩放 131.788 倍。

7）在命令行中输入缩放命令 SC，在"选择对象："提示下选择插入的光栅对象，在"指定基点："提示下指定光栅对象的任意一个角点，在"指定比例因子或［复制（C）参照（R）］："下输入比例因子 131.788。

8）单击"线性标注"按钮，测得数值为 13672，基本上接近 13700，如图 5-15 所示。

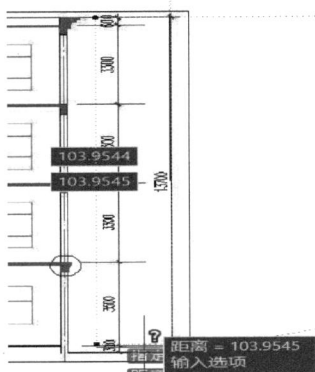

图 5-14　缩放前的测量数值　　　　　　图 5-15　缩放后的测量数值

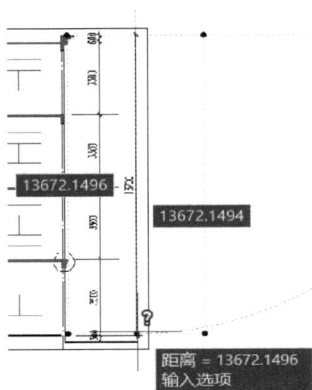

9）为了使描绘的图形对象与底图的光栅对象置于不同的图层，用户可以新建一个图层"描绘"，颜色为"红色"；然后执行"直线""样条曲线"等命令来对照描绘图形对象，完成之后，将光栅对象的图层关闭显示即可。

5.2.3　使用设计中心

AutoCAD 的设计中心为用户提供了一个直观且高效的工具，与 Windows 资源管理器类似，可以方便地在当前图形中插入块、引用光栅图像及外部参照，在图形之间复制块、图层、线型、文字样式、标注样式及用户定义的内容等。

1. 打开"设计中心"面板的主要方法

（1）菜单栏　选择"工具|选项板|设计中心"命令。

（2）工具栏　在"标准"工具栏上单击"设计中心"按钮 。

（3）命令行　在命令行中输入或动态输入 Adcenter（快捷键 ADC）。

（4）组合键　按<Ctrl+2>键。

执行以上任何一种方法后，系统将打开"设计中心"面板，如图 5-16 所示。

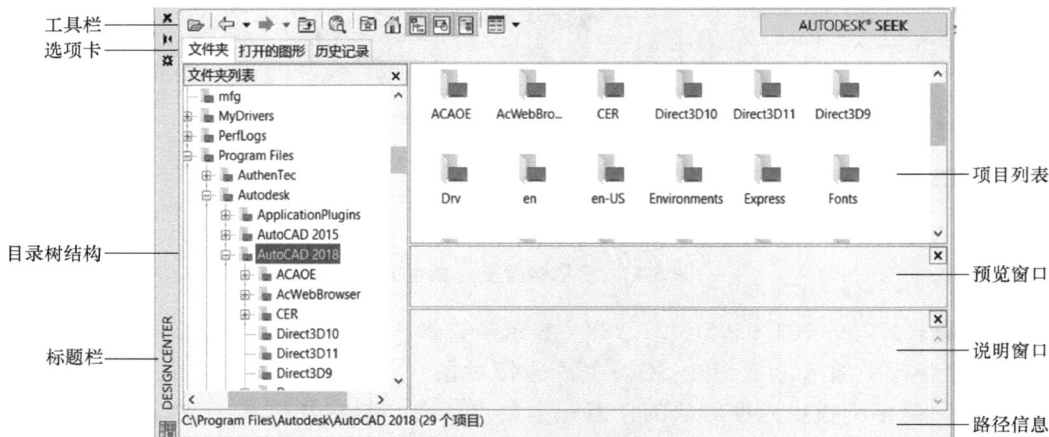

图 5-16　"设计中心"面板

2. 使用设计中心可以完成的工作

1）创建对频繁访问的图形、文件夹和 Web 站点的快捷方式。

2）根据不同的查询条件在本地计算机和网络上查找图形文件，找到后可以将它们直接加载到绘图区或设计中心。

3）浏览不同的图形文件，包括当前打开的图形和 Web 站点上的图形库。

4）查看块、图层和其他图形文件的定义并将这些图形定义插入到当前图形文件中。

5）通过控制显示方式来控制设计中心控制板的显示效果，还可以在控制板中显示与图形文件相关的描述信息和预览图像。

5.2.4　通过设计中心添加图层和样式

用户在绘制图形之前，应先规划好绘图环境，包括设置图层、设置文字样式、设置标注样式等，如果已有的图形对象中的图层、文字样式、标注样式等符合当前图形的要求，就可以通过设计中心来提示其图层、文字样式、标注样式，从而可以方便、快捷、规格统一地绘制图形。

下面通过实例的方式来讲解通过设计中心来添加图层、标注样式和文字样式，其操作步骤如下：

1）选择"文件打开"菜单命令，将"案例\05\别墅平面图.dwg"图形文件打开，再新建"案例\05\建筑样板.dwg"图形文件。

2）在"标准"工具栏中单击"设计中心"按钮，打开"设计中的图形"选项卡，选择"别墅平面图.dwg"文件，可以看出当前已经打开的图形文件的已有图层对象和标注样式，如图 5-17 所示。

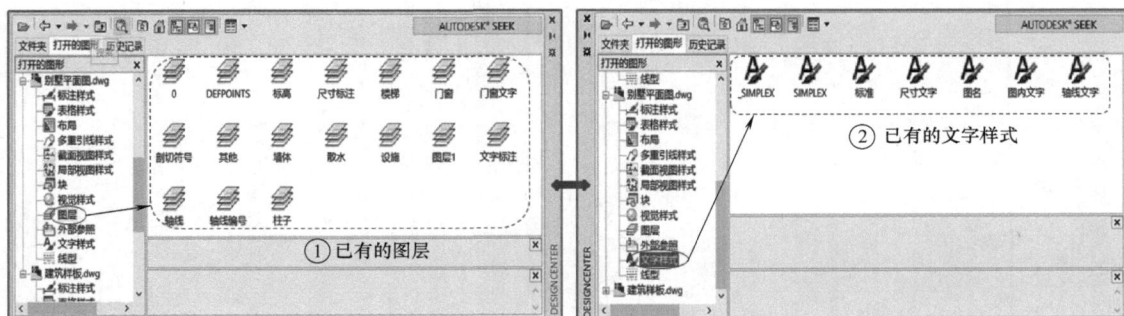

图 5-17　已有的图层和文字样式

3）使用鼠标依次将已有的图层对象全部拖曳到当前视图的空白位置，同样将标注样式拖曳到视图的空白位置。

4）在"设计中心"面板的"打开的图形"选项卡中，选择"建筑样板.dwg"文件，并分别选择"图层"和"标注样式"选项，即可看到拖曳到新图形中的对象，如图 5-18 所示。

图 5-18　拖曳的图层和标注样式

本 章 小 结

本章主要介绍了图块的创建与编辑、使用，以及使用外部参照引用图形，通过设计中心使用其他图形文件中的图形、图块等。读者熟练掌握图块、外部参照、设计中心的使用，能显著提升自己的制图效率。

第6章　房屋建筑制图基础知识

6.1　概述

为保证制图质量，提高制图效率，做到图面清晰，符合设计、施工、审查、存档的要求，满足工程建设的需要，房屋建筑制图过程中，需要遵循国家相关标准或规范的基本规定。目前最新的《房屋建筑制图统一标准》（GB/T 50001—2017）适用于各个专业的不同工程制图，其适用范围如图6-1所示。

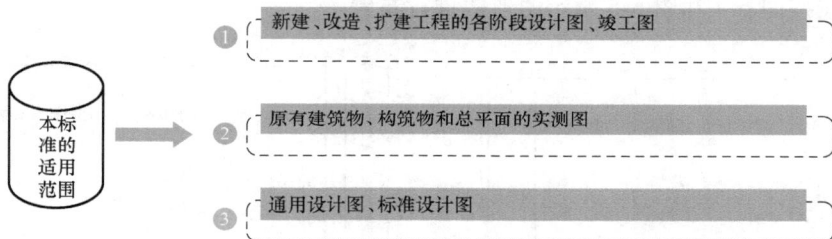

① 新建、改造、扩建工程的各阶段设计图、竣工图

② 原有建筑物、构筑物和总平面的实测图

③ 通用设计图、标准设计图

图6-1　制图标准的适用范围

6.2　图纸幅面规格与图样编排顺序

在进行建筑工程制图时，其图纸的幅面规格、标题栏、签字栏及图样的编排顺序，都有一定的规定。

1. 图纸幅面

图纸幅面及图框尺寸，应符合表6-1的规定及图6-2~图6-5所示的格式。

表6-1　幅面及图框尺寸　　　　　　　　　　　　　　　　单位：mm

图纸幅面 尺寸代号	A0	A1	A2	A3	A4
$b \times l$	841×1189	594×841	420×594	297×420	210×297
c	10			5	
a	25				

图纸的短边一般不应加长，长边可以加长，但加长的尺寸应符合国标规定，见表6-2。

图纸以短边作为垂直边称为横式，以短边作为水平边称为立式。A0~A3图纸宜横式使用，必要时也可立式使用。在一个工程设计中，每个专业所使用的图纸不宜多于两种幅面，不含目录及表格所采用的A4幅面。

表 6-2 图纸长边加长尺寸   单位：mm

截面尺寸	长边尺寸	长边加长后尺寸					
A0	1189	1486	1783	2080	2378		
A1	841	1051	1261	1471	1682	1892	2102
A2	594	743　891　1041　1189　1338　1486 1635　1783　1932　2080					
A3	420	630	841	1051	1261	1471	1682　1892

注：有特殊需要的图纸，可采用 $b \times l$ 为 841mm×891mm 与 1189mm×1261mm 的幅面。

2. 标题栏与会签栏

图纸中应有标题栏、图框线、幅面线、装订边线和对中标志。图纸的标题栏及装订边的位置应符合下列规定：横式使用的图纸，应按图 6-2 和图 6-3 所示的形式进行布置；立式使用的图纸，应按图 6-4 和图 6-5 所示的形式进行布置。

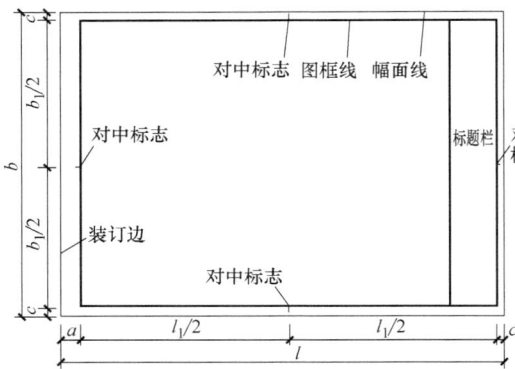

图 6-2 A0~A3 横式幅面（一）

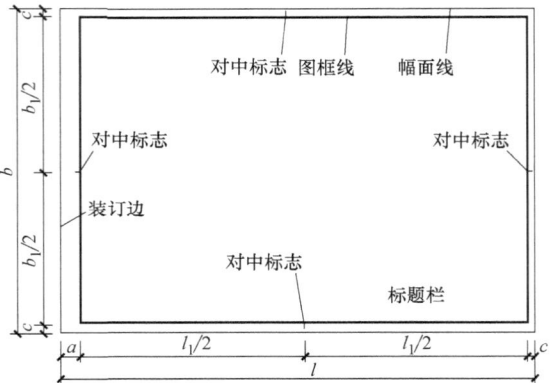

图 6-3 A0~A3 横式幅面（二）

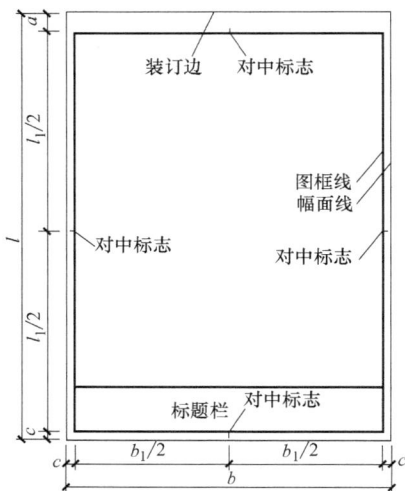

图 6-4 A0~A4 立式幅面（一）

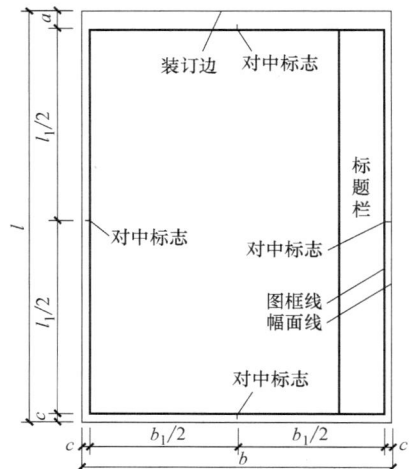

图 6-5 A0~A4 立式幅面（二）

3. 图样编排顺序

一套简单的房屋施工图有十几张，一套大型复杂建筑物的施工图至少得有几十张，甚至会有几百张之多。因此，为了便于看图和易于查找，应把这些图样按顺序编排。

工程图样应按专业顺序编排，应为图纸目录、设计说明、总图、建筑图、结构图、给水排水图、暖通空调图、电气图等。

另外，各专业的图样应按图样内容的主次关系、逻辑关系进行分类排序，做到有序排列。

6.3　图线

图线的基本宽度 b，宜从 1.4m、1.0mm、0.7mm、0.5mm 线宽系列中选取。每个图样，应根据复杂程度与比例大小，先选定基本线宽 b，再选用表 6-3 中相应的线宽组。

表 6-3　线宽组

线宽比	线宽组			
b	1.4	1.0	0.7	0.5
$0.7b$	1.0	0.7	0.5	0.35
$0.5b$	0.7	0.5	0.35	0.25
$0.25b$	0.35	0.25	0.18	0.13

注：1. 需要微缩的图样，不宜采用 0.18mm 及更细的线宽。

2. 同一张图样内，对不同线宽中的细线，可统一采用较细的线宽组的细线。

在工程建设制图时，应选用表 6-4 中的图线。

表 6-4　图线的线型、宽度及用途

名称		线型	线宽	一般用途
实线	粗	———————	b	主要可见轮廓线 剖面图中被剖部分的主要结构构件轮廓线、结构图中的钢筋线、建筑或构筑物的外轮廓线、剖切符号、地面线、详图标志的圆圈、图样的图框线、新设计的各种给水管线、总平面图及运输中的公路或铁路线等
	中	———————	$0.5b$	可见轮廓线 剖面图中被剖部分的次要结构构件轮廓线、未被剖面但仍能看到而且需要画出的轮廓线、标注尺寸的尺寸起止 45°短画线、原有的各种水管线或循环水管线等
	细	———————	$0.25b$	可见轮廓线、图例线 $0.25b$ 尺寸界线、尺寸线、材料的图例线、索引标志的圆圈及引出线、标高符号线、重合断面的轮廓线、较小图形中的中心线
虚线	粗	- - - - - - - - -	b	新设计的各种排水管线、总平面图及运输图中的地下建筑物或构筑物等
	中	- - - - - - - - -	$0.5b$	不可见轮廓线 建筑平面图运输装置（如桥式起重机）的外轮廓线、原有的各种排水管线、拟扩建的建筑工程轮廓线等

（续）

名称		线型	线宽	一般用途
虚线	细	- - - - - - - - - - - - -	0.25b	不可见轮廓线、图例线
单点长画线	粗	———— - ———— - ————	b	结构图中梁或框架的位置线、建筑图中的起重机轨道线、其他特殊构件的位置指示线
	中	——— - ——— - ———	0.5b	见各有关专业制图标准
	细	—— - —— - —— - ——	0.25b	中心线、对称线、定位轴线 管道纵断面图或管系轴测图中的设计地面线等
双点长画线	粗	——— -- ——— -- ———	b	预应力筋线
	中	——— -- ——— -- ———	0.5b	见各有关专业制图标准
	细	—— -- —— -- —— -- ——	0.25b	假想轮廓线、成型前原始轮廓线
折断线		———————∿———————	0.25b	断开界线
波浪线		～～～～～～～～～～	0.25b	断开界线
加粗线		▬▬▬▬▬▬▬▬▬	1.4b	地平线、立面图的外框线

图样的图框线和标题栏线，可采用表 6-5 中的线宽。

表 6-5　图框线、标题栏线的宽度

幅面代号	图框线	标题栏外框线	标题栏分格线、会签栏
A0、A1	b	0.5b	0.25b
A2、A3、A4	b	0.7b	0.35b

制图标准中规定：

1）同一张图样内，相同比例的各图样，应选用相同的线宽组。

2）相互平行的图线，其间隙不宜小于其中的粗线宽度，且不宜小于 0.7mm。

3）虚线、单点长画线或双点长画线的线段长度和间隔宜各自相等。

4）单点长画线或双点长画线，当在较小图形中绘制有困难时，可用实线代替。

5）单点长画线或双点长画线的两端不应是点。点画线与点画线交接或点画线与其他图线交接时，应是线段交接。

6）虚线与虚线交接或虚线与其他图线交接时，应是线段交接。虚线为实线的延长线时，不得与实线连接。

7）图线不得与文字、数字或符号重叠、混淆，不可避免时，应首先保证文字的清晰。

6.4　字体

在一幅完整的工程图中用图线方式表现得不充分和无法用图线表示的地方，就需要进行文字说明，如材料名称、构配件名称、构造方法、统计表及图名等。

文字说明是图样内容的重要组成部分，制图规范对文字标注中的字体、字的大小、字体字号搭配等方面作了如下具体规定：

1）图样上所需书写的文字、数字或符号等，均应笔画清晰、字体端正、排列整齐；标点符号应清楚正确。

2）文字的字高以字体的高度 h（单位为 mm）表示，应从表 6-6 中选取，最小高度为 3.5mm。字高大于 10mm 的文字宜采用 True type 字体，如需书写更大的字，其高度应按 $\sqrt{2}$ 的比值递增。

3）图样及说明中的汉字，宜优先采用 True type 字体中的宋体字形，采用矢量字体时应为长仿宋体。同一图纸字体类型不应超过两种。矢量字体的宽高比宜为 0.7，且应符合表6-7 中的规定，打印线宽宜为 0.25～0.35mm。True type 字体的宽高比宜为 1。大标题、图册封面、地形图等的汉字，也可书写成其他字体，但应易于辨认，其高宽比宜为 1。

表 6-6　文字的字高

字体种类	汉字矢量字体	Ture type 字体及非汉字矢量字体
字高/mm	3.5、5、7、10、14、20	3、4、6、8、10、14、20

表 6-7　长仿宋体字高宽关系

字高/mm	20	14	10	7	5	3.5
字宽/mm	14	10	7	5	3.5	2.5

4）汉字的简化字书写，必须符合国务院公布的《汉字简化方案》和有关规定。

5）图样及文字中的字母、数字，宜优先采用 True type 字体中的 Roman 字形，书写规则应符合表 6-8 中的规定。

表 6-8　字母及数字的书写规则

书写格式	字体	窄字体
大写字母高度	h	h
小写字母高度（上下均无延伸）	$7/10h$	$10/14h$
小写字母伸出的头部和尾部	$3/10h$	$4/14h$
笔画宽度	$1/10h$	$1/14h$
字母间距	$2/10h$	$2/14h$
上下行基准线最小间距	$15/10h$	$21/14h$
字间距	$6/10h$	$6/14h$

6）字母及数字，如需写成斜体字，其斜度应是从字的底线逆时针向上倾斜 75°。斜体字的高度与宽度应与相应的直体字相等。

7）字母及数字的字高，应不小于 2.5mm。

8）数量的数值标注，应采用正体阿拉伯数字。各种计量单位凡前面有量值的，均应采用国家颁布的单位符号标注。单位符号应采用正体字母。

9）分数、百分数和比例数的标注，应采用阿拉伯数字和数学符号，如 3/4、25% 和 1：20。

10）当标注的数字小于 1 时，必须写出个位的"0"，小数点应采用圆点，齐基准线书写，如 0.01。

11）长仿宋汉字、字母、数字，应符合现行《技术制图—字体》（GB/T 14691）的有关规定。

6.5 比例

工程图样中图形与实物对应的线性尺寸之比称为比例，比例的大小指比值的大小，如 1∶50 大于 1∶100。

1）比例的符号为"∶"（半角状态），不是冒号"："（全角状态），比例应以阿拉伯数字表示，如 1∶1、1∶2、1∶100 等。

2）比例宜标注在图名的右侧，字的基准线应取平；比例的字高宜比图名的字高小一号或二号，如图 6-6 所示。

平面图 1:100   ⑥ 1:20

图 6-6 比例的标注

3）绘图所用的比例，应根据图样的用途与被绘对象的复杂程度，从表 6-9 中选用，并优先采用表中常用比例。

表 6-9 绘图所用的比例

常用比例	1∶1、1∶2、1∶5、1∶10、1∶20、1∶50、1∶100、1∶150、1∶200、1∶500、1∶1000、1∶2000、1∶5000、1∶10000、1∶20000、1∶50000、1∶100000、1∶200000
可用比例	1∶3、1∶4、1∶6、1∶15、1∶25、1∶30、1∶40、1∶60、1∶80、1∶250、1∶300、1∶400、1∶600

4）一般情况下，一个图样应选用一种比例。根据专业制图需要，同一图样可选用两种比例。

5）特殊情况下也可自选比例，这时除应注出绘图比例外，还必须在适当位置绘制出相应的比例尺。

6.6 符号

在进行各种建筑和室内装饰设计时，为了更清楚明确地表明图中的相关信息，将使用不同的符号来表示。

6.6.1 剖切符号

剖切符号宜优先选择国际通用方法表示，也可采用常用方法表示，同一套图纸应选用一种表示方法。剖切符号的位置应该符合以下规定：

1）建（构）筑物剖面图的剖切符号应标注在±0.000 标高的平面图或首层平面图上。

2）局部剖切图（不含首层）、断面图的剖切符号应注在包含剖切部位的最下一层的平面图上。

1. 剖切符号的国际通用表示方法

采用国际通用剖视表示方法时，如图 6-7 所示，剖面及断面的剖切符号应符合下列规定：

1）剖面剖切索引符号应由直径 8~10mm 的圆和水平直径以及两条相互垂直且外切圆的

线段组成，水平直径上方应为索引编号，下方应为图纸编号，详细规定见《房屋建筑制图统一标准》（GB/T 50001—2017），线段与圆之间应填充黑色并形成箭头表示剖视方向，索引符号应位于剖线两端；断面及剖视详图剖切符号的索引符号应位于平面图外侧一端，另一端为剖视方向线，长度宜为 7~9mm，宽度宜为 2mm。

2）剖视线与符号线线宽应为 0.25b。

3）需要转折的剖切位置线应连续绘制。

4）剖线的编号宜由左至右、由下向上连续编排。

2. 剖切符号的常用表示方法

采用常用表示方法时，剖视的剖切符号应由剖切位置线及剖视方向线组成，均应以粗实线绘制，宽度宜为 b。剖视的剖切符号应符合下列规定：

1）剖切位置线的长度宜为 6~10mm；剖视方向线应垂直于剖切位置线，长度应短于剖切位置线，宜为 4~6mm，如图 6-8 所示。绘制时，剖视剖切符号不应与其他图线接触。

2）剖视剖切符号的编号宜采用粗阿拉伯数字，按顺序由左至右、由下至上连续编排，并应标注在剖视方向线的端部。

3）需要转折的剖切位置线，应在转角的外侧加注与该符号相同的编号。

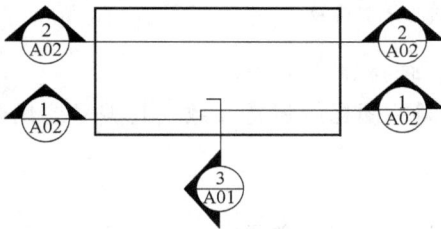

图 6-7 剖视的剖切符号（一）

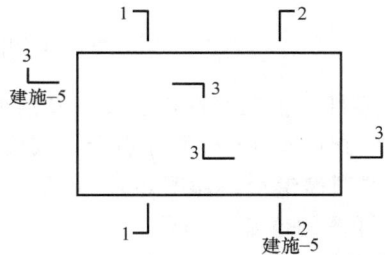

图 6-8 剖视的剖切符号（二）

3. 断面的剖切符号

断面的剖切符号应符合下列规定：

1）断面的剖切符号应只用剖切位置线表示，并应以粗实线绘制，长度宜为 6~10mm。

2）断面剖切符号的编号宜采用阿拉伯数字，按顺序连续编排，并应标注在剖切位置线的一侧；编号所在的一侧应为该断面的剖视方向，如图 6-9 所示。

6.6.2 索引符号与详图符号

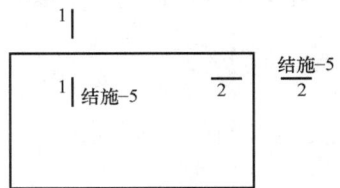

图 6-9 断面的剖切符号

1. 索引符号

图样中的某一局部或构件，如需另见详图，应以索引符号索引，如图 6-10a 所示。索引符号是由直径 8~10mm 的圆和水平直径组成的，圆及水平直径应以 0.25b 绘制。索引符号应按下列规定编写：

1）索引出的详图如与被索引的详图同在一张图样内，应在索引符号的上半圆中用阿拉伯数字注明该详图的编号，并在下半圆中间画一段水平细实线，如图 6-10b 所示。

2）索引出的详图如与被索引的详图不在同一张图样内，应在索引符号的上半圆中用阿拉伯数字注明该详图的编号，在索引符号的下半圆用阿拉伯数字注明该详图所在图样的编号，如图 6-10c 所示。数字较多时，可加文字标注。

图 6-10　索引符号

3）索引出的详图如采用标准图，应在索引符号水平直径的延长线上加注该标准图册的编号，如图 6-10d 所示。需要标注比例时，文字在索引符号右侧或延长线下方，与符号下对齐。

索引符号如用于索引剖面详图，应在被剖切的部位绘制剖切位置线，并以引出线引出索引符号，引出线所在的一侧应为剖视方向，如图 6-11 所示。

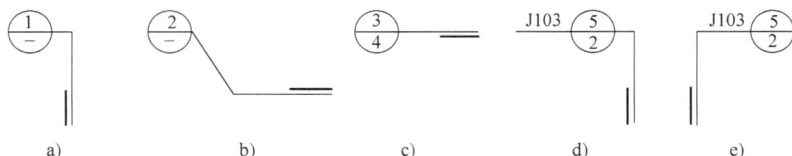

图 6-11　用于索引剖面详图的索引符号

2. 零件、钢筋、杆件、设备及消火栓、配电箱、管井等设备的编号

宜以直径 4~6mm 的圆表示，圆线宽为 $0.25b$，同一图样应保持一致，其编号应用阿拉伯数字按顺序编写，如图 6-12 所示。

3. 详图的位置和编号

详图符号的圆应以直径为 14mm、线宽为 b 的粗实线绘制。详图应按下列规定编号：

1）详图与被索引的图样同在一张图样内时，应在详图符号内用阿拉伯数字注明详图的编号，如图 6-13 所示。

2）详图与被索引的图样不在同一张图样内时，应用细实线在详图符号内画一水平直径，在上半圆中注明详图编号，在下半圆中注明被索引的图样的编号，如图 6-14 所示。

图 6-12　零件、钢筋等的编号 　　图 6-13　与被索引图样在同一张图纸内的详图符号 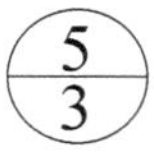　　图 6-14　与被索引图样不在同一张图纸内的详图符号

6.6.3　引出线

引出线应以 $0.25b$ 绘制，宜采用水平方向的直线，或与水平方向成 30°、45°、60°、90° 的直线，或经上述角度再折为水平线。文字说明宜标注在水平线的上方，也可标注在水平线的端部，索引详图的引出线，应与水平直线相连，如图 6-15 所示。

同时引出的几个相同部分的引出线宜互相平行，也可画成集中于一点的放射线，如图 6-16 所示。

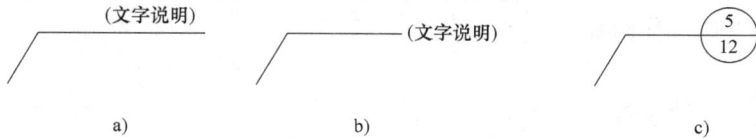

图 6-15　引出线

多层构造或多层管道共用引出线，应通过被引出的各层，并用圆点示意对应各层次。文字说明宜标注在水平线的上方，或标注在水平线的端部，说明的顺序应由上至下，并应与被说明的层次对应一致；如层次为横向排序，则由上至下的说明顺序应与由左至右的层次对应一致，如图 6-17 所示。

图 6-16　共用引出线

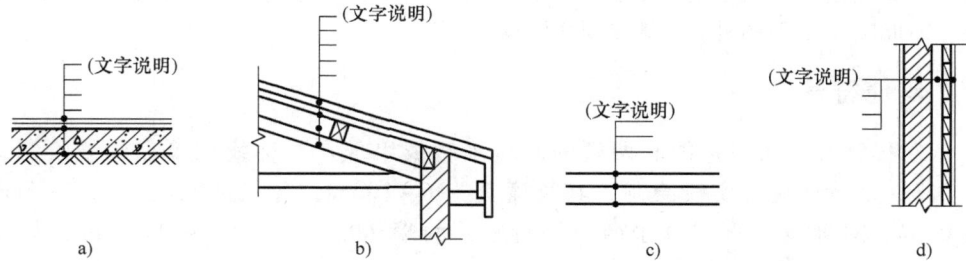

图 6-17　多层引出线

6.6.4　标高符号

标高是用来表示建筑物各部位高度的一种尺寸形式。标高符号应以等腰直角三角形表示，应按照图 6-18a 所示用细实线画出。如标注位置不够，也可以按照图 6-18b 所示形式绘制。标高符号的具体画法可以参照图 6-18c、d。

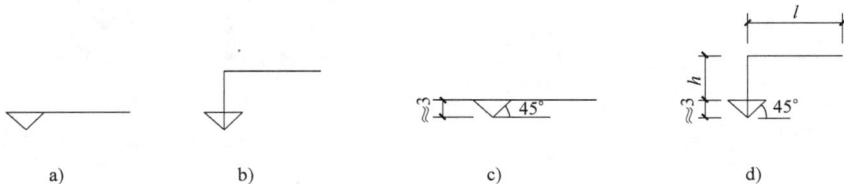

图 6-18　标高符号

l—取适当长度注写标高数字　h—根据需要取适当高度

总平面图上的标高符号，宜用涂黑的三角形表示，如图 6-19 所示，标高数字可标注在黑三角形的右上方，也可标注在黑三角形的上方或右面。

标高符号的尖端应指至被注高度的位置，尖端宜向下也可以向上。标高数字应注写在标高符号的上侧或下侧，如图 6-20 所示。

图 6-19　总平面图室外地坪标高符号

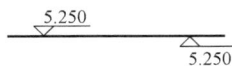

图 6-20　标高的指向

标高数字以 m（米）为单位，标注到小数点后第三位（在总平面图中可标注到小数点后第二位）。零点标高应标注成"±0.000"，正数标高不注"+"，负数标高应注"−"，如 3.000、−0.600。

在图样的同一位置需表示几个不同标高时，标高数字可以按照图 6-21 所示注写。

图 6-21　同一位置不同标高数字标注格式

标高有绝对标高和相对标高两种。绝对标高是指把青岛附近黄海的平均海平面定为绝对标高的零点，其他各地标高都以它作为基准。如在总平面图中的室外整平标高即为绝对标高。

相对标高是指在建筑物的施工图上要注明标高，用相对标高来标注容易直接得出各部分的高差。因此除总平面图外，一般都采用相对标高。

6.6.5　其他符号

（1）对称符号　由对称线和两端的两对平行线组成。对称线用单点画线绘制，线宽宜为 0.25b；平行线用细实线绘制，其长度宜为 6~10mm，每对的间距宜为 2~3mm，线宽宜为 0.5b；对称线垂直平分于两对平行线，两端超出平行线宜为 2~3mm，如图 6-22 所示。

（2）指北针　指北针的形状如图 6-23 所示，其圆的直径宜为 24mm，用细实线绘制。指针尾部长度宜为 3mm，指北针头部应注"北"或"N"字。需用较大直径绘制指北针时，指针尾部宽度宜为直径的 1/8。指北针与风玫瑰结合时宜采用互相垂直的线段，线段两端应超出风玫瑰轮廓线 2~3mm，垂点宜为风玫瑰中心，北向应注"北"或"N"字，组成风玫瑰的所有线宽均宜为 0.5b。

图 6-22　对称符号

图 6-23　指北针、风玫瑰

（3）连接符号　连接符号应以折断线表示需连接的部位。两部位相距过远时，折断线两端靠图样一侧应标注大写英文字母表示连接编号。两个被连接的图样必须用相同的字母编号，如图 6-24 所示。

（4）图样中局部变更　对图样中局部变更部分宜采用云线，并宜注明修改版次，如图 6-25 所示。

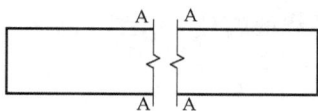

图 6-24　连接符号

图 6-25　变更云线（注：1 为修改次数）

6.7　定位轴线

定位轴线是用来确定建筑物主要结构及构件位置的尺寸基准线，在施工时凡承重墙、柱、大梁或屋架等主要承重构件都应画出轴线以确定其位置。对于非承重的隔断墙及其他次要承重构件等，一般不画轴线，只需注明它们与附近轴线的相关尺寸以确定其位置。《房屋建筑制图统一标准》（GB/T 50001—2017）中关于定位轴线的规定如下：

1）定位轴线应用 $0.25b$ 线宽的单点画线绘制。定位轴线一般应编号，编号应标注在轴线端部的圆内。圆应用 $0.25b$ 线宽的实线绘制，直径为 $8 \sim 10$ mm。定位轴线圆的圆心，应在定位轴线的延长线上或延长线的折线上。

2）除较复杂需要分区编号或者圆形、折线形外，平面图上定位轴线的编号，宜标注在图样的下方与左侧，或在图样的四面标注。横向编号应用阿拉伯数字，从左至右顺序编写，竖向编号应用大写英文字母，从下至上顺序编写，如图 6-26 所示。

3）英文字母作为轴线号时，应全部采用大写字母，不应同一个字母的大小写来区分轴线号，英文字母的 I、O、Z 不得用作轴线编号。如字母数量不够使用，可增用双字母或单字母加数字注脚，如 AA、BA、…、YA 或 A1、B1、…、Y1。

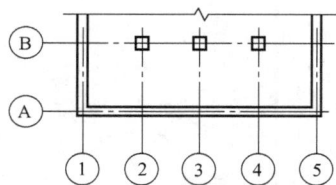

图 6-26　定位轴线的编号顺序

4）组合较复杂的平面图中定位轴线也可采用分区编号，如图 6-27 所示，编号的标注形式应为"分区号—该分区定位轴线编号"，分区号采用阿拉伯数字或大写英文字母表示；多子项的平面图中的定位轴线可采用子项编号，编号的注写形式为"子项号—该子项定位轴线编号"，子项号可采用阿拉伯数字或英文字母表示，如"1—1""1—A"，当采用分区编号或者子项编号，同一根轴线有不止 1 个编号时，相应编号应同时注明。

5）附加定位轴线的编号，应以分数形式表示。两根轴线间的附加轴线，应以分母表示前一轴线的编号，分子表示附加轴线的编号，编号宜用阿拉伯数字顺序编写。1 号轴线或 A 号轴线之前

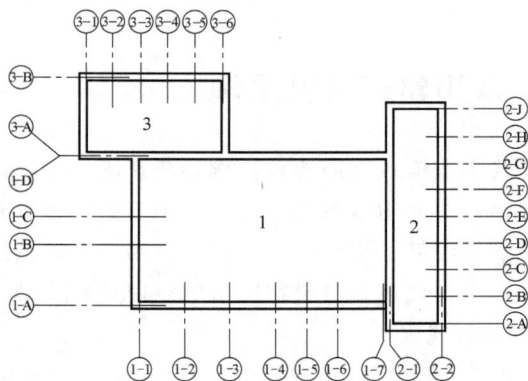

图 6-27　分区定位轴线及编号

的附加轴线的分母应以"01"或"0A"表示。

6）一个详图适用于几根轴线时，应同时注明各有关轴线的编号，如图6-28所示。

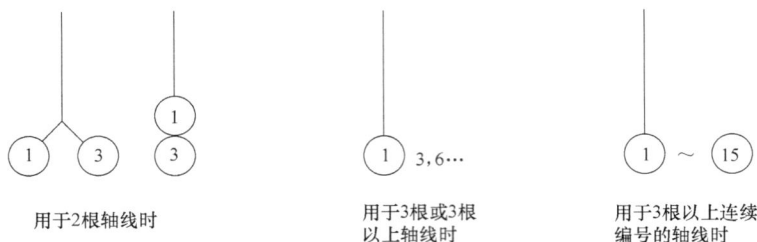

用于2根轴线时　　　　用于3根或3根　　　用于3根以上连续
　　　　　　　　　　以上轴线时　　　　编号的轴线时

图6-28　详图的轴线编号

7）通用详图中的定位轴线，应只画圆，不标注轴线编号。

8）圆形与弧形平面图中定位轴线，其径向轴线应用角度进行定位，其编号宜用阿拉伯数字表示，从左下角或−90°（若径向轴线很密，角度间隔很小）开始，按逆时针顺序编写；其环向轴线宜用大写英文字母表示，从外向内顺序编写，如图6-29和图6-30所示。圆形和弧形平面图的圆心宜选用大写英文字母编写（I、O、Z除外），有不止一个圆心时，可在字母后加注阿拉伯数字进行区分，如P1、P2、P3。

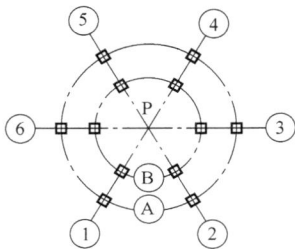

图6-29　圆形平面图定位轴线及编号图　　　图6-30　折线形平面图定位轴线及编号

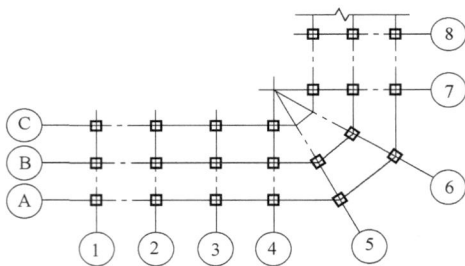

6.8　常用建筑材料图例

建筑物或构筑物需要按比例绘制在图纸上，对于一些建筑物的细部节点，无法按照真实形状表示，只能用示意性的符号画出。国家标准规定的正规示意性符号，都称为图例。凡是国家批准的图例，均应统一遵守，按照标准画法表示在图形中，如果有个别新型材料还未纳入国家标准，设计人员要在图纸的空白处画出并写明符号代表的意义，方便对照阅读。

1. 一般规定

《房屋建筑制图统一标准》只规定常用建筑材料的图例画法，对其尺度比例不做具体规定。使用时，应根据图样大小而定，并应注意下列事项：

1）图例线应间隔均匀，疏密适度，做到图例正确，表示清楚。

2）不同品种的同类材料使用同一图例时（如某些特定部位的石膏板必须注明是防水石膏板时），应在图上附加必要的说明。

3）两个相同的图例相接时，图例线宜错开或使倾斜方向相反，如图 6-31 所示。

4）两个相邻的涂黑图例（如混凝土构件、金属件）间，应留有空隙，其宽度不得小于 0.7mm，如图 6-32 所示。

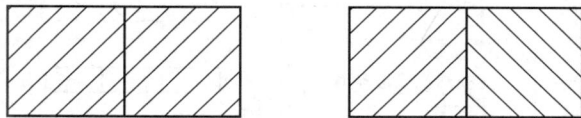

图 6-31 相同图例相接时的画法

5）下列情况可不加图例，但应加文字说明：一张图纸内的图样只用一种图例时；图形较小无法画出建筑材料图例时。

6）需画出的建筑材料图例面积过大时，可在断面轮廓线内，沿轮廓线做局部表示，如图 6-33 所示。

图 6-32 相邻涂黑图例的画法

图 6-33 局部表示图例

7）当选用该标准中未包括的建筑材料时，可自编图例。但不得与该标准所列的图例重复。绘制时，应在适当位置画出该材料图例，并加以说明。

2. 常用建筑材料图例

常用建筑材料应按表 6-10 中图例画法绘制。

表 6-10 常用建筑材料图例

序号	名称	图例	备注
1	自然土壤		包括各种自然土壤
2	夯实土壤		—
3	砂、灰土		—
4	砂砾石、碎砖三合土		—
5	石材		—
6	毛石		—
7	实心砖、多孔砖		包括普通砖、多孔砖、混凝土砖等砌体

（续）

序号	名称	图　例	备　注
8	耐火砖	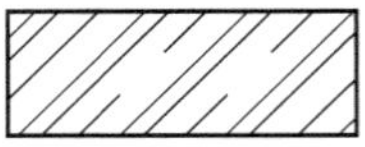	包括耐酸砖等砌体
9	空心砖、空心砌块	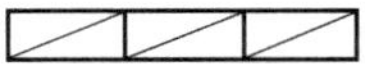	包括空心砖、普通或轻骨料混凝土小型空心砌块等砌体
10	加气混凝土	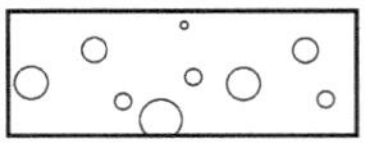	包括加气混凝土砌块砌体、加气混凝土墙板及加气混凝土材料制品等
11	饰面砖		包括铺地砖、玻璃马赛克、陶瓷锦砖、人造大理石等
12	焦渣、矿渣	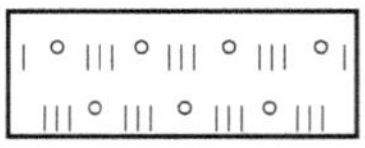	包括与水泥、石灰等混合而成的材料
13	混凝土		包括各种强度等级、骨料、添加剂的混凝土 在剖面图上绘制表达钢筋时，则不需绘制图例线
14	钢筋混凝土	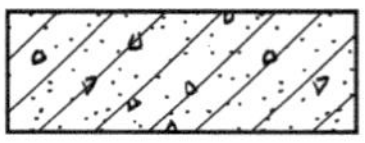	断面图形较小，不易绘制表达图例线时，可填黑或深灰（灰度宜70%）
15	多孔材料	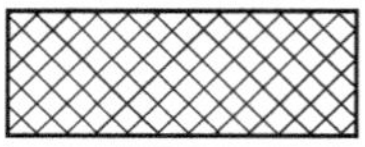	包括水泥珍珠岩、沥青珍珠岩、泡沫混凝土、软木、蛭石制品等
16	纤维材料	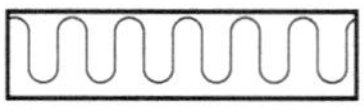	包括矿棉、岩棉、玻璃棉、麻丝、木丝板、纤维板等
17	泡沫塑料材料	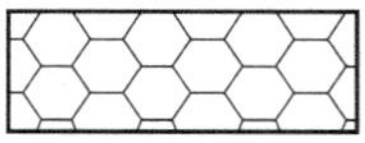	包括聚苯乙烯、聚乙烯、聚氨酯等多聚合物类材料
18	木材		上图为横断面，左上图为垫木、木砖或木龙骨 下图为纵断面
19	胶合板		应注明为×层胶合板
20	石膏板	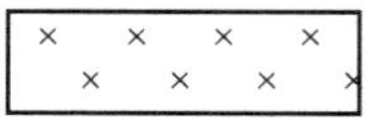	包括圆孔或方孔石膏板、防水石膏板、硅钙板、防火石膏板等
21	金属	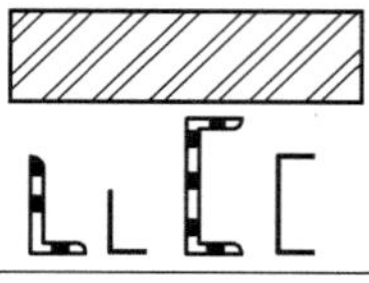	包括各种金属 图形较小时，可填黑或深灰（灰度宜70%）
22	网状材料		包括金属、塑料网状材料 应注明具体材料名称

（续）

序号	名称	图例	备注
23	液体		应注明具体液体名称
24	玻璃		包括平板玻璃、磨砂玻璃、夹丝玻璃、钢化玻璃、中空玻璃、夹层玻璃、镀膜玻璃等
25	橡胶		—
26	塑料		包括各种软、硬塑料及有机玻璃等
27	防水材料		构造层次多或绘制比例大时，采用上面的图例
28	粉刷		本图例采用较稀的点

注：1. 本表中所列图例通常在 1∶50 及以上比例的详图中绘制表达。

2. 如需表达砖、砌块等砌体墙的承重情况时，可通过在原有建筑材料图例上增加填灰等方式进行区分，灰度宜为 25%左右。

3. 序号 1、2、5、7、8、14、15、21 图例中的斜线、短斜线、交叉线等均为 45°。

6.9 图样的画法

6.9.1 剖面图和断面图

剖面图除应画出剖切面切到部分的图形外，还应画出沿投射方向看到的部分，被剖切面切到部分的轮廓线用 0.7b 线宽的实线绘制，剖切面没有切到，但沿投射方向可以看到的部分，用 0.5b 的实线绘制；断面图则只需（用 0.7b 线宽的实线）画出剖切面切到部分的图形，如图 6-34 所示。

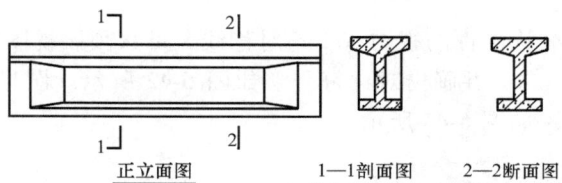

图 6-34 剖面图与断面图的区别

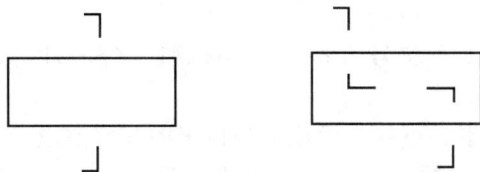

剖面图和断面图应按下列方法剖切后绘制：

1）用 1 个剖切面剖切，如图 6-35 所示。

2）用 2 个或 2 个以上平行的剖切面剖切，如图 6-36 所示。

3）用 2 个相交的剖切面剖切，如图 6-37 所示。用此法剖切时，应在图名后注明"展

图 6-35 1 个剖切面剖切

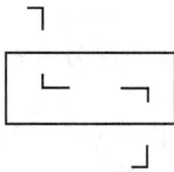

图 6-36 2 个平行剖切面剖切

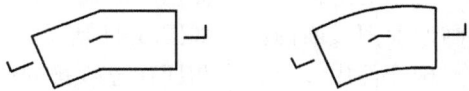

图 6-37 2 个相交剖切面剖切

开"字样。

分层剖切的剖面图，应按层次以波浪线将各层隔开，波浪线不应与任何图线重合，如图 6-38 所示。

杆件的断面图可绘制在靠近杆件的一侧或端部处并按顺序依次排列，如图 6-39 所示，也可绘制在杆件的中断处，如图 6-40 所示；结构梁板的断面图可画在结构布置图上，如图 6-41 所示。

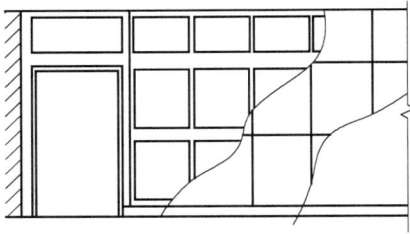

图 6-38　分层剖切的剖面图

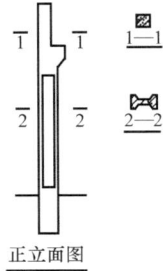

正立面图

图 6-39　断面图按顺序排列

图 6-40　断面图画在杆件中断处

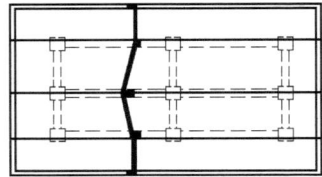

图 6-41　断面图画在布置图上

6.9.2　简化画法

构配件的视图有 1 条对称线，可只画该视图的 1/2；视图有 2 条对称线，可只画该视图的 1/4，并画出对称符号，如图 6-42 所示。图形也可稍超出其对称线，此时可不画对称符号，如图 6-43 所示。

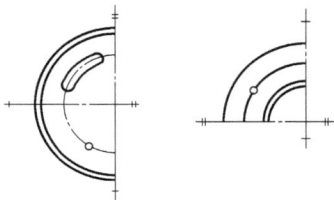

图 6-42　画出对称符号

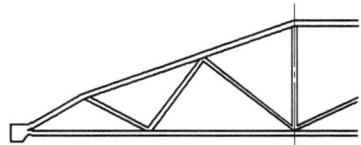

图 6-43　不画对称符号

对称的形体需画剖面图或断面图时，可以以对称符号为界，一半画视图（外形图），一半画剖面图或断面图，如图 6-44 所示。

构配件内多个完全相同而连续排列的构造要素，可仅在两成适当位置图其完整形状，其余部分可以中心线或中心线交点表示，如图 6-45a 所示。当相同构造要素少于中心线交点时，其余部分应在相同构造要素位置的中心线交点处用小圆点表示，如图 6-45b 所示。

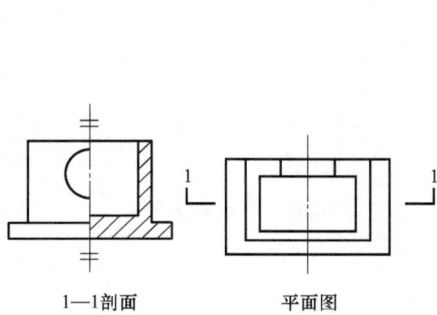

图 6-44　一半画视图，一半画剖面图

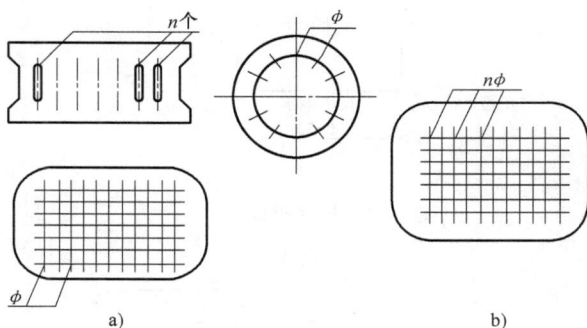

图 6-45　相同要素简化画法

　　较长的构件，如沿长度方向的形状相同或按一定规律变化，可断开省略绘制，断开处应以折断线表示，如图 6-46 所示。

　　一个构配件，如绘制位置不够，可分成几个部分绘制，并应以连接符号表示相连。

　　一个构配件如与另一构配件仅部分不相同，该构配件可只画不同部分，但应在两个构配件的相同部分与不同部分的分界线处，分别绘制连接符号，如图 6-47 所示。

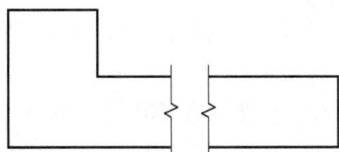

图 6-46　折断线简化画法图

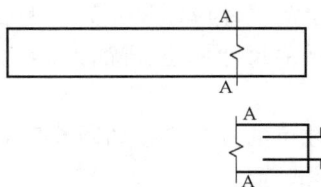

图 6-47　构件局部不同的简化画法

6.10　尺寸标注

　　图样只能表示物体各部分的外部形状，表达不出各个部分之间的联系及变化。所以必须准确、详尽、清晰地表达出它的尺寸，作为施工的依据。绘制图形并不仅仅只是为了反映物体的形状，对图形对象的真实大小和位置关系描述更加重要。AutoCAD 包含了整套的尺寸标注命令和实用程序，用户使用它们可以完成图样中尺寸标注的所有工作。

6.10.1　尺寸界线、尺寸线及尺寸起止符号

　　图样上的尺寸包括尺寸界线、尺寸线、尺寸起止符号和尺寸数字，如图 6-48 所示。

　　尺寸界线应用细实线绘制，一般应与被标注长度垂直，其一端应离开图样轮廓线不小于 2mm，另一端宜超出尺寸线 2~3mm。图样轮廓线可用作尺寸界线，如图 6-49 所示。

　　尺寸线应用细实线绘制，应与被标注长度平行。图样本身的任何图线均不得用作尺寸线。

　　尺寸起止符号用中粗斜短线绘制，其倾斜方向应与尺寸界线成顺时针 45°，长度宜为 2~3mm。轴测图中用小圆点表示尺寸起止符号，小圆点直径 1mm，如图 6-50a 所示。半径、直径、角度与弧长的尺寸起止符号，宜用箭头表示，箭头宽度 b 不宜小于 1mm，如图 6-50b 所示。

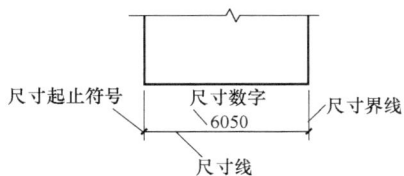

图 6-48　尺寸组成

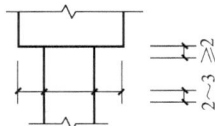

图 6-49　尺寸界线

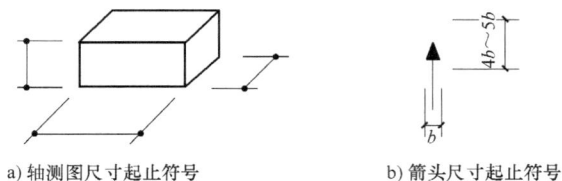

a) 轴测图尺寸起止符号　　　　　　b) 箭头尺寸起止符号

图 6-50　箭头尺寸起止符号

6.10.2　尺寸数字

图样上的尺寸应以尺寸数字为准，不得从图上直接量取。

图样上的尺寸单位，除标高及总平面以 m（米）为单位外，其他均以 mm（毫米）为单位。

尺寸数字的方向应按如图 6-51a 所示的规定标注。若尺寸数字在 30°斜线区内，宜按图 6-51b 的形式标注。

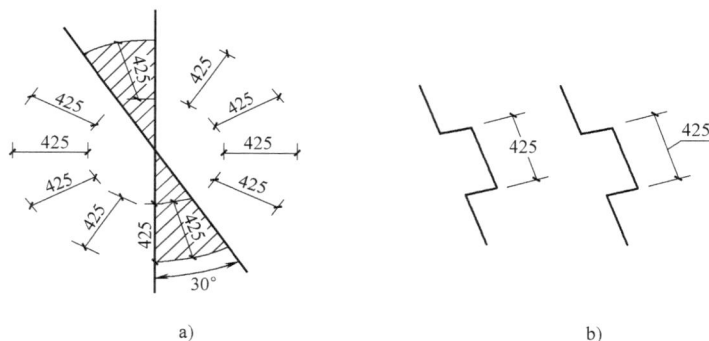

a)　　　　　　　　　　　　　　　b)

图 6-51　尺寸数字的标注方向

尺寸数字一般应根据其方向标注在靠近尺寸线的上方中部。如没有足够的标注位置，最外边的尺寸数字可标注在尺寸界线的外侧，中间相邻的尺寸数字可错开标注，如图 6-52 所示。

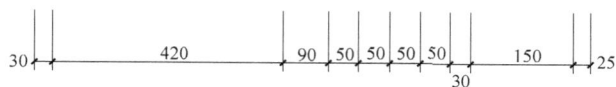

图 6-52　尺寸数字的标注位置

6.10.3 尺寸的排列与布置

尺寸宜标注在图样轮廓以外，不宜与图线、文字及符号等相交。图样轮廓线以外的尺寸界线，距图样最外轮廓之间的距离不宜小于 10mm。平行排列的尺寸线的间距宜为 7 ~ 10mm，并应保持一致，如图 6-53 所示。

互相平行的尺寸线，应从被标注的图样轮廓线由近向远整齐排列，较小尺寸应离轮廓线较近，较大尺寸应离轮廓线较远，如图 6-54 所示。

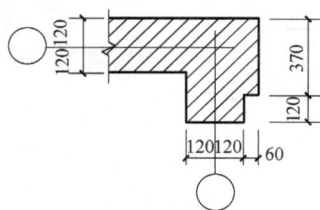

图 6-53　尺寸数字的标注

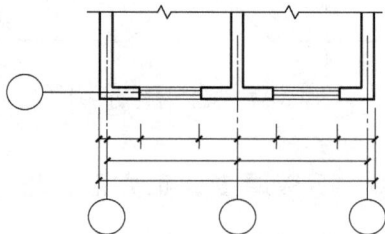

图 6-54　尺寸的排列

6.10.4 半径、直径、球的尺寸标注

1）标注半径、直径和球的尺寸起止符号不用 45°斜短线，通常用箭头表示。

2）半径的尺寸线一端从圆心开始，另一端画箭头，指向圆弧。半径数字前应加半径符号 "R"。

3）标注直径时，应在直径数字前加符号 "φ"。在圆内标注的直径尺寸线应通过圆心，两端画箭头指至圆弧。当圆的直径较小时，直径数字可以用引出线标注在圆外。直径标注也可以用尺寸起止短线以 45°斜短线的形式标注在圆外，如图 6-55 所示。

4）标注球的半径和直径时，应在尺寸数字前面加符号 "SR" 或是 "Sφ" 标注方法与圆弧半径和圆直径的尺寸标注方法相同。

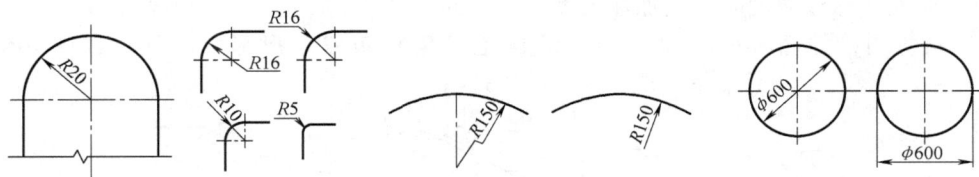

图 6-55　半径、直径的标注方法

6.10.5 角度、弧长、弦长的标注

（1）角度　角度的尺寸线以圆弧表示，该圆弧的圆心应是该角的顶点，角的两边为尺寸界线，尺寸起止符号应用箭头表示，如果没有足够的位置画箭头，也可以用圆点代替，角度数字应沿尺寸线方向注写，如图 6-56 所示。

（2）弧长　标注圆弧的弧长时，尺寸线应以与该圆弧同心的

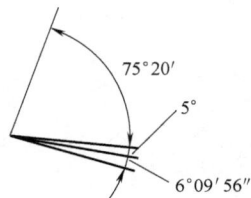

图 6-56　角度标注方法

圆弧线表示，尺寸界线应指向圆心，尺寸起止符号应用箭头表示，弧长数字的上方应加注圆弧符号"⌒"，如图 6-57 所示。

（3）弦长　标注圆弧的弦长时，尺寸线应以平行于该弦的直线表示，尺寸界线应垂直于该弦，尺寸起止符号用中粗斜短线表示，如图 6-58 所示。

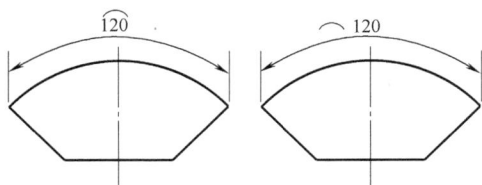

图 6-57　弧长标注方法

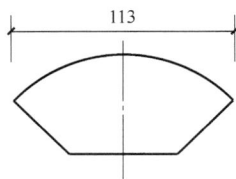

图 6-58　弦长的标注方法

6.10.6　薄板厚度、正方形、坡度等尺寸标注

（1）薄板厚度　在薄板板面标注板厚尺寸时，应在厚度数字前加厚度符号"t"，如图 6-59 所示。

（2）正方形尺寸　标注正方形的尺寸，可用"边长×边长"的形式，也可在边长数字前加正方形符号"□"，如图 6-60 所示。

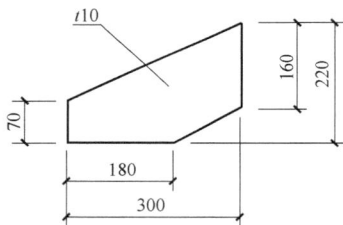

图 6-59　薄板厚度标注方法

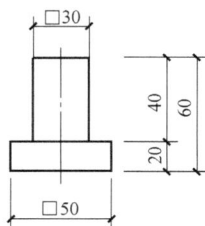

图 6-60　标注正方形尺寸

（3）坡度　标注坡度时，应加注坡度"←"或"↖"符号，如图 6-61a、b 所示，箭头应指向下坡方向，如图 6-61c、d 所示。坡度也可用直角三角形形式标注，如图 6-61e、f 所示。

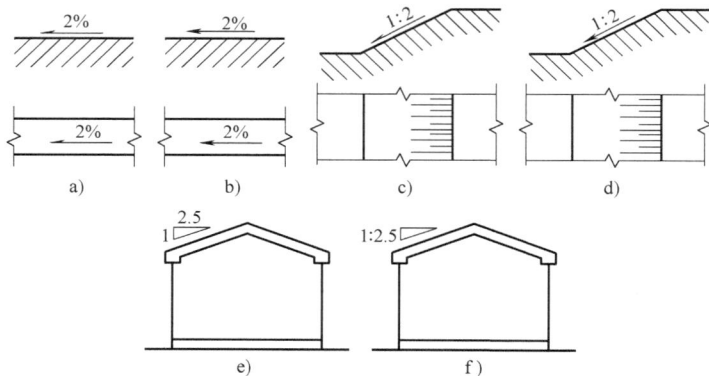

图 6-61　坡度标注方法

（4）特殊图形　外形为非圆曲线的构件，可用坐标形式标注尺寸，如图 6-62 所示。复杂的图形可用网格形式标注尺寸，如图 6-63 所示。

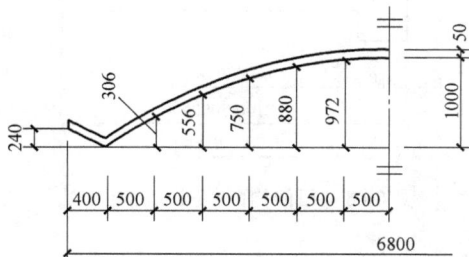

图 6-62　坐标法标注曲线尺寸

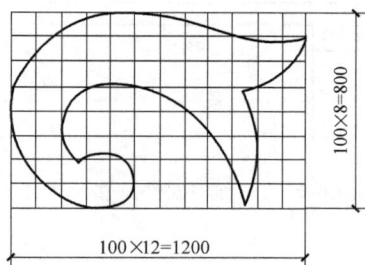

图 6-63　网格法标注曲线尺寸

6.10.7　尺寸的简化标注

（1）杆件或管线的长度　在单线图（桁架简图、钢筋简图、管线简图）上，可直接将尺寸数字沿杆件或管线的一侧标注，如图 6-64 所示。

（2）连续排列的等长尺寸　可用"等长尺寸×个数＝总长"的形式标注，如图 6-65 所示。

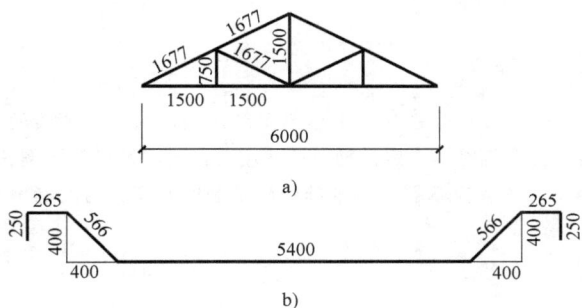

图 6-64　单线图尺寸标注方法

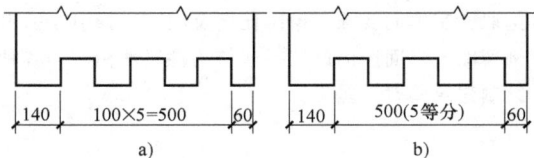

图 6-65　等长尺寸简化标注方法

（3）相同要素　构配件内的构造因素（如孔、槽等）如相同，可仅标注其中一个要素的尺寸，如图 6-66 所示。

（4）对称构配件　对称配件采用对称省略画法时，该对称构配件的尺寸线应略超过对称符号，仅在尺寸线的一端画尺寸起止符号，尺寸数字应按整体全尺寸标注，其标注位置宜与对称符号对齐，如图 6-67 所示。

（5）两个相似构配件　如个别尺寸数字不同，可在同一图样中将其中一个构配件的不同尺寸数字标注在括号内，该构配件的名称也应标注在相应的括号内，如图 6-68 所示。

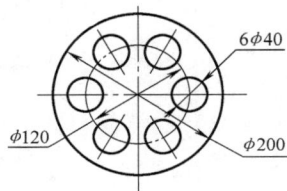

图 6-66　相同要素
尺寸标注方法

（6）多个相似构配件　如果数个构配件仅某些尺寸不同，这些有变化的尺寸数字，可用拉丁字母注写在同一图样中，另外列表格写明其具体尺寸，如

图 6-69 所示。

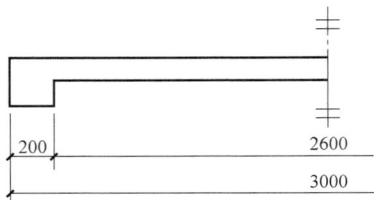

图 6-67 对称构配件尺寸标注方法

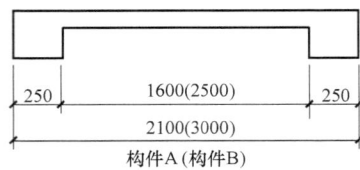

图 6-68 相似构配件尺寸标注方法

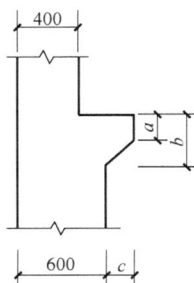

图 6-69 相似构配件尺寸表格式标注方法

本 章 小 结

本章根据《房屋建筑制图统一标准》（GB/T 50001—2017）分别介绍了建筑图纸图幅的大小，图线的选取，字体的要求，绘图比例及剖切、索引、引出线、标高等符号，定位轴线的使用，常用建筑材料图例，剖面图及断面图的画法，建筑构件尺寸标注的各种类型。读者应掌握这些基础的建筑制图知识，为准确地绘制建筑图打下基础。

第 7 章　利用 AutoCAD 进行工程图绘制

7.1　建筑平面图的绘制

以当前层平面标高为基础，假想一个水平剖切面，高度为本层地面标高抬升 1.2m，对建筑进行水平剖切后，剖切面以下部分所做的水平投影图即为本层的建筑平面图。建筑平面图能够清晰地表达出各个空间的大小以及墙体、门窗、楼梯等建筑构件的尺寸关系。

1. 建筑平面图的主要构成

轴线：建筑平面图的定位基础，常规上是以相互垂直的网格线或圆弧线交错构成的系统，对每条线进行编号，使得不同的建筑构件分布于网格之间，用以描述各部分构件与轴线的相对关系。

墙体及柱子：建筑主体受力及空间分隔构件。

门窗：为满足空间采光通风及通行的需要，在墙体开设洞口后安装的建筑构件，存在内外之分。

主要尺寸标注：在轴线控制下，对外部围护结构洞口或构件进行定位标注。一般为三道尺寸标注，第一道是外围护结构洞口与轴线的相对关系，第二道是轴线间的尺寸标注，第三道是建筑总长度。

常规标注：除三道尺寸标注外，进行补充标注的部分，如墙体厚度、室外散水、楼梯、排水沟等细部标注。

标高标注：对每层主要房间地坪进行高度标注，可直接推算出各层层高。

指北针及文字说明：首层平面图中会加入指北针，以表达本建筑的朝向。在图样下方会有备注，用以对平面图进行补充说明。

2. 建筑平面图的分类

地下建筑平面图：在国家土地综合利用的大前提下，越来越多的开发企业重视地下部分的开发建设。地下建筑一般用作地上建筑的配套设施，如地下车库或地下机房，在大城市中也有用作商业用途的。

首层平面图：一般表达建筑平面布置及建筑入口与场地之间的关系，包括室内外高差、散水、排水沟等。

楼层平面图：主要表达本层内的建筑构件，同时表达下层的雨篷或露台等构件。

屋顶平面图：房屋屋面的水平投影图，一般表达排水坡度、檐沟、女儿墙、坡屋面等相对关系。

下面以住宅建筑标准层单元的绘制，为大家阐述平面图的绘制流程，绘制结果如图 7-1 所示。

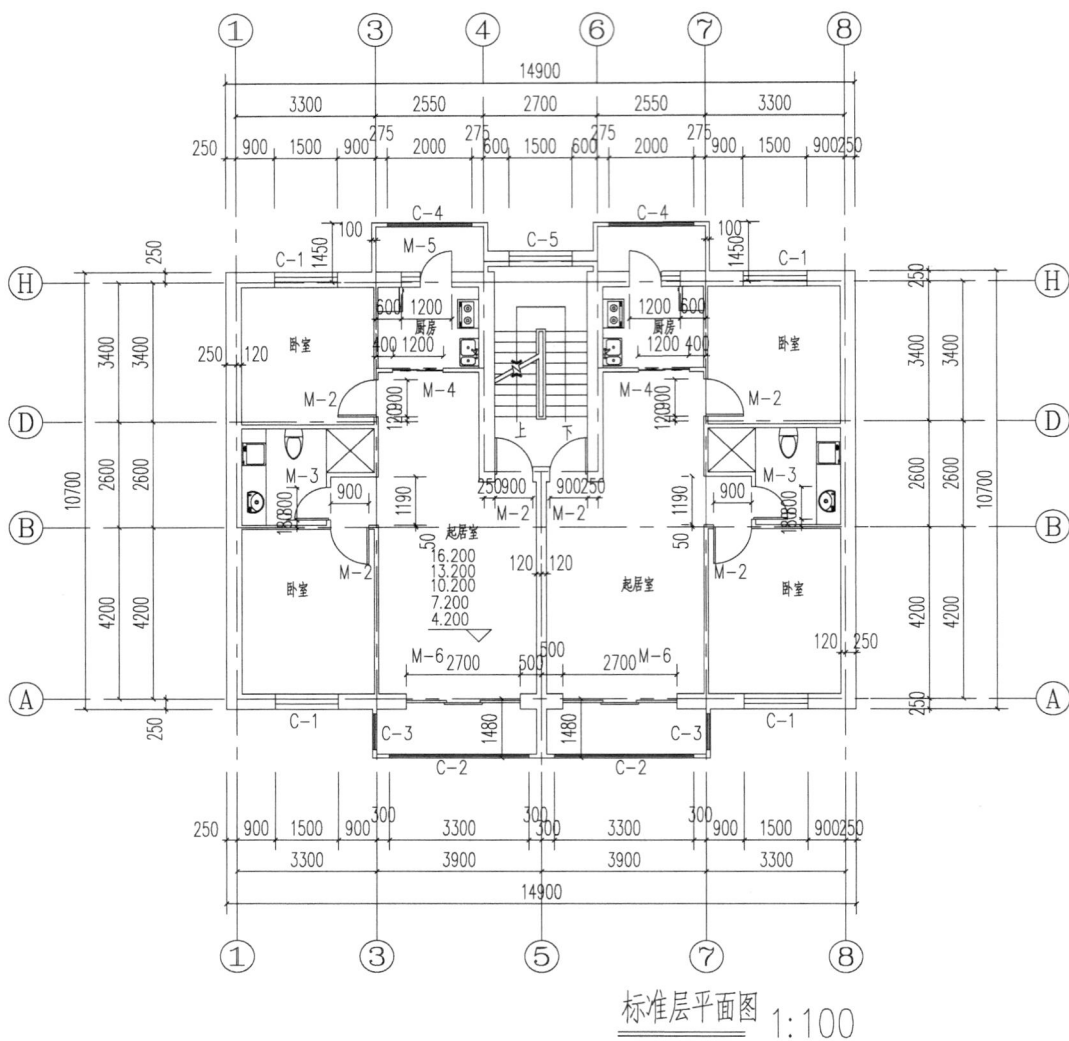

图 7-1 标准层示例

7.1.1 设置绘图环境

建筑平面图一般会与立面图、剖面图一同设计，在绘制各图纸前，最好能够进行统一的绘图环境设置，如制图比例、绘制精度、字体选择、图层管理等，以便协调统一。

调用"格式"菜单下"单位"命令，设置图形单位信息，如图 7-2 所示。

调用"格式"菜单下"图层"命令，规划图层信息，如图 7-3 所示。调用"格式"菜单下"线型"命令，设置线型比例信息，一般打印比例为 1：100，线型

图 7-2 设置图形单位信息

比例也为 1∶100，如图 7-4 所示。调用"格式"菜单下"文字样式"命令，新建文字样式：
文字-100，如图 7-5、图 7-6 所示。

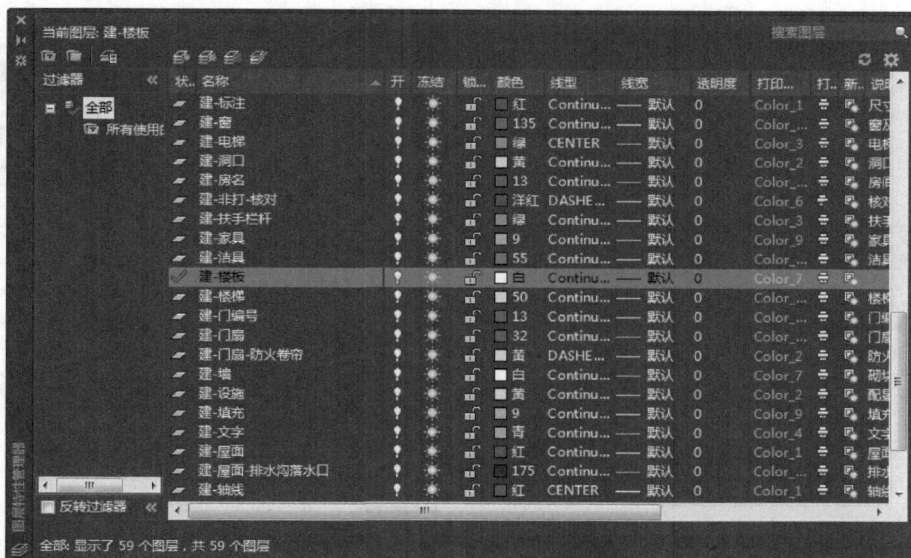

图 7-3　规划图层信息

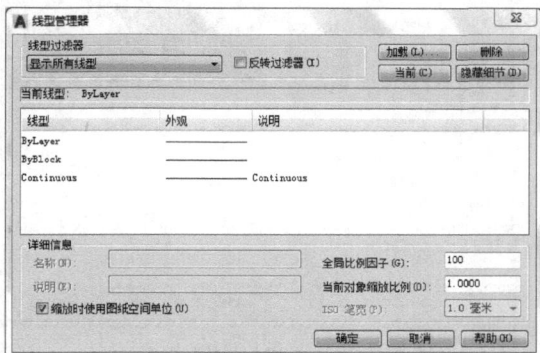

图 7-4　规划线型信息

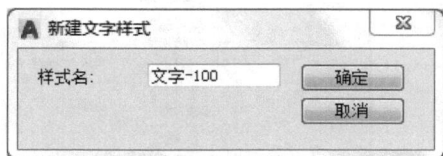

图 7-5　新建文字样式-1

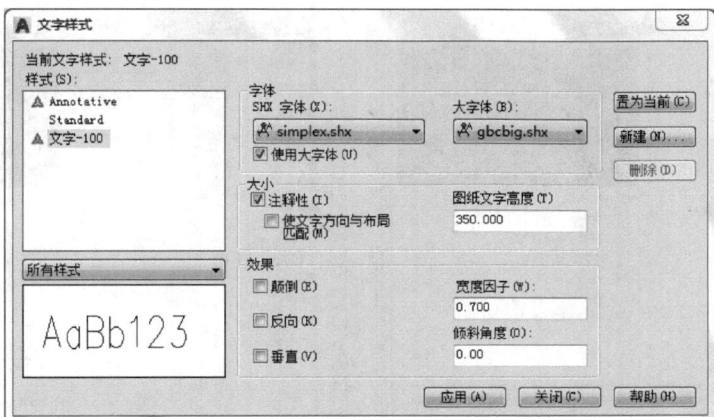

图 7-6　新建文字样式-2

调用"格式"菜单下"标注样式"命令，新建标注样式：标注-100，如图 7-7~图 7-13 所示。

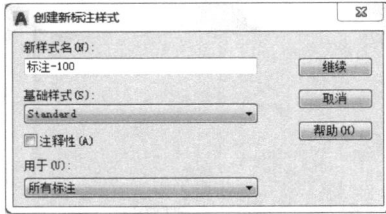

图 7-7　新建标注样式-1

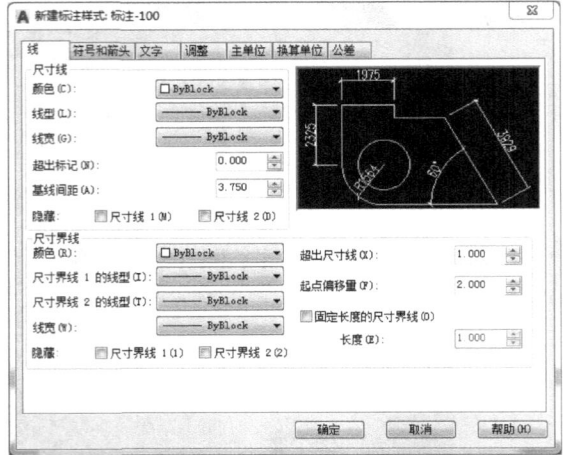

图 7-8　新建标注样式-2

图 7-9　新建标注样式-3

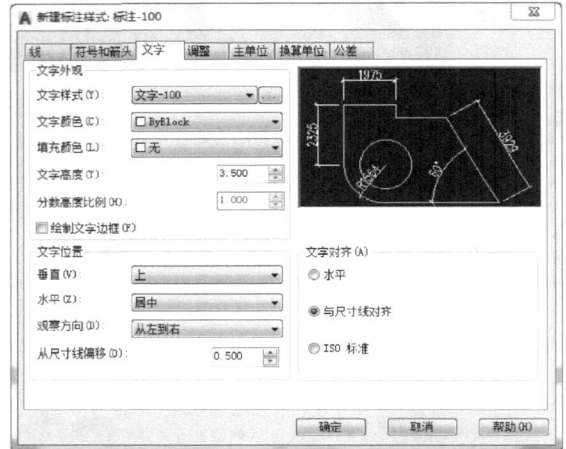

图 7-10　新建标注样式-4

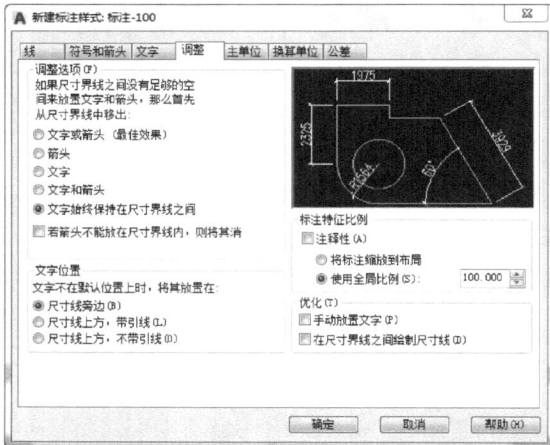

图 7-11　新建标注样式-5

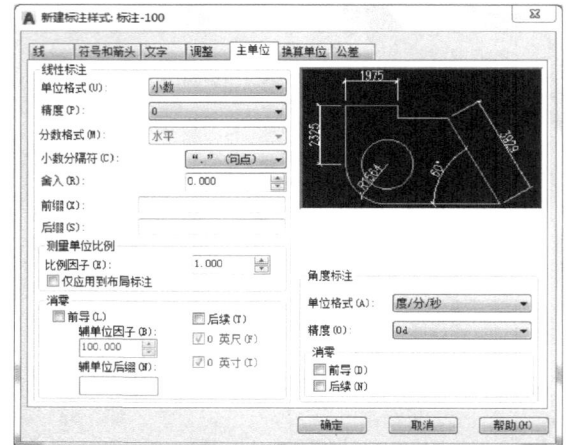

图 7-12　新建标注样式-6

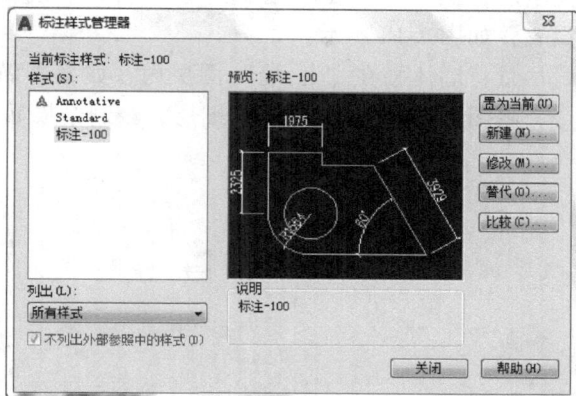

图 7-13　新建标注样式-7

7.1.2　绘制轴线

绘制平面图前首先要绘制定位轴线，以此作为各构件的尺寸基础。在图层控制栏中，选中"建-轴线"图层进行绘制，保证轴线图元均在此图层内。可以执行绘制直线命令 L，按照图 7-14 中的尺寸进行绘制或用已有轴线按照尺寸执行"偏移"命令进行绘制，并执行"裁剪"命令，将轴线长度进行修整。

7.1.3　绘制墙体

建筑专业在制图过程中，一般主要确定墙体厚度，待结构工程师计算后，最终将结构竖向受力构件以插入块的形式插入到建筑最终图样中，并复核与建筑图样是否存在冲突，再与结构工程师进行统一协调。现在主要讲解先期建筑平面图的绘制过程。

绘制轴网后，再绘制外围护墙体及内部墙体。在北方砖混住宅设计中，常将外墙及楼梯间墙宽度设定为 370mm，住宅分户墙体宽度为 240mm，户内部分隔墙采用宽度 100mm 轻质墙体。

绘制方法一般采用"格式"中"多线样式"命令，如图 7-15 所示，单击"新建"按钮，新建的多线样式选项

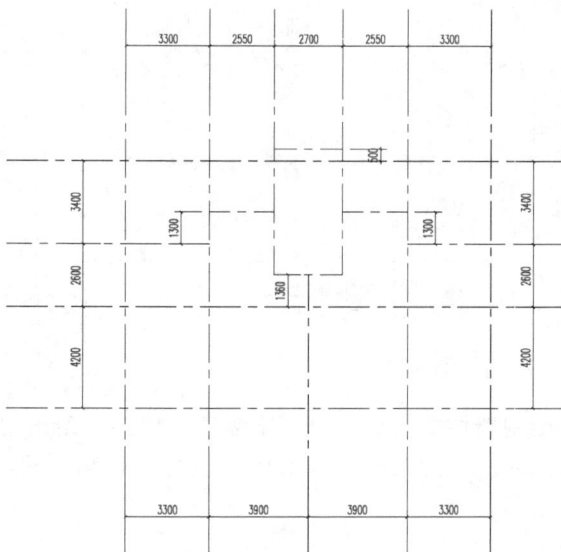

图 7-14　轴线绘制

卡中输入墙体的厚度信息并保存（重复此操作可建立多个多线样式），如图 7-16 和图 7-17 所示。

然后以图 7-14 中已经绘制好的轴线为基础，执行"绘图|多线"命令绘制墙体。

多种墙体厚度绘制完毕后，执行"修改|对象|多线"，打开多线编辑工具，对平面图中的墙体交接及拐点进行设置，如图 7-18 所示。

需要注意的是绘制时尽量将墙体画在"建-墙"图层内，如果有局部墙体绘制在其他图层，可以执行格式刷命令，将图元刷新至"建-墙"图层，绘制结果如图 7-19 所示。

图 7-15　多线选项　　　　图 7-16　"新建多线样式"选项卡　　　　图 7-17　多线样式创建成功

图 7-18　"多线编辑工具"选项卡　　　　图 7-19　墙体绘制图

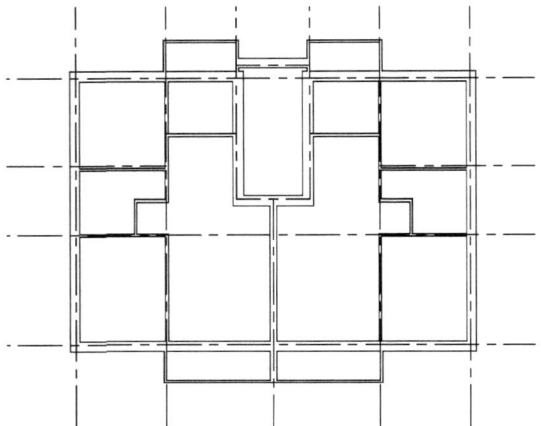

7.1.4　门窗洞口

绘制墙体结束后，接下来需要在墙面上留出门窗洞口，以便后期门窗图元的插入，此时在需插入门窗的两侧绘制直线，执行"修剪"命令，将洞口内的墙线裁剪，绘制结果如图7-20 所示。

7.1.5　插入门窗图块

预留好门窗洞口后，要依据洞口尺寸进行门和窗图块的制作，窗宽度与预留洞口尺寸相同，厚度与窗所在墙体厚度一致，在绘制门窗过程中，可以将完成的图元编辑成块，如图7-21、图 7-22 所示，图块命名为 M-X 或 C-X 以便于图元复制与旋转编辑，将门窗图块按照位置依次复制到预留的平面门窗洞口中，绘制结果如图 7-23 所示。

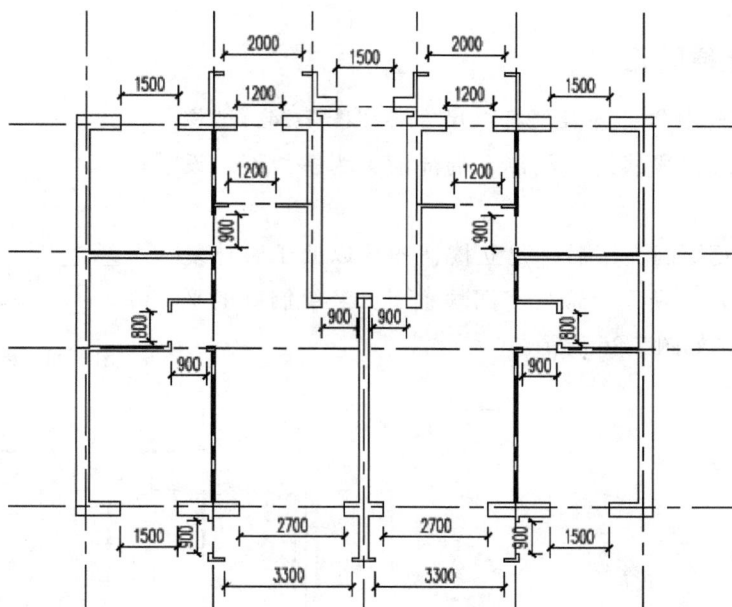

图 7-20　预留门窗洞口绘制结果

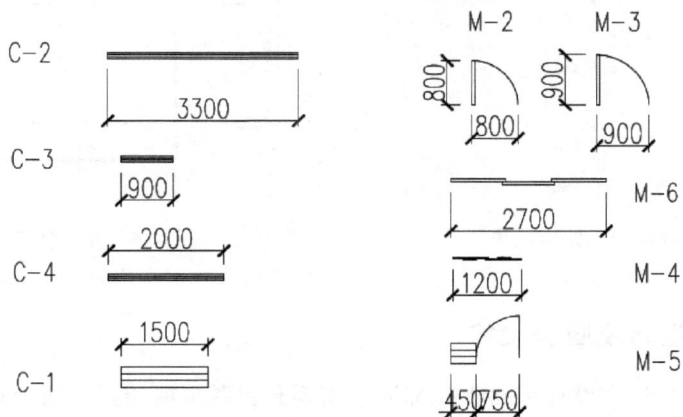

图 7-21　平面门窗图块制作

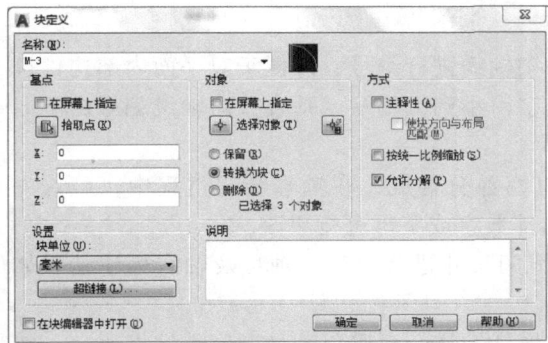

图 7-22　门窗成块示例

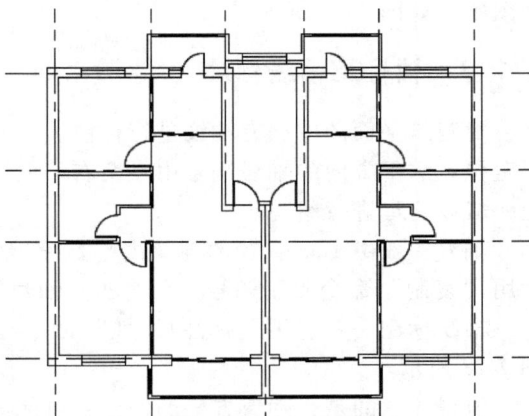

图 7-23　插入门窗图块

7.1.6 插入楼梯图元

以 CAD 直线绘制楼梯图及栏杆，尺寸参照图 7-24，楼梯行走方向以直线或多段线进行绘制，端部箭头为多段线，设置全局宽度为 50。

楼梯基本图元绘制完毕后，建立楼梯图块以便于整体复制与编辑，如图 7-25 所示。最后将图块置于已经绘制好的平面图中，绘制结果如图 7-26 所示。

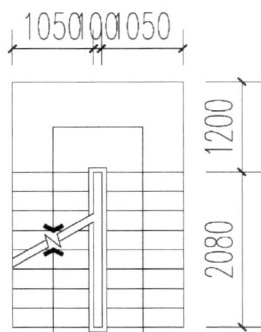

图 7-24　楼梯图元示例

图 7-25　楼梯图元编辑成块

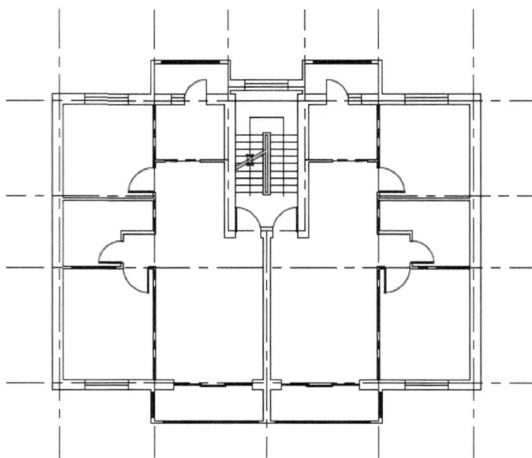

图 7-26　插入楼梯后成果图

7.1.7 插入卫生间及厨房设施

厨房和卫生间是住宅设计中的重要部分，需要布置基本的洁具、厨卫设施及管井。洗手盆、马桶、淋浴房、燃气灶等图元绘制起来较为烦琐，建议在网络下载成品图块直接插入平面图中，如图 7-27 所示。

7.1.8 轴号及轴线标注

对建筑平面图中已有轴线进行标注，并对每条轴线进行编号，以便于对平面内部构件进行定位。水平方向的轴线编号由左至右一般以数字由小到大编写，垂直方向轴线编号由下向上一般以字母进行编写。

轴号一般由 1cm 直径的圆及内部数字或字母两部分构成，在轴号绘制过程中，可首先运用"复制"命令复制轴号，再对相同轴号的内部数字或字母进行更改。

轴线标注一般选用"标注|线性"命令对轴线间尺寸进行标注。轴号及轴线标注结果如图 7-28 所示。

值得注意的是，随着方案的修改，可能需要增补轴号，为避免轴号顺序整体修改，一般可增设分轴号进行平面构件定位。

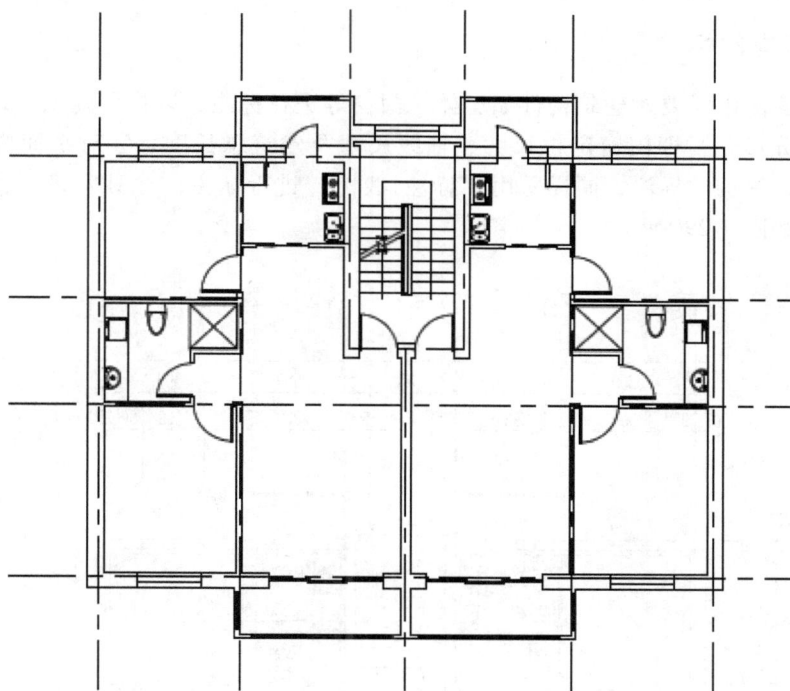

图 7-27　绘制洁具、厨具成果图

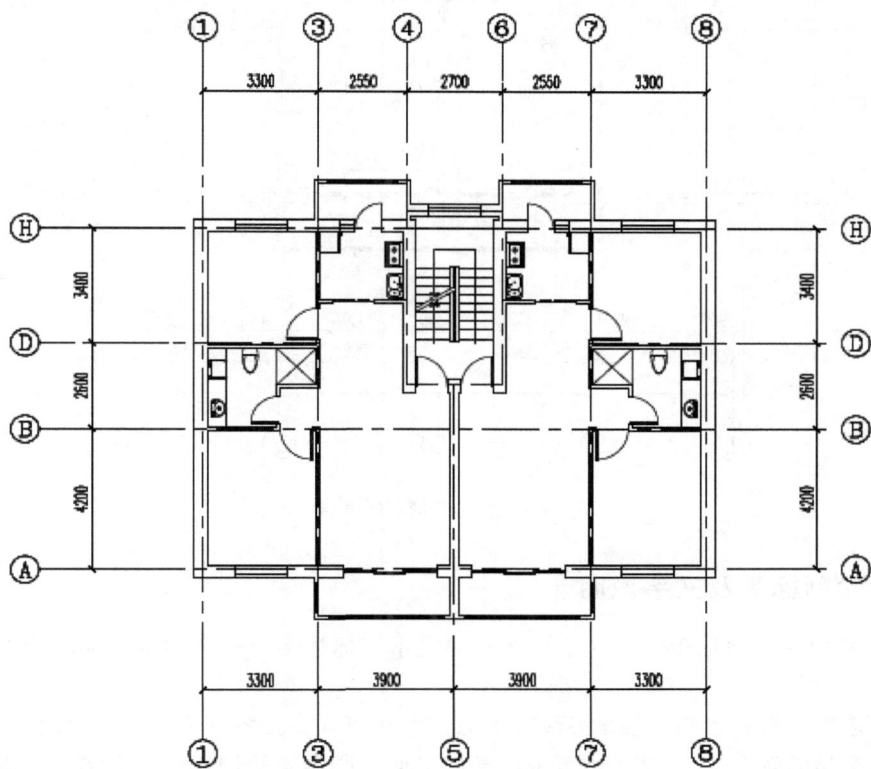

图 7-28　添加轴号成果图

7.1.9 平面构件标注

在建筑平面图中需要对建筑构件如墙体、门窗等进行标注，以指导施工。外围定位尺寸一般分为三部分尺寸，即门窗定位尺寸、轴线尺寸及建筑总长度。针对平面内部构件，墙体、门窗、阳台等构件标注，同样采用"标注│线性"进行标注，对图 7-28 平面构件进行标注，标注结果如图 7-29 所示。

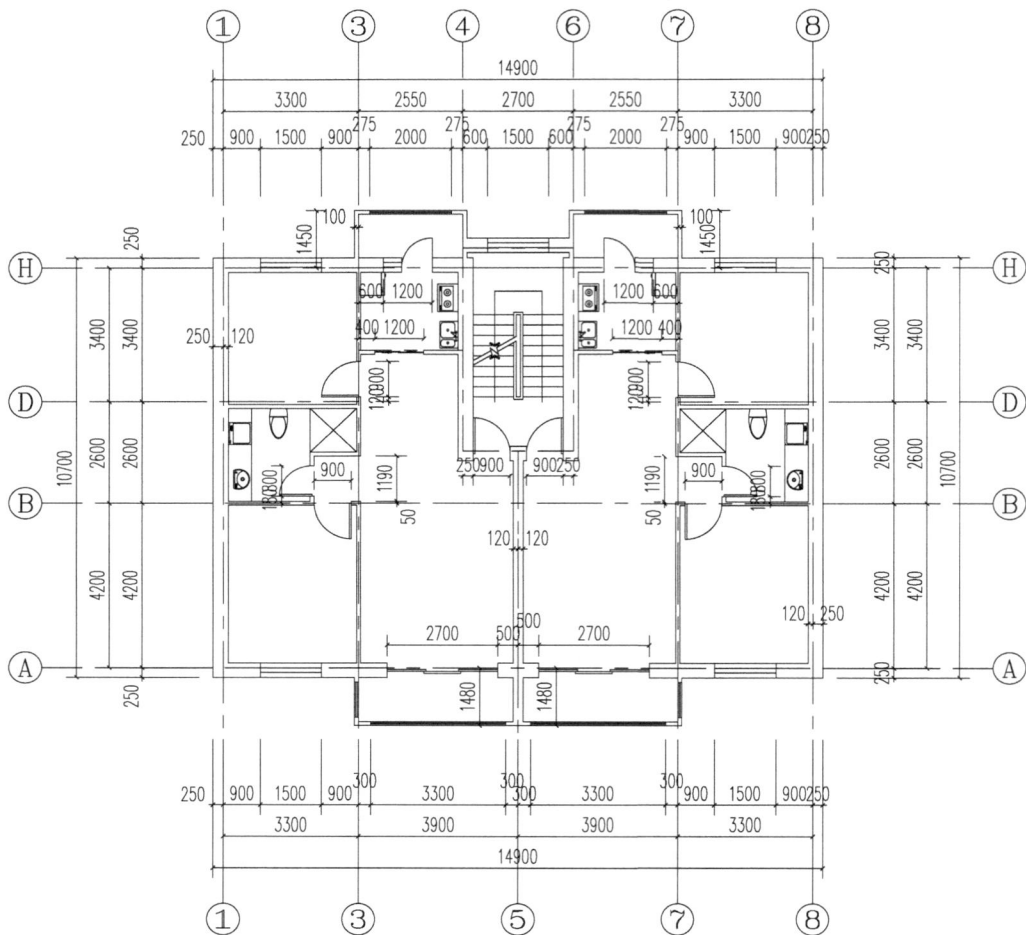

图 7-29　添加平面尺寸成果图

7.1.10 绘制标高及文字说明

标准层平面一般适用于多个楼层，故只要在本层标注多个标高即可，标高为本层的相对标高。

绘制图名时，首先绘制 2 条多段线（上方多段线可在图元特性中，加宽多段线全局宽度，以达到图名突显的效果），并在上方增补标准层平面图图名及绘制比例，文字特性中更改字体尺寸为 700 或 1000（本例以 1∶100 图纸比例进行绘制，一般图名尺寸打印尺寸为 7mm 或

10mm，若绘制其他比例图纸，则需要重新计算图名字体尺寸），绘制结果如图 7-30 所示。

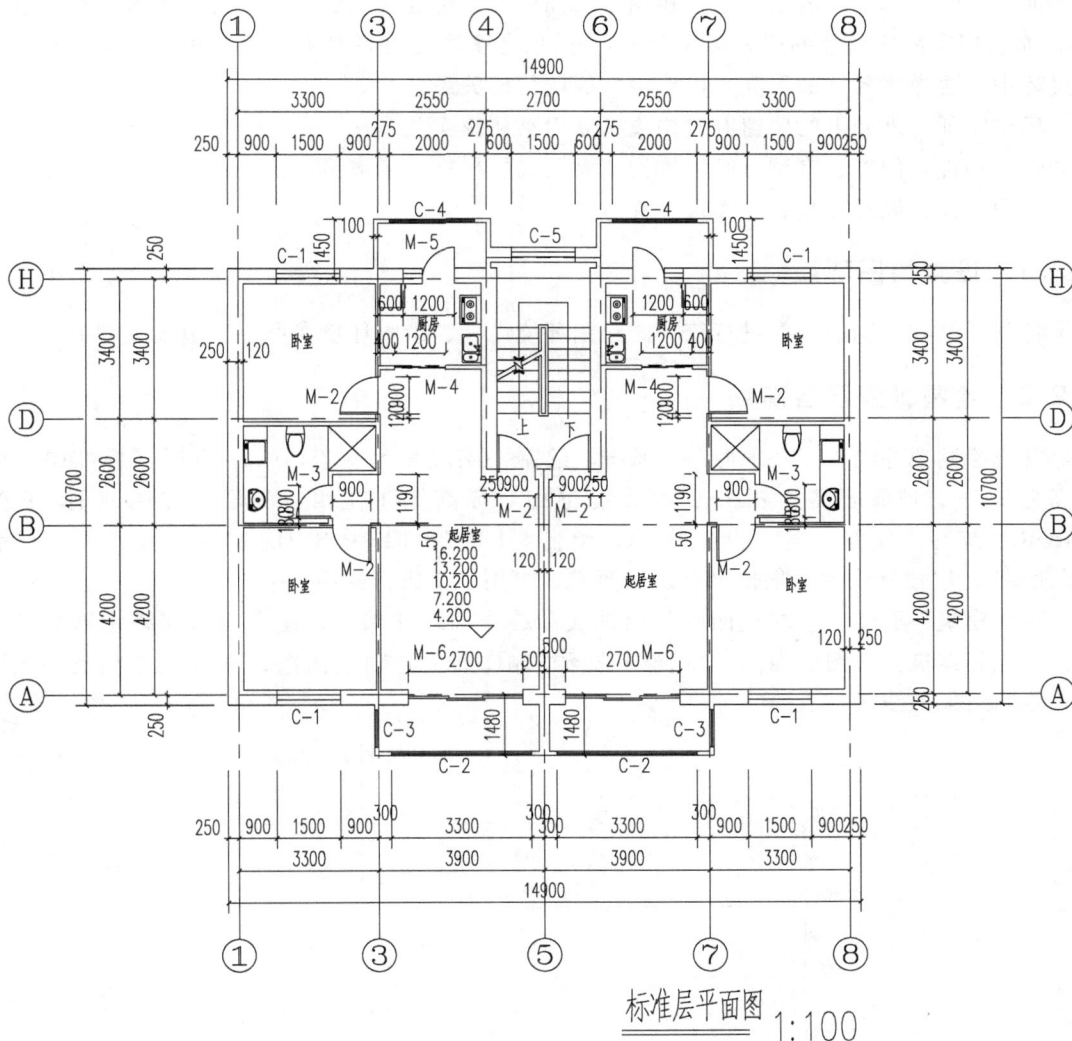

图 7-30 添加标高及图名

经过以上流程，一个住宅标准层平面图就绘制完成了，大家可以尝试绘制其他楼层平面图，举一反三。

7.2 建筑立面图的绘制

建筑立面图主要表达建筑长度、宽度、建筑二维形态及建筑构件的相互尺寸关系。

建筑立面图主要由以下部分构成：

轴线：为建筑立面图的方向提供参照，一般会以"某轴—某轴立面图"来命名，在立面图起始端、终止端绘制起始轴线和终止轴线，以描述立面图的方向关系（也可以以立面方向，即东立面图、南立面图、西立面图、北立面图来命名）。

层高参照线：一般建筑在功能相同的楼层空间中，大部分层高会保持相同，但当各层平面功能不同时，对空间的要求不尽相同，层高就会发生变化。例如，住宅标准层层高一般为3m，而底层车库或商业的层高会大于3m，屋顶高度根据造型要求也不尽相同，故在立面设计过程中，要考虑各层的层高，以确定立面的比例关系。

形态特征：外墙上的门窗洞口构成了立面整体虚实关系。

建筑构件：门窗、空调百叶、檐沟、女儿墙、栏杆、老虎窗。

立面标注：设计标高、立面尺寸等。

7.2.1 设置绘图环境

各项图纸在绘制前，要进行统一的绘图环境设置，绘图环境参照上一节设置即可。

7.2.2 绘制轴线及层高线

首先绘制地坪线，建立地面参照系统。绘制一层层高为 4.2m，二~六层（标准层）的层高为 3.0m，坡屋面高度 3.6m，可直接将相对标高标注在相应的层高控制线上。F 为FLOOR 的缩写，代表"层"的意思，1F 代表"1 层"，RF 为 ROOF FLOOR 的缩写，代表"屋顶层"，层数标注说明根据最终出图要求，可用中文进行标注。

对照建筑平面图，绘制立面的起始轴线和终止轴线并编号，注意起始和终止轴号的编辑，决定着建筑立面图的朝向，本例中选择绘制①轴 ~ ⑧轴立面图，轴号位置在地坪线以下，绘制结果如图 7-31 所示。

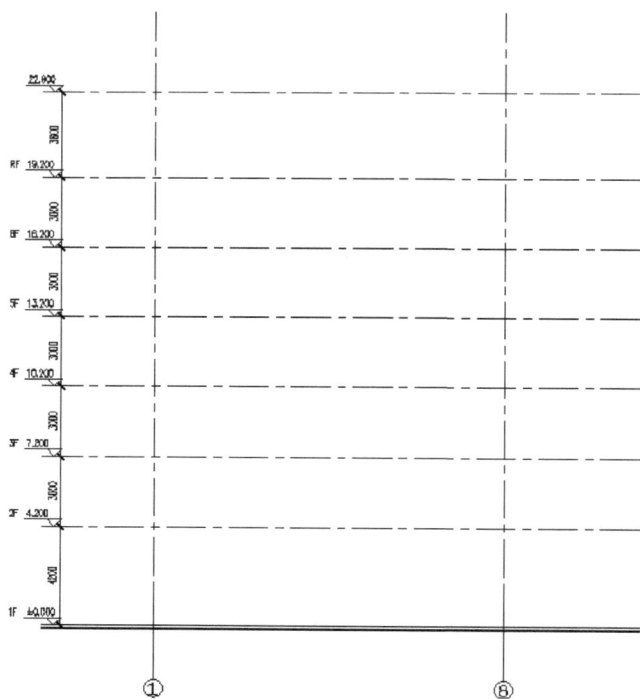

图 7-31 绘制轴线及层高控制线

7.2.3　墙体看线及洞口绘制

本例中先绘制单层立面单元，再进行组合构成最终立面形态。

一般的，建筑立面设计都有着自身的内在逻辑，设计师在满足平面使用要求前提下，通过虚实、比例关系等方面，以控制建筑立面整体的美感。

针对本例，将整个立面分为一层车库单元、二层至六层住宅标准层单元、顶部坡屋面三个部分。首先绘制一层立面单元、标准层单元，然后绘制墙体转折处的看线及预留洞口的门窗线，绘制结果如图 7-32 所示。

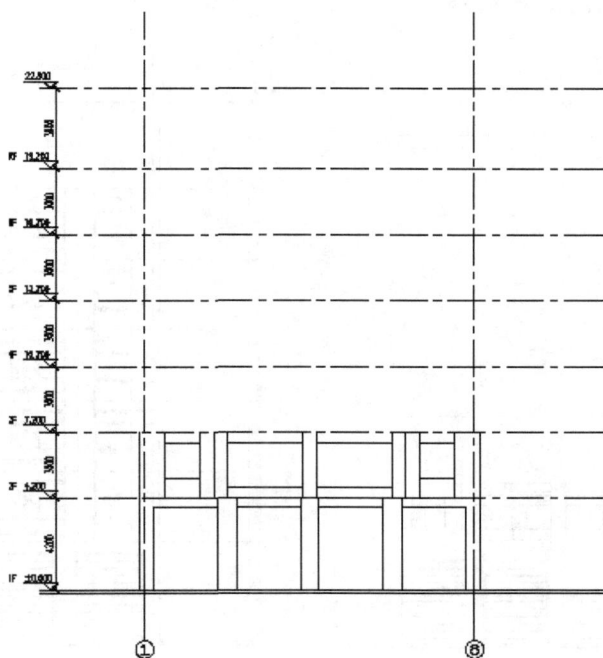

图 7-32　立面单元墙体及洞口绘制

7.2.4　插入门窗构件

在立面图绘制过程中，洞口及整体转折线确定后，就需要将洞口内部的构件进行立面深化（一般为门窗或空调百叶），如图 7-33 所示。将绘制好的立面构件插入预留洞口中（可编辑成图块再插入立面整体中，以便于对整个立面构件的修改及复制操作），即可完成初步

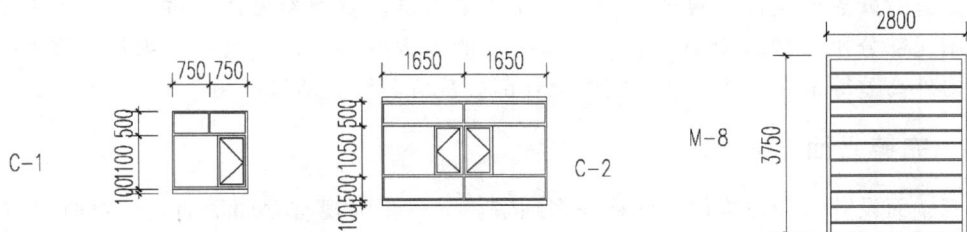

图 7-33　洞口内门窗图元绘制

的首层及标准层立面单元绘制，绘制结果如图 7-34 所示。

7.2.5 立面单元整理

将标准层建筑平面图的立面单元（二到六层）进行复制，绘制顶层坡屋面，要注意各层边线的关系是否与建筑平面图一致，绘制结果如图 7-35 所示。

7.2.6 增补立面构件

初步的整体立面关系已经完成，此时需要增加立面图中檐沟、女儿墙、栏杆、老虎窗等建筑构件，绘制结果如图 7-36 所示。

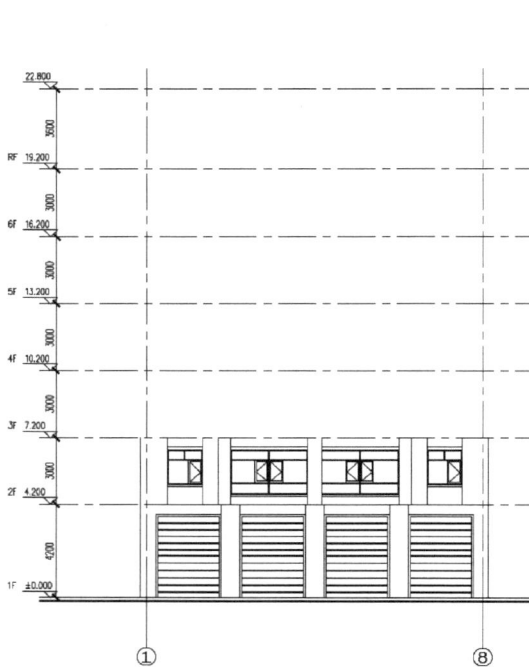

图 7-34 绘制初步的单层立面单元

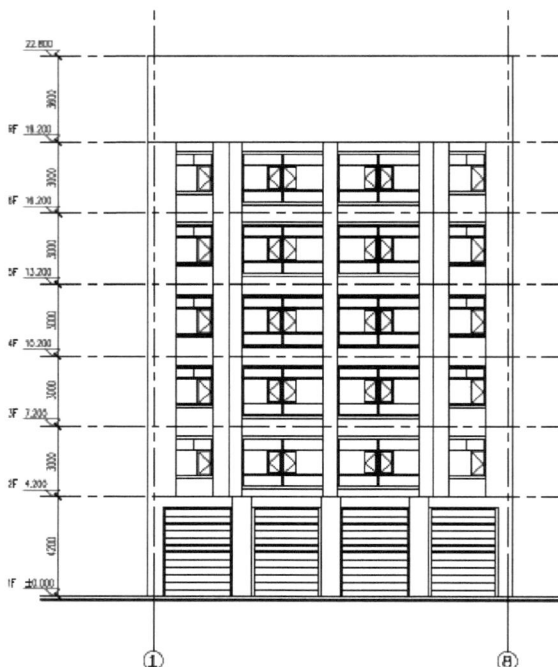

图 7-35 立面单元整理结果

7.2.7 处理前后遮挡关系

本例中一层车库平面较二层平面有突出，故一层平面女儿墙会对二层标准层立面产生图元遮挡。这时就需要执行"裁剪"命令，女儿墙高点位置为参考线，将被一层女儿墙遮挡的二层图元部分执行裁剪命令，上方突出平面的檐沟亦是如此。绘制结束后，需要绘制散水、室内外高差等信息，将多余的室内地坪部分裁剪。绘制结果如图 7-37 所示。

7.2.8 完善立面

建筑立面设计时会在构件上增补许多细节。下一步为现有立面增加立面线脚、装饰线、壁柱等细节图元，如图 7-38 所示，并添加图名信息，绘制结果如图 7-39 所示。

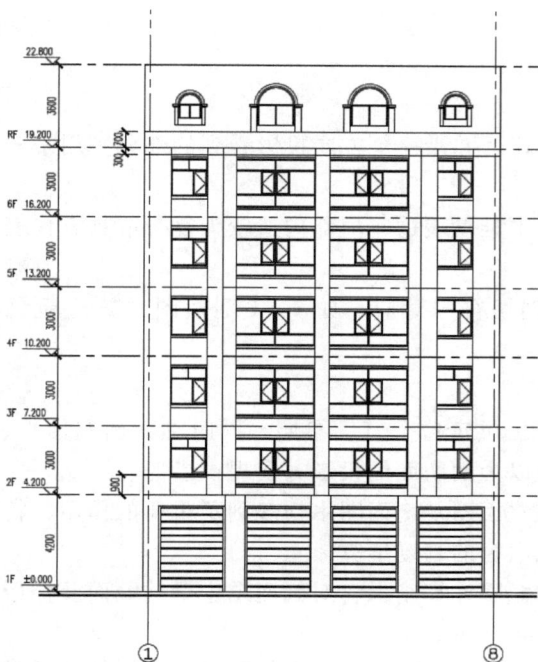

图 7-36　增补立面构件

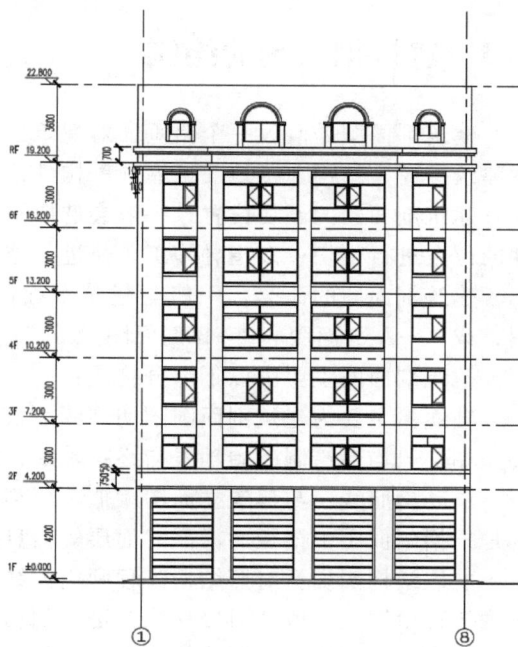

图 7-37　调整遮挡关系图

经过以上流程，①～⑧轴立面图（南立面图）基本就绘制完成了，如图 7-39 所示，大家可以尝试绘制其他方向的立面图。

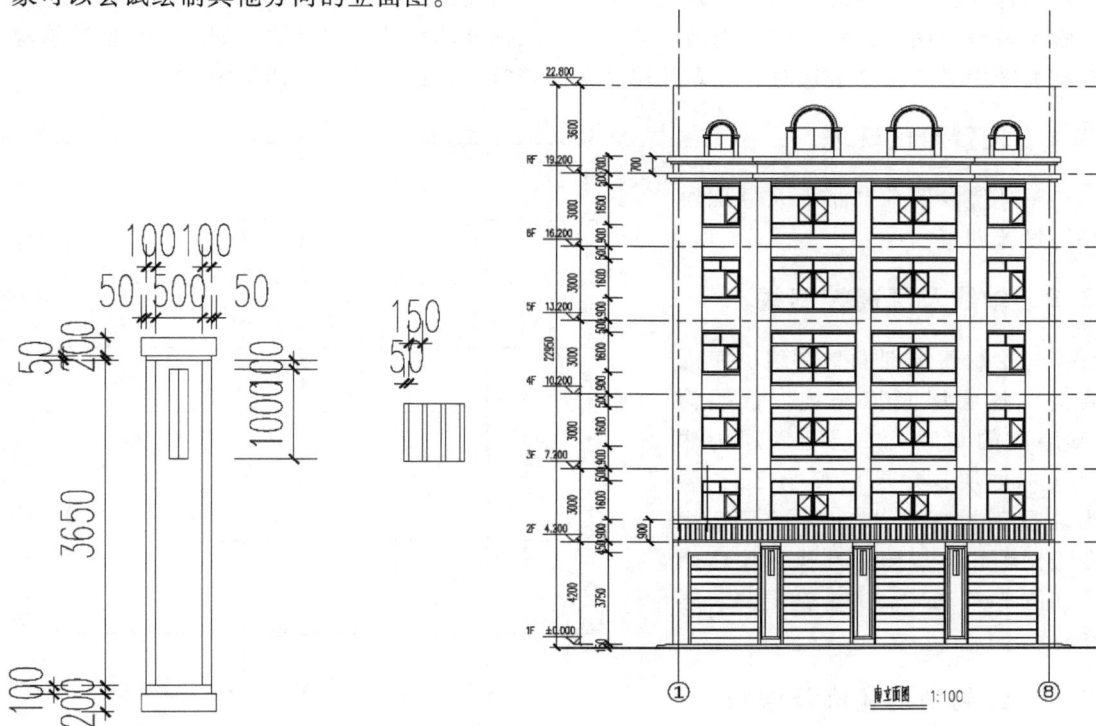

图 7-38　立面壁柱及女儿墙细节图元

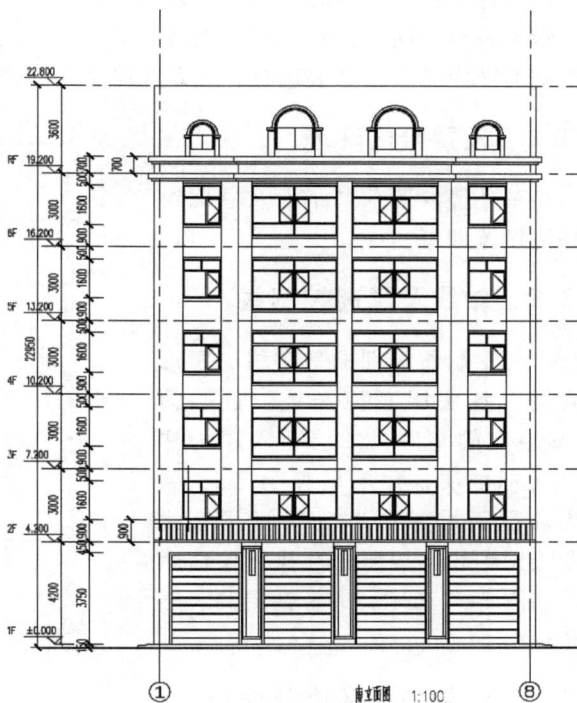

图 7-39　完善立面图

7.3　建筑剖面图的绘制

建筑剖面图是假设一个铅垂面对建筑进行剖切，并沿一个方向投影看到的部分，用来表达建筑层高、结构、楼地面、屋顶等构件信息。

建筑剖面图的剖切位置，一般会选取平面图中难以表达、内部构造较为复杂或具有代表性的位置进行剖切，以指导施工单位进行施工。

建筑剖面图的命名，一般与建筑平面图的剖切符号对应，如 1—1 剖面图、2—2 剖面图，或 A—A 剖面图、B—B 剖面图。

建筑剖面图主要由以下部分构成：

轴线：主要为建筑剖面图剖切到的建筑构件提供定位及宽度参照，同时在剖面起始端、终止端一般均会绘制起始轴线与终止轴线，也可以为剖切面的投影方向提供参照。

层高参照线：与建筑立面图相似，层高线在立面图及剖面图中均起到了重要的作用，特别是根据剖面图中楼板、梁高、面层等信息进行门窗的高度推算。

主体结构剖切：对照结构工程师主体结构的截面计算结果，对剖面图中梁柱截面及楼板厚度进行绘制。一般会对楼梯构件进行剖切，以指导施工。

填充墙体剖切：对照建筑平面图中剖切到的墙体进行绘制，并在绘制时考虑墙体上开设的门窗洞口。

绘制投影看线：门窗、女儿墙、栏杆、老虎窗等投影方向上的可视构件绘制看线。

剖面标注：设计标高、层高、梁高、剖切到的门窗高度等进行绘制。

索引符号及图名：对一些常规做法可进行国家标准图集的索引标注，如局部小型建筑构造在剖面图中无法清楚表达时，如女儿墙、变形缝等，可进行索引至详图中。

7.3.1　设置绘图环境

绘图环境参照前节平面及立面绘图环境设置即可。

7.3.2　轴线及层高控制线

首先绘制建筑剖面地坪线、室内外高差、各层层高控制线。首层为 4.2m 层高的车库；二层至六层为住宅单元标准层，每层层高为 3m；屋顶为坡屋面，高度 3.6m。运用直线命令绘制轴线，按照层高执行偏移命令，如图 7-40 所示，并标注层高、层数和标高。

7.3.3　绘制剖切轮廓及楼板

首先绘制首层 4.2m 层高的车库，

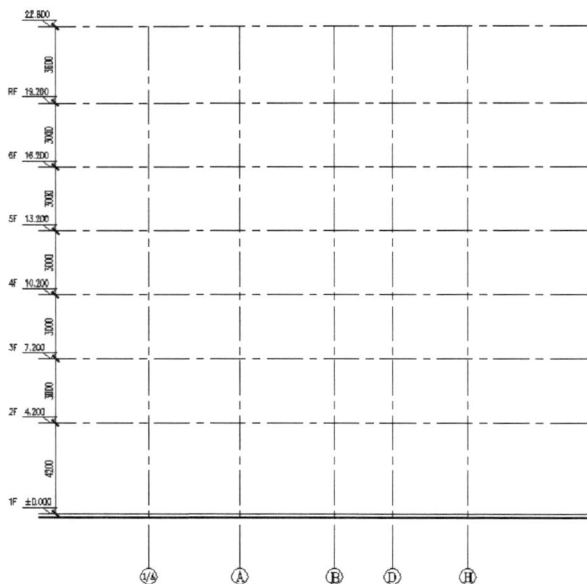

图 7-40　绘制轴号及层高控制线

裙房突出于建筑主体，故一层剖面轮廓会突出于标准层轮廓，标准层轮廓依据平面墙线定位直接绘制即可，每层高度 3m，屋顶坡屋面按照平面转折线位置及标高进行绘制，绘制结果如图 7-41 所示。

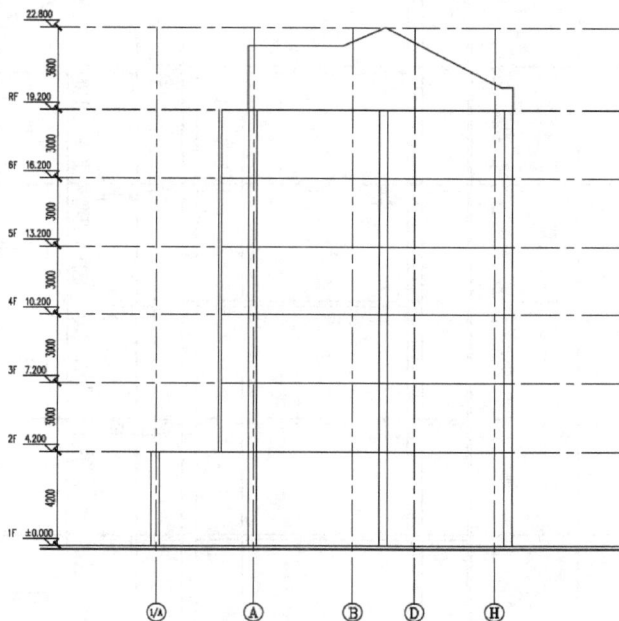

图 7-41　绘制剖面轮廓及楼板线

7.3.4　绘制剖面主体结构

依据层高线及墙线的位置，以多段线命令绘制楼板及梁，结构板厚度 150mm，并按照尺寸预留门窗洞口，以便后续深化门窗。楼板及梁线绘制完成后，可以将原竖向墙体，以梁高及板厚进行裁剪，使剖面图中结构部分连续。楼梯绘制时应注意，楼梯转角平台的标高，与标准层标高会有不同，本次绘制为等分楼梯，层高为 3m，故转角平台为每层标准层高度增加 1.5m，绘制结果如图 7-42 所示。

7.3.5　绘制剖面门窗

依据层高线及墙线的位置，和预留洞口的位置，在上个阶段预留的门窗洞口内，绘制深化剖面的门窗细节。门窗图元的绘制厚度与墙体厚度一致。门高度为 2100mm，绘制成的门窗剖面如图 7-43 所示。

7.3.6　绘制楼梯

在已经预留的楼梯位置深化，绘制楼梯剖面，楼梯踏步宽度为 260mm，标准层踏步高度为 167mm，首层入口踏步高度为 150mm，如图 7-44 所示。建议绘制顺序由下至上，标准层楼梯绘制结束后，可以采用复制命令，按 3000mm 层高模数进行复制。

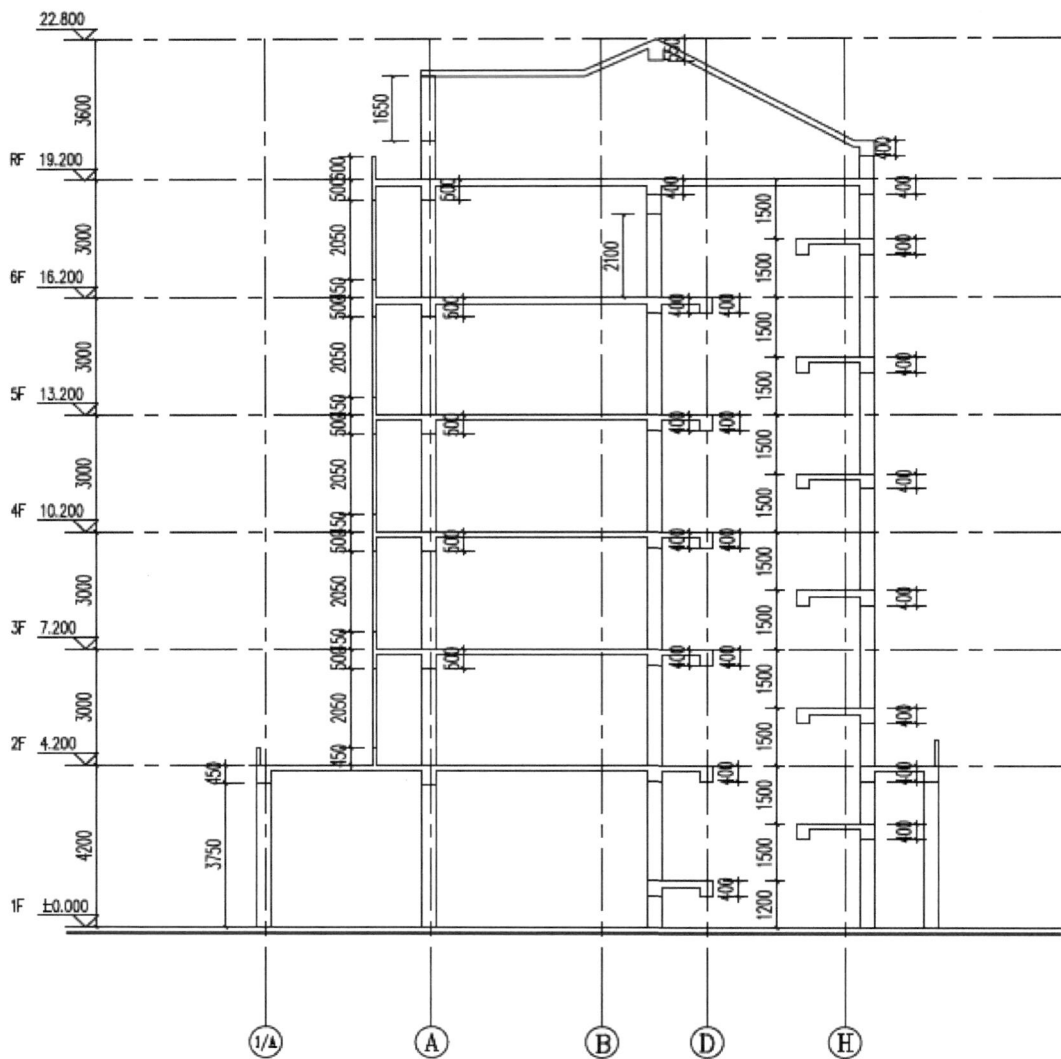

图 7-42　绘制主体结构剖面线

7.3.7　完善楼梯

将楼梯踏步与主体结构板连接，交界处运用裁剪命令进行修剪，在踏步前沿绘制 900mm 高栏杆线并进行首尾连线。楼梯间顶层平段部分栏杆高度控制为 1050mm，深化楼梯结果如图 7-45 所示。

7.3.8　增补看线及标注

绘制裙房女儿墙、屋顶老虎窗、门斗造型、入口坡道及散水看线，在楼梯平台处添加设计标高，并标注剖面门窗及轴号间尺寸，添加剖切到的房间名称，并将室内外地坪交接处进行修正，将多余的室内地坪线裁剪，如图 7-46 所示。

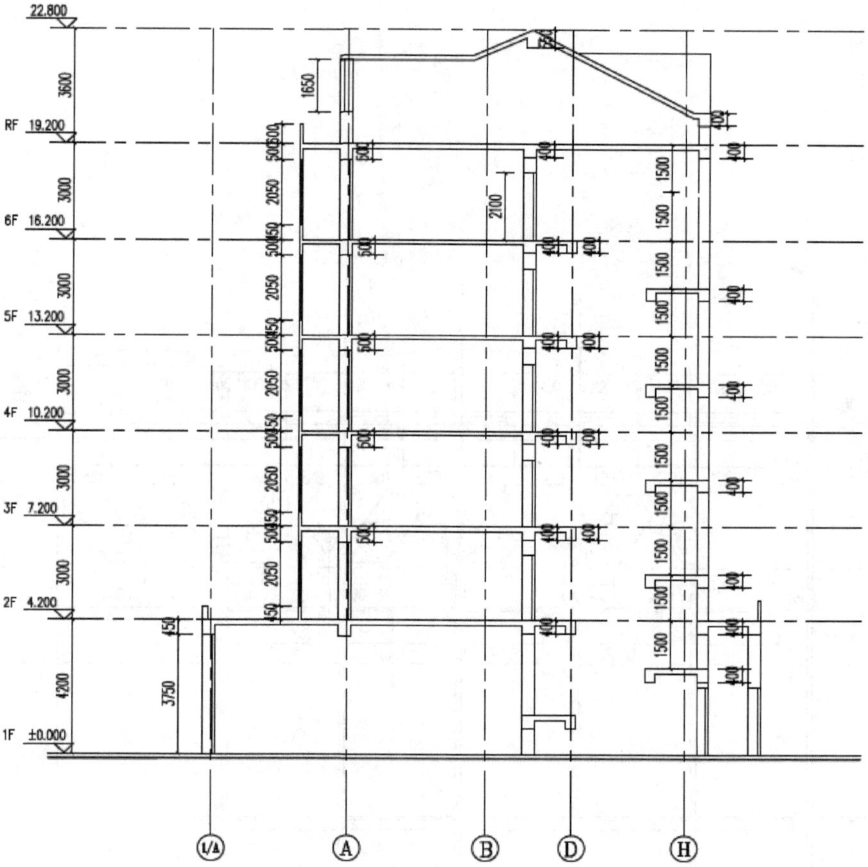

图 7-43　绘制的门窗剖面

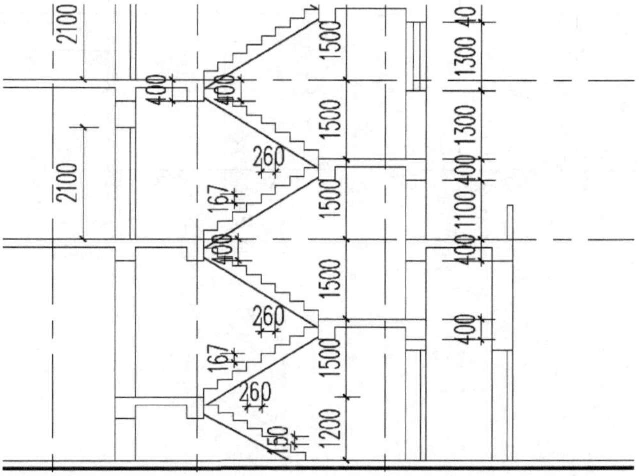

图 7-44　绘制楼梯示意

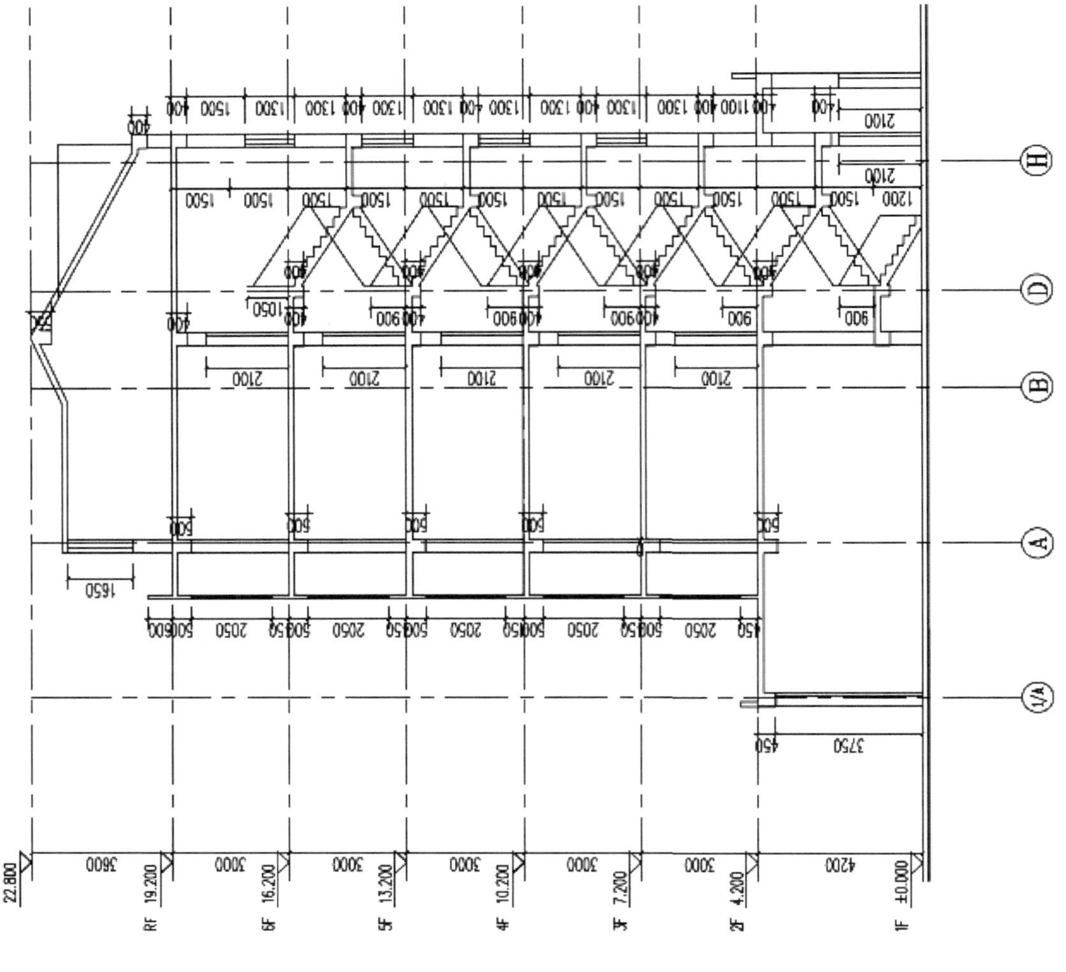

图 7-45 深化楼梯结果

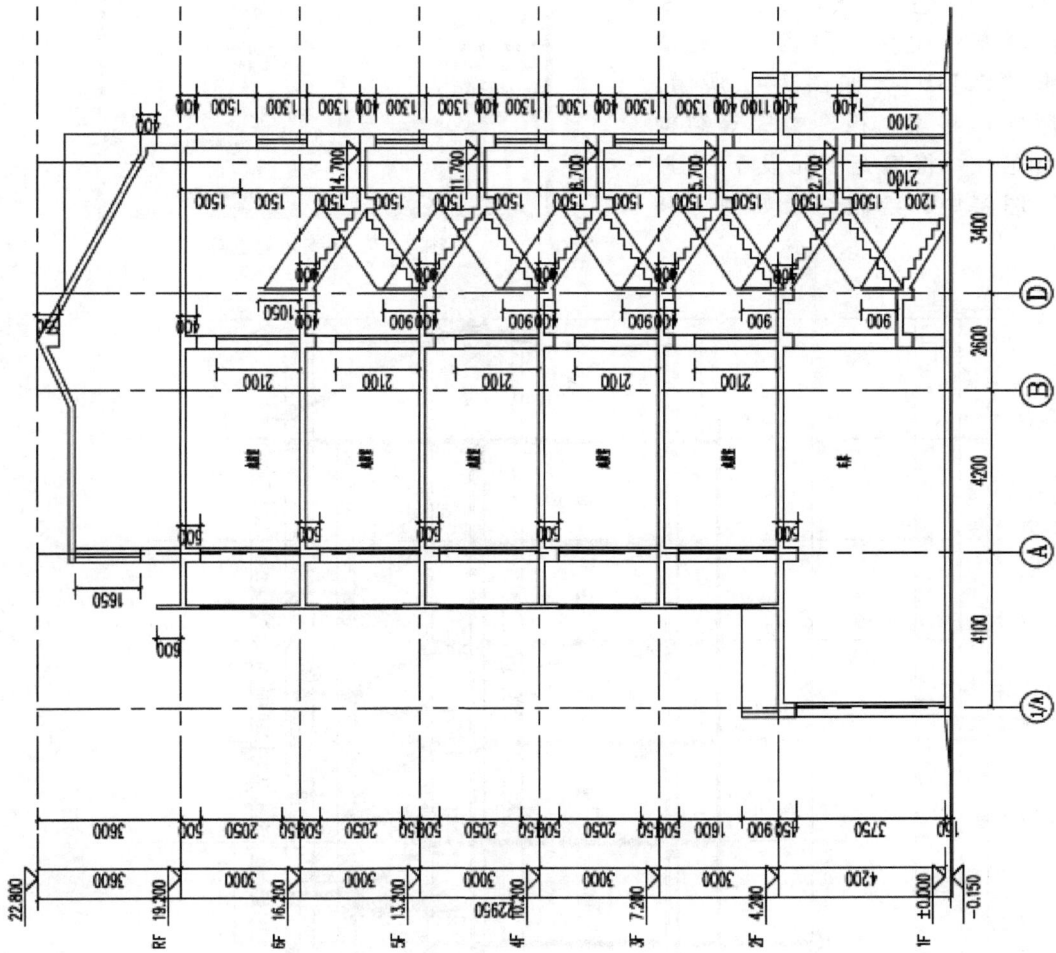

图 7-46 增补看线及标注结果

7.3.9 剖面填充、增补图名

对剖面剖切到的主体结构进行填充。首先将楼板、梁、楼梯等结构构件形成闭合的多段线。执行"绘图 | 图案填充"命令，在"HATCH拾取内部点或【选择对象（S）放弃（U）设置（T）】"选择设置 T，并选择待填充的闭合多段线，填充图案选择"SOLID"，如图 7-47 所示。确定后即可将梁、板、楼梯等结构构件填充，并将填充图元设于"建-填充"图层中，绘制结果如图 7-48所示。

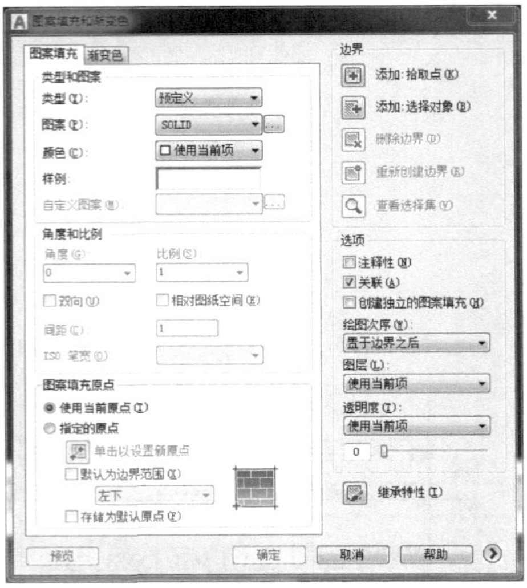

图 7-47　图案填充选项

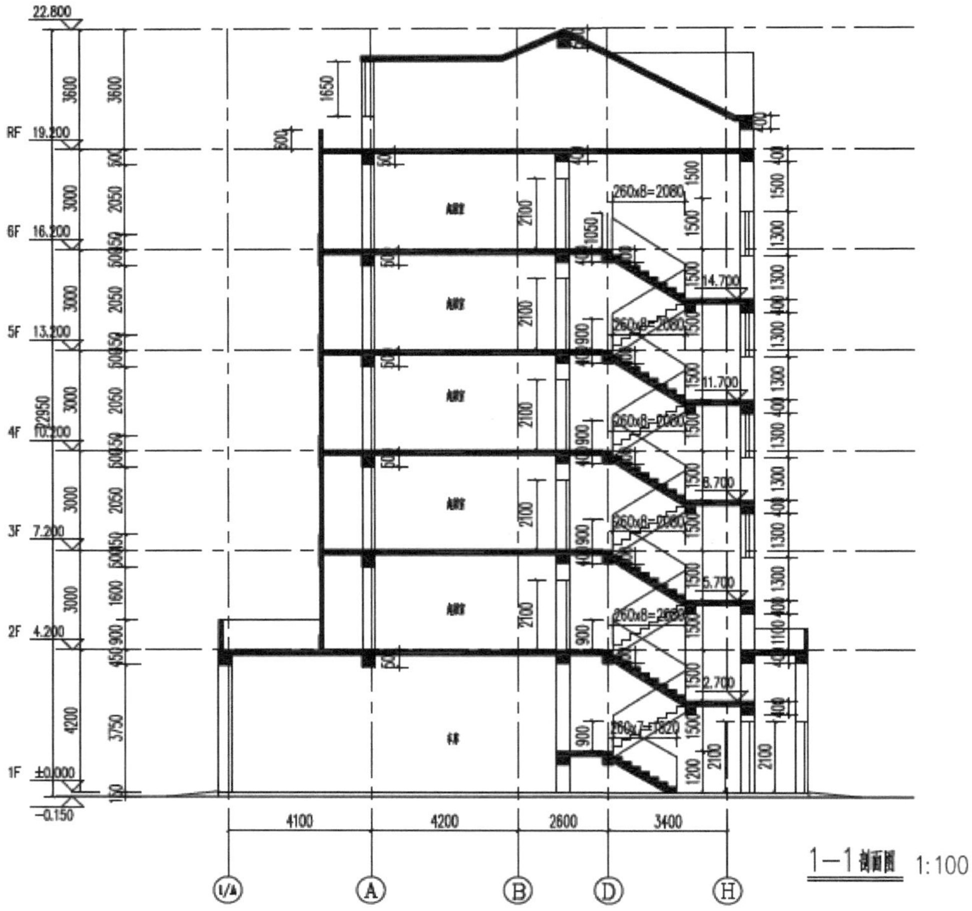

图 7-48　图案填充、增补图名

本 章 小 结

　　本章建筑制图实例主要包含三个部分，第一，建筑平面图的基础知识及绘制过程，包括设置绘图环境、绘制轴线及墙体、楼梯、散水构件等；第二，建筑立面图的基础知识及绘制过程，包括绘制立面墙体、立面窗、屋顶等；第三，建筑剖面图的基础知识及绘制过程，包括绘制剖面墙线、门窗、楼板、轴号、标高、尺寸及文字标注等。

思考与练习

　　1. 将本章例题中，住宅平面其他各方向的立面进行绘制。

　　2. 尝试在本章例题中添加新的剖断线，并绘制相应的剖面图。

　　3. 在熟练掌握本例住宅一梯两户建筑平面图绘制过程后，尝试绘制其他住宅复杂户型平面图（如一梯四户或一梯八户），并绘制相应的立面图及剖面图。

第8章　天正建筑平面图绘制

前面介绍了 AutoCAD 的基本内容及使用方法，但在实际的建筑工程设计中，直接用 AutoCAD 绘图只占其中的一部分，更多时候是采用二次开发的建筑设计软件，本书的第 8~11 章就主要介绍天正建筑 T20 软件的使用。

本章介绍天正建筑 T20 版本的平面图设计方法，主要内容包括轴网、柱子、墙体、门窗、房间、屋顶及室内外设施等。其中门窗及室内外设施作为智能块可直接插入平面图中。

8.1　轴网与柱

轴网是由两组到多组轴线与轴号、尺寸标注组成的平面网格，是建筑物单体平面布置和墙柱构件定位的依据。完整的轴网由轴线、轴号和尺寸标注三个相对独立的系统构成。

轴线系统：是把 AutoCAD 的线、弧或圆放到特定图层来表示的，因此除了用天正的命令来创建外，也可以用 AutoCAD 的绘图功能来创建。

轴号系统：轴号是内部带有比例的自定义专业对象，是按照《房屋建筑制图统一标准》（GB/T 50001—2017）的规定编制的，它默认是在轴线两端成对出现，可以通过对象编辑单独控制个别轴号的显示，轴号大小与编号方式符合现行制图标准的要求，保证出图后轴号直径的大小是 8mm，不规范字符不得用于轴号的字母，轴号对象预设用于编辑的夹点，拖动夹点的功能包括轴号偏移、改变引线长度、轴号横向移动等。

尺寸标注系统由自定义尺寸标注对象构成，在标注轴网时自动生成于轴线图层 Axis 上，除了图层不同外，与其他命令的尺寸标注没有区别。

轴网是建筑制图的主体框架，建筑物的主要构件按照轴网定位排列，并然有序。

8.1.1　直线轴网的绘制

直线轴网是由水平、垂直两个方向的轴线共同构成的，由命令"绘制轴网"中的"直线轴网"标签执行。

1. 执行方式

命令行：HZZW。

菜单："轴网柱子|绘制轴网"。

其中正交轴网中构成轴网的两组轴线夹角为 90°。

2. 操作步骤

1）执行"绘制轴网"命令，打开"绘制轴网"对话框，在其中单击"直线轴网"标签，如图 8-1 所示。

2）选择默认的"下开"单选按钮，创建下开间轴线。

3）选择"左进"单选按钮，设置左进深参数。

4）在对话框中输入所有尺寸数据后单击"确定"按钮，命令行显示如下：

请选择插入点［旋转 90 度（A）/切换插入点（T）/左右翻转（S）/上下翻转（D）/改转角（R）］

完成直线轴网的绘制，如图 8-2 所示。

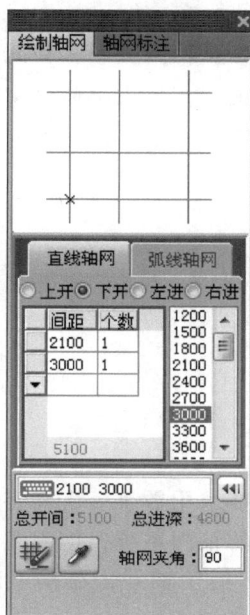

图 8-1　"直线轴网"对话框

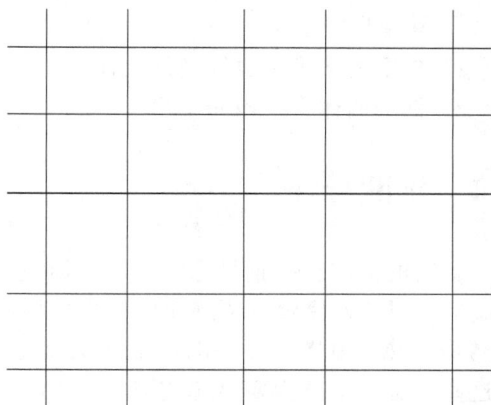

图 8-2　直线轴网

8.1.2　绘制圆弧轴网

圆弧轴网是由弧线和径向直线组成的定位轴线，主要是为绘制弧墙提供参考和依据。

在天正建筑软件中，可以通过指定圆心角、进深等参数来绘制弧线轴网，从而为绘制弧墙提供定位依据。

1. 执行方式

命令行：HZZW。

菜单："轴网柱子|绘制轴网"。

2. 操作步骤

1）打开"直线轴网"，执行"绘制轴网"命令，单击"弧线轴网"标签，如图 8-3 所示。

2）在"绘制轴网"对话框中单击"夹角"单选按钮，设置夹角参数。

3）在"绘制轴网"对话框中单击"进深"单选按钮，设置进深参数。

4）在对话框中输入所有尺寸数据后单击"确定按钮"，命令行显示如下：

请选择插入点［旋转 90 度（A）/切换插入点（T）/左右翻转（S）/上下翻转（D）/改转角（R）］

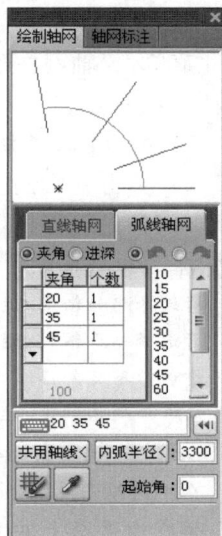

图 8-3　"弧线轴网"对话框

8.1.3 墙生轴网

墙生轴网命令可以在已有的墙体中按墙基线生成定位轴线。在方案设计中，建筑师常常需修改平面图，在修改或移动墙体、柱图源时，难免要重新修正轴网关系，为此可以使用墙体生成轴网的功能，首先绘制围护及分隔墙，待平面方案确定后，再用本命令生成轴网。

1. 执行方式

命令行：QSZW。

菜单："轴网柱子|墙生轴网"。

2. 操作步骤

1）选取要从中生成轴网的墙体。

2）框选墙体，按<Enter>键。

8.2 轴网标注

轴网的标注包括轴号标注和尺寸标注，轴号可按照规范要求用数字、大写字母、小写字母、双字母、双字母间隔连字符等方式标注，用以构成复杂的轴网系统，但需要注意的是按照《房屋建筑制图统一标准》的相关规定，字母 I、O、Z 不用于轴号，在排序时会自动跳过这些字母。本节主要讲解轴网标注中的轴号、进深和开间等的标注功能。

8.2.1 轴网标注

对已建立的轴网进行标注，可在选项卡中选择双侧标注、单侧标注、对侧标注等模式。

1. 执行方式

命令行：ZWBZ。

菜单："轴网柱子|轴网标注"。

2. 操作步骤

1）打开图 8-1 源图。

2）单击"轴网标注"命令。

3）首先进行竖直轴网标注，在"多轴标注"选项卡中的默认起始轴号是 1。选择"双侧标注"单选按钮，如图 8-4 所示，此时命令行提示为：

请选择起始轴线<退出>：   // 选择起始轴线

请选择终止轴线<退出>：   // 选择终止轴线

请选择不需要标注的轴线：   // 选择无需进行标注的轴线

请选择起始轴线<退出>：   // 按<Enter>键退出

完成由左至右的竖直轴网标注。

4）再次执行本命令，选择水平轴网，在"输入起始轴号"文本框中的默认起始轴号是 A。完成由下至上的水平轴网标注。

完成的直线轴网标注如图 8-5 所示。

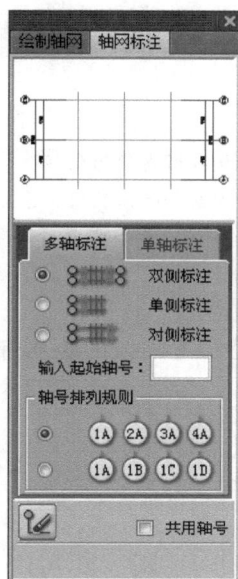

图 8-4 　"轴网标注"对话框

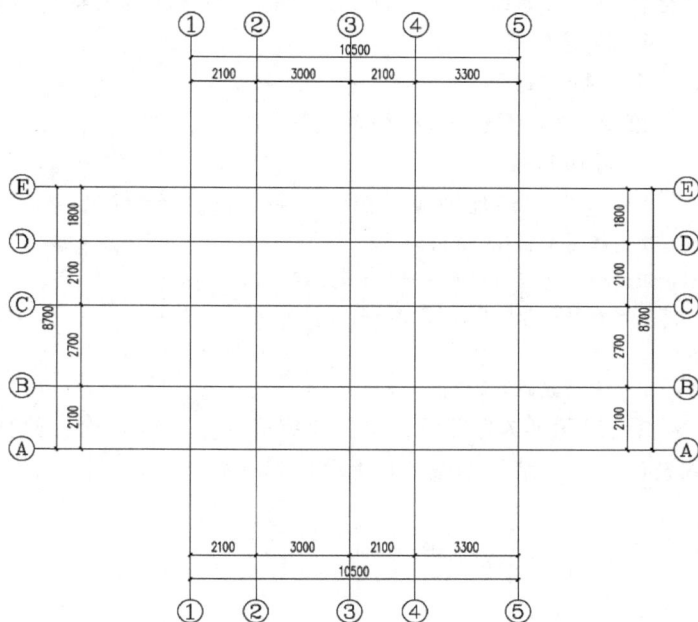

图 8-5 　直线轴网标注

8.2.2 　单轴标注

本命令只对单个轴线标注轴号，轴号独立生成，不与已经存在的轴号系统和尺寸系统发生关联。常用于立面、剖面和详图中单独轴线的标注。

1. 执行方式

命令行：DZBZ。

菜单："轴网柱子|单轴标注"。

2. 操作步骤

执行命令后，弹出"单轴标注"选项卡，如图 8-6 所示。可以在选项卡中直接输入轴号信息，并根据需要设置引线长度。

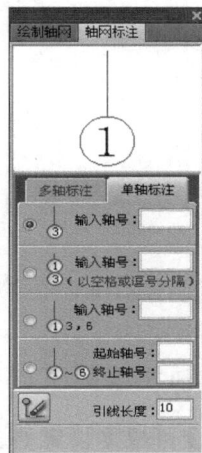

图 8-6 　"单轴标注"选项卡

8.3 　编辑轴网

轴网编辑用到的命令：添加轴线、轴线裁剪和轴改线型。

8.3.1 　添加轴线

本命令应在"轴网标注"命令完成后执行，功能是参考某一根已经存在的轴线，在其任意一侧添加一根新轴线，同时根据用户的选择赋予新的轴号，把新轴线和轴号一起融入到已存在的轴号系统中。添加轴线功能是参考已有的轴线来添加平行的轴线。

1. 执行方式

命令行：TJZX。

菜单："轴网柱子|添加轴线"。

2. 操作步骤

1）单击"添加轴线"命令，命令行提示为：

请选择参考轴线<退出>：   //选择生成新轴线所参考的轴线

新增轴号是否为附加轴号？[是(Y)/否(N)]<N>： //确定新增轴号在轴号系统的关系

是否重排轴号？[是(Y)/否(N)]<Y>：   //选择新增轴号后，是否需要对轴号系统
                    重新排列

距参考轴线距离<退出>：   //输入参数距离

2）以图 8-7 为源图，选择要完成的参考线名称、偏移方向及距参考轴线的距离等，输入设计参数，结果如图 8-8 所示。

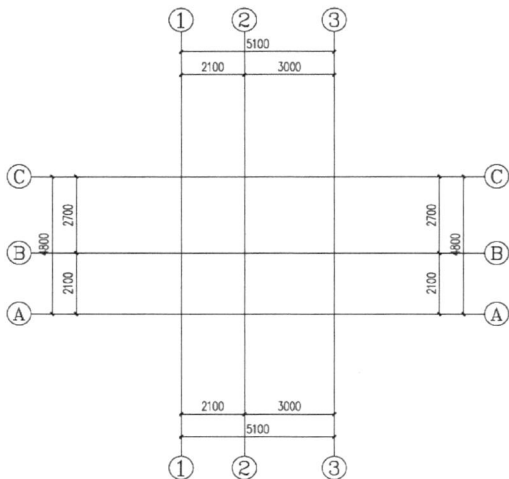

图 8-7　源图

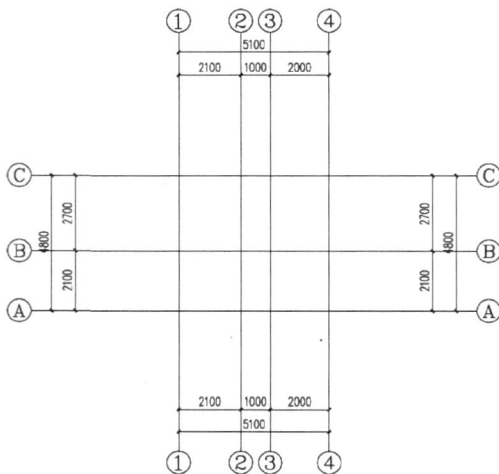

图 8-8　添加轴线

8.3.2　轴线裁剪

本命令可根据设定的多边形与直线范围，裁剪多边形内的轴线或者直线某一侧的轴线。轴线裁剪命令可以控制轴线长度。同样也可以应用 AutoCAD 中的相关命令进行操作，实际画图过程中配合使用的较多。

1. 执行方式

命令行：ZXCJ。

菜单："轴网柱子|轴线裁剪"。

2. 操作步骤

1）打开源图 8-2。

2）单击"轴线裁剪"命令，系统默认为矩形裁剪，可直接给出矩形的对角线完成操作，命令交互执行方式如下：

矩形的第一个角点或[多边形裁剪(P)/轴线取齐(F)]<退出>:　　//选择裁剪边界角点

另一个角点<退出>:　　//选择裁剪边界角点

结果如图 8-9 所示。

8.3.3　轴改线型

"轴线改型"命令可实现点画线和实线两种轴网线型的转换，作图过程中，常常需要以轴线交点作为作图基准点，而点画线不便于对轴线交点的识别与捕捉，所以实际作图中轴线先用连续线，出图时转换为点画线。

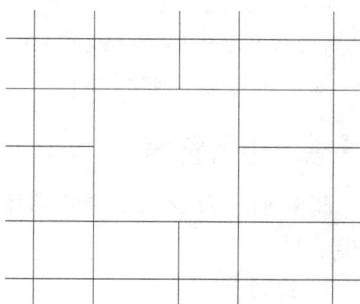

图 8-9　轴线裁剪

1. 执行方式

命令行：ZGXX。

菜单："轴网柱子|轴改线型"。

在单击菜单命令后，图中轴线按照比例显示为点画线或连续线。实现轴改线型也可以通过在 AutoCAD 命令中将轴线所在图层的线型改为点画线。

2. 操作步骤

打开源图 8-2，在命令行中输入 ZGXX 命令，并按 <Enter>键，可以完成切换线型的操作，如图 8-10 所示。

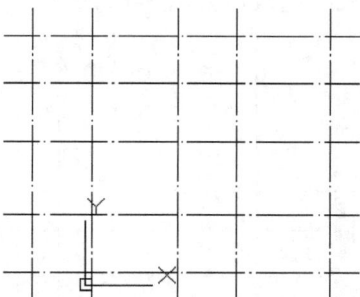

8.3.4　轴网合并

轴网合并可将多组矩形轴网合并为一个轴网，同时将重合的轴线清理。合并时，选择矩形轴网的边界线，轴线会自动延伸到该边界。

图 8-10　轴改线型

执行方式：菜单："轴网柱子|轴网合并"。

命令行提示：

选择需要合并对齐的轴线〈退出〉:　　//依次点取目标轴线后，按<Enter>键结束。

请选择需要对齐的边界〈退出〉:　　//点取需要对齐的边界，按<Enter>键即可完成。

8.4　轴号编辑

本节主要讲解轴号编辑中的添补、删除、重排、倒排轴号和轴号夹点编辑等功能。

8.4.1　添补轴号

添补轴号功能是在轴网中对新添加的轴线添加轴号。新添轴号与原有轴号是一个整体，适用于以其他方式增添或修改轴线后进行轴号标注。

1. 执行方式

命令行：TBZH。

菜单："轴网柱子|添补轴号"。

2. 操作步骤

打开源图 8-5，单击"添补轴号"命令，命令行提示为：

请选择轴号对象<退出>：　　　　　　　　　　//所需填补轴号的既有参照轴号

请单击新轴号的位置或［参考点（R）］<退出>：　　//点击所需添补轴号的轴线

新增轴号是否双侧标注？［是（Y）/否（N）］<Y>:Y

新增轴号是否为附加轴号？［是（Y）/否（N）］<N>:N

添补轴号后，如图8-11所示。

8.4.2　删除轴号

删除轴号命令用于删除不需要的轴号，可支持一次删除多个轴号，可根据需要决定是否重排轴号。

1. 执行方式

命令行：SCZH。

菜单："轴网柱子|删除轴号"。

2. 操作步骤

打开源图8-5，单击"删除轴号"命令，框选要删除轴号，本例选择不重排轴号的执行方式，完成后如图8-12所示。

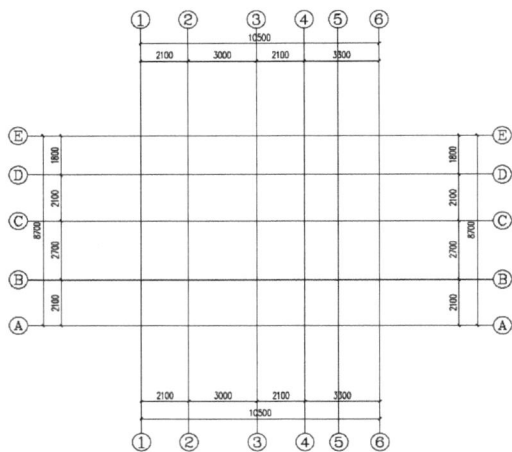

图 8-11　添补轴号

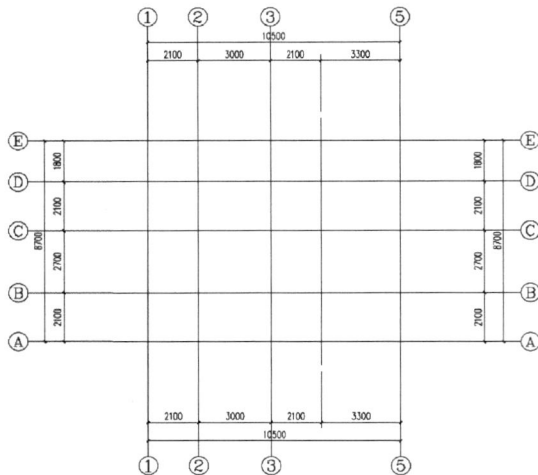

图 8-12　删除轴号

8.4.3　一轴多号

此命令用于在平面图中快速生成共用轴线的轴号。

1. 执行方式

命令行：YZDH。

菜单："轴网柱子|一轴多号"。

2. 操作步骤

单击"一轴多号"命令（源图为图8-5），命令行提示：

请选择已有轴号或［框选轴圈局部操作（F）/单侧创建多号（Q）］<退出>：

请输入复制排数<1>：

双击新创建的轴号，可以编辑轴号。结果如图 8-13 所示。

8.4.4　轴号隐现

此命令提供轴号隐藏和恢复显示操作。

1. 执行方式

命令行：ZHYX。

菜单："轴网柱子|轴号隐现"。

2. 操作步骤

单击"轴号隐现"命令，命令提示如下：

请选择需要隐藏的轴号或［显示轴号（F）/设为双侧操作（Q），当前：单侧隐藏］〈退出〉：

使用窗选方式选取需要隐藏的轴号，请选择需隐藏的轴号或［显示轴号（F）设为双侧操作（Q），当前：单侧隐藏〉〈退出〉：// 按<Enter>键退出选取状态

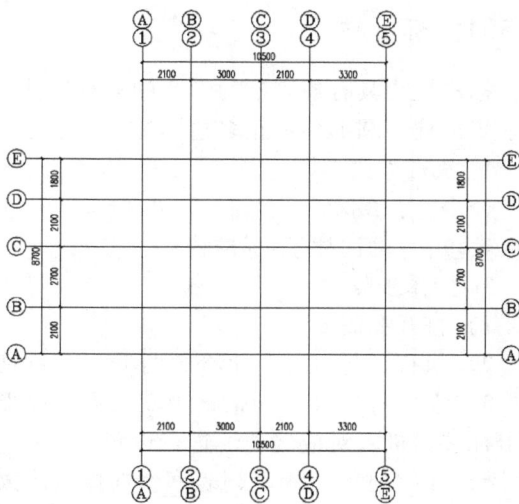

图 8-13　一轴多号

8.4.5　主附转换

此命令用于实现主轴号和附加轴号的快速转换。

1. 执行方式

命令行：ZFZH。

菜单："轴网柱子|主附转换"。

2. 操作步骤

单击"主附转换"命令（源图为图 8-5）：

请选择需主号变附的轴号或［附号变主（F）/设为不重排（Q），当前：重排］<退出>：

结果如图 8-14 所示。

8.4.6　轴号的在位编辑

双击轴号文字，可以直接进入轴号在位编辑；直接输入轴号的编号，即可完成轴号的在位编辑。

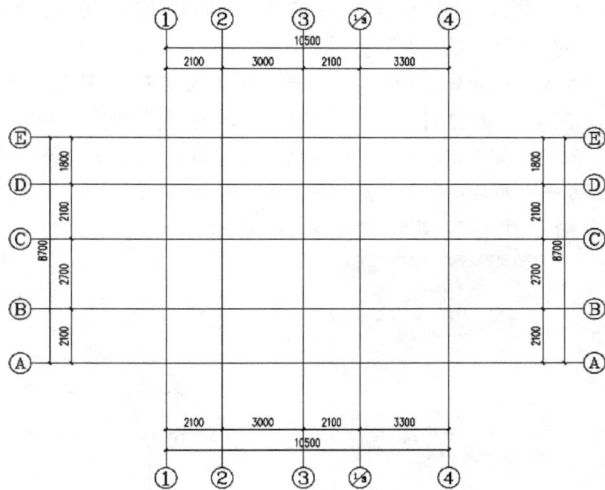

图 8-14　主附转换

8.5　柱子的创建

本节主要讲解柱子创建的功能。

柱子是建筑物中起主要支承作用的结构构件，有时候柱子也用于纯粹的装饰。本节主要介绍标准柱、角柱、构造柱、异形柱和柱齐墙边的创建方法以及柱子的编辑方法。

8.5.1 标准柱

标准柱为具有规则断面形状的竖直构件，"标准柱"命令可在轴线的交点处或任意位置插入矩形柱、圆形柱或正多边形柱（三、五、六、八和十二边形）等多种截面。

1. 执行方式

命令行：BZZ。

菜单："轴网柱子|标准柱"。

2. 操作步骤

1）打开源图 8-5。

2）执行"标准柱"命令，打开"标准柱"对话框，如图 8-15 所示。

3）在"标准柱"对话框中默认为"矩形"选项卡，如为圆形、多边形，请单击相应选项卡标签，进入对应选项卡进行设置。

4）在"材料"滚动列表框中选择默认数值为钢筋混凝土。

5）在柱子尺寸设置区域，"横向"滚动列表框中选择 500，"纵向"滚动列表框中选择500，"柱高"滚动列表框中选择默认数值为 3000。

6）"转角"下拉列表框中选择默认数值为 0。

7）单击"点选插入柱子"按钮，布置柱子。

8）参数设定完毕后，在绘图区域捕捉轴线交点插入柱子，没有轴线交点时则在选点位置插入柱子。图中即可显示插入的柱子。

9）将不同形状的柱子按照不同的插入方式进行操作，在插入方式中选择"沿轴线布置"时，命令提示行显示：

请选择一轴线<退出>：//沿着一根轴线布置，位置在所选轴线与其他轴线交点处。

在插入方式中选择"矩形区域布置"时，命令行显示：

第一个角点<退出>：//框选的一个角点

另一个角点<退出>：//框选的另一个对角点

命令执行完毕后如图 8-16 所示。

图 8-15 "标准柱"对话框

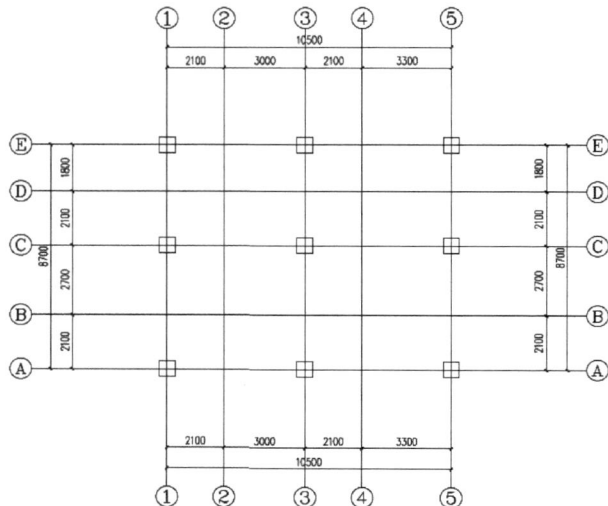

图 8-16 标准柱图

8.5.2　角柱

角柱是在墙角插入形状与墙角一致的柱子，可改各肢长度以及各肢的宽度，宽度默认居中，高度为当前层高。生成的角柱可通过夹点调整长度及宽度，修改方便。

1. 执行方式

命令行：JZ。

菜单："轴网柱子|角柱"。

2. 操作步骤

1）首先绘制图 8-17。

2）执行"角柱"命令，命令行提示：

请选取墙角或[参考点(R)]<退出>：//选取需要添加角柱的墙角

打开"转角柱参数"对话框，如图 8-18 所示。

3）单击"取点 A<"按钮，在"长度 A"下拉列表框中选择 500，在"宽度 A"文本框中选择默认值 240。

4）单击"取点 B<"按钮，在"长度 B"下拉列表框中选择 500，在"宽度 B"文本框中选择默认值 240。

5）单击"确定"按钮，结果如图 8-19 所示。

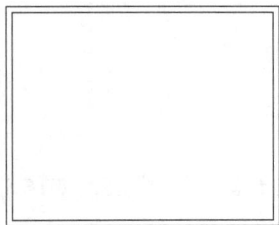

图 8-17　源图　　　　　图 8-18　"转角柱参数"对话框　　　　　图 8-19　角柱

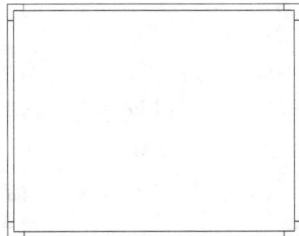

8.5.3　构造柱

"构造柱"命令可在墙角交点处或墙体内插入构造柱，以增强结构整体的稳定性，柱的宽度不超过墙体的宽度，材质为钢筋混凝土，且仅生成二维对象。

1. 执行方式

命令行：GZZ。

菜单："轴网柱子|构造柱"。

2. 操作步骤

1）打开图 8-17。

2）执行"构造柱"命令，命令行提示：

请选取墙角或[参考点(R)]<退出>：//选取需要添加构造柱的墙角

出现"构造柱参数"对话框，如图 8-20 所示。默认构造柱材料为钢筋混凝土。

3）单击"确定"按钮，结果如图 8-21 所示。

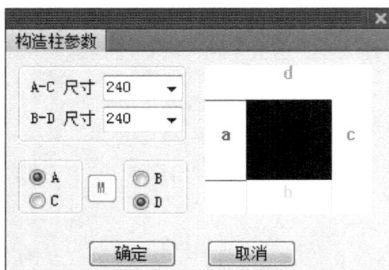

图 8-20 "构造柱参数"对话框

图 8-21 构造柱

8.6 柱子编辑

编辑柱子的命令主要包括柱子替换、柱子特性编辑及柱齐墙边。通过这些操作，可以对柱子进行修改或编辑。

8.6.1 柱子替换

1. 执行方式

命令行：BZZ。

菜单："轴网柱子|标准柱"。

2. 操作步骤

1）执行"标准柱"命令，打开"标准柱"对话框，单击"柱子替换"按钮，如图8-22所示。

2）在插入方式中选择"柱子替换"。

3）参数设定完毕后，在图 8-23 中单击激活。

命令执行完毕后如图 8-24 所示。

8.6.2 柱子编辑

已经插入图中的柱子，用户如需要成批修改，可使用柱子替换功能或者特性编辑功能，当需要个别修改时应充分利用夹点编辑和对象编辑功能。双击要替换的柱子，显示与"标准柱"相似的对话框，修改参数后单击"确定"按钮即可对选中的柱子进行编辑。

操作步骤：

1）首先，绘制一源图，如图 8-25 所示。

2）双击图中要替换的柱子 A，打开"标准柱"对话框，如图 8-15 所示。

3）在"横向"滚动列表框中选择 700，在"纵向"滚动列表框中选择 700。

4）单击"确定"按钮，结果如图 8-26 所示。

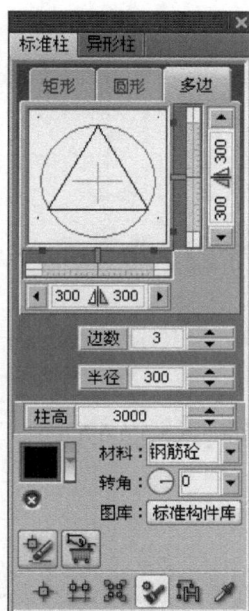

图 8-22　"标准柱"对话框

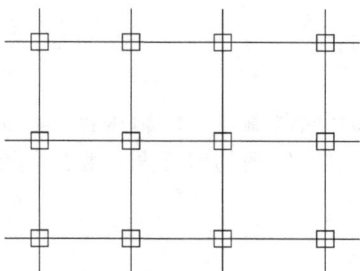

图 8-23　源图

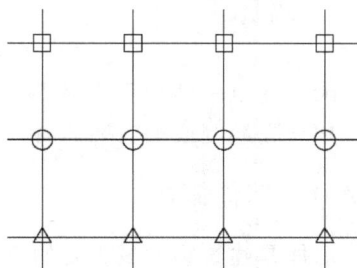

图 8-24　柱子替换

图 8-25　源图

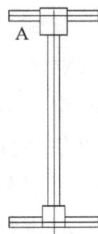

图 8-26　编辑柱

8.6.3　柱齐墙边

"柱齐墙边"命令用于将柱边与指定墙边对齐，可一次选择多个柱子与墙边对齐，条件是各柱都在同一墙段，且对齐方向的柱子尺寸相同。

1. 执行方式

命令行：ZQQB。

菜单："轴网柱子|柱齐墙边"。

2. 操作步骤

1）绘制图 8-27。

2）执行"柱齐墙边"命令，打开"柱齐墙边"对话框，命令行提示如下：

请点取墙边<退出>: //选取基准墙面

选择对齐方式相同的多个柱子<退出>: //找到 4 个

选择对齐方式相同的多个柱子<退出>:

请点取柱边<退出>: //点取与基准墙面对齐的柱边

结果如图 8-28 所示。

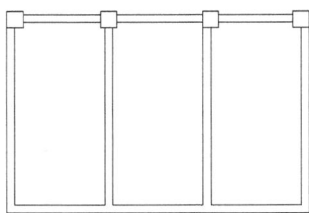

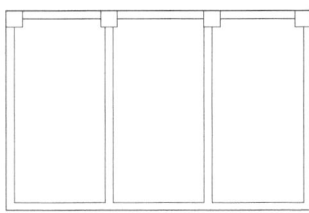

图 8-27　源图　　　　　　　　　　　图 8-28　柱齐墙边

8.7　墙体

天正建筑软件为用户提供了一系列绘制墙体、编辑墙体、墙体立面及识别内外墙体的工具，用户在绘制或编辑墙体时，可以根据绘图的需要调用相应的命令。

8.7.1　墙体概念

墙体是建筑物中最重要的组成部分，可作为主要承重构件，但随着钢筋混凝土结构及钢结构的发展，墙体的承重属性逐渐削减，而作为围护或分隔空间居多。

墙体的绘制是以实际墙体的特性构建的，因此可实现墙角的自动修剪、按材料进行墙体连接、与柱子和门窗互相关联等智能特性。墙体不仅包含位置、高度、厚度这样的固有特性，还包括墙类型、材料、内外墙等内在属性。

墙基线是墙体的定位线，一般在墙体内部并与轴线重合，墙体边线就是以基线为定位基准，所以确定墙体两条边线与墙基线的相互关系，墙体的厚度也就基本确定了。

墙按内外特性还可以分为内墙和外墙两类，内外墙的图形表示是相同的，但在设计中，外墙会进行保温与节能设计，以达到降低建筑能耗的效果。

墙体的材料类型用于控制墙体的二维平面图效果。相同材料墙体在二维平面图上墙角连通为一体，系统约定按优先级高的墙体打断优先级低的墙体预设规律处理墙角。优先级由高到低的材料依次为钢筋混凝土墙、石墙、砖墙、填充墙、幕墙和轻质隔墙。

8.7.2　墙体创建

1. 绘制墙体

绘制墙体时，一般先以绘制好的轴网为基础，然后调用"绘制墙体"命令，根据选项卡输入相应墙体高度、宽度、属性等相关参数，单击"确定"按钮，即可完成。

（1）执行方式

命令行：HZQT。

菜单："墙体|绘制墙体"。

（2）操作步骤

1）绘制图 8-29。

2）执行"绘制墙体"命令，弹出"绘制墙体"对话框，如图 8-30 所示，绘制连续双线直墙和弧墙。

3）设置左宽为 100，右宽为 100。

4）设置墙高度为当前层高，材料为砖，用途为内墙。

5）单击"绘制直墙"按钮，命令行提示：

起点或 [参考点(R)]<退出>：∥单击例图外侧轴线交点

直墙下一点或 [弧墙(A)/矩形画墙(R)/闭合(C)/回退(U)]<另一段>：AB

直墙下一点或 [弧墙(A)/矩形画墙(R)/闭合(C)/回退(U)]<另一段>：BC

直墙下一点或 [弧墙(A)/矩形画墙(R)/闭合(C)/回退(U)]<另一段>：CD

直墙下一点或 [弧墙(A)/矩形画墙(R)/闭合(C)/回退(U)]<另一段>：DA

起点或 [参考点(R)]<退出>：

绘制如图 8-31 所示。

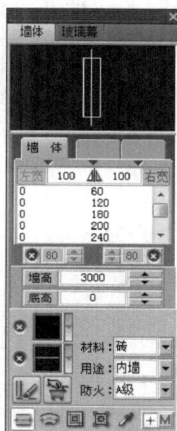

图 8-29　源图　　　图 8-30　"绘制墙体"对话框　　　图 8-31　绘制墙体

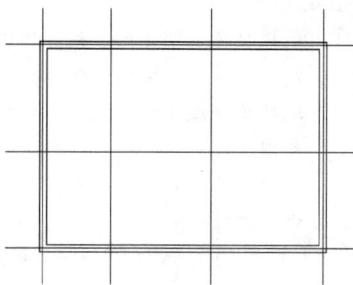

2. 等分加墙

"等分加墙"命令主要用于在已有的大房间按等分的原则划分出多个小房间。等分加墙是在墙段的每一等分处，做与所选墙体垂直的墙体，所加墙体延伸至与指定边界相交。

（1）执行方式

命令行：DFJQ。

菜单："墙体∣等分加墙"。

（2）操作步骤

1）绘制图 8-32。

2）执行"等分加墙"命令，选择等分所参照的墙段。打开"等分加墙"对话框，如图 8-33 所示。

3）设置等分数为 2，墙厚为 200，材料为砖。

4）在绘图区域内单击进入绘图区，选择作为另一边界的墙段。

命令执行完毕后如图 8-34 所示。

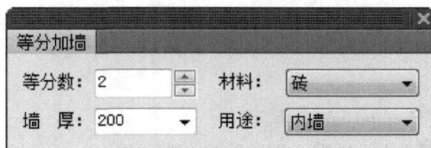

图 8-32　源图　　　图 8-33　"等分加墙"对话框　　　图 8-34　等分加墙

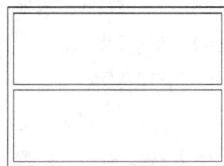

3. 单线变墙

单线变墙可以把 AutoCAD 绘制的直线生成墙体，可以基于设计好的轴网创建墙体。

（1）执行方式

命令行：DXBQ。

菜单："墙体|单线变墙"。

（2）操作步骤

1）打开图 8-29。

2）执行"单线变墙"命令，单击"轴网生墙"单选按钮，如图 8-35 所示。

3）选择要变成墙体的直线、圆弧或多段线，指定对角点：

选择要变成墙体的直线、圆弧或多段线：100

指定对角点：找到 7 个

选择要变成墙体的直线、圆弧或多段线：

处理重线...

处理交线...

识别外墙...

生成的墙体如图 8-36 所示。

另外，也可以单击"单线变墙"单选按钮，对已有直线进行编辑，生成墙体。

图 8-35　"单线变墙"对话框

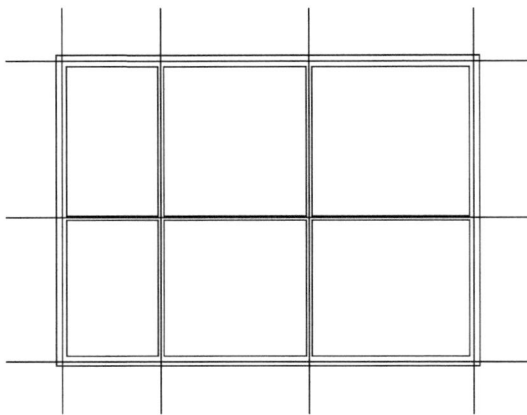

8.7.3　墙体编辑

天正建筑软件针对墙体有多种编辑命令，如倒墙角、修墙角、基线对齐等。

墙体对象编辑可采用 AutoCAD 命令进行编辑，如偏移（Offset）、修剪（Trim）、延伸（Extend）等，还可以双击墙体进入参数编辑。

图 8-36　单线变墙

1. 倒墙角

倒墙角是对两段不平行的墙体进行倒角处理，使两段墙以指定的圆角半径进行连接，生成圆墙角，其中圆角半径按墙中线计算。

（1）执行方式

命令行：DQJ。

菜单："墙体|倒墙角"。

（2）操作步骤

1）打开图 8-36。

2）执行"倒墙角"命令，命令行提示：

选择第一段墙线[设圆角半径(R),当前＝0]<退出>:R

请输入圆角半径<0>:1000

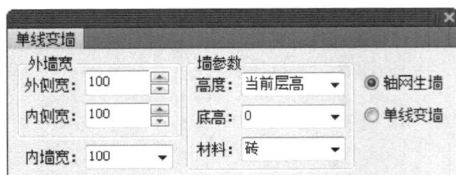

选择第一段墙线[设圆角半径(R),当前＝1000]<退出>：//选中一墙线

选择另一段墙<退出>：//选中相交的另一墙线

完成此处倒墙角操作。

3）使用"倒墙角"命令完成其他三个角的
操作。

绘制结果如图 8-37 所示。

2. 修墙角

"修墙角"命令提供对属性完全相同的墙体相
交处的清理功能。当用户使用 AutoCAD 的某些编
辑命令，或者夹点拖动对墙体进行操作后，墙体相
交处如出现未按要求打断的情况，可采用本命令。
本命令也可以更新墙体、墙体造型、柱子及围护结
构的各种自动裁剪关系。

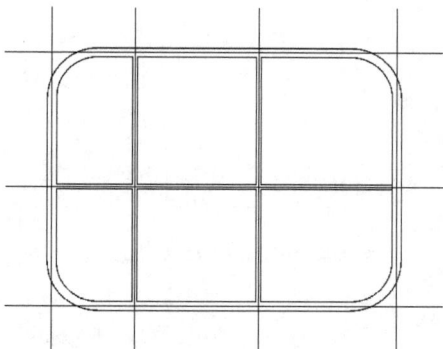

图 8-37　倒墙角

执行方式如下：

命令行：XQJ。

菜单："墙体|修墙角"。

单击命令菜单后，命令行提示：

请点取第一角点或[参考点(R)]<退出>：//请框选需要处理的墙角、柱子或墙体造型,输入第一点

单击另一个角点<退出>：//单击对角另一点。

由于命令执行方式比较简单，不再进行实例分析。

3. 边线对齐

"边线对齐"命令用来对齐墙边，并维持基线不变。换句话说，就是维持基线位置和总
宽不变，通过修改左右宽度达到边线与给定位置对齐的目的。通常用于处理墙体与某些特定
位置的对齐，特别是和柱子边线对齐。

（1）执行方式

命令行：BXDQ。

菜单："墙体|边线对齐"。

（2）操作步骤

1）绘制图 8-38。

2）执行"边线对齐"命令，命令行提示：

请单击墙角边应通过的点或[参考点(R)]<退出>：
//选择轴线南侧起点

请单击一段墙<退出>：//选择需要对齐的墙体

打开"请您确认"对话框，如图 8-39 所示，
单击"是"按钮，结果如图 8-40 所示。

4. 净距偏移

"净距偏移"命令与 AutoCAD 的 Offset（偏移）
命令比较相似，命令会自动处理墙端交接。

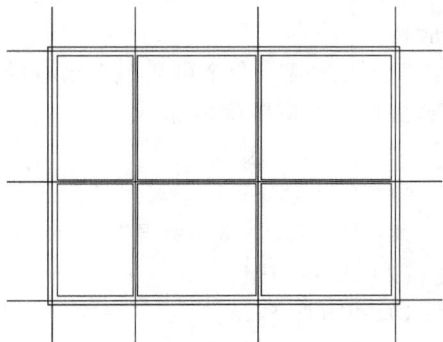

图 8-38　源图

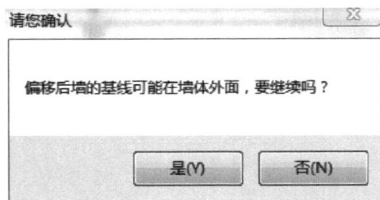

图 8-39 "请您确认"对话框

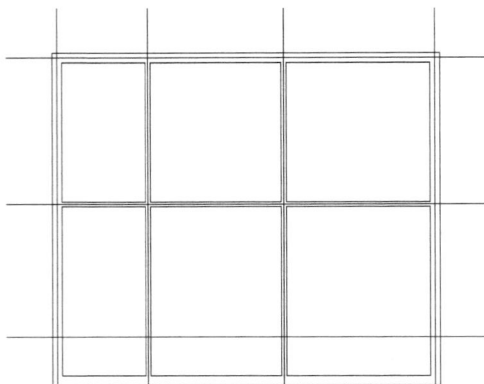

图 8-40 边线对齐

（1）执行方式

命令行：JJPY。

菜单："墙体|净距偏移"。

（2）操作步骤

1）绘制图 8-41。

2）单击"净距偏移"命令，输入偏移距离。

3）生成的新的墙体，如图 8-42 所示，墙线之间距离为净距。

图 8-41 源图

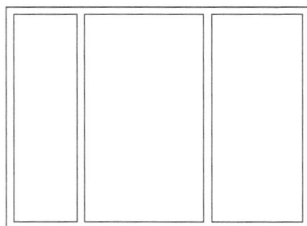

图 8-42 净距偏移

5. 墙柱保温

随着国家对建筑能耗的不断关注，国家大部分地区通常会为墙体增设保温层，以减少建筑能耗。

"墙柱保温"命令可在图中已有的墙段上加入或删除保温层线，遇到门该线自动打断，遇到窗自动把窗厚度增加。

（1）执行方式

命令行：QZBW。

菜单："墙体|墙柱保温"。

（2）操作步骤

1）打开图 8-28。

2）确定墙体厚度，执行"墙柱保温"命令，命令行提示：

指定墙、柱、墙体造型保温的一侧或 ［内保温（I）/外保温（E）/消保温层（D）/保温层厚（当前 = 80）（T）］

<退出>:T

保温层厚<80>:100

改变保温层厚度从 80 变为 100

3）执行"墙柱保温"命令，命令行提示：

指定墙、柱、墙体造型保温的一侧或[内保温(I)/外保温(E)/消保温层(D)/保温层厚(当前=100)(T)]

<退出>：

选择墙体：// 选择需要添加保温的墙体

添加墙体保温效果如图 8-43 所示。

6. 墙体造型

"墙体造型"命令可用于平面墙体上绘制凸出的造型，墙体造型高度与其关联墙高保持一致，可以双击加以修改。

（1）执行方式

命令行：QTZX。

菜单："墙体|墙体造型"。

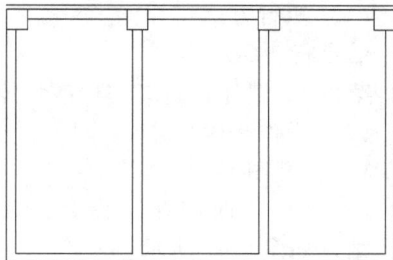

图 8-43 墙体保温层

（2）操作步骤

1）绘制图 8-44。

2）执行"墙体造型"命令，命令行提示：

选择 [外凸造型(T)/内凹造型(A)]<外凸造型>：

墙体造型轮廓起点或[点取图中曲线(P)/单击参考点(R)]<退出>：// 绘制墙体造型控制点

直段下一点或[弧段(A)/回退(U)]<结束>：// 按<Enter>键结束

墙体造型效果如图 8-45 所示。

3）增加图 8-45 右侧半区墙体的造型，执行"墙体造型"命令，命令行提示：

墙体造型轮廓起点或[点取图中曲线(P)/单击参考点(R)]<退出>：P

选择一曲线(LINE/ARC/PLINE)：// 选择绘制出的弧线

直段下一点或[弧段(A)/回退(U)]<结束>：// 按<Enter>键结束

墙体造型效果如图 8-46 所示。

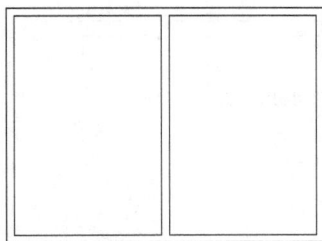

图 8-44 源图

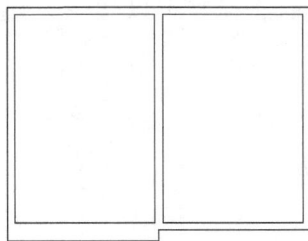

图 8-45 墙体造型（一）

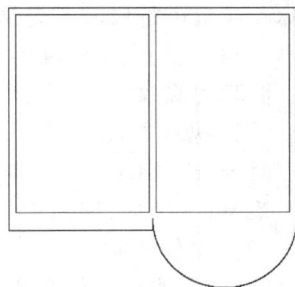

图 8-46 墙体造型（二）

7. 普通墙的对象编辑

普通墙体编辑可采用双击墙体进入参数编辑对话框，可对墙体的墙高、墙宽、底高、用途、防火性能及保温层添加等参数进行编辑。

8.7.4 墙体编辑工具

主要讲解墙体编辑工具中进行墙体编辑和修改的功能。

墙体工具（如改墙厚、改高度等）为修改墙体的高度及厚度提供了便利。

1. 改墙厚

改墙厚用于批量修改多段墙体的厚度，且修改后墙体的墙基线保持居中不变，但应注意的是，此命令不适合修改偏心墙。

（1）执行方式

命令行：GQH。

菜单："墙体|墙体工具|改墙厚"。

（2）操作步骤

1）打开图 8-44。

2）执行"改墙厚"命令，选择墙体，输入新的墙宽，结果如图 8-47 所示。

2. 改外墙厚

调用"改外墙厚"命令，可以对外墙的厚度进行调整。在执行此操作之前，必须对图形进行内外墙识别的操作，本命令仅可以对外墙进行操作。

（1）执行方式

命令行：GWQH。

菜单："墙体|墙体工具| 改外墙厚"。

（2）操作步骤

1）打开图 8-38。

2）执行"改外墙厚"命令，请选择外墙，输入内、外墙宽，结果如图 8-48 所示。

3. 改高度

改高度可对选中的柱、墙体及其造型的高度和底标高成批进行修改，是调整这些构件竖向位置的主要手段，修改底标高时，门窗的底标高可以和柱、墙联动修改。

（1）执行方式

命令行：GGD。

菜单："墙体|墙体工具|改高度"。

（2）操作步骤

1）绘制源图，如图 8-49 所示。

2）执行"改高度"命令，命令行提示：

请选择墙体、柱子或墙体造型:指定对角点:找到 4 个
请选择墙体、柱子或墙体造型:
新的高度<3000>:6000
新的标高<0>:
是否维持窗墙底部间距不变？[是（Y）/否（N）]<N>:

图 8-47　改墙厚

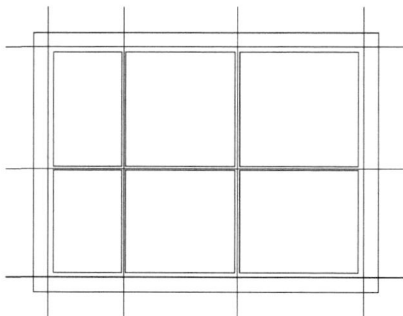

图 8-48　改外墙厚

结果如图 8-50 所示。

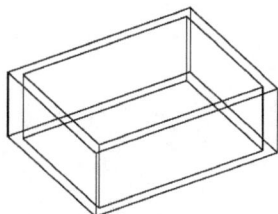

图 8-49　源图

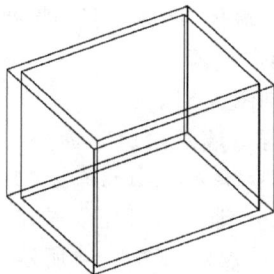

图 8-50　墙改高度

4. 改外墙高

改外墙高仅是改变外墙高度，同"改高度"命令类似，执行前先做内外墙识别工作，自动忽略内墙。

（1）执行方式

命令行：GWQG。

菜单："墙体|墙体工具|改外墙高"。

（2）操作步骤

1）绘制图 8-51。

2）执行"改外墙高"命令，命令行提示：

请选择外墙:找到 10 个

新的高度<3000>:6000

新的标高<0>:

是否保持墙上门窗到墙基的距离不变？［是(Y)/否(N)］<N>:

结果如图 8-52 所示。

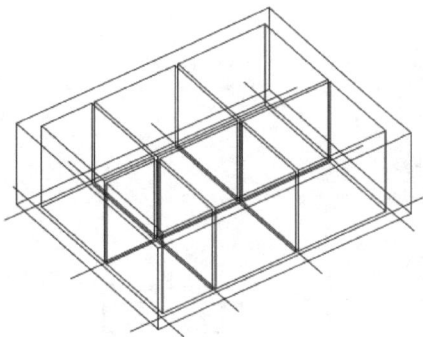

图 8-51　源图

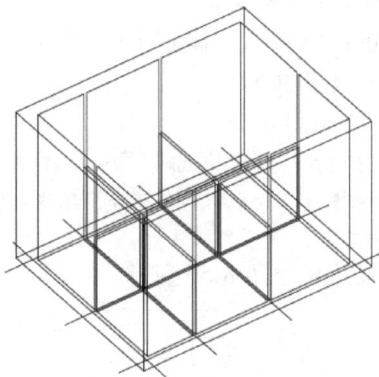

图 8-52　改外墙高

5. 墙端封口

本命令可以改变墙体对象自由端的二维显示形式，墙端封口命令可以使墙端在封口和开口两种形式之间转换。本命令不影响墙体的三维效果，对已经与其他墙相接的墙端不起作用。

（1）执行方式

命令行：QDFK。

菜单："墙体|墙体工具|墙端封口"。

（2）操作步骤

1）绘制图 8-53。

2）执行"墙端封口"命令，命令行提示：

选择墙体:指定对角点(框选源图图源):找到 17 个

按<Enter>键，即可完成操作

墙端封口效果如图 8-54 所示。

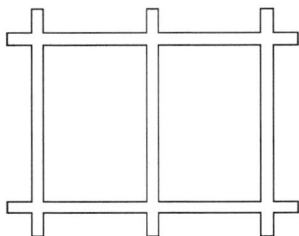

图 8-53　源图

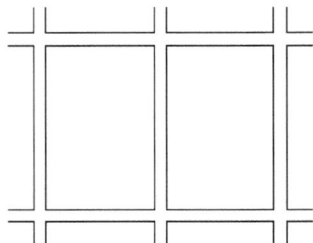

图 8-54　墙端封口

8.7.5　墙体立面工具

墙体立面工具的应用阶段，应是在立面设计方案初期使用的命令。

1. 异形立面

异形立面可以在立面显示状态下，将墙按照指定的轮廓线剪裁生成非矩形的立面墙体，如创建双坡或单坡山墙与坡屋顶相交等。

（1）执行方式

命令行：YXLM。

菜单："墙体|墙体立面|异形立面"。

（2）操作步骤

1）绘制图 8-55。

2）执行"异形立面"命令，命令行提示：

选择定制墙立面形状的不闭合多段线<退出>://选分割斜线

选择墙体://选下侧墙体

绘制结果如图 8-56 所示。

图 8-55　矩形立面

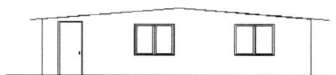

图 8-56　异形立面

2. 矩形立面

矩形立面是将异形立面恢复为矩形的命令。

（1）执行方式

命令行：JXLM。

菜单:"墙体|墙体立面|矩形立面"。

(2)操作步骤　执行"矩形立面"命令,命令行提示:

选择墙体://选择要创建的矩形立面墙体

命令执行完毕后如图 8-55 所示。

3. 指定内墙

调用"指定内墙"命令,可进行人工识别内墙。该命令主要用于在绘图过程中自动识别内墙的情况。

(1)执行方式

命令行:ZDNQ。

菜单:"墙体|识别内外|指定内墙"。

(2)操作步骤　执行"指定内墙"命令,命令行提示:

选择墙体<退出>://选择墙体并按<Enter>键,可将选中的墙体指定为内墙

4. 指定外墙

调用"指定外墙"命令,可以手动识别外墙。该命令主要用于在绘图过程中出现无法自动识别外墙的情况。

(1)执行方式

命令行:ZDWQ。

菜单:"墙体|识别内外|指定外墙"。

(2)操作步骤　执行"指定外墙"命令,命令行提示:

请点取墙体外皮<退出>://单击墙体外墙皮,外墙线以红色虚线显示,表示该墙体被指定为外墙

5. 加亮外墙

在执行"识别外墙"命令之后,可以调用"加亮外墙"命令来亮显已经识别过的外墙。

(1)执行方式

命令行:JLWQ。

菜单:"墙体|识别内外|加亮外墙"。

(2)操作步骤　执行"加亮外墙"命令,并按<Enter>键,则所有外墙线均以红色虚线来显示。

8.8　门窗

天正建筑软件中,门窗和其他自定义对象一样可以用 AutoCAD 的命令和夹点编辑命令进行修改,并可通过电子表格检查和统计整个工程门窗编号。门分为普通门、子母门、组合门窗和推拉门等多种形式。窗分为普通窗、弧窗、凸窗、转角窗、门连窗、带形窗、高窗和上层窗等多种形式。绘制门窗的工具有普通门窗、组合门窗等,编辑门窗的工具有门窗规整、门窗填墙等。此外绘制完成门窗后,还可创建门窗表,以列表的形式来注明门窗的规格。

本节主要介绍:普通门窗、组合门窗等的创建;门窗编号的方式及检查,门窗表和门窗总表的生成;门窗的内外翻转、左右翻转、编号复位,门窗套、门口、装饰套等的操作方式。

8.8.1　门窗创建

门窗是建筑物的重要组成部分,门窗创建就是在墙上确定门窗的位置。调用"门窗"

命令，通过对话框选择门窗的样式及设置门窗参数，可以创建多种不同类型的门窗。双击门窗图形，在调出的对话框中可以对图形执行修改操作，包括门窗的样式及其尺寸参数。

1. 门

天正门窗分普通门窗与特殊门窗两类，定位方式基本相同。

（1）执行方式

命令行：CM。

菜单："门窗|插门"。

（2）操作步骤

1）绘制图 8-57。

2）执行"插门"命令，打开"门"对话框，如图 8-58 所示。

3）在"编号"下拉列表框中输入编号 M-1，在"门高"滚动列表框中输入 2100，在"门宽"滚动列表框中输入 900，在"门槛高"滚动列表框中输入 0。

4）在下侧工具栏图标左侧选择插入门的方式为"自由插入"。

5）将门 M-1 插入至平面图内，结果如图 8-59 所示。

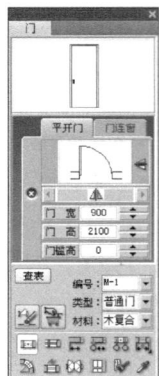

图 8-57　源图　　　　图 8-58　"门"对话框　　　　图 8-59　插入门

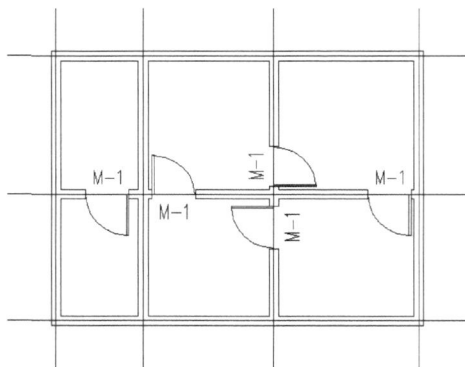

2. 窗

（1）执行方式

命令行：CC。

菜单："门窗|插窗"。

（2）操作步骤

1）选择插窗，显示"窗"对话框，如图 8-60 所示，在"编号"下拉列表框中输入编号 C-1，在"窗宽"滚动列表框中输入 1200，在"窗高"滚动列表框中输入 900，在"窗台高"滚动列表框中输入 900。

2）将窗 C-1 插入至图 8-59 内，绘制结果如图 8-61 所示。

3. 组合门窗

组合门窗是指将插入的多个门窗组合为一个对象，作为单个门窗对象统计。组合门窗各组成部分的平面和立面都可以进行单独编辑，还可以使用"构件入库"命令把创建好的组合门窗存入构件库，待需要时从构件库中直接调用即可。

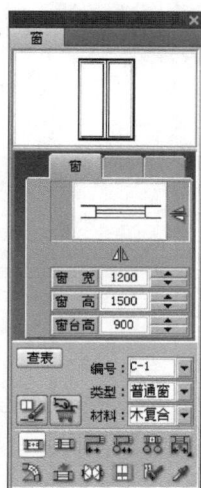

图 8-60 "窗"对话框

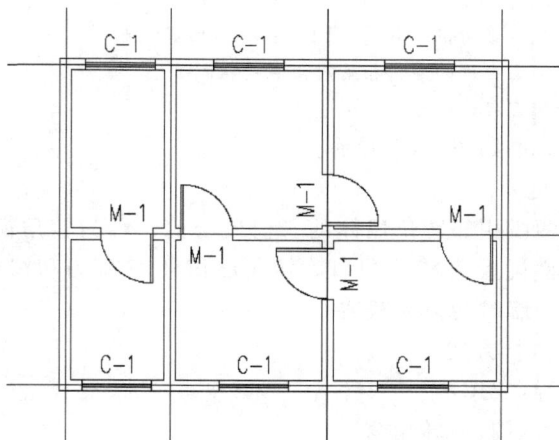

图 8-61 插入窗

（1）执行方式

命令行：ZHMC。

菜单："门窗|组合门窗"。

（2）操作步骤 执行"组合门窗"命令，并按<Enter>键，命令行提示：

选择需要组合的门窗和编号文字：指定对角点：找到2个

选择需要组合的门窗和编号文字：

输入编号：MC-1

结果如图8-62所示。

4. 带形窗

"带形窗"命令，可以在指定的墙体上创建多扇普通窗，且创建的窗的编号相同。

（1）执行方式

命令行：DXC。

菜单："门窗|带形窗"。

（2）操作步骤

1）绘制图8-63。

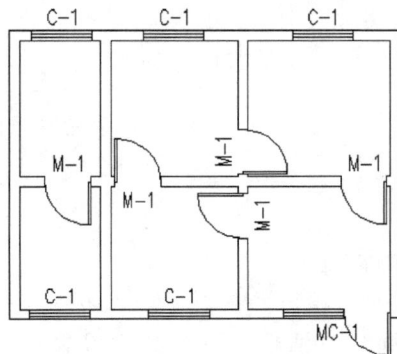

图 8-62 组合门窗

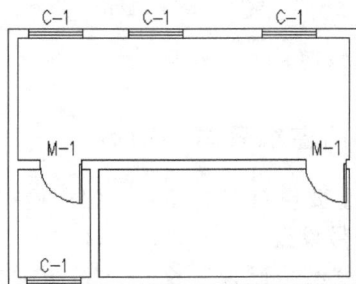

图 8-63 源图

2）执行"带形窗"命令，并按<Enter>键，命令行提示：

起始点或［参考点（R）]<退出>：//选择窗起点

终止点或［参考点（R）]<退出>：//选择窗终点

选择带形窗经过的墙：指定对角点：找到 2 个

选择带形窗经过的墙：

绘制结果如图 8-64 所示。

5. 转角窗

跨越两段相邻转角墙体的平窗或凸窗，称为转角窗。可在特性栏设置为转角洞口。转角凸窗还有窗楣和窗台板，侧面碰墙时会自动裁剪。

（1）执行方式

命令行：ZJC。

菜单："门窗|转角窗"。

（2）操作步骤

1）打开图 8-63。

2）执行"转角窗"命令，打开"绘制角窗"对话框，如图 8-65 所示。

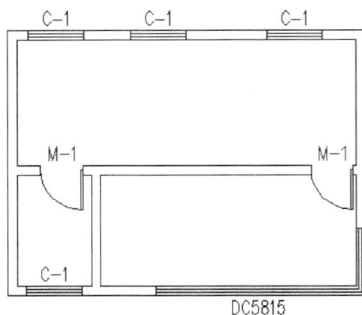

图 8-64　带形窗

3）定义"延伸"为 100，"出挑长"为 600，"窗高"为 3000，"窗台高"为 600，"窗编号"为 ZJC-3030。

4）单击绘图区域，命令行提示：

请选取墙角<退出>：

转角距离 1<1000>：1400

转角距离 2<1000>：1600

请选取墙角<退出>：

绘制结果如图 8-66 所示。

图 8-65　"绘制角窗"对话框

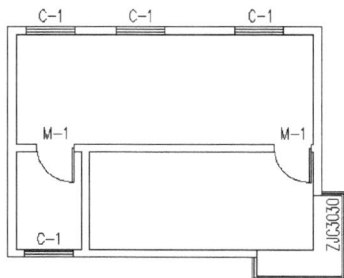

图 8-66　转角窗

8.8.2　门窗编号与门窗表

本节主要讲解门窗编号、门窗检查、门窗表和门窗总表。

1. 编号设置

执行"编号设置"命令，系统弹出"编号设置"对话框，可在其中设置门窗的编号规则。

（1）执行方式

命令栏：BHSZ。

菜单栏："门窗|编号设置"。

（2）操作步骤　调用 BHSZ 命令，在图 8-67 所示对话框内进行设置，单击"确定"按钮，可以完成编号设置操作。

2. 门窗编号

门窗编号命令可以生成或者修改门窗编号。

在门窗编号时，如果选择的门窗还没有编号，会出现选择要修改编号的样板门窗的提示。本命令每次只能对同一种门窗进行编号，因此只能选择一个门作为样板，若多选，会要求逐个确认，并将与这个门窗参数相同的编为同一个编号。

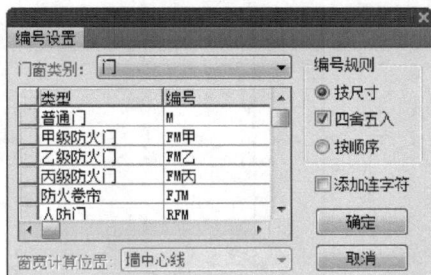

图 8-67　"编号设置"对话框

（1）执行方式

命令行：MCBH。

菜单："门窗|门窗编号"。

（2）操作步骤

1）绘制图 8-68。

2）执行"门窗编号"命令，选择需要修改编号的门窗，则门窗编号改变，绘制结果如图 8-69 所示。

请选择需要改编号的门窗的范围<退出>：找到 6 个，总计 6 个

请选择需要改编号的门窗的范围<退出>：

请输入新的门窗编号或［删除编号（E）]<C1215>：C-1

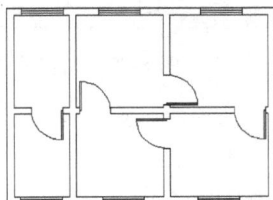

图 8-68　源图

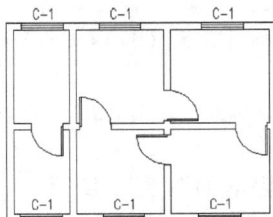

图 8-69　门窗编号结果

3. 门窗检查

门窗检查显示门窗参数表格，检查当前图中门窗数据是否合理。

（1）执行方式

命令行：MCJC。

菜单："门窗|门窗检查"。

（2）操作步骤　执行"门窗检查"命令，如图 8-70~图 8-72 所示。单击对话框左上角的"设置"按钮，在弹出的"设置"对话框中可以定义检查的内容和门窗的显示参数。

4. 门窗表

门窗表命令统计本图中的门窗参数，检查后生成传统样式门窗表或者符合国标《建筑工程设计文件编制深度规定》样式的门窗表。

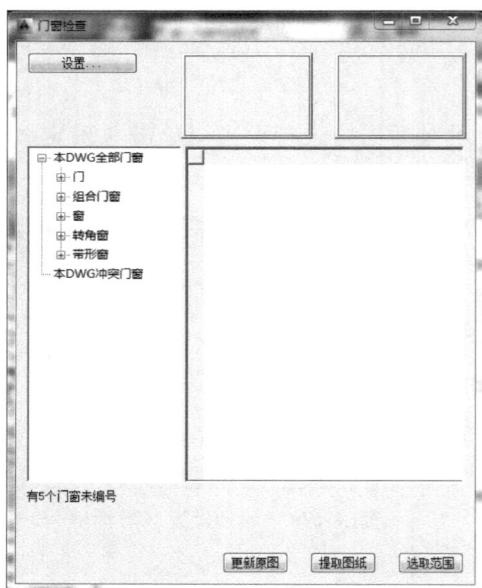

图 8-70　门窗检查-1

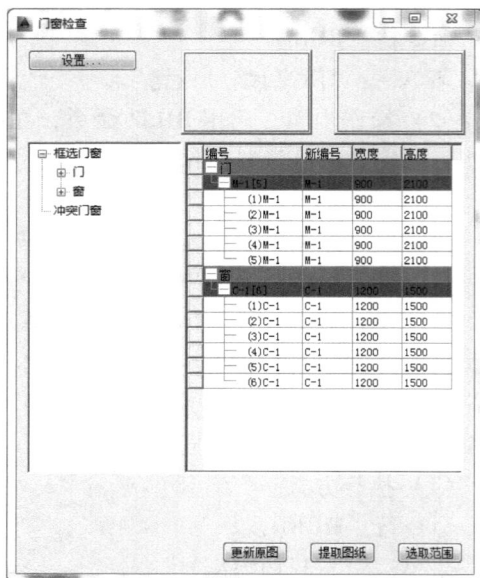

图 8-71　门窗检查-2

（1）执行方式

命令行：MCB。

菜单："门窗|门窗表"。

（2）操作步骤

1）打开图 8-69。

2）执行"门窗表"命令，命令行提示：

请选择门窗或［设置（S）]<退出>://框选所需编入门窗表的门窗

请点取门窗表位置（左上角点）<退出>://点选门窗表插入位置

命令执行完毕如图 8-73 所示。

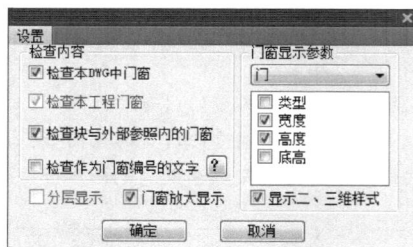

图 8-72　门窗检查-3

门窗表

类型	设计编号	洞口尺寸(mm)	数量	图集名称	页次	选用型号	备注
普通门	M-1	900X2100	5				
普通窗	C-1	1200X1500	6				

图 8-73　门窗表

5. 门窗总表

门窗总表用于生成整栋建筑的门窗表。但需要注意的是，在执行门窗总表命令前，需要新建或打开工程项目，并在工程数据库中建立楼层表。

执行方式：

命令行：MCZB。

菜单："门窗|门窗总表"。

8.8.3　门窗编辑和工具

最简单的门窗编辑方法是选取门窗激活门窗夹点，拖动夹点进行夹点编辑。

1. 对象编辑与特性编辑

双击门窗对象即可进入"对象编辑"命令对门窗进行参数修改。

2. 门窗规整

在调入门窗图形时，可以在"门"/"窗"对话框中设置门窗的位置参数。若要将多个不同的门窗图形统一设置，可以调用"门窗规整"命令来调整门窗的位置。通过调用该命令，可以执行修改门窗垛宽参数、门窗居中等操作。

执行方式：

命令行：MCGZ。

菜单："门窗|门窗规整"。

图 8-74 为"门窗规整"对话框。

3. 门窗填墙

删除门窗图形，但又要保留门窗洞口以作参考，可以调用"门窗填墙"命令来进行该项操作。

（1）执行方式

命令行：MCTQ。

菜单："门窗|门窗填墙"。

图 8-74　"门窗规整"对话框

（2）操作步骤

1）绘制图 8-75。

2）执行"门窗填墙"命令，命令行提示：

请选择需删除的门窗<退出>：//框选需要删除的门窗

请选择需删除的门窗：

请选择需填补的墙体材料：［填充墙（0）/加气块（1）/空心砖（2）/砖墙（3）/耐火砖（4）/无（5）]<3>：0

结果如图 8-76 所示。

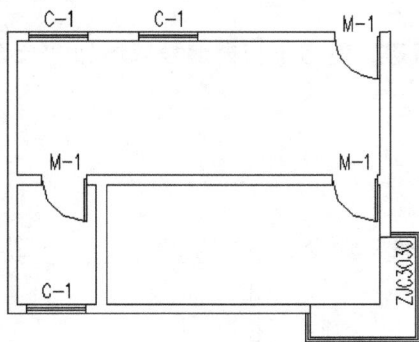

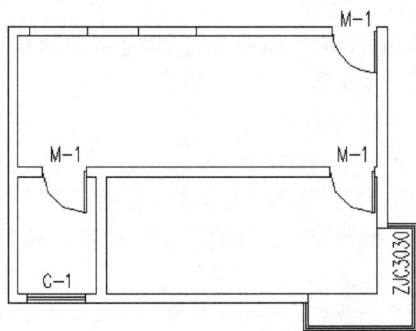

图 8-75　源图　　　　　图 8-76　门窗填墙

4. 内外翻转

使用夹点编辑可以进行内外翻转操作，但一次只能编辑单个对象，而内外翻转命令，适用于一次处理多个门窗的情况。

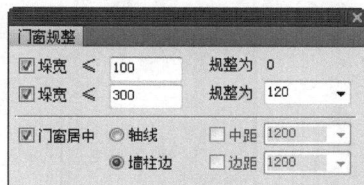

（1）执行方式

命令行：NWFZ。

菜单："门窗|内外翻转"。

（2）操作步骤　图 8-77 为源图。执行"内外翻转"命令，选择需要翻转的门窗，按 <Enter> 键结束选择后对门窗进行内外翻转，如图 8-78 所示。

5. 左右翻转

选择需要左右翻转的门窗，统一以门窗中垂线为轴线进行翻转，方向与原来相反。

（1）执行方式

命令行：ZYFZ。

菜单："门窗|左右翻转"。

（2）操作步骤　执行"左右翻转"命令，选择需要左右翻转的门窗，按 <Enter> 键结束选择后对门窗进行左右翻转，如图 8-79 所示。

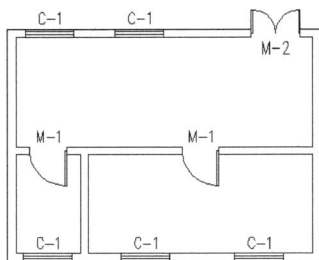

图 8-77　源图

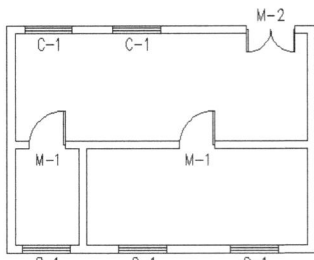

图 8-78　内外翻转

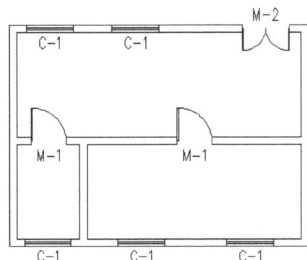

图 8-79　左右翻转

6. 编号复位

"编号复位"命令是把用夹点编辑改变过位置的门窗编号恢复到默认位置。

执行方式：

命令行：BHFW。

菜单："门窗|门窗工具|编号复位"。

执行"编号复位"命令，选择待复位的窗。

7. 编号后缀

"编号后缀"命令用于为门窗编号添加指定的后缀，适用于门窗编号后增加"反"缀号的情况，形成新的独立编号。

（1）执行方式

命令行：BHHZ。

菜单："门窗|门窗工具|编号后缀"。

（2）操作步骤　源图为图 8-77，执行"编号后缀"命令，命令行提示：

选择需要加编号后缀的门窗：//指定对角点

选择需要加编号后缀的门窗：//找到 8 个

请输入需要加的门窗编号后缀<反>：

结果如图 8-80 所示。

8. 门窗套

"门窗套"命令的功能是在门窗四周加门窗套。

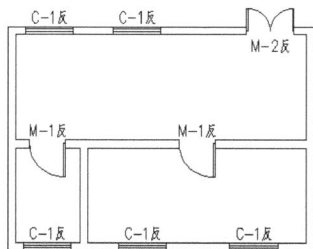

图 8-80　编号后缀

（1）执行方式

命令行：MCT。

菜单："门窗|门窗工具|门窗套"。

（2）操作步骤　源图为图 8-77。执行"门窗套"命令，打开图 8-81 所示的"门窗套"对话框，定义"伸出墙长度"为 200，定义"门窗套宽度"为 200，选中"加门窗套"单选按钮。命令执行完毕后如图 8-82 所示。

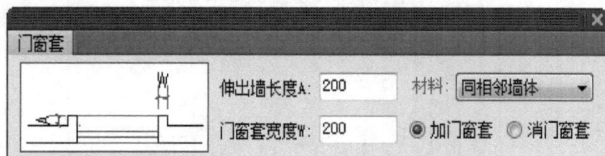

图 8-81　"门窗套"对话框

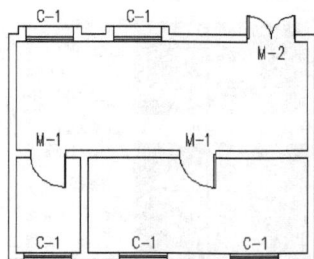

图 8-82　加门窗套

9. 添加门口线

"门口线"命令用于在平面图上指定的一个或多个门的某一侧添加门口线，表示门槛或者门两侧地面标高不同。

（1）执行方式

命令行：MKX。

菜单："门窗|门窗工具|门口线"。

（2）操作步骤　源图为图 8-77。执行"门口线"命令，打开图 8-83 所示的"门口线"对话框，进行相关设置后，命令行提示：

请选取需要加门口线的门：//框选需要添加门口线的门

请选取需要加门口线的门：

请点取门口线所在的一侧<退出>：

命令执行完毕后如图 8-84 所示。

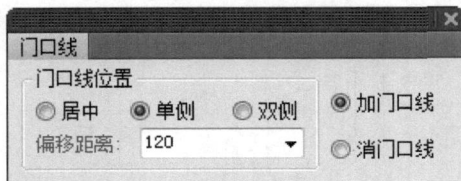

图 8-83　"门口线"对话框

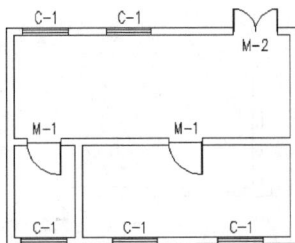

图 8-84　添加门口线

10. 加装饰套

加装饰套命令用于添加门窗套线，可以选择各种装饰风格和参数的装饰套。装饰套描述了门窗属性的三维特征，用于室内设计中的立剖面图的门窗部位。

（1）执行方式

命令行：JZST。

菜单："门窗|门窗工具|加装饰套"。

（2）操作步骤　源图为图 8-77。执行"加装饰套"命令，打开图 8-85 所示的"门窗套设计"对话框，在相应栏目中填入截面的形式和尺寸参数，绘制结果如图 8-86 所示。

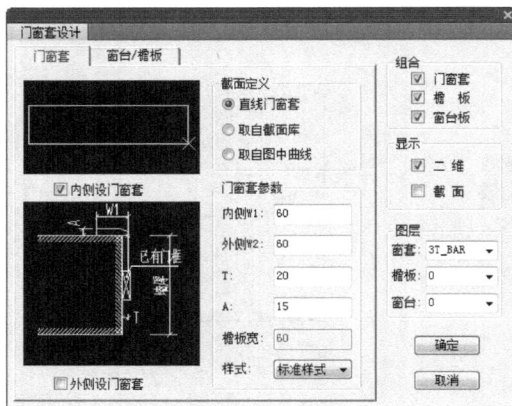

图 8-85　"门窗套设计"对话框图

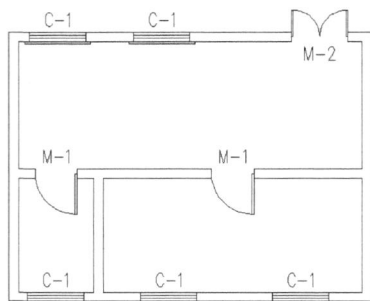

图 8-86　添加装饰套

11. 窗棂展开

"窗棂展开"命令可以把窗的立面展开到 WCS 平面上，以便更改窗棂的划分。

（1）执行方式

命令行：CLZK。

菜单："门窗|门窗工具|窗棂展开"。

（2）操作步骤

1）打开源图 8-87，执行"窗棂展开"命令。

2）选择需要展开的目标窗 ZJC3030，结果如图 8-88 所示。

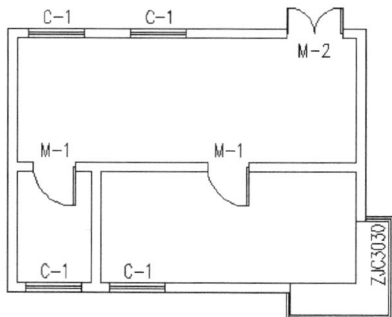

图 8-87　源图

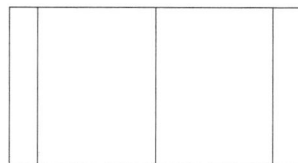

图 8-88　窗棂展开

12. 窗棂映射

调用"窗棂映射"命令，可以在已展开的窗立面图上绘制窗棂分格线，再按绘制的分格线尺寸在目标窗上映射，此时目标窗更新为定义的窗棂效果。

（1）执行方式

命令行：CLYS。

菜单："门窗|门窗工具|窗棂映射"。

（2）操作步骤

1）打开源图 8-87，执行"窗棂映射"命令。

2）选择目标窗 ZJC3030。

3）选择需要映射的棱线及基点，结果如图 8-89 所示。

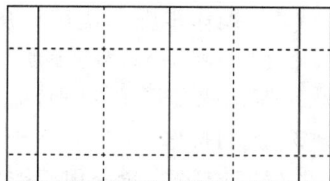

图 8-89　窗棂映射

8.9　房间和屋顶

8.9.1　房间面积的创建

房间面积分为建筑面积、使用面积和套内面积，可以通过多种命令创建。

1. 搜索房间

"搜索房间"命令是新生成或更新已有的房间信息对象，同时生成房间地面，标注位置位于房间的中心。

（1）执行方式

命令行：SSFJ。

菜单："房间屋顶|搜索房间"。

（2）操作步骤

1）打开图 8-87。

2）执行"搜索房间"命令，打开"搜索房间"对话框，如图 8-90 所示。

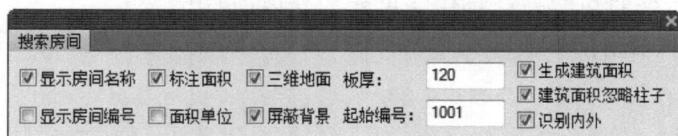

图 8-90　"搜索房间"对话框

3）单击绘图区域，命令行提示如下：

请选择构成一完整建筑物的所有墙体（或门窗）：//框选建筑物

请单击建筑物面积的标注位置<退出>：//选择标注建筑面积的地方

绘制结果如图 8-91 所示。

想更改房间名称直接在房间名称上双击更改即可。

2. 房间轮廓

"房间轮廓"命令用于在房间内部创建轮廓线，轮廓线可用作多种用途，如将其转为地面或作为生成踢脚线等装饰线脚的边界。

（1）执行方式

命令行：FJLK。

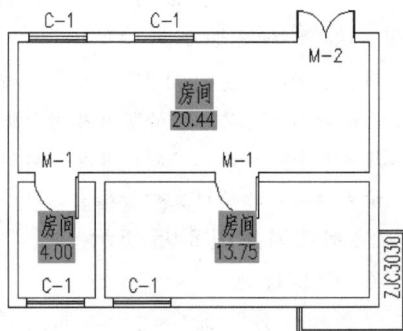

图 8-91　搜索房间

菜单栏："房间屋顶|房间轮廓"。

（2）操作步骤　执行"房间轮廓"命令，命令行提示：

请指定房间内一点或 [参考点（R)]<退出>：

绘制结果如图 8-92 所示。

3. 房间排序

"房间排序"命令用于按照指定的规则对房间编号进行重新排序。

（1）执行方式

命令行：FJPX。

菜单栏："房间屋顶|房间排序"。

（2）操作步骤　打开含有显示房间编号的设计源图，执行"房间排序"命令，在框选房间对象后，输入新的排序起始编号即可。

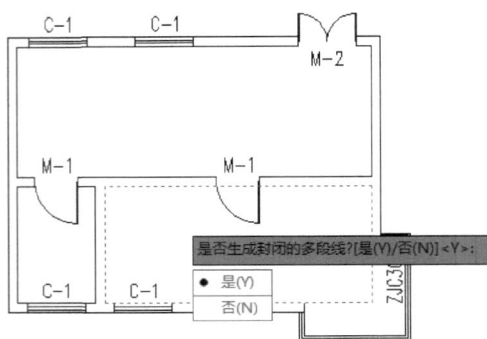

图 8-92　房间轮廓

4. 查询面积

"查询面积"命令可以查询由墙体组成的房间面积、阳台面积和闭合多段线面积，还可以在绘制任意多边形时同步查询其面积。

执行方式如下：

命令行：CXMJ。

菜单："房间屋顶|查询面积"。

"查询面积"与"搜索房间"命令相似，可参照"搜索房间"命令，结果如图 8-93 所示。

5. 套内面积

"套内面积"命令的功能是计算住宅单元的套内面积，并创建套内面积的房间对象。

（1）执行方式

命令行：TNMJ。

菜单："房间屋顶|套内面积"。

（2）操作步骤

1）打开图 8-87。

2）执行"搜索房间"命令，打开"套内面积"对话框，如图 8-94 所示。

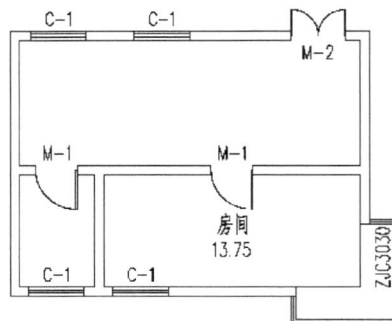

图 8-93　查询面积

3）执行"套内面积"命令，命令行提示：

请选择同属一套住宅的所有房间面积对象与阳台面积对象：指定对角点：找到 3 个

请选择同属一套住宅的所有房间面积对象与阳台面积对象：

请点取面积标注位置<中心>：

绘制结果如图 8-95 所示。

6. 面积计算

"面积计算"命令用于将通过调用"查询面积"或"套内面积"等命令获得的面积进行加减计算，并将结果标注在图上。

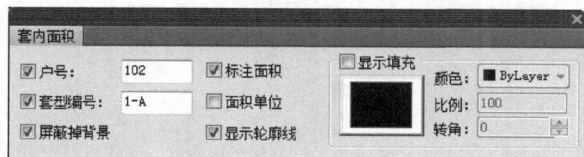

图 8-94　"套内面积"对话框

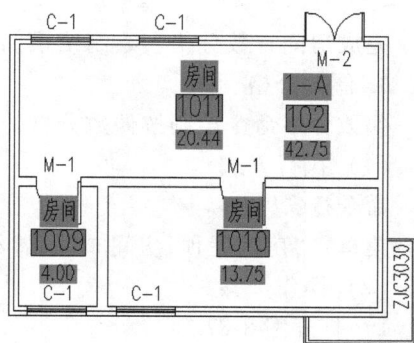

图 8-95　套内面积

执行方式如下：

命令行：MJJS。

菜单："房间屋顶|面积计算"。

"面积计算"与"套内面积"命令相似，可参照套内面积命令。

8.9.2　房间布置

在房间布置菜单中提供了多种工具命令，用于房间的布置，本节主要介绍房间布置中添加踢脚线、分格，洁具布置等。

1. 加踢脚线

踢脚线在家庭装修中主要用于装饰和保护墙角。调用"加踢脚线"命令，可自动识别房间轮廓，遇到门和洞口时踢脚线会自动断开。

执行方式如下：

命令行：JTJX。

菜单："房间屋顶|房间布置|加踢脚线"。

单击菜单命令后，显示"加踢脚线"对话框，在对话框中选择相应数据，设置踢脚线截面后，确定需要添加踢脚线的房间，即可完成操作。

2. 奇数分格

"奇数分格"命令用于绘制按奇数分格的地面或吊顶平面。

（1）执行方式

命令行：JSFG。

菜单："房间屋顶|房间布置|奇数分格"。

（2）操作步骤

1）打开图 8-87。

2）执行"奇数分格"命令，命令行提示：

请用三点定一个要奇数分格的四边形，第一点<退出>：

第二点<退出>：

第三点<退出>：

（" p1 p2 p3"（65499.4−299868.0 0.0）（70999.4−299868.0 0.0）（70999.4−302368.0 0.0））

第一、二点方向上的分格宽度（小于 100 为格数）<2800>：600

第二、三点方向上的分格宽度（小于100为格数）<2800>：600

完成房间奇数分格，绘制结果如图8-96所示。

3. 偶数分格

偶数分格命令绘制按偶数分格的地面或吊顶平面。

（1）执行方式

命令行：OSFG。

菜单："房间屋顶|房间布置|偶数分格"。

（2）操作步骤

1）打开图8-87。

2）执行"偶数分格"命令，命令行提示同"奇数分格"。

绘制结果如图8-97所示。

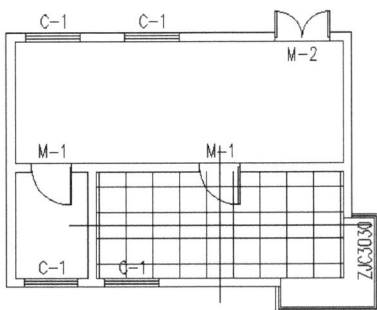

图8-96 奇数分格

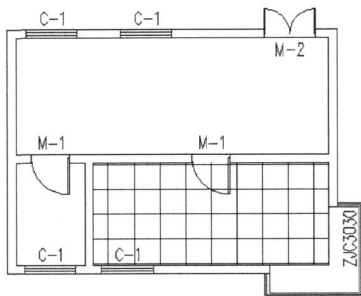

图8-97 偶数分格

4. 布置洁具

"布置洁具"命令可以在卫生间或浴室中选取相应的洁具类型，布置卫生洁具等设施。

（1）执行方式

命令行：BZJJ。

菜单："房间屋顶|房间布置|布置洁具"。

（2）操作步骤

1）绘制一个房间。

2）执行"布置洁具"命令，打开"天正洁具"对话框，如图8-98所示。

3）单击"大便器"，打开"蹲便器（感应式）"对话框，在对话框中设定蹲便器的参数。

4）单击绘图区域，单击墙体边线或选择已有洁具，绘制结果如图8-99所示。

5）参照上述方法布置其他卫生洁具。

5. 布置隔断

"布置隔断"命令是通过使用两点直线来选取房间内已经插入的洁具，输入隔板长度和隔断门宽来布置卫生间隔断。

（1）执行方式

命令行：BZGD。

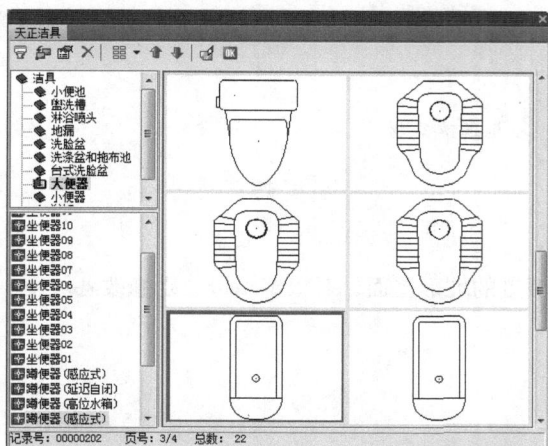

图 8-98 "天正洁具"对话框

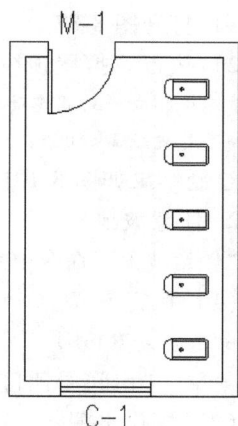

图 8-99 布置洁具

菜单："房间屋顶|房间布置|布置隔断"。

（2）操作步骤

1）打开图 8-99。

2）执行"布置隔断"命令，命令行提示：

输入一直线来选洁具！

起点：//选择起点

终点：//选择终点

隔板长度<1200>：1200

隔断门宽<600>：600

命令执行完毕如图 8-100 所示。

6. 布置隔板

"布置隔板"命令通过两点直线选取房间内已经插入的洁具，输入隔板长度完成卫生间小便器之间的隔板布置。

执行方式如下：

命令行：BZGB。

菜单："房间屋顶|房间布置|布置隔板"。

"布置隔板"命令同"布置隔断"。

8.9.3 屋顶创建

1. 搜屋顶线

"搜屋顶线"命令是搜索整体墙线，按照外墙的外边生成屋顶平面的轮廓线。

（1）执行方式

命令行：SWDX。

菜单："房间屋顶|搜屋顶线"。

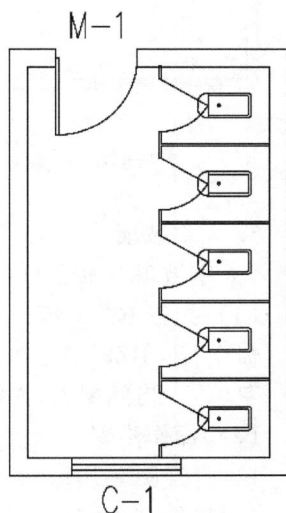

图 8-100 布置隔断

（2）操作步骤

1）打开图 8-87。

2）执行"搜屋顶线"命令，命令行提示：

请选择构成一完成建筑物的所有墙体（或门窗）：//框选建筑物

偏移外皮距离<600>：

绘制结果如图 8-101 所示。

2. 任意坡顶

"任意坡顶"命令由封闭的多段线生成指定坡度的坡形屋面，对象编辑可分别修改各坡度。

（1）执行方式

命令行：RYPD。

菜单："房间屋顶|任意坡顶"。

（2）操作步骤

1）打开图 8-101。

2）执行"任意坡顶"命令，命令行提示：

选择一封闭的多段线<退出>：//点选封闭的多段线

请输入坡度<30>：30

出檐长<600>：600

绘制结果如图 8-102 所示。

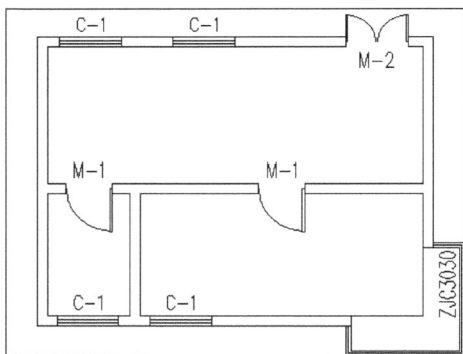

图 8-101　搜屋顶线　　　　　　　　　　　　　　　图 8-102　任意坡顶

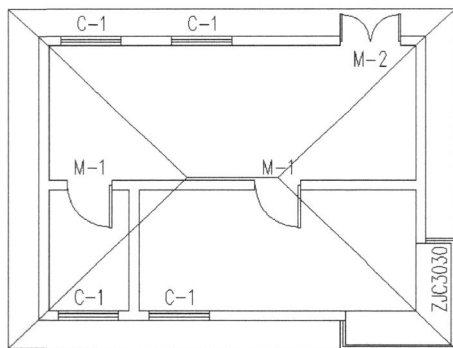

3. 人字坡顶

"人字坡顶"命令可由封闭的多段线生成指定坡度角的单坡或双坡屋面对象。

（1）执行方式

命令行：RZPD。

菜单："房间屋顶|人字坡顶"。

（2）操作步骤

1）打开图 8-101。

2）执行"人字坡顶"命令，命令行提示：

请选择一封闭的多段线<退出>：//选择屋顶轮廓

请输入屋脊线的起点<退出>：//选择轮廓中点

请输入屋脊线的终点<退出>：//选择屋顶轮廓另一个中点

3）打开"人字坡顶"对话框，如图 8-103 所示。在对话框中设置参数，然后单击"确定"按钮，绘制结果如图 8-104 所示。

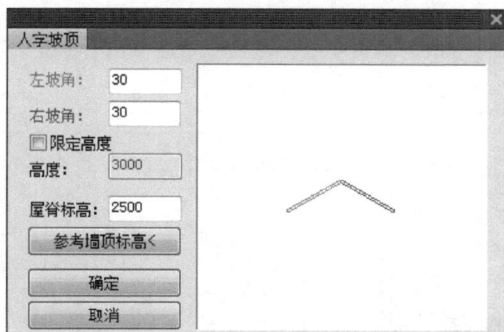

图 8-103 "人字坡顶"选项卡

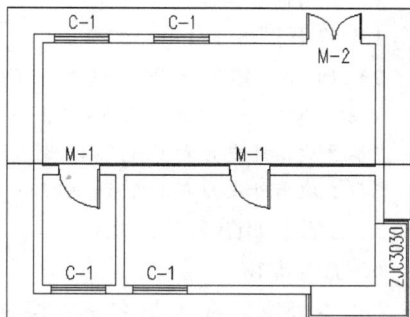

图 8-104 人字坡顶

4. 攒尖屋顶

"攒尖屋顶"命令可以生成对称的正多边锥形攒尖屋顶，考虑出挑与起脊，可加宝顶与尖锥。

（1）执行方式

命令行：CJWD。

菜单："房间屋顶|攒尖屋顶"。

（2）操作步骤

1）绘制一个源文件，如图 8-105 所示。

2）执行"攒尖屋顶"命令，打开"攒尖屋顶"对话框，如图 8-106 所示。

图 8-105 墙体图

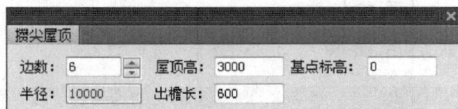

图 8-106 "攒尖屋顶"对话框

3）在对话框中输入相应的数值，在"边数"滚动列表框内输入数值 6，在"屋顶高度"文本框内输入数值3000，在"出檐长"文本框内输入数值 600，命令行提示：

请单击屋顶的中心点：//选择平面中点

获得第二个点：//半径选择 5000

绘制结果如图 8-107 所示。

5. 矩形屋顶

"矩形屋顶"命令可以由三点定义矩形，生成指定坡度和屋顶高的歇山屋顶等矩形屋顶。

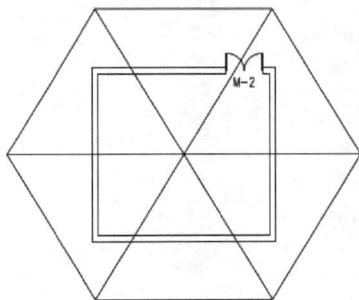

图 8-107 攒尖屋顶

（1）执行方式：

命令行：JXWD。

菜单栏："房间屋顶｜矩形屋顶"。

（2）操作步骤

1）打开图 8-101。

2）执行"矩形屋顶"命令，命令行提示：

点取主坡墙外皮的左下角点<退出>：

点取主坡墙外皮的右下角点<退出>：

点取主坡墙外皮的右上角点<返回>：

绘制结果如图 8-108 所示。

6. 加老虎窗

"加老虎窗"命令是在三维屋顶生成多种老虎窗形式，老虎窗对象提供了墙上开窗的功能，并提供了图层设置、窗宽、窗高等多种参数，可通过对象编辑修改。

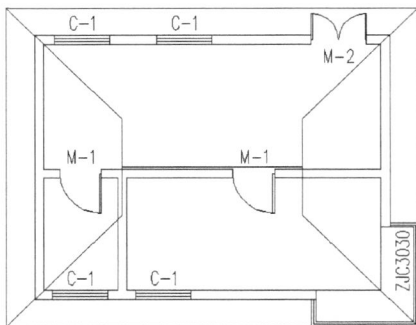

图 8-108　矩形屋顶

（1）执行方式

命令行：JLHC。

菜单："房间屋顶｜加老虎窗"。

（2）操作步骤

1）绘制一坡屋顶图，如图 8-109 所示。

2）执行"加老虎窗"命令，命令行提示：

请选择三维坡屋顶坡面<退出>：//选取坡屋面

3）打开"老虎窗设计"对话框，如图 8-110 所示，输入相应数值。

单选"确定"按钮，命令行提示：

老虎窗的插入位置或［参考点（R）<退出>：//选取需要插入老虎窗的位置

完成老虎窗插入，如图 8-111 所示。

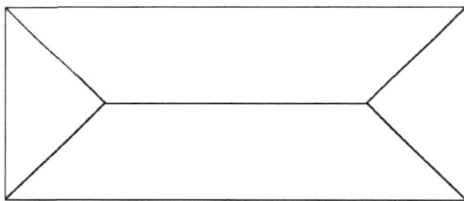

图 8-109　坡屋顶（源图）

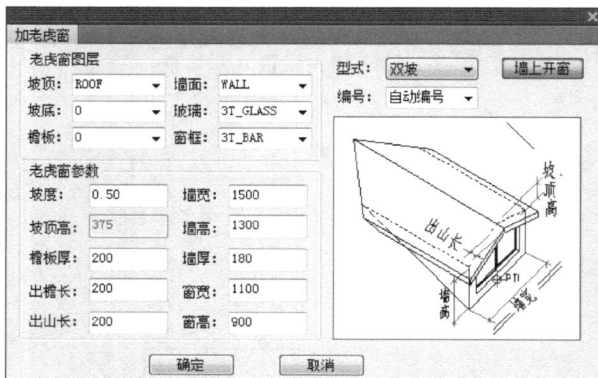

图 8-110　"加老虎窗"对话框

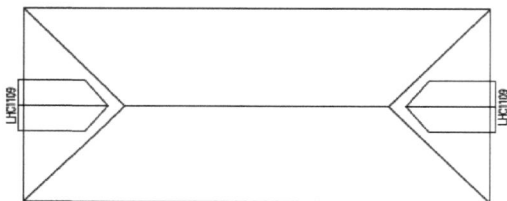

图 8-111　加老虎窗图

7. 加雨水管

"加雨水管"命令在屋顶平面图中绘制雨水管。

（1）执行方式

命令行：JYSG。

菜单："房间屋顶|加雨水管"。

（2）操作步骤

1）打开图 8-109。

2）执行"加雨水管"命令，给出雨水管的起始点（入水口）、结束点（出水口），命令执行完毕，结果如图 8-112 所示。

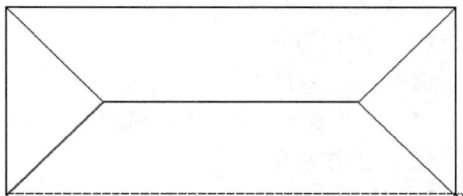

图 8-112　加雨水管图

8.10　楼梯及其他设施

建筑施工图的室内设施包括各种类型的楼梯、电梯、扶梯等，室外设施包括散水、台阶、坡道等。

8.10.1　各种楼梯的创建

1. 直线梯段

直线楼梯是最常见的楼梯形式之一，也是最基本的楼梯样式，可用来组合成复杂的楼梯。

（1）执行方式

命令行：ZXTD。

菜单："楼梯其他|直线梯段"。

（2）操作步骤

1）执行"直线梯段"命令，打开"直线梯段"对话框，如图 8-113 所示。

2）在对话框中设置相关参数后，单击"确定"按钮命令行提示如下：

点取位置或 [转 90 度（A）/左右翻（S）/上下翻（D）/对齐（F）/改转角（R）/改基点（T）]<退出>：

绘制结果如图 8-114 所示。

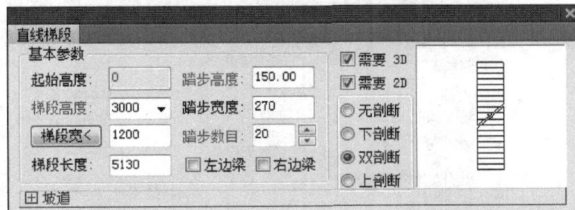

图 8-113　"直线梯段"对话框

图 8-114　直线梯段

2. 圆弧梯段

"圆弧楼梯"命令用于绘制单段弧线形梯段,既适合单独的圆弧楼梯,也可与直线梯段组合创建复杂楼梯,多用于大堂的旋转楼梯。圆弧楼梯形式柔美,故在居住建筑中常用于别墅,公共建筑中常用于酒店等。

(1) 执行方式

命令行:YHTD。

菜单:"楼梯其他 | 圆弧梯段"。

(2) 操作步骤

1) 执行"圆弧梯段"命令,打开"圆弧梯段"对话框,如图 8-115 所示。

2) 在对话框中输入相应的数值,单击"确定"按钮,命令行提示:

点取位置或 [转 90 度 (A) /左右翻 (S) /上下翻 (D) /对齐 (F) /改转角 (R) /改基点 (T)] <退出>:

绘制结果如图 8-116 所示。

图 8-115 "圆弧梯段"对话框

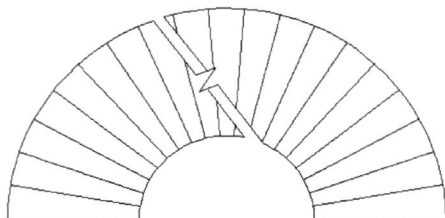

图 8-116 圆弧梯段图

3. 任意梯段

调用"任意梯段"命令,分别指定梯段两侧的边界,在对话框中设置梯段的参数,即可完成形状多变的梯段,可用作各种楼梯造型。

(1) 执行方式

命令行:RYTD。

菜单:"楼梯其他 | 任意梯段"。

(2) 操作步骤

1) 绘制一边线图,如图 8-117 所示。

2) 执行"任意梯段"命令,命令行提示:

请单击梯段左侧边线 (LINE/ARC):// 选择边线 1

请单击梯段右侧边线 (LINE/ARC):// 选择边线 2

3) 打开"任意梯段"对话框,在对话框输入相应的数值,单击"确定"按钮,如图 8-118 所示。

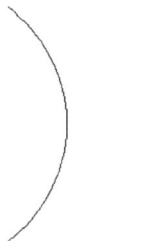

图 8-117 边线图

图 8-118 "任意梯段"对话框

任意梯段的绘制结果如图 8-119 所示。

4. 添加扶手

扶手作为楼梯的构件，与梯段和台阶产生关联。放置在楼梯上的扶手，可以遮挡梯段，也可以被梯段的剖切线剖断。

绘制楼梯时，命令行中一般都有"有外侧扶手""有内侧扶手"和"自动生成栏杆"等选项。"添加扶手"命令的功能是沿楼梯或 PLINE 路径生成扶手，针对不规则的楼梯，用户可用此命令进行扶手添加。

（1）执行方式

命令行：TJFS。

菜单："楼梯其他|添加扶手"。

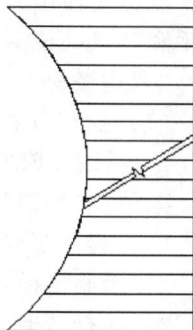

图 8-119　任意梯段

（2）操作步骤

1）打开图 8-119。

2）执行"添加扶手"命令，命令行提示：

请选择梯段或作为路径的曲线（线/弧/圆/多段线）：选则楼梯的左边沿

扶手宽度<60>：60

扶手顶面高度<900>：900

扶手距边<0>：0

3）生成楼梯左边扶手，重复上述命令生成楼梯右边扶手。

绘制结果如图 8-120 所示。

双击创建的扶手，可以进入对象编辑状态。

5. 连接扶手

"连接扶手"命令是把两段扶手连成一段，若两段待连接的扶手样式不同，则连接后的样式以第一段的扶手样式为准。

（1）执行方式

命令行：LJFS。

菜单："楼梯其他|连接扶手"。

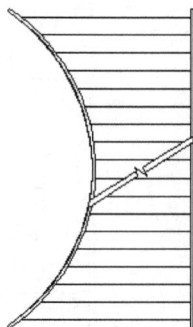

图 8-120　添加扶手

（2）操作步骤

1）绘制图 8-121。

2）执行"连接扶手"命令，命令行提示：

选择待连接的扶手（注意与顶点顺序一致）：//选择一段扶手

选择待连接的扶手（注意与顶点顺序一致）：//选择另一段扶手

绘制结果如图 8-122 所示。

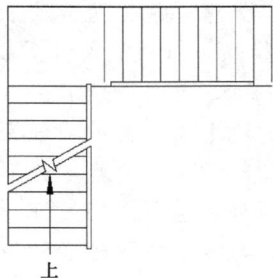

图 8-121　源图

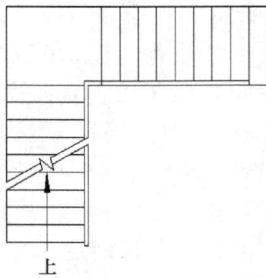

图 8-122　连接扶手

6. 双跑楼梯

双跑楼梯作为常用的楼梯形式，是由两个直线梯段、一个休息平台、一个（或两个）扶手和一组（或两组）栏杆构成的自定义对象。

"双跑楼梯"命令是在对话框中输入梯间参数，直接绘制双跑楼梯。

（1）执行方式

命令行：SPLT。

菜单："楼梯其他|双跑楼梯"。

（2）操作步骤

1）绘制楼梯间。

2）执行"双跑楼梯"命令，打开"双跑楼梯"对话框，如图 8-123 所示。

3）在对话框中输入相应的数值，单击"确定"按钮，命令行提示：

单击位置或 ［转 90 度（A）/左右翻（S）/上下翻（D）/对齐（F）/改转角（R）/改基点（T）］<退出>：//点选房间左上内角点

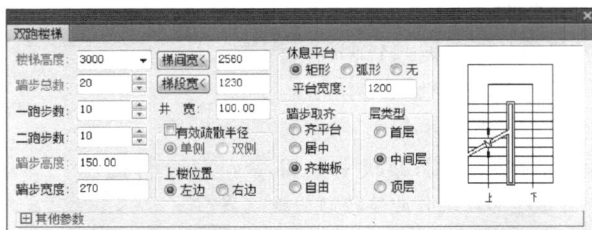

图 8-123 "双跑楼梯"对话框

绘制结果如图 8-124 所示。双跑楼梯的三维显示如图 8-125 所示。

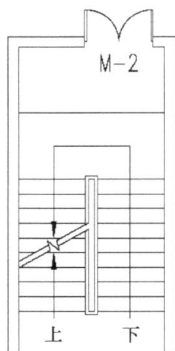

图 8-124 双跑楼梯

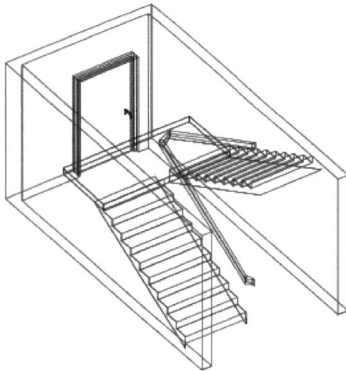

图 8-125 双跑楼梯的三维显示

提示："双跑楼梯"对话框中选项含义如下，"楼梯高度"表示双跑楼梯的总高度；"踏步总数"表示双跑楼梯总踏步数；"一跑步数"表示楼梯一跑的踏步数量，可与"二跑数量"进行互相平衡；"二跑步数"默认与一跑数量相同，可根据设计需要修改；"踏步高度"表示每个踏步的垂直高度；"踏步宽度"表示每个踏步水平宽度；"梯间宽"表示双跑楼梯总宽；"梯段宽"默认宽度由总宽计算而来；"井宽"表示两个梯段之间的宽度；"休息平台"表示连接两梯段的中间平台；"踏步取齐"除了两跑步数不等时可直接在"齐平台""居中""齐楼板"中选择两梯段相对位置外，也可以通过拖动夹点任意调整两梯段之间的位置，此时踏步取齐设为"自由"；"层类型"根据楼梯的位置不同，分为首层、中间层、顶层三种形式。

7. 多跑楼梯

"多跑楼梯"命令的功能是在输入的关键点建立多跑楼梯,以梯段结束、梯段和休息平台交替布置。

(1) 执行方式

命令行:DPLT。

菜单:"楼梯其他|多跑楼梯"。

(2) 操作步骤　执行"多跑楼梯"命令,打开"多跑楼梯"对话框,如图 8-126 所示。在对话框输入相应的数值,确定后命令行提示:

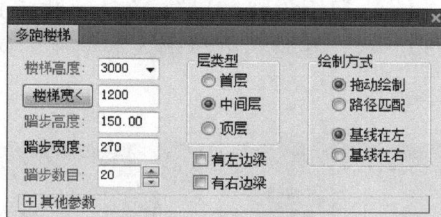

图 8-126　"多跑楼梯"对话框

起点://点取楼梯起始点

输入下一点或 [路径切换到右侧 (Q)]<退出>:

输入下一点或 [绘制梯段 (T)/路径切换到右侧 (Q)/撤消上一点 (U)]<切换到绘制梯段>:

输入下一点或 [绘制平台 (T)/路径切换到右侧 (Q)/撤消上一点 (U)]<退出>:

绘制结果如图 8-127 所示。

8. 双分平行楼梯

调用"双分平行楼梯"命令,通过在弹出的"双分平行楼梯"对话框中设置梯段的各项参数,可绘制双分平行楼梯。双分平行楼梯可以通过设置平台宽度来解决复杂的梯段关系。

(1) 执行方式

命令行:SFPX。

菜单:"楼梯其他|双分平行楼梯"。

(2) 操作步骤　执行"双分平行楼梯"命令,打开"双分平行楼梯"对话框,如图 8-128 所示。在对话框输入相应的数值,绘制结果如图 8-129 所示。

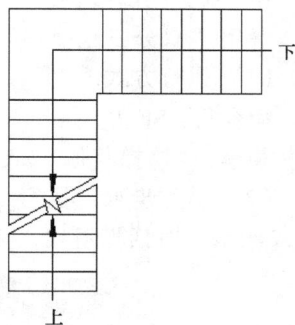

图 8-127　多跑楼梯图

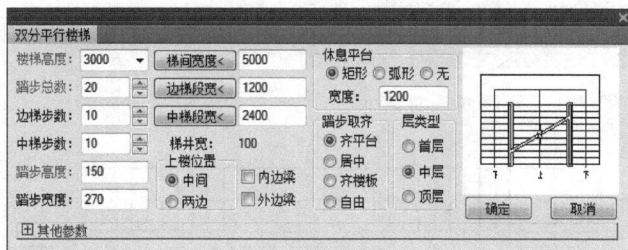

图 8-128　"双分平行楼梯"对话框

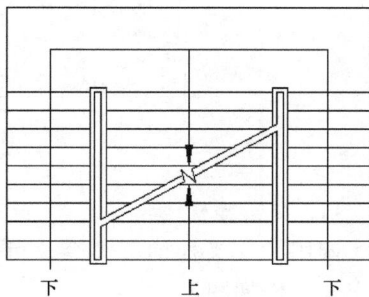

图 8-129　双分平行楼梯

9. 双分转角楼梯

调用"双分转角楼梯"命令,通过在弹出的"双分转角楼梯"对话框中设置梯段参数,可绘制呈 T 形的转角楼梯,因其具有良好的导向性,可进行有效的人流分流,常见于地铁站厅设计中。

（1）执行方式

命令行：SFZJ。

菜单："楼梯其他|双分平行楼梯"。

（2）操作步骤 执行"双分转角楼梯"命令，打开"双分转角楼梯"对话框，如图
8-130所示，在对话框里输入需绘制的楼梯参数，绘制结果如图8-131所示。

图 8-130 "双分转角楼梯"对话框

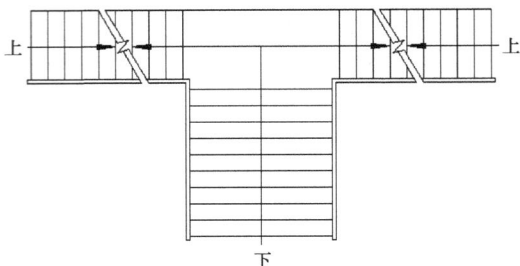

图 8-131 双分转角楼梯

10. 双分三跑楼梯

调用"双分三跑楼梯"命令，可绘制复合的"两"段的三跑楼梯。

（1）执行方式

命令行：SFSP。

菜单："楼梯其他|双分三跑楼梯"。

（2）操作步骤 执行"双分三跑楼梯"命令，打开"双分三跑楼梯"对话框，如图
8-132所示，对话框里输入需绘制的楼梯参数，绘制结果如图8-133所示。

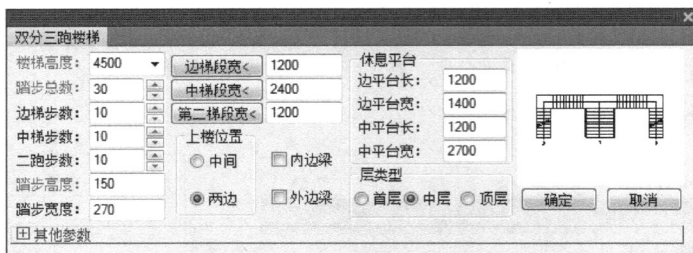

图 8-132 "双分三跑楼梯"对话框

11. 交叉楼梯

调用"交叉楼梯"命令，可绘制相互交叉的楼梯图形。

（1）执行方式

命令行：JCLT。

菜单："楼梯其他|交叉楼梯"。

（2）操作步骤 执行"交叉楼梯"命令，打开"交叉楼梯"对话框，如图
8-134所示，对话框里输入楼梯参数，绘制结果如图8-135所示。

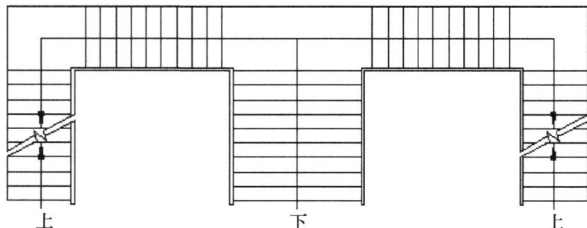

图 8-133 双分三跑楼梯

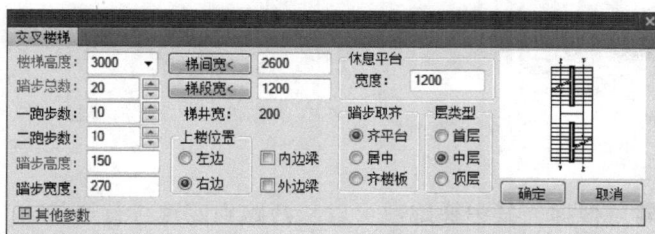

图 8-134　"交叉楼梯"对话框

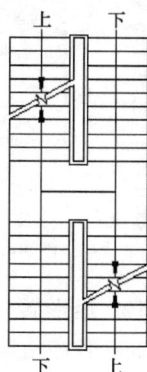

图 8-135　交叉楼梯

12. 剪刀楼梯

"剪刀楼梯"命令用于绘制剪刀楼梯,一般作为疏散楼梯使用,两跑之间需要绘制防火墙进行分隔,形成了独自的两段楼梯,增加了楼梯疏散宽度。剪刀楼梯常用于高层住宅及商业综合体的设计中。

(1) 执行方式

命令行:JDLT。

菜单:"楼梯其他|剪刀楼梯"。

(2) 操作步骤　执行"剪刀楼梯"命令,打开"剪刀楼梯"对话框,如图 8-136 所示,对话框里输入楼梯参数,绘制结果如图 8-137 所示。

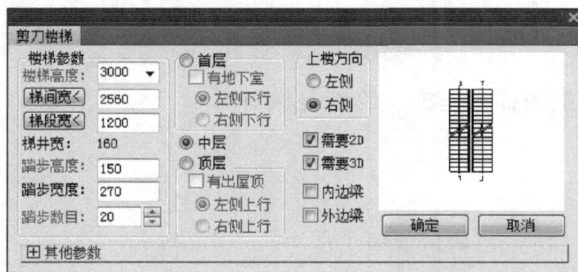

图 8-136　"剪刀楼梯"对话框

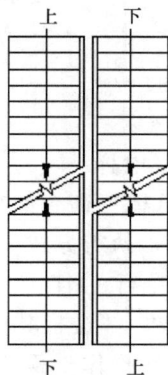

图 8-137　剪刀楼梯

13. 三角楼梯

"三角楼梯"命令用于绘制三角形楼梯。

(1) 执行方式

命令行:SJLT。

菜单:"楼梯其他|三角楼梯"。

(2) 操作步骤　执行"三角楼梯"命令,打开"三角楼梯"对话框,如图 8-138 所示,对话框里输入需绘制的楼梯参数,绘制结果如图 8-139 所示。

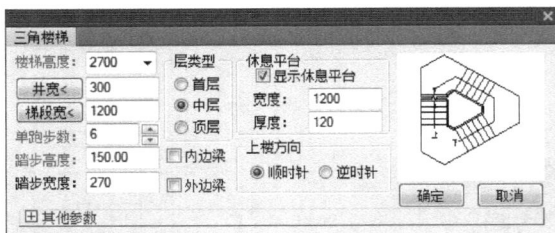

图 8-138 "三角楼梯"对话框

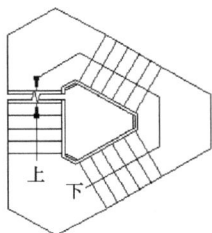

图 8-139 三角楼梯

14. 矩形转角

"矩形转角"命令用于绘制矩形转角楼梯,其中梯跑数可以从两跑到四跑自行选择。

(1)执行方式

命令行:JXZJ。

菜单:"楼梯其他|矩形转角"。

(2)操作步骤 执行"矩形转角"命令,打开"矩形转角楼梯"对话框,如图 8-140 所示,对话框里输入楼梯参数,绘制结果如图 8-141 所示。

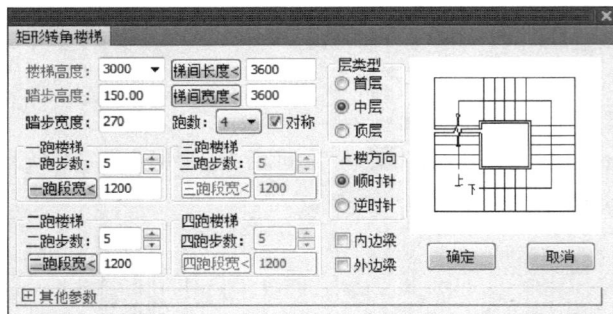

图 8-140 "矩形转角楼梯"对话框

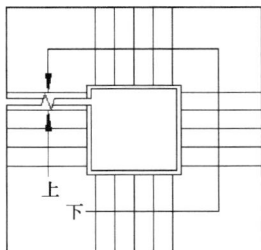

图 8-141 矩形转角

15. 电梯

"电梯"命令的功能是在电梯间井道内插入电梯,绘制电梯简图。

(1)执行方式

命令行:DT。

菜单:"楼梯其他|电梯"。

(2)操作步骤

1)绘制电梯间井道墙体,如图 8-142 所示。

2)执行"电梯"命令,打开"电梯参数"对话框,如图 8-143 所示。

3)在对话框中输入相应的数值,在绘图区域单击,命令行提示:

请给出电梯间的一个角点或[参考点(R)]<退出>:

再给出上一角点的对角点:

请单击开电梯门的墙线<退出>:

请单击平衡块的所在的一侧<退出>:

请单击其他开电梯门的墙线<无>:

绘制电梯图如图 8-144 所示。

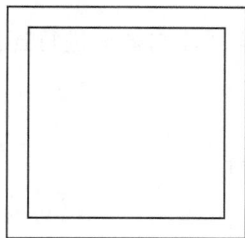

图 8-142 电梯间墙体 | 图 8-143 "电梯参数"对话框 | 图 8-144 电梯图

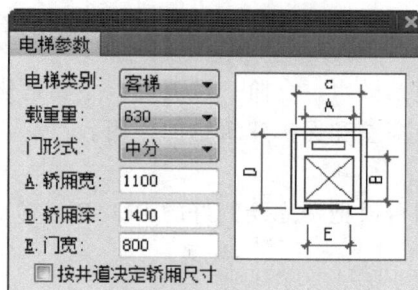

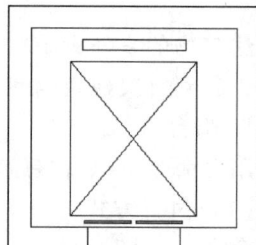

16. 自动扶梯

"自动扶梯"命令可以在对话框中输入梯段参数，绘制单台或双台自动扶梯。

（1）执行方式

命令行：ZDFT。

菜单："楼梯其他|自动扶梯"。

（2）操作步骤

1）执行"自动扶梯"命令，打开"自动扶梯"对话框，如图 8-145 所示。

2）在对话框中输入相应的数值，选中"单梯"单选按钮，命令行提示：

点取位置或［转 90 度（A）/左右翻（S）/上下翻（D）/对齐（F）/改转角（R）/改基点（T）］<退出>://点取扶梯插入位置

绘制结果如图 8-146 所示。

3）"双梯"选项，绘制方法同"单梯"，绘制结果如图 8-147 所示。

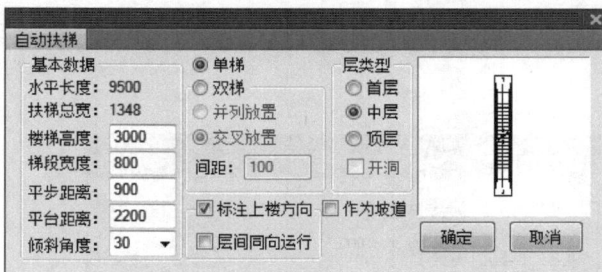

图 8-145 "自动扶梯"对话框

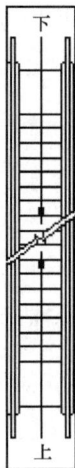

图 8-146 自动扶梯单梯

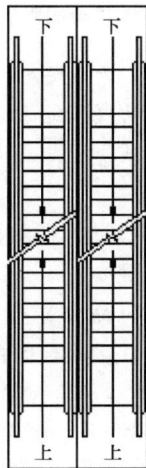

图 8-147 自动扶梯双梯

8.10.2 其他设施

建筑物的室外设施主要包括散水、台阶、坡道等，主要是建筑物主体与场地进行连接的构件，起到解决建筑物室内外高差和保护建筑物的作用。

1. 阳台

阳台命令可以直接绘制阳台或把预先绘制好的 PLINE 线转成阳台。

（1）执行方式

命令行：YT。

菜单："楼梯其他|阳台"。

（2）操作步骤

1）执行"阳台"命令，显示"绘制阳台"对话框，如图 8-148 所示，在对话框中输入相应的阳台参数

2）点选图纸中插入阳台的位置，命令行提示：

阳台起点<退出>：//选择起点

阳台终点或 [翻转到另一侧（F)]<取消>：//选择添加阳台终点（按<F>键可改变创建阳台的方向）

绘制结果如图 8-149 所示。

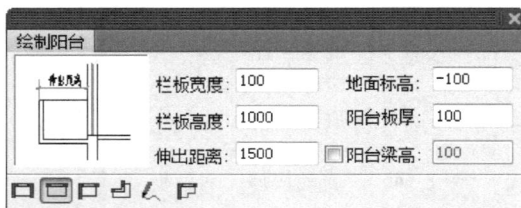

图 8-148 "绘制阳台"对话框

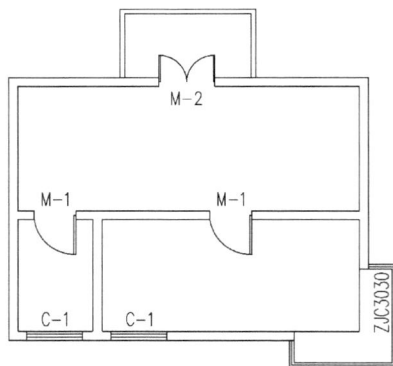

图 8-149 阳台图

2. 台阶

台阶命令可以直接绘制台阶或把预先绘制好的 PLINE 线转成台阶。

（1）执行方式

命令行：TJ。

菜单："楼梯其他|台阶"。

（2）操作步骤

执行"台阶"命令，打开"台阶"对话框，如图 8-150 所示，在对话框中输入相应的数值，点选图纸中插入台阶的位置，生成台阶。命令行提示：

指定第一点 [中心定位（C)/门窗对中（D)]<退出>：//选择台阶第一点

第二点或 [翻转到另一侧（F)]<取消>：//选择台阶第二点

指定第一点 [中心定位（C)/门窗对中（D)]<退出>：//按<Enter>键退出

绘制结果如图 8-151 所示。

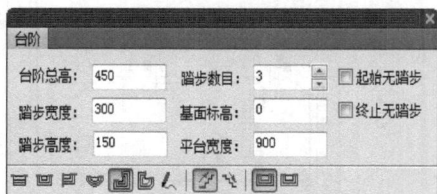

图 8-150　"台阶"对话框

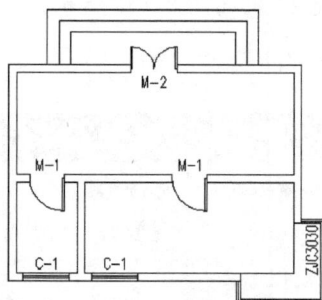

图 8-151　添加台阶

3. 坡道

（1）执行方式

命令行：PD。

菜单："楼梯其他|坡道"。

（2）操作步骤　执行"坡道"命令，打开"坡道"对话框，如图 8-152 所示。
在对话框中输入相应的数值，选择图纸中插入坡道的位置，命令行提示：

点取位置或［转 90 度（A）/左右翻（S）/上下翻（D）/对齐（F）/改转角（R）/改基点（T）］<退出>：

绘制结果如图 8-153 所示。

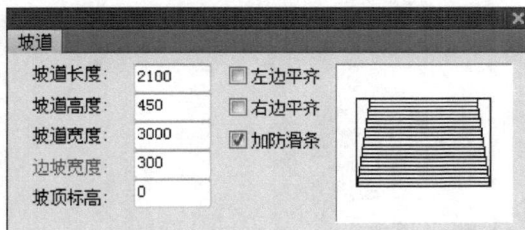

图 8-152　"坡道"对话框

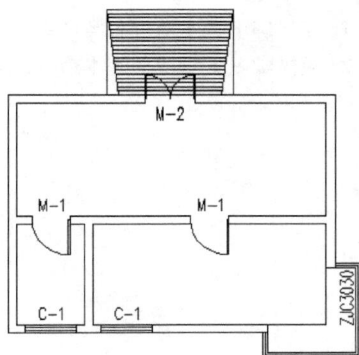

图 8-153　添加坡道

4. 散水

"散水"命令可以通过自动搜索外墙线，绘制散水。

（1）执行方式

命令行：SS。

菜单："楼梯其他|散水"。

（2）操作步骤

1）执行"散水"命令，打开"散水"对话框，如图 8-154 所示。

2）在对话框中输入相应的数值，选择图纸中插入散水的位置，命令行提示：

请选择构成一完整建筑物的所有墙体（或门窗、阳台）<退出>：//框选平面图

请选择构成一完整建筑物的所有墙体（或门窗、阳台）<退出>：//生成散水（此时边界会呈现红色）

请选择构成一完整建筑物的所有墙体（或门窗、阳台）<退出>：

绘制结果如图 8-155 所示。

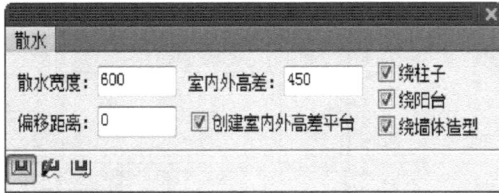

图 8-154 "散水"对话框

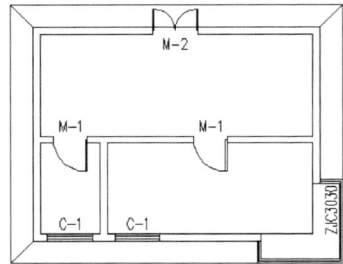

图 8-155 添加散水图

本 章 小 结

本章主要讲解了轴网、柱、墙体、门窗、房间与屋顶及室内外设施等的绘制与编辑方法。轴网绘制要掌握轴网的创建、编辑轴网、轴网标注、轴号编辑；柱绘制要掌握柱子的创建、柱子编辑；墙体绘制要掌握墙体创建、墙体编辑、墙体编辑工具、墙体立面工具、内外墙体识别工具；门窗绘制要掌握门窗的创建、门窗编号与门窗表、门窗编辑的工具；房间与屋顶绘制要掌握房间面积的创建、房间布置、屋顶创建；室内外设施绘制要掌握各种楼梯的创建及室内外其他设施的绘制等。

思考与练习

1. 在熟练掌握本章节各类命令。
2. 通过学习本章节的基本命令，尝试绘制简单的别墅平面图。

第9章 建筑立面与建筑剖面

在工程平面图绘制完成后，还需要绘制建筑的立面图和剖面图。建筑立面图主要是用来表示建筑物的外形及外墙面装饰要求等方面的内容。

建筑剖面图是用来表达建筑物的剖面设计细节的图形。天正剖面图是通过平面图中构件的三维信息在指定剖切位置消隐获得的二维图形，除了符号与尺寸标注对象及可见的门窗、阳台图块是天正自定义对象外，墙线、梁线等构成元素都是 AutoCAD 的基本对象。

9.1 建筑立面

立面图绘制由创建立面图和立面编辑两部分完成。

9.1.1 创建立面图

绘制建筑的立面可以形象地表达出建筑物的三维信息，受建筑物的细节影响和视线的遮挡，建筑立面在天正系统中为二维信息。立面的创建可以通过天正命令自动生成。

1. 建筑立面

建筑立面命令可以生成建筑物立面，但生成的立面需以平面图为基础，在当前工程为空的情况下执行本命令，会出现警告对话框"请打开或新建一个工程管理项目，并在工程数据库中建立楼层表"。所以在执行建筑立面命令前，首先需要进行工程管理的创建。

1）执行"工程管理"命令，选取新建工程，出现"新建工程"对话框，如图 9-1 所示。在"文件名"文本框中输入文件名称为平面，然后单击"保存"按钮，即可生成"工程管理器"窗口，如图 9-2 所示。

图 9-1 "新建工程"对话框

图 9-2 "工程管理器"窗口

2）采用下述方式建立组合楼层。

① 如果每层平面图均有独立的图纸文件，此时可将多个平面图文件放在同一个文件夹

下面，在对话框中单击"打开"按钮打开所需平面图，确定每个标准层共同的对齐点，然后完成组合楼层。

② 如果多个平面图放在一个图纸文件中，在楼层栏的电子表格中分别选取图中的平面图，指定共同对齐点，然后完成组合楼层（本图例将图 9-3 作为组合楼层平面图元）。同时也可以指定部分平面图在其他图纸文件中，采用方式二比较灵活，适用性也强。

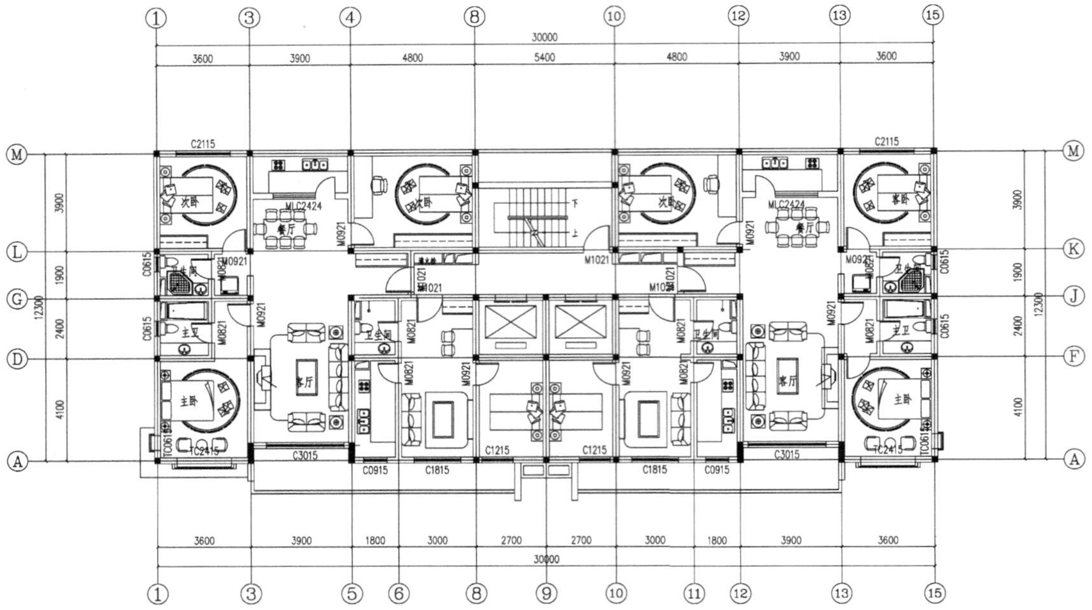

图 9-3　平面图

为了综合演示，采用方式一。单击相应按钮，命令行提示如下：

选择第一个角点<取消>：//点选所选标准层的左下角

另一个角点<取消>：//点选所选标准层的右上角

对齐点<取消>：//选择开间和进深的第一轴线交点

成功定义楼层。

此时将所选的楼层定义为第一层，然后重复上面的操作完成各楼层的定义，如图 9-4 所示。当所在标准层不在同一图纸中时，可以通过单击文件后面的方框"选择层文件"选择需要装入的标准层。

3）执行"建筑立面"命令，命令行提示：

请输入立面方向或 [正立面（F）/背立面（B）/左立面（L）/右立面（R）]<退出>：//选择正立面 F

请选择要出现在立面图上的轴线：//选择轴线

请选择要出现在立面图上的轴线：//按<Enter>键结束选择

4）打开"立面生成设置"对话框，如图 9-5 所示。

5）在对话框中输入标注的参数，然后单击"生成立面"按钮，输入要生成的立面文件的名称和位置。

6）单击"保存"按钮，即可在指定位置生成立面图，如图 9-6 所示。

图 9-4　定义楼层

2. 构件立面

本命令用于生成当前标准层、局部构件或三维图块对象在选定方向上的立面图与顶视图。生成的立面图内容取决于选定的对象的三维图形。本命令按照三维视图指定方向进行消隐计算，优化的算法使立面生成快速而准确，生成立面图的图层名为原构件图层名加 E-前缀。

（1）执行方式

命令行：GJLM。

菜单："立面|构件立面"。

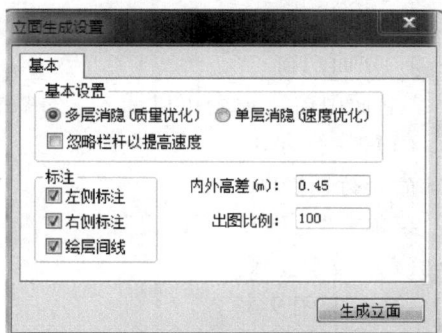

图 9-5 "立面生成设置"对话框

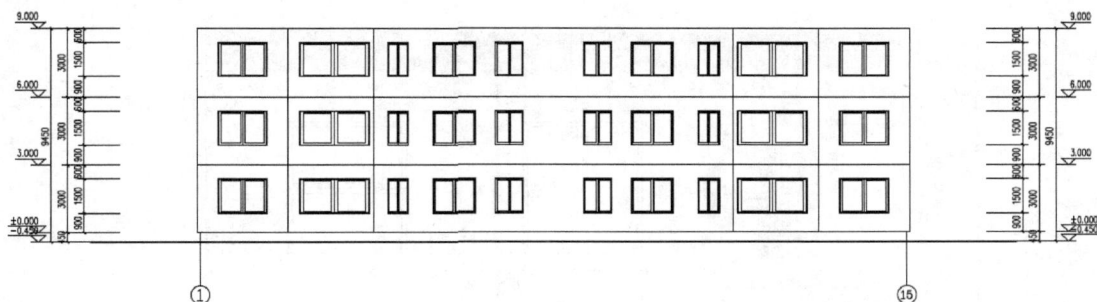

图 9-6 立面图

（2）操作步骤

1）打开图 9-7。

2）执行"构件立面"命令，命令行提示如下：

请输入立面方向或 [正立面（F）/背立面（B）/左立面（L）/右立面（R）/顶视图（T）]<退出>:F

请选择要生成立面的建筑构件：//选择建筑构件

请选择要成成立面的建筑构件：//按<Enter>键结束选择

请点取放置位置：//选择楼梯立面

按<Enter>键，绘制结果如图 9-8 所示。

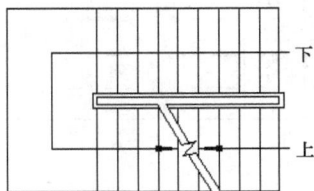

图 9-7 楼梯平面图

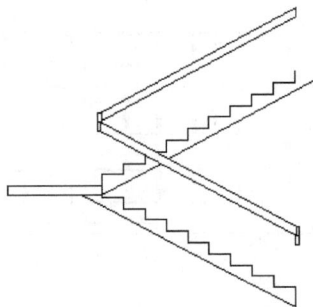

图 9-8 楼梯构件立面图

9.1.2 立面编辑

根据立面构件的要求，对生成的建筑立面进行编辑，可以完成创建门窗、阳台、屋顶、门窗套、雨水管、轮廓线等功能，也可以替换、添加立面图上的门窗。

1. 立面门窗

"立面门窗"命令可以插入、替换立面图上的门窗，同时对立面门窗库进行维护。

（1）执行方式

命令行：LMMC。

菜单："立面|立面门窗"。

（2）操作步骤

1）打开图 9-6。

2）执行"立面门窗"命令，打开"天正图库管理系统"窗口，如图 9-9 所示。单击上方的"替换"图标，天正自动选择新选的门窗替换原有的门窗，结果如图 9-10 所示。

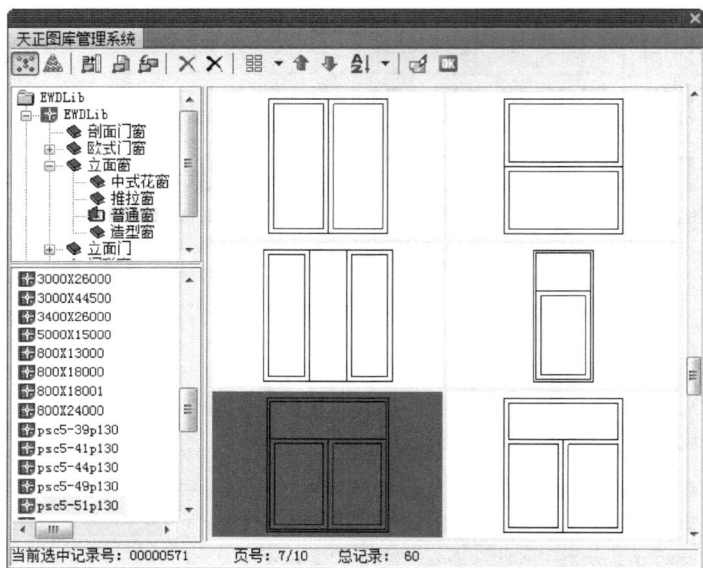

图 9-9　"天正图库管理系统"窗口

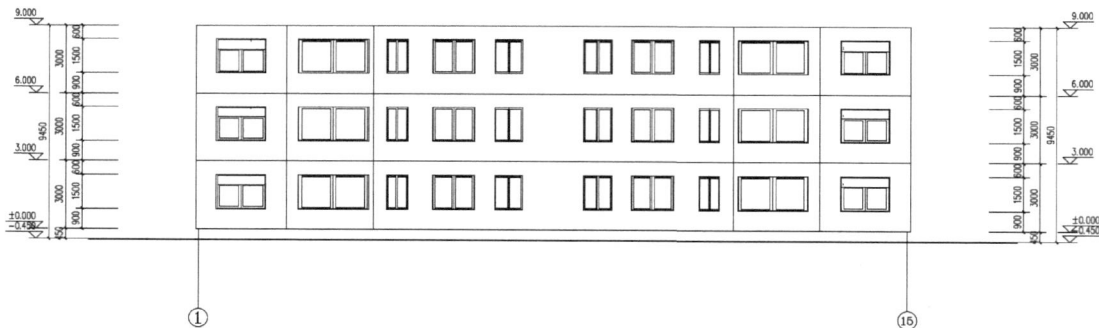

图 9-10　替换窗之后的立面图

2. 门窗参数

"门窗参数"命令可以修改立面门窗的尺寸和位置。

（1）执行方式

命令行：MCCS。

菜单："立面|门窗参数"。

（2）操作步骤

1）打开图9-6。

2）执行"门窗参数"命令，查询并更改左上的窗参数，命令行提示：

选择立面门窗：//选择门窗

选择立面门窗：//按<Enter>键退出

底标高从 1000 到 16000 不等

底标高<不变>：/按<Enter>键确定

高度<1500>：1500

宽度<1800>：2000

天正自动按照尺寸更新所选立面窗，结果如图9-11所示。

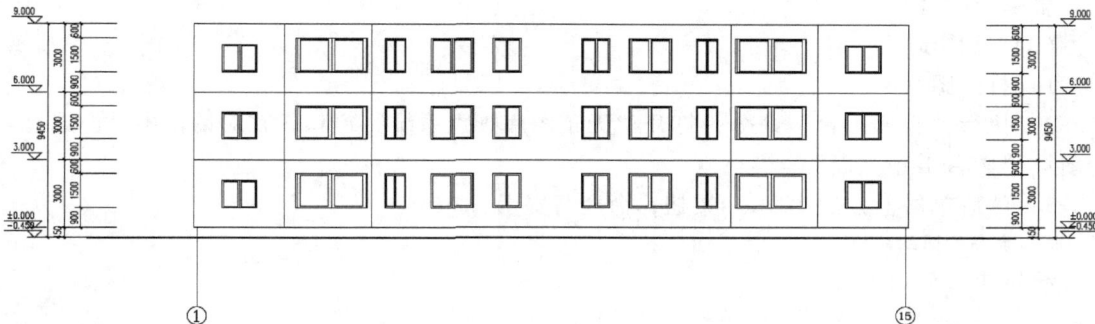

图9-11　修改窗之后的立面图

3. 立面窗套

"立面窗套"命令可以生成全包的窗套或者窗上沿线和下沿线。

（1）执行方式

命令行：LMCT。

菜单："立面|立面窗套"。

（2）操作步骤

1）打开图9-6。

2）执行"立面窗套"命令，命令行提示：

请指定窗套的左下角点<退出>：//选择窗的左下角

请指定窗套的右上角点<退出>：//选择窗的右上角

3）打开"窗套参数"对话框，选择全包模式，如图9-12所示，输入窗套宽数值150，然后单击"确定"，结果如图9-13所示。立面图左半区域增加窗套，右半区未加窗套，可以直观地看到区别。

4. 立面阳台

"立面阳台"命令可以插入、替换立面阳台和对立面阳台库进行维护，也是立面阳台的管理工具。

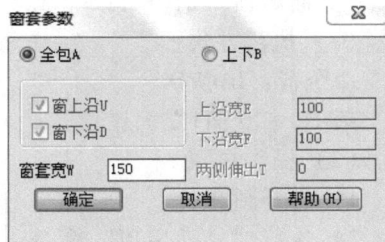

图9-12　"窗套参数"对话框

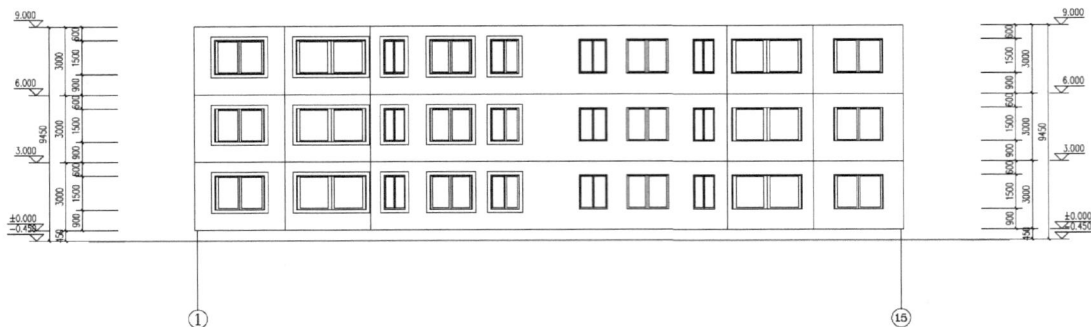

图 9-13 添加窗套之后的立面图

（1）执行方式

命令行：LMYT。

菜单："立面|立面阳台"。

（2）操作步骤

1）打开图 9-6。

2）执行"立面阳台"命令，打开"天正图库管理系统"窗口，在对话框中单击选择阳台图块"阳台 1-正立面"。

3）然后单击上方的"OK"按钮，命令行提示：

将阳台插入图纸之中

结果如图 9-14 所示。

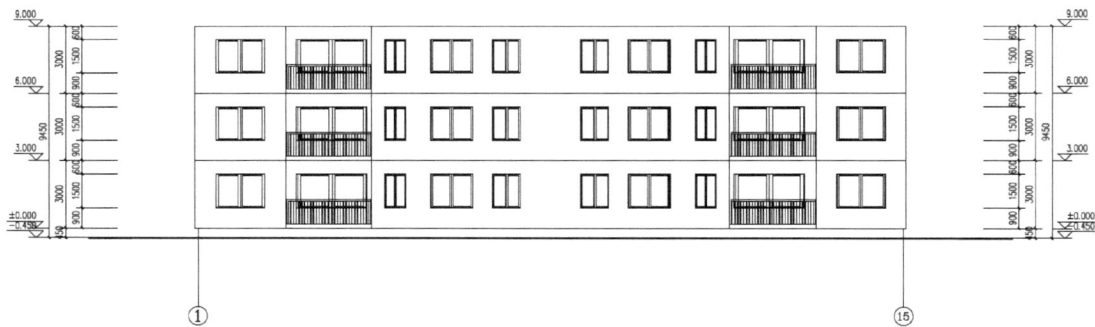

图 9-14 添加阳台之后的立面图

5. 立面屋顶

"立面屋顶"命令可以完成多种形式的屋顶立面图。

（1）执行方式

命令行：LMWD。

菜单："立面|立面屋顶"。

（2）操作步骤

1）打开图 9-6。

2）执行"立面屋顶"命令，打开"立面屋顶参数"对话框，如图 9-15 所示，在其中填入歇山顶正立面的相关数据。

3）在"坡顶类型"列表框中选择歇山顶正立面，在"屋顶高"文本框中输入2500，在"坡长"文本框中输入1600，在"歇山高"文本框中输入1500，在"出挑长"文本框中输入500，在"檐板宽"文本框中输入200，在"屋顶特性"选项组中选择全，单击"定位点PT1-2<"按钮，在图中选择屋顶的外侧，然后单击"确定"按钮完成操作，命令行提示：

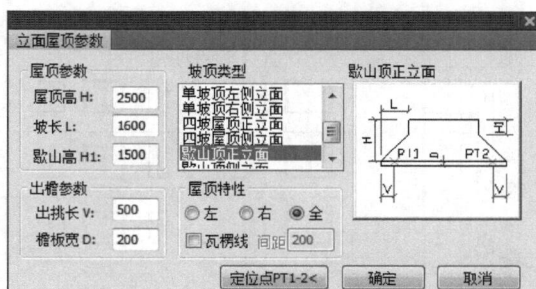

图9-15 "立面屋顶参数"对话框

请单击墙顶角点PT1<返回>：//指定歇山的左侧的角点

请单击墙顶另一角点PT2<返回>：//指定歇山的右侧的角点

结果如图9-16所示。

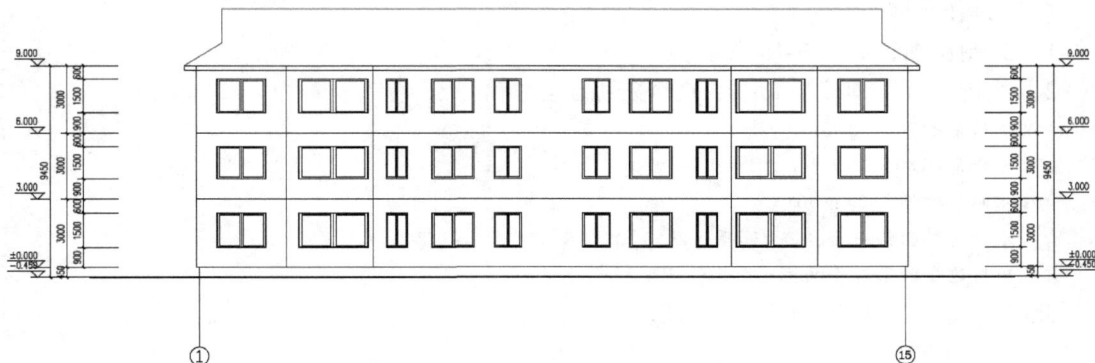

图9-16 添加歇山顶之后的立面图

6. 雨水管线

"雨水管线"命令可以按给定的位置生成竖直向下的雨水管。

（1）执行方式

命令行：YSGX。

菜单："立面|雨水管线"。

（2）操作步骤

1）打开图9-16。

2）生成左侧的雨水管，执行"雨水管线"命令，命令行提示：

请指定雨水管的起点 [参考点 (R)/管径 (D)]<退出>：//指定雨水管起点

请指定雨水管的下一点 [管径 (D)/回退 (U)]<退出>：//指点雨水管终点

请指定雨水管的下一点 [管径 (D)/回退 (U)]<退出>：//空格确定雨水管

当前管径为100

最终生成的带雨水管线的立面图如图9-17所示。

7. 柱立面线

柱立面线命令可以绘制圆柱的立面过渡线。

（1）执行方式

命令行：ZLMX。

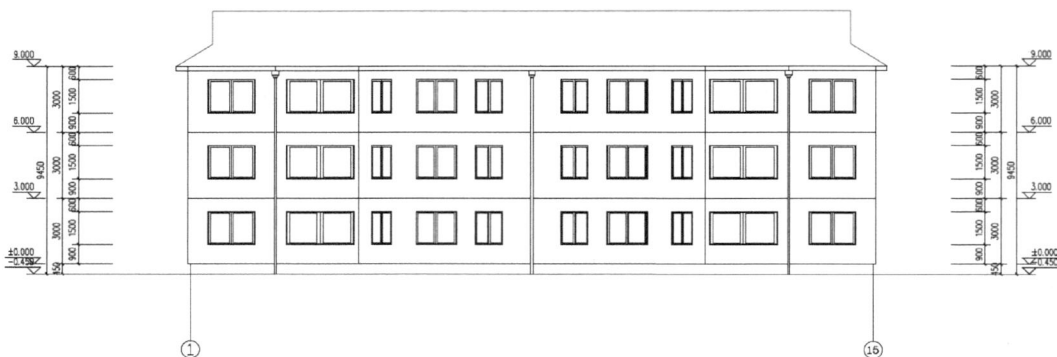

图 9-17 带雨水管线的立面图

菜单："立面|柱立面线"。

（2）操作步骤

1）绘制源图，如图 9-18 所示。

2）执行"柱立面线"命令，命令行提示：

输入起始角<180>：180

输入包含角<180>：90

输入立面线数目<12>：36

输入矩形边界的第一个角点<选择边界>：A

输入矩形边界的第二个角点<退出>：B

此时生成柱立面线，如图 9-19 所示。

图 9-18 柱立面线边界

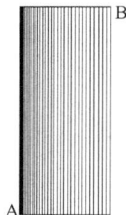

图 9-19 柱立面线图

8. 图形裁剪

图形裁剪命令可以对立面图形进行裁剪。

（1）执行方式

命令行：TXCJ。

菜单："立面|图形裁剪"。

（2）操作步骤

1）打开图 9-17。

2）执行"图形裁剪"命令，命令行提示：

请选择被裁剪的对象：//框选建筑立面

请选择被裁剪的对象：//按<Enter>键退出

矩形的第一个角点或 [多边形裁剪（P）/多短线定边界（L）/图块定边界（B）]<退出>：//指定框选的

左下角点

　　另一个角点<退出>：//指定框选的右上角点

　　结果如图9-20所示。

　　9. 立面轮廓

　　"立面轮廓"命令可以对立面图搜索轮廓，生成轮廓粗线，但不包括地坪线在内。

　　（1）执行方式

　　命令行：LMLK。

　　菜单："立面|立面轮廓"。

　　（2）操作步骤

　　1）打开图9-17。

　　2）执行"立面轮廓"命令，命令行提示：

选择二维对象：//框选立面图形

选择二维对象：

请输入轮廓线宽度（按模型空间的尺寸）<0>：300

成功地生成了轮廓线。

　　此时生成的立面轮廓如图9-21所示。

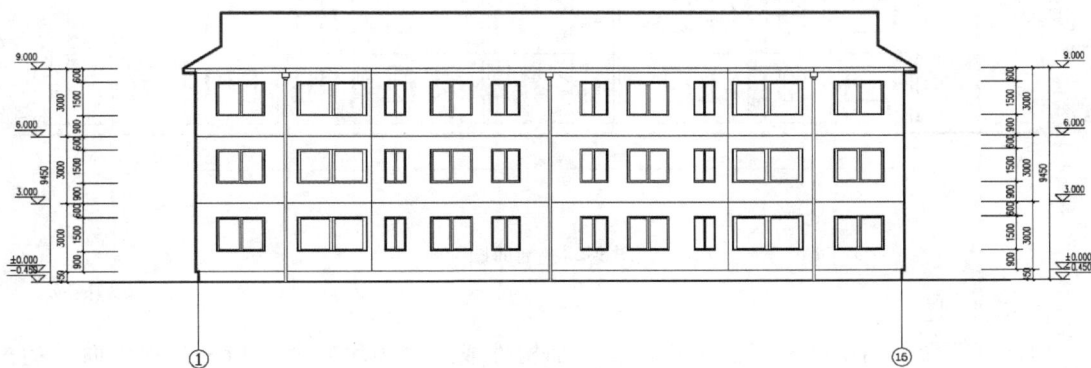

图 9-20　图形裁剪

图 9-21　立面轮廓图

9.2　建筑剖面

9.2.1　剖面创建

　　与建筑立面相似，绘制建筑的剖面也可以形象地表达出建筑物的三维信息，同样受建筑物的细节和视线方向的遮挡，建筑剖面在天正系统中为二维信息。剖面的创建可以通过天正命令自动生成。

1. 建筑剖面

建筑剖面命令可以生成建筑物剖面。在当前工程为空的时候执行本命令，会出现警告对话框"请打开或新建一个工程管理项目，并在工程数据库中建立楼层表"。

（1）执行方式

命令行：JZPM。

菜单："剖面|建筑剖面"。

（2）操作步骤

1）打开图 9-3，在平面中增补剖切符号。

2）在首层确定剖面剖切位置，然后建立工程项目，执行"建筑剖面"命令，命令行提示：

请选择一剖切线：//选取首层需生成剖面图的剖切线

请选择要出现在剖面图上的轴线：//选取轴线

3）打开"剖面生成设置"对话框，在对话框中输入标注的数值，然后单击"生成剖面"按钮。

4）打开"输入要生成的文件"对话框，在此对话框中输入要生成的剖面文件的名称和位置。

5）单击"保存"按钮，即可在指定位置生成剖面图，如图 9-22 所示。

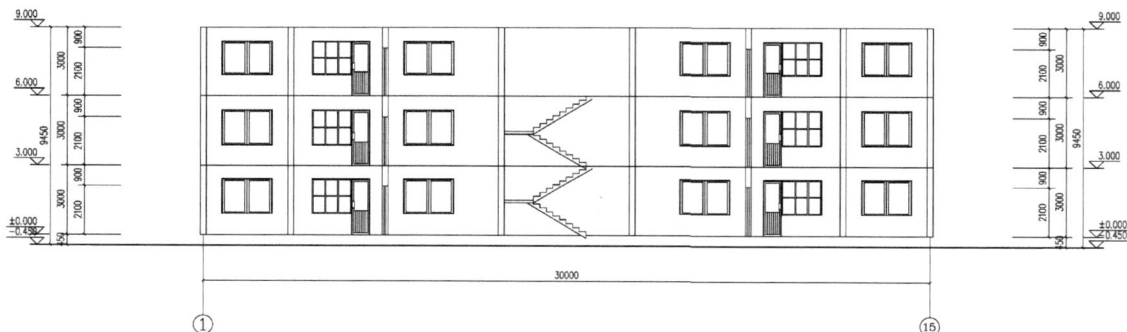

图 9-22　剖面图

2. 构件剖面

构件剖面命令用于生成当前标准层、局部构件或三维图块对象在指定剖视方向上的剖视图。

（1）执行方式

命令行：GJPM。

菜单："剖面|构件剖面"。

（2）操作步骤

1）打开图 9-7，并在图形中添加所需剖切线。

2）执行"构件剖面"命令，命令行提示：

请选择一剖切线：//点取用符号标注菜单中的剖面剖切命令定义好的剖切线

请选择需要剖切的建筑构件：//选择与该剖切线相交的构件以及沿剖视方向可见的构件

请选择需要剖切的建筑构件：//按<Enter>键退出

请点取放置位置：//拖动生成后的剖面图，在合适的位置给点插入

绘制结果如图 9-23 所示。

9.2.2 剖面绘制

1. 画剖面墙

本命令用一对平行的 AutoCAD 直线或圆弧对象，可以绘制剖面双线墙。

（1）执行方式

命令行：HPMQ。

菜单：“剖面|画剖面墙”。

（2）操作步骤

1）打开一段目标剖面，如图 9-24 所示。

2）执行“画剖面墙”命令，命令行提示：

请单击墙的起点（圆弧墙宜逆时针绘制）[取参照点（F）/单段（D)]<退出>：//单击墙体的起点 A

请单击直墙的下一点 [弧墙（A）/墙厚（W）/取参照点（F）/回退（U)]<结束>：W//设置墙体所需厚度

请输入左墙厚<120>：//取默认值，按<Enter>键

请输入右墙厚<120>：//取默认值，按<Enter>键

墙厚当前值：左墙 120，右墙 120。

请单击直墙的下一点 [弧墙（A）/墙厚（W）/取参照点（F）/回退（U)]<结束>：//按<Enter>键退出

绘制的剖面墙体如图 9-25 所示。

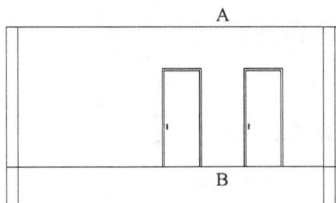

图 9-24 原有剖面

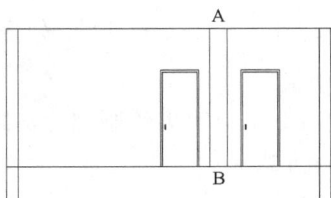

图 9-25 画剖面墙

2. 双线楼板

“双线楼板”命令用一对平行的 AutoCAD 直线对象，可以绘制剖面双线楼板。

（1）执行方式

命令行：SXLB。

菜单：“剖面|双线楼板”。

（2）操作步骤

1）打开图 9-22，添加 A、B 两点，如图 9-26 所示。

2）执行“双线楼板”命令，命令行提示：

请输入楼板的起始点<退出>：//选中 A 点

结束点<退出>：//选中 B 点

楼板顶面标高<6000>：//取默认值，按<Enter>键

楼板的厚度（向上加厚输负值）<200>：120

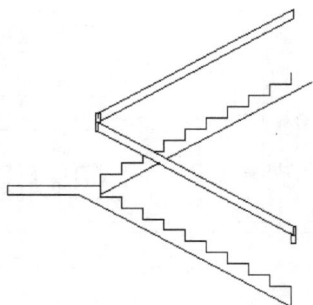

图 9-23 楼梯构件剖面图

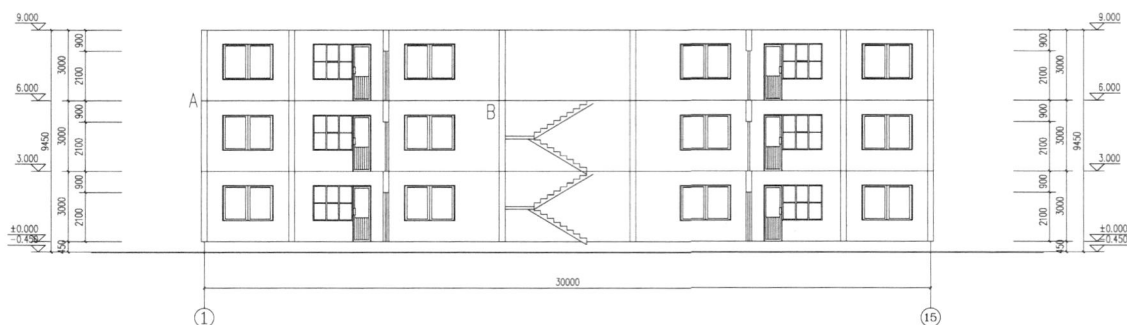

图 9-26 未加楼板之前的立面图

按上述操作，执行剩余需添加双线楼板的位置。

生成的双线楼板如图 9-27 所示。

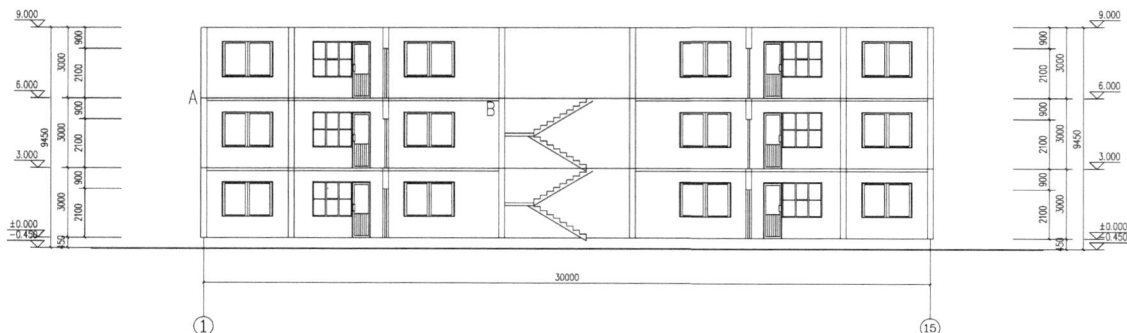

图 9-27 添加双线楼板之后的立面图

3. 预制楼板

"预制楼板"命令可以绘制剖面预制楼板 AutoCAD 图块对象。

（1）执行方式

命令行：YZLB。

菜单："剖面丨预制楼板"。

（2）操作步骤

1）打开图 9-28。

2）单击"预制楼板"按钮，弹出图 9-29 所示对话框，具体数据参照对话框设置，然

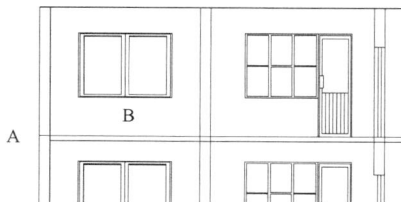

图 9-28 未加预制楼板前

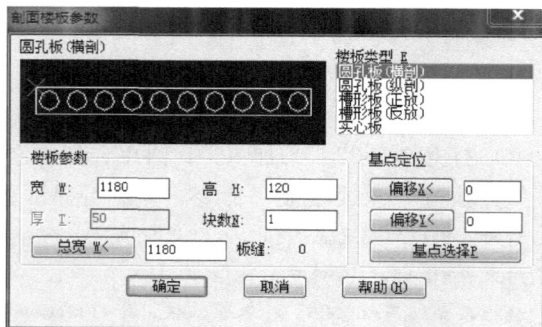

图 9-29 "剖面楼板参数"对话框

后单击"确定"按钮,命令行提示:

请给出楼板的插入点<退出>: //选取楼板插入点

再给出插入方向<退出>: //选取另一点给出插入方向后绘出所需预制楼板

生成的预制楼板如图 9-30 所示。

4. 加剖断梁

"加剖断梁"命令可以绘制楼板、休息平台下的
梁截面。

（1）执行方式

命令行:JPDL。

菜单:"剖面|加剖断梁"。

（2）操作步骤

1）打开图 9-27。

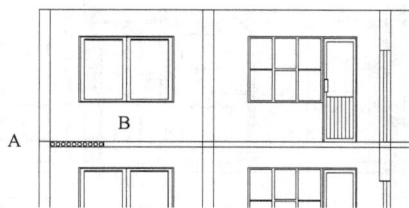

图 9-30　添加预制楼板之后

2）执行"加剖断梁"命令,命令行提示:

请输入剖面梁的参照点<退出>: //选取楼板顶面的定位参考点

梁左侧到参照点的距离<>: //键入新值或按<Enter>键接受默认值

梁右侧到参照点的距离<>: //键入新值或按<Enter>键接受默认值

梁底边到参照点的距离<>: //键入包括楼板厚在内的梁高,然后绘制剖断梁,剪裁楼板底线

生成的剖面梁如图 9-31 所示。

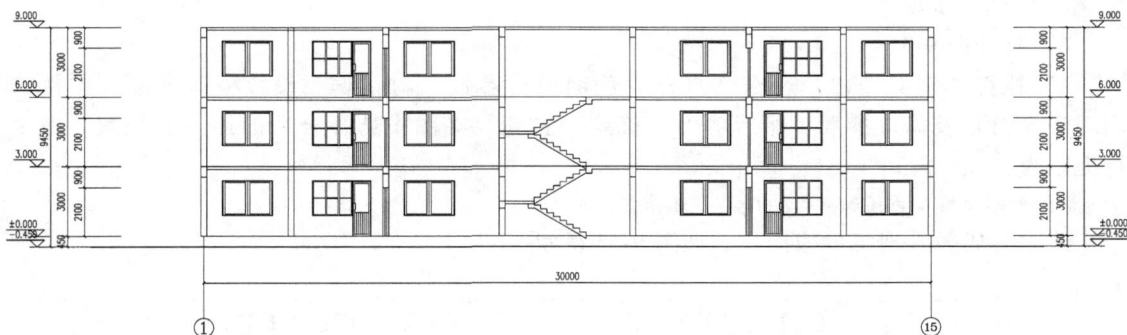

图 9-31　添加剖面梁之后的立面图

5. 剖面门窗

本命令可连续插入剖面门窗（包括含有门窗过梁或开启门窗扇的非标准剖面门窗）,可
替换已经插入的剖面门窗,此外还可以修改剖面门窗与窗台高度,为剖面门窗详图的绘制和
修改提供了方便。

（1）执行方式

命令行:PMMC。

菜单:"剖面|剖面门窗"。

（2）操作步骤

1）打开图 9-31。

2）执行"剖面门窗"命令,打开"剖面门窗的默认形式"对话框,生成的剖面门窗如
图 9-32 所示。如果所选的剖面门窗形式不是默认形式,单击"剖面门窗的默认形式"对话

框中下侧图形，进入"天正图库管理系统"对话框的剖面门窗，在其中选择合适的门窗样式。

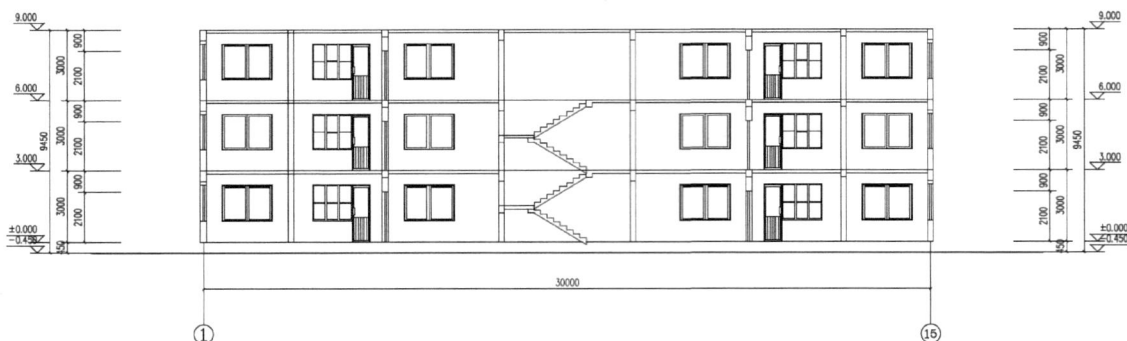

图 9-32　添加剖面门窗

6. 剖面檐口

"剖面檐口"命令可以直接在图中绘制剖面檐口。

（1）执行方式

命令行：PMYK。

菜单："剖面|剖面檐口"。

（2）操作步骤

1）打开图 9-31。

2）执行"剖面檐口"命令，打开"剖面檐口参数"对话框，设置檐口类型（本例选用现浇挑檐）及檐口参数，然后单击"确定"按钮，在图中选择合适的插入点位置，命令行提示为：

请给出剖面檐口的插入点<退出>：//选择需插入的点

此时完成插入现浇挑檐操作，如图 9-33 所示。

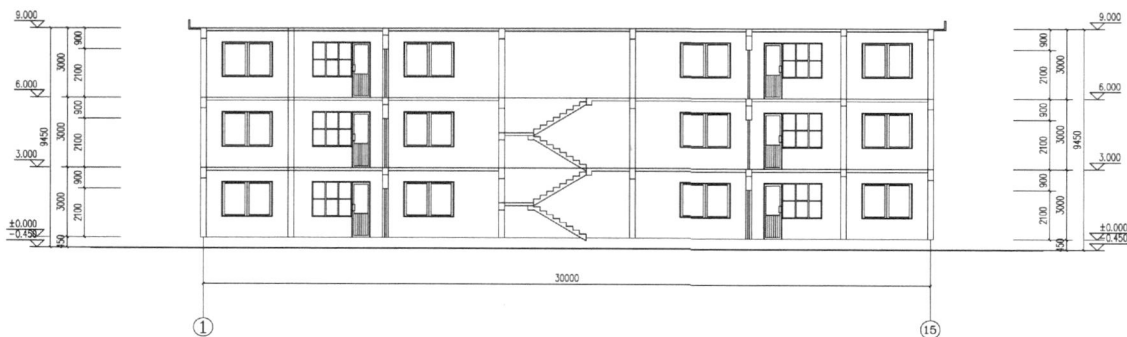

图 9-33　添加剖面檐口之后的立面图

7. 门窗过梁

"门窗过梁"命令可以在剖面门窗上加过梁，带有灰度填充。

（1）执行方式

命令行：MCGL。

菜单："剖面|门窗过梁"。

（2）操作步骤 执行"门窗过梁"命令，选择需要加过梁的剖面门窗，输入梁高。生成的剖面门窗过梁如图 9-34 所示。

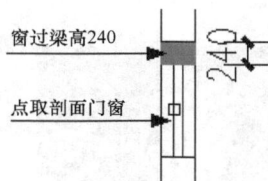

图 9-34 门窗过梁

9.2.3 剖面楼梯与栏杆

通过命令直接绘制详细的楼梯、栏杆等。

1. 参数楼梯

"参数楼梯"命令可以按照参数交互方式生成楼梯。

（1）执行方式

命令行：CSLT。

菜单："剖面|参数楼梯"。

（2）操作步骤

1）打开"参数楼梯"对话框，具体数据参照对话框。

2）单击"确定"按钮，命令行提示：

请给出剖面楼梯的插入点<退出>：//选取插入点

此时即可在指定位置生成剖面梯段，参数设置如图 9-35 所示。参数楼梯实例如图 9-36 所示。

2. 参数栏杆

"参数栏杆"命令可以按交互方式生成楼梯栏杆。

（1）执行方式

命令行：CSLG。

菜单："剖面|参数栏杆"。

（2）操作步骤

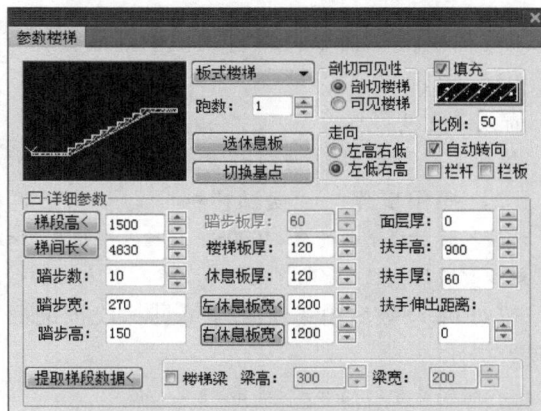

图 9-35 "参数楼梯"对话框

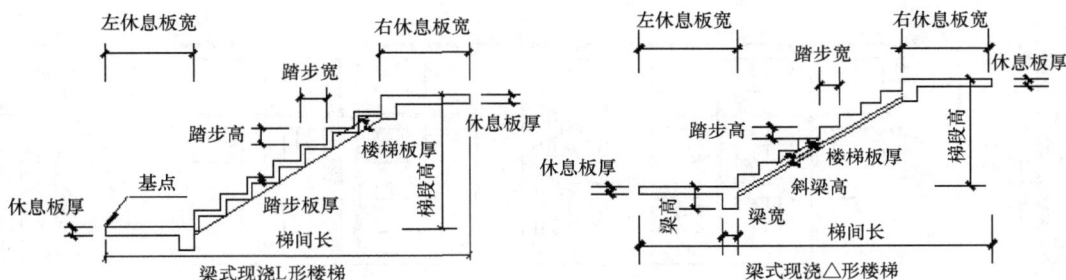

图 9-36 参数楼梯绘制实例

1）打开"剖面楼梯栏杆参数"对话框，如图 9-37 所示。

2）在对话框中完成相关设置后，单击"确定"按钮，命令行提示：

请给出剖面楼梯的插入点<退出>：//选取插入点

此时即可在指定位置生成剖面楼梯栏杆，如图 9-38 所示。

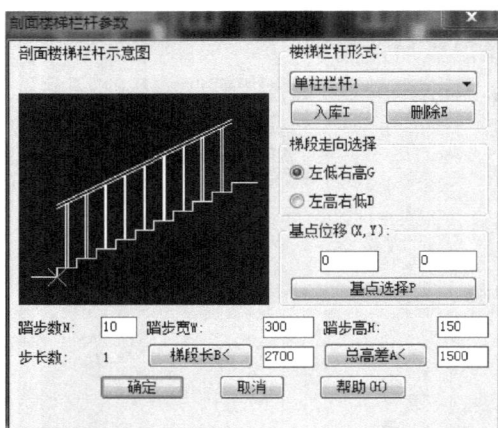

图 9-37 "剖面楼梯栏杆参数"对话框

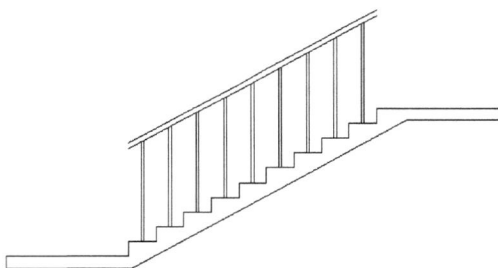

图 9-38 参数栏杆图

3. 楼梯栏杆

"楼梯栏杆"命令可以自动识别剖面楼梯与可见楼梯，绘制楼梯栏杆和扶手。

（1）执行方式。

命令行：LTLG。

菜单："剖面|楼梯栏杆"。

（2）操作步骤 "楼梯栏杆"与"参数栏杆"命令相似，可参照"参数栏杆"命令。

请输入楼梯扶手的高度<1000>：//键入新值或按<Enter>键接受默认值

是否打断遮档线<Y/N>？<Yes>//键入 N 或者按<Enter>键使用默认值

按<Enter>键后由系统处理可见梯段被剖面梯段的遮挡，自动截去部分栏杆扶手；命令行接着提示：

输入楼梯扶手的起始点<退出>：

结束点<退出>：

重复输入各梯段扶手的起始点与结束点，分段画出楼梯栏杆扶手，按<Enter>键退出，结果如图 9-39 所示。

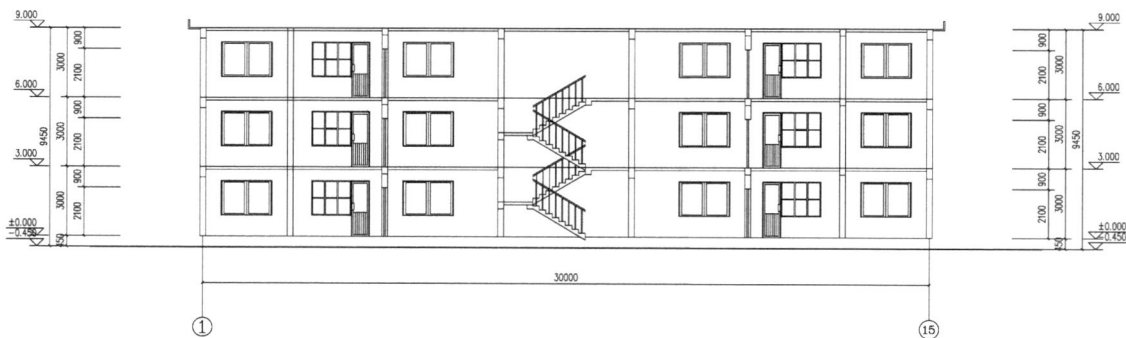

图 9-39 生成梯段的栏杆

4. 楼梯栏板

"楼梯栏板"命令可以自动识别剖面楼梯与可见楼梯，绘制实心楼梯栏板。

（1）执行方式

命令行：LTLB。

菜单："剖面|楼梯栏板"。

（2）操作步骤 执行"楼梯栏板"命令，操作与"楼梯栏杆"命令相同。

5．扶手接头

"扶手接头"命令可以对楼梯扶手的接头位置做细部处理。

（1）执行方式

命令行：FSJT。

菜单："剖面|扶手接头"。

（2）操作步骤 执行"扶手接头"命令，命令行提示：

请输入扶手伸出距离<60>：

请选择是否增加栏杆 ［增加栏杆（Y）/不增加栏杆（N）]<增加栏杆(Y)＞：

请单击楼梯扶手的第一组接头线（近段）<退出>：//选择扶手一端

再单击第二组接头线（远段）<退出>：//选择扶手另一端

扶手接头的伸出长度<150>：//键入新值或按<Enter>键接受默认值

此时即可在指定位置生成楼梯扶手接头，如图 9-40 所示。

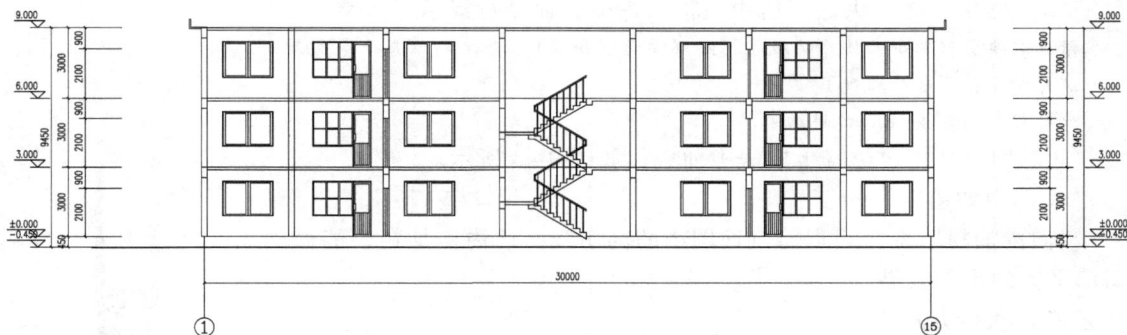

图 9-40　楼梯扶手接头图

9.2.4　剖面填充与加粗

通过命令直接对墙体进行填充和加粗。

1．剖面填充

"剖面填充"命令可以识别天正生成的剖面构件，进行图案填充。

（1）执行方式

命令行：PMTC。

菜单："剖面|剖面填充"。

（2）操作步骤

1）执行"剖面填充"命令，命令行提示：

请选取要填充的剖面墙线梁板楼梯<全选>：//选择要填充的墙线

选择对象：//按<Enter>键退出

2）打开"请点取所需的填充图案"对话框，如图 9-41 所示，选中填充图案，然后单击"确定"按钮，此时即可在指定位置用所选图案进行剖面填充，如图 9-42 所示。

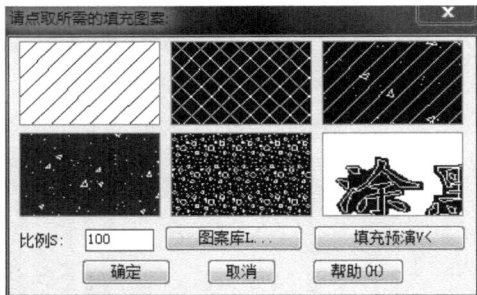

图 9-41 "请点取所需的填充图案"对话框

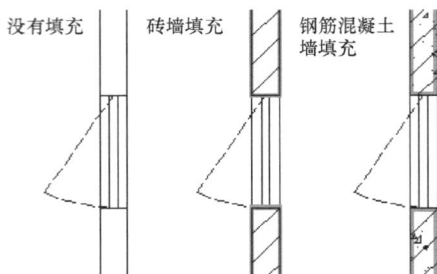

图 9-42 填充剖面

2. 居中加粗

"居中加粗"命令可以将剖面图中的剖切线向墙两侧加粗。

（1）执行方式

命令行：JZJC。

菜单："剖面|居中加粗"。

（2）操作步骤 执行"居中加粗"命令，命令行提示：

请选取要变粗的剖面墙线梁板楼梯线（向两侧加粗）<全选>：//选择墙线 A

选择对象：//选择墙线 B

选择对象：//按<Enter>键结束

此时即可在指定位置生成居中加粗，如图 9-43 所示。

3. 向内加粗

"向内加粗"命令可以将剖面图中的剖切线向墙内侧加粗，能做到窗墙平齐的出图效果。

（1）执行方式

命令行：XNJC。

菜单："剖面|向内加粗"。

（2）操作步骤 执行"向内加粗"命令，命令行提示：

请选取要变粗的剖面墙线梁板楼梯线（向内侧加粗）<全选>：//选择墙线 A

选择对象：//选择墙线 B

选择对象：//按<Enter>键结束

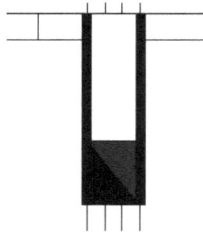

图 9-43 居中加粗

此时即可在指定位置生成向内加粗，如图 9-44 所示。

4. 取消加粗

"取消加粗"命令可以将已经加粗的剖切线恢复原状。

（1）执行方式

命令行：QXJC。

菜单："剖面|取消加粗"。

（2）操作步骤 执行"取消加粗"命令，命令行提示：

请选取要恢复细线的剖切线<全选>：//选择墙线 A

选择对象：//选择墙线 B

选择对象：//按<Enter>键结束

此时即可在指定位置取消加粗，如图 9-45 所示。

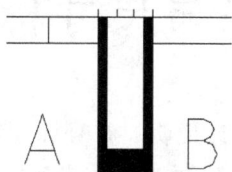

图 9-44　向内加粗　　　　　图 9-45　取消加粗

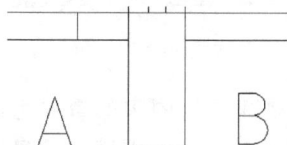

本 章 小 结

本章主要讲解了建筑立面及剖面的绘制与编辑方法，立面绘制要掌握创建立面图、立面编辑；剖面绘制要掌握剖面创建、剖面绘制、剖面楼梯与栏杆、剖面填充与加粗等。

思 考 与 练 习

1. 熟练掌握本章例子，对建筑立面及剖面进行生成并绘制。

2. 绘制一个 12m×15m 的住宅平面图，并依此平面生成建筑立面及剖面图。

第10章 天正文字表格与尺寸标注

文字与表格是建筑绘图中的重要组成部分，所有的设计说明、符号标注和尺寸标注等都需要文字和表格来表达。天正推出的自定义表格对象具备特有的电子表格绘制和编辑功能，不仅可以方便地生成，还可以通过夹点拖动与对象编辑功能进行修改和编辑。

尺寸标注也是建筑设计的重要组成部分。天正软件全面使用了自定义专业对象技术，专门针对建筑行业图样的尺寸标注开发了自定义尺寸标注对象，取代了 AutoCAD 的尺寸标注，该对象按照国家建筑制图规范的标注要求，对 AutoCAD 的通用尺寸标注进行了优化。

10.1 文字表格

文字工具：介绍有关文字的样式，单行文字和多行文字的添加方式，以及文字的格式编辑工具。

表格工具：介绍表格的创建及编辑方式。

10.1.1 文字工具的相关命令

本节主要讲解文字输入和编辑的方式。

1. 文字样式

"文字样式"命令可以创建或修改天正扩展文字样式，并设置图形中的当前文字样式。

（1）执行方式

命令行：WZYS。

菜单："文字表格|文字样式"。

（2）操作步骤　执行"文字样式"命令，打开"文字样式"对话框，如图 10-1 所示。

具体文字样式应根据相关规定执行，在此不做示例。

2. 单行文字

本命令使用已经建立的天正文字样式，输入单行文字，可以方便地为文字设置上下标、加圆圈、添加特殊符号，导入专业词库内容。

（1）执行方式

命令行：DHWZ。

菜单："文字表格|单行文字"。

（2）操作步骤

1）执行"单行文字"命令，打开"单行文字"对话框，如图 10-2 所示。

2）双击已生成的单行文字，即可进入在位编辑状态，可直接进行文字修改。在需要使用特殊符

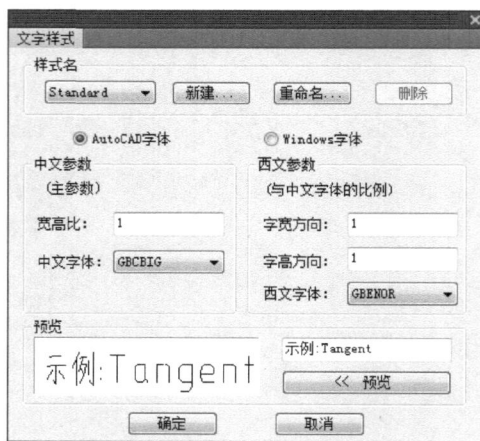

图 10-1 "文字样式"对话框

号、专业词汇时，选中已生成的文字后，再右击，即可调用单行文字的快捷菜单进行编辑，使用方法与对话框中的工具栏图标完全一致。

3. 多行文字

本命令使用已经创建的天正文字样式，按段落输入多行中文文字，可以方便设定页宽与硬回车位置，并随时拖动夹点改变页宽。

图 10-2　"单行文字"对话框

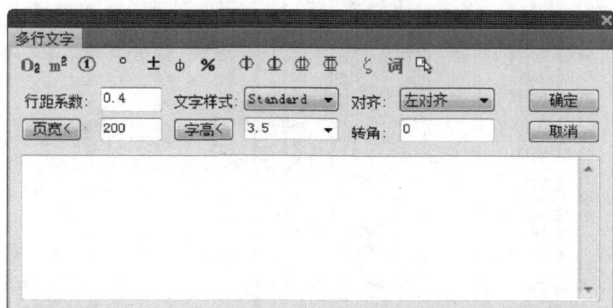

（1）执行方式

菜单："文字表格|多行文字"。

（2）操作步骤　执行"多行文字"命令，打开"多行文字"对话框，如图 10-3 所示。输入文字内容并编辑完毕后，单击"确定"按钮完成多行文字输入。本命令的自动换行功能特别适合输入以中文为主的设计说明文字。

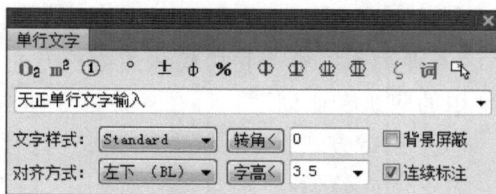

图 10-3　"多行文字"对话框

4. 曲线文字

本命令有两种功能：直接按弧线方向书写中英文字符串，或者在已有的多段线上布置中英文字符串，也可以将图中的文字改排成曲线。

（1）执行方式

命令行：QXWZ。

菜单："文字表格|曲线文字"。

（2）操作步骤

1）绘制图 10-4。

2）执行"曲线文字"命令，命令行提示：

A-直接写弧线文字/P-按已有曲线布置文字<A>:P

请选取文字的基线<退出>://选择曲线

输入文字://天正建筑文字

请键入模型空间字高<500>:

绘制结果如图 10-5 所示。

图 10-4　源图

图 10-5　曲线文字图

5. 专业词库

"专业词库"命令可以输入或维护专业词库中的内容，由用户扩充的专业词库提供了一些常用的建筑专业词汇，可在各种符号标注命令中随时调用。

（1）执行方式

命令行：ZYCK。

菜单："文字表格|专业词库"。

（2）操作步骤

执行"专业词库"命令，打开"专业词库"对话框。本词汇表提供了多组常用的施工作法词汇，与"作法标注"命令结合使用，可快速标注"墙面""楼面"和"屋面"的国标作法，如图 10-6 所示。

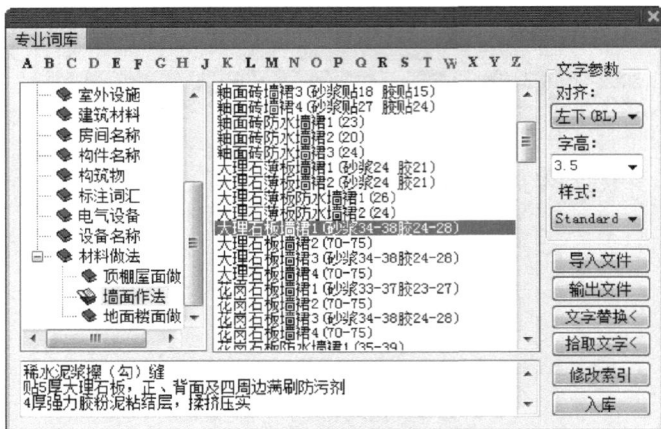

图 10-6 "专业词库"对话框

选择需要的标注做法，将文字内容插入需要的位置。

6. 转角自纠

"转角自纠"命令可以把不符合建筑制图标准的文字予以纠正。

（1）执行方式

命令行：ZJZJ。

菜单："文字表格|转角自纠"。

（2）操作步骤

1）绘制待操作的字体，如图 10-7 所示。

2）执行"转角自纠"命令，命令行提示：

请选择天正文字：框选待修正的文字

绘制结果如图 10-8 所示。

7. 文字转化

"文字转化"命令可以把 AutoCAD 单行文字转化为天正单行文字，并保持原来每一个文字对象的独立性，不对其进行合并处理。

（1）执行方式

命令行：WZZH。

菜单："文字表格|文字转化"。

（2）操作步骤　执行"文字转化"命令，命令行提示：

请选择 ACAD 单行文字://选择字体

结果生成符合要求的天正文字。

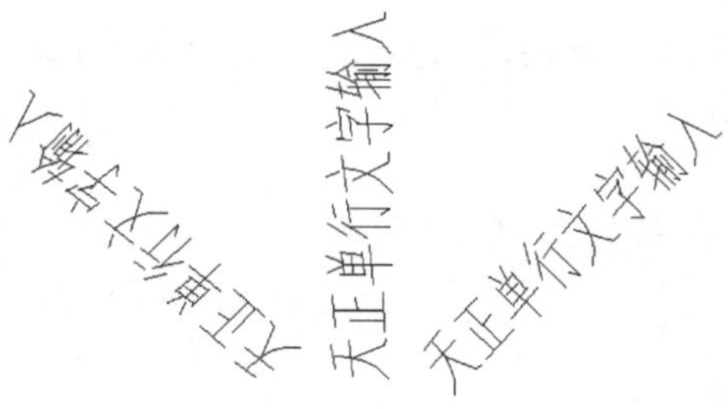

图 10-7　源图 　　　　　　　　　　　图 10-8　转角自纠

8. 文字合并

本命令将 ACAD 格式单行文字转化为天正多行文字或者单行文字，同时对其中多行排列的多个 text 文字对象进行合并处理，由用户决定生成一个天正多行文字对象或者一个单行文字对象。

（1）执行方式

命令行：WZHB。

菜单："文字表格|文字合并"。

（2）操作步骤

1）编辑源文件，如图 10-9 所示

2）执行"文字合并"命令，命令行提示：

请选择要合并的文字段落<退出>://框选天正单行文字的段落

请选择要合并的文字<合并为多行文字>段落<退出>：

[合并为单行文字(D)] <合并为多行文字>：

移动到目标位置<替换原文字>://选取文字移动到的位置

执行"文字合并"后生成图元多行文字绘制结果如图 10-10 所示。如果要合并的文字是比较长的段落，建议合并为多行文字，否则合并后的单行文字会很长，在处理设计说明等比较复杂的说明文字的情况下，尽量把合并后的文字移动到空白处，然后使用对象编辑功能，检查文字和数字是否正确，最后把合并后遗留的多余硬回车换行符删除。

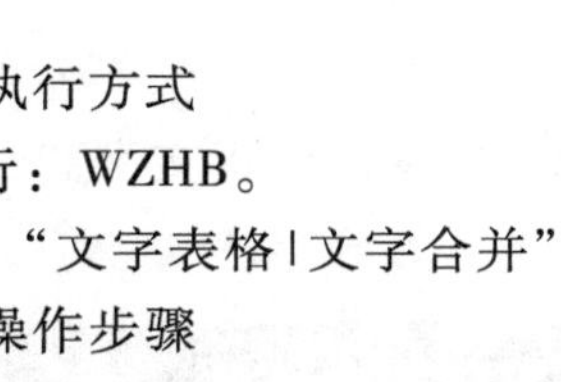

图 10-9　源图　　　　　　　　　　　图 10-10　文字合并

9. 统一字高

"统一字高"命令可以把选择的文字字高统一为给定的字高。

（1）执行方式

命令行：TYZG。

菜单："文字表格|统一字高"。

（2）操作步骤

1）编辑源文件，如图 10-11 所示

2）执行"统一字高"命令，命令行提示：

请选择要修改的文字（ACAD 文字，天正文字）<退出>:指定对角线://框选需要统一字高的文字

请选择要修改的文字（ACAD 文字，天正文字）<退出>

字高()<3.5mm> //键入新的字高

即可将源图选择的字体高度进行统一，绘制结果如图 10-12 所示

1、一层平面

2、二层平面

3、三层平面

4、四层平面

图 10-11　源图

1、一层平面

2、二层平面

3、三层平面

4、四层平面

图 10-12　统一字高

10. 查找替换

本命令查找替换当前图形中所有的文字，包括 AutoCAD 文字、天正文字和包含在其他对象中的文字。

（1）执行方式

命令行：CZTH。

菜单："文字表格|查找替换"。

（2）操作步骤

1）执行"查找替换"命令，打开"查找和替换"对话框，如图 10-13 所示。

2）显示对话框，对图中或选定范围的所有文字类信息进行查找，按要求逐一替换或者全部替换，搜索过程中在图中找到的文字处显示红框，单击下一个时，红框转到下一个找到的文字位置。

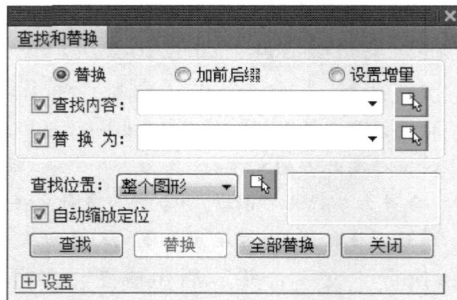

图 10-13　"查找和替换"对话框

10.2　表格工具

表格是建筑绘图中的重要组成部分，通过表格可以层次清楚地表达大量的数据内容。表格对象由单元格、标题和边框构成，单元格和标题的表现是文字，边框的表现是线条，单元格是表行和表列的交汇点。天正表格通过表格全局设定、行列特征和单元格特征 3 个层次控制表格的表现，可以制作出各种不同外观的表格。

1. 新建表格

"新建表格"命令可以绘制表格并输入文字。

（1）执行方式

命令行：XJBG。

菜单："文字表格|新建表格"。

（2）操作步骤

1）执行"新建表格"命令，打开"新建表格"对话框，如图 10-14 所示。

输入需创建的表格数据，然后单击"确定"按钮，命令行提示：

左上角点或［参考点（R）］<退出>://选取表格左上角在图纸中的位置

完成表格的创建。

2）在表格中添加文字。单击选中表格，双击进行编辑，或选中表格再右击打开"表格设定"对话框，如图 10-15 所示，填写文字参数内容。

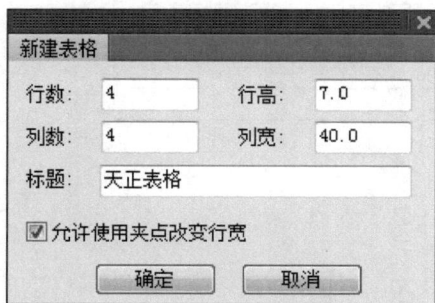

图 10-14　"新建表格"对话框

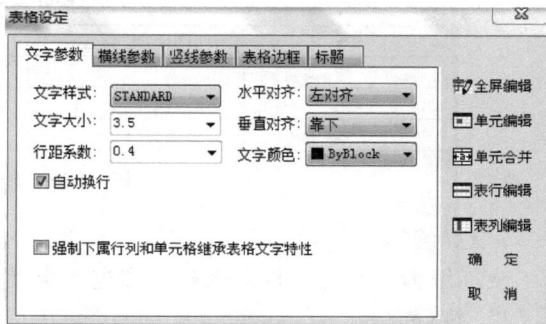

图 10-15　"表格设定"对话框

3）单击右侧"全屏编辑"按钮，打开图 10-16 所示"全屏编辑"对话框，单击"确定"按钮完成内容输入。

2. 转出 Excel

"转出 Excel"命令可以把天正表格输出到 Excel 新表单中或者更新到当前表单的选中区域。

（1）执行方式

命令行：QPBJ。

菜单："文字表格|转出 excel"。

（2）操作步骤　执行"转出 Excel"命令，命令行提示：

命令：Sheet2excel

请选择表格<退出>://选中需要转出的表格对象

此时系统自动打开一个 Excel，并将表格内容输入到 Excel 表格中，如图 10-17 所示。

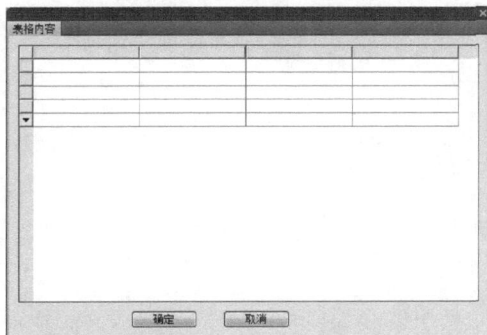

图 10-16　"全屏编辑"对话框

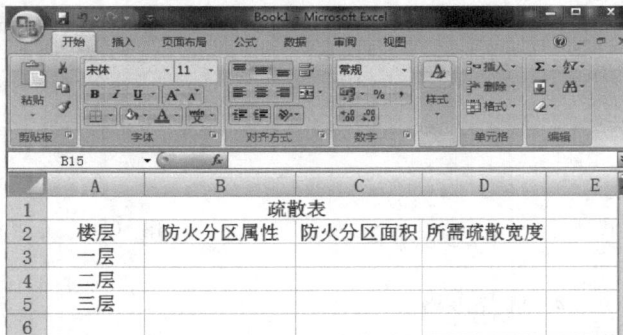

图 10-17　转出 Excel

同理执行"转出 Word"命令，此时系统自动打开一个 Word，并将表格内容输入到 Word 表格中，如图 10-18 所示。

疏散表

楼层	防火分区属性	防火分区面积	所需疏散宽度	
一层				
二层				
三层				

图 10-18　转出 Word

3. 全屏编辑

"全屏编辑"命令可以对表格内容进行全屏编辑。

（1）执行方式

命令行：QPBJ。

菜单："文字表格|表格编辑|全屏编辑"。

（2）操作步骤

1）对已有表格，执行"全屏编辑"命令，命令行提示：

选择表格：//点选表格

2）弹出对话框，如图 10-19 所示，在其中输入内容，然后单击"确定"按钮。

图 10-19　全屏编辑

4. 拆分表格

"拆分表格"命令可以把表格分解为多个子表格，有"行拆分"和"列拆分"两种。

（1）执行方式

命令行：CFBG。

菜单："文字表格|表格编辑|拆分表格"。

（2）操作步骤

1）打开图 10-20 中图例表格。

2）执行"拆分表格"命令，打开"拆分表格"对话框，如图 10-21 所示。

疏散表			
楼层	防火分区属性	防火分区面积	所需疏散宽度
一层			
二层			
三层			

图 10-20　图例表格

　3）在对话框中设置拆分参数后，若选中"自动拆分"复选框，单击"拆分"按钮，拆分后的新表格自动布置在原表格旁，原表格被拆分缩小，如图 10-22 所示。若不勾选"自动拆分"复选框，此时指定列数虚显。

图 10-21　"拆分表格"对话框

疏散表	
楼层	防火分区属性
一层	
二层	
三层	

防火分区面积	所需疏散宽度

图 10-22　"拆分表格"结果

　以按列拆分为例，不选择"自动拆分"复选框，单击"拆分"按钮，命令行提示为：

请点取要拆分的起始列<退出>：//点取要拆分为新表格的起始列

请点取插入位置<返回>：//拖动插入的新表格位置

此方式可依次拆分原表格，在图纸中依次选择插入表格的位置即可。

5. 合并表格

"合并表格"命令可以把多个表格合并为一个表格，有"行合并"和"列合并"两种。

（1）执行方式

命令行：HBBG。

菜单："文字表格|表格编辑|合并表格"。

（2）操作步骤　以拆分后图 10-22 为例，执行"合并表格"命令，命令行提示：

选择第一个表格或［列合并（C）］<退出>：//选择上面的表格

选择第一个表格<退出>://选择下面的表格

选择第一个表格<退出>://右键退出

完成后表格行数合并,最终表格行数等于所选各个表格行数之和,标题保留第一个表格的标题,如图 10-23 所示。

注意:如果被合并的表格有不同列数,最终表格的列数为最多的列数,各个表格的合并后多余的表头由用户自行删除。

6. 表列编辑

"表列编辑"命令可以编辑表格的一列或多列。

(1) 执行方式

命令行:BLBJ。

菜单:"文字表格|表格编辑|表列编辑"。

疏散表	
楼层	防火分区属性
一层	
二层	
三层	
防火分区面积	所需疏散宽度

图 10-23 合并表格结果

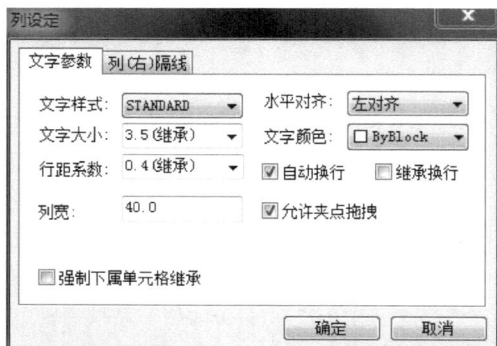

(2) 操作步骤

1)对图 10-20 中表格图例执行"表列编辑"命令,命令行提示:

请点取一表列以编辑属性或〔多列属性(M)/插入列(A)/加末列(T)/删除列(E)/交换列(X)〕<退出>://选取需要编辑的表列

2)系统打开"列设定"对话框,如图 10-24 所示,更改表列参数,即可执行对表列更改的操作。

图 10-24 "列设定"对话框

图 10-25 "行设定"对话框

7. 表行编辑

"表行编辑"命令可以编辑表格的一行或多行。

(1) 执行方式

命令行:BHBJ。

菜单:"文字表格|表格编辑|表行编辑"。

(2) 操作步骤

1)打开图 10-20 表格图例,执行"表行编辑"命令,命令行提示:

请点取一表行以编辑属性或〔多行属性(M)/增加行(A)/末尾加行(T)/删除行(E)/复制行(C)/交换行(X)〕<退出>:

2）系统打开"行设定"对话框，如图 10-25 所示，选择相关表行参数，即可完成操作。

8. 增加表行

"增加表行"命令可以在指定表格行之前或之后增加一行。

（1）执行方式

命令行：ZJBH。

菜单："文字表格|表格编辑|增加表行"。

（2）操作步骤

1）打开图 10-20 中表格图例

2）执行"增加表行"命令，命令行提示：

请点取一表行以（在本行之前）插入新行或［在本行之后插入（A）/复制当前行（S）］<退出>：

点取表格时显示高亮的部分，单击要增加表行的位置，结果如图 10-26 所示。

疏散表			
楼层	防火分区属性	防火分区面积	所需疏散宽度
一层			
二层			
三层			

图 10-26　增加表行后的表格

9. 删除表行

"删除表行"命令可以删除指定行。

（1）执行方式

命令行：SCBH。

菜单："文字表格|表格编辑|删除表行"。

（2）操作步骤　对图 10-20 中表格图例执行"删除表行"命令，命令行提示：

请点取要删除的表行<退出>：//点取表格时显示高亮的表行，单击要删除的某一行。

请点取要删除的表行<退出>：//重复以上操作，每次删除一行，以回车退出命令。

其绘制结果如图 10-27 所示。

疏散表			
楼层	防火分区属性	防火分区面积	所需疏散宽度
一层			
三层			

图 10-27　删除表行后的表格

10. 单元编辑

启动"单元编辑"对话框，可方便地编辑该单元内容或改变单元文字的显示属性，可以使用在位编辑，双击要编辑的单元即可直接对单元内容进行修改。

（1）执行方式

命令行：DYBJ。

菜单:"文字表格|单元编辑"。

(2)操作步骤

1)打开图 10-20 中例表,执行"单元编辑"命令,命令行提示:

请点取一单元格进行编辑[多格属性(M)/单元分解(X)]<退出>://单击指定要修改的单元格

如果要求一次修改多个单元格的内容,可以键入 M 选定多个单元格

2)打开"单元格编辑"对话框,如图 10-28 所示,点选"楼层"变更为"防火分区编号",然后单击"确定"按钮,按 <Enter>键退出操作。

图 10-28 "单元格编辑"对话框

绘制结果如图 10-29 所示。

疏散表			
防火分区编号	防火分区属性	防火分区面积	所需疏散宽度
一层			
二层			
三层			

图 10-29 单元编辑后的表格

11. 单元递增

"单元递增"命令可以复制单元文字内容,并同时将单元内容的某一项递增或递减,同时按<Shift>键为直接复制,按<Ctrl>键为递减。

(1)执行方式

命令行:DYDZ。

菜单:"文字表格|单元编辑|单元递增"。

(2)操作步骤

1)绘制图 10-30。

疏散表			
防火分区编号	防火分区属性	防火分区面积	所需疏散宽度
1			

图 10-30 例表

2)执行"单元递增"命令,命令行提示:

请点第一个单元格<退出>://单击已有编号的首单元格

请点最后一个单元格<退出>://单击递增编号的末单元格

完成单元递增命令,图形进行更新,在点取最后单元格时可选项执行:同时按<Shift>键可改为复制,编号不递增;同时按<Ctrl>键,编号改为递减。

绘制结果如图 10-31 所示。

疏散表			
防火分区编号	防火分区属性	防火分区面积	所需疏散宽度
1			
2			
3			

图 10-31　单元递增后的表格

12. 单元复制

"单元复制"命令可以复制表格中某一单元内容或者图块、文字对象至目标的表格单元。

（1）执行方式

命令行：DYFZ。

菜单："文字表格|单元编辑|单元复制"。

（2）操作步骤　对图 10-30 中例表执行"单元复制"命令，命令行提示：

点取拷贝源单元格或［选取文字（A）/选取图块（B）］＜退出＞://点取表格上已有内容的单元格，复制其中内容

点取粘贴至单元格（按 CTRL 键重新选择复制源）或［选取文字（A）/选取图块（B）］＜退出＞://点取表格上目标单元格，粘贴源单元格内容到这里

点取粘贴至单元格（按 CTRL 键重新选择复制源）或［选取文字（A）/选取图块（B）］＜退出＞://继续点取表格上目标单元格，粘贴源单元格内容到这里或按＜Enter＞键结束命令

绘制结果如图 10-32 所示。

疏散表			
防火分区编号	防火分区属性	防火分区面积	所需疏散宽度
1			
1			
1			

图 10-32　单元复制后的表格

13. 单元累加

"单元累加"命令可以累加表格的单元格。

（1）执行方式

命令行：DYLJ。

菜单："文字表格|单元编辑|单元累加"。

（2）操作步骤　对图 10-33 中列表执行"单元累加"命令，命令行提示：

点取第一个需累加的单元格://选取单元格

点取最后一个需累加的单元格://选取单元格

单元累加结果是:3100

点取存放累加结果的单元格＜退出＞://指定插入累加结果位置

绘制结果如图 10-34 所示。

疏散表			
防火分区编号	防火分区属性	防火分区面积	所需疏散宽度
1-1		1500	
1-2		1600	

图 10-33　例表

疏散表			
防火分区编号	防火分区属性	防火分区面积	所需疏散宽度
1-1		1500	
1-2		1600	
		3100	

图 10-34　单元累加后的表格

14. 单元合并

"单元合并"命令可以合并表格的单元格。

（1）执行方式

命令行：DYHB。

菜单："文字表格|单元编辑|单元合并"。

（2）操作步骤　对图 10-35 中列表执行"单元合并"命令，命令行提示：

点取第一个角点://以两点定范围框选表格中要合并的单元格

点取另一个角点://完成合并

绘制结果如图 10-36 所示。

疏散表			
防火分区编号	防火分区属性	防火分区面积	所需疏散宽度
一层			
二层			
三层			

图 10-35　例表

疏散表			
防火分区编号	防火分区属性	防火分区面积	所需疏散宽度
一层			
二层			

图 10-36　单元合并后的表格

15. 撤销合并

"撤销合并"命令可以撤消已经合并的单元格。

（1）执行方式

命令行：CXHB。

菜单："文字表格|单元编辑|撤销合并"。

（2）操作步骤　对图 10-36 执行"撤销合并"命令，命令行提示：

点取已经合并的单元格<退出>://单击需要撤销合并的单元格

点取后即可恢复该单元格原有单元的组成结构，如图 10-37 所示。

疏散表			
防火分区编号	防火分区属性	防火分区面积	所需疏散宽度
一层			
二层			
三层			

图 10-37　撤销合并后的表格

16. 单元插图

将图块插入单元格中。

（1）执行方式

命令行：DYCT。

菜单："文字表格|单元编辑|单元插图"。

（2）操作步骤　在天正单元格中，执行"单元插图"命令，弹出"单元插图"对话框，如图 10-38 所示，命令行提示：

点取插入单元格或 ［选取图块（B）］<退出>://选取要插入的图块（B）

选取图块后插入到单元格中即可。

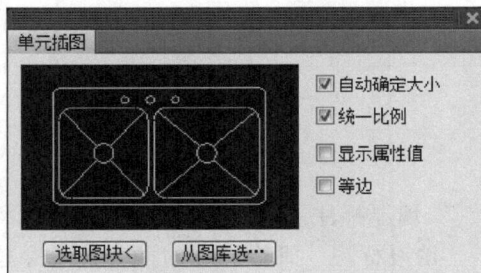

图 10-38　"单元插图"对话框

10.3　尺寸标注

本节包括尺寸标注的创建和尺寸标注的编辑两部分。

尺寸标注的创建：介绍实体的门窗、墙厚、内门的标注，以及弧度的半径、直径、角度、弧长的标注。

尺寸标注的编辑：介绍有关尺寸标注的各种编辑命令。

10.3.1　尺寸标注的创建

尺寸标注是建筑绘图中的重要组成部分，通过尺寸标注可以对图上的门窗、墙体等进行标注。

1. 门窗标注

"门窗标注"命令可以标注门窗的定位尺寸。

（1）执行方式

命令行：MCBZ。

菜单："尺寸标注|门窗标注"。

（2）操作步骤

1）绘制图10-39。

2）对北侧两扇窗执行"门窗标注"命令，命令行提示：

起点<退出>://垂直于墙线方向取第一道尺寸线与墙体的起点

终点<退出>://点取终点，系统绘制出第一段墙体的门窗标注

选择其他墙体:可选择临近的墙体进行补充标注

绘制结果如图10-40所示。

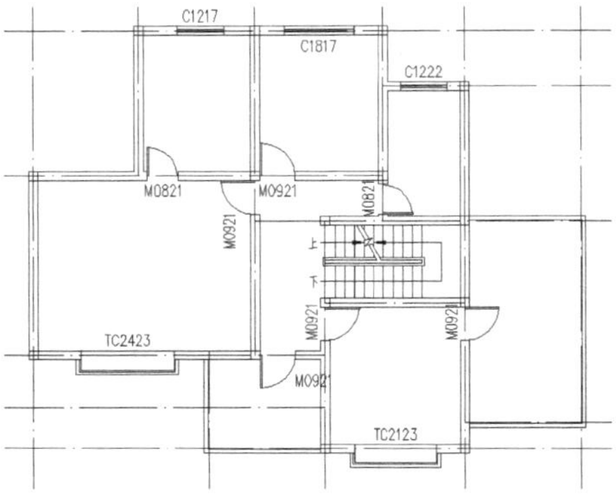

图 10-39 例图

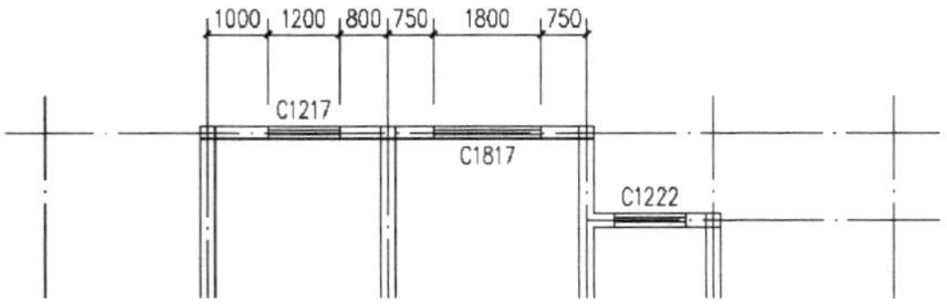

图 10-40 门窗标注结果（局部）

2. 墙厚标注

"墙厚标注"命令可以对两点连线穿越的墙体进行墙厚标注。

（1）执行方式

命令行：QHBZ。

菜单："尺寸标注|墙厚标注"。

（2）操作步骤

1）打开图10-39。

2）执行"墙厚标注"命令，命令行提示：

直线第一点<退出>://选择直线起点

直线第二点<退出>://选择直线终点

通过直线选取墙体，直线经过的墙体厚度会被标注出，墙厚标注结果如图10-41所示。

3. 两点标注

"两点标注"命令为两点连线附近有关系的轴线、墙线、门窗、柱子等构件标注尺寸，并可以标注墙中点或者添加其他标注点。

（1）执行方式

命令行：LDBZ。

菜单："尺寸标注|两点标注"。

（2）操作步骤 对图10-39执行"两点标注"命令，命令行提示：

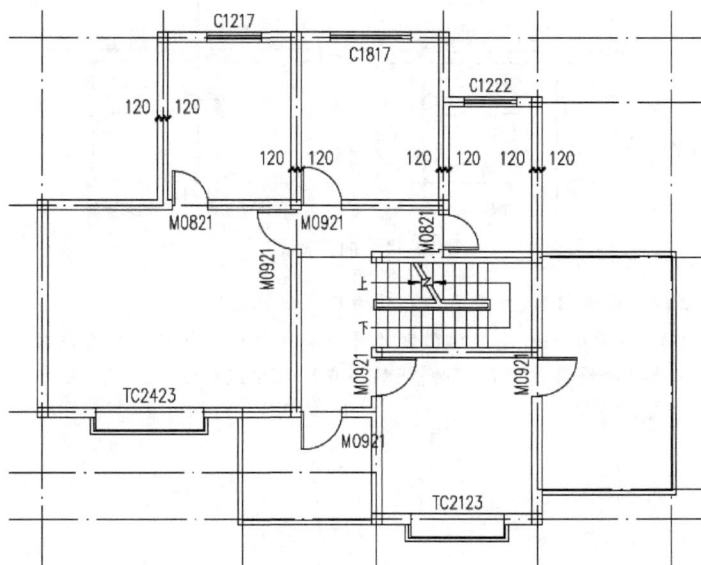

图 10-41 墙厚标注结果

选择起点(当前墙面标注)或[墙中标注(C)]<退出>://选择起点

终点<退出>://选择终点

选择标注位置点://选择生成标注的位置

选择终点或增删轴线、墙、门窗、柱子://如果要略过其中不需要标注的轴线和墙,这里有机会去掉这些对象

生成两点标注如图 10-42 所示。

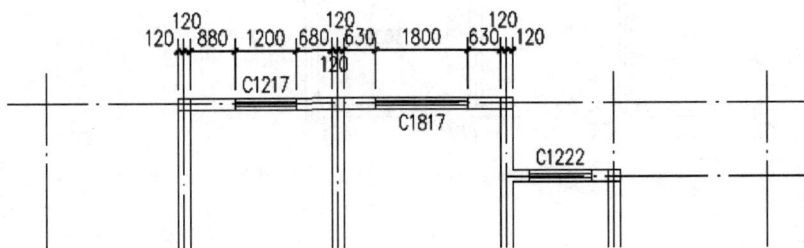

图 10-42 两点标注（局部）

4. 内门标注

"内门标注"命令可以标注内墙门窗尺寸以及门窗与最近的轴线或墙边的距离。

(1) 执行方式

命令行：NMBZ。

菜单："尺寸标注|内门标注"。

(2) 操作步骤 执行"内门标注"命令,命令行提示：

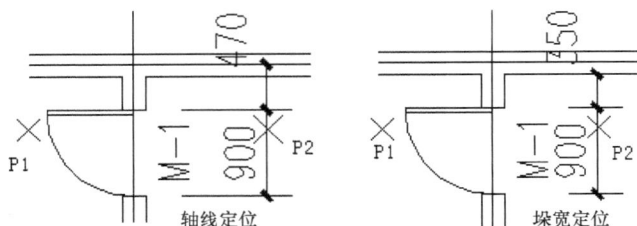

图 10-43 内门标注

标注方式:轴线定位请用线选门窗,并且第二点作为尺寸线位置!

起点或 [垛宽定位(A)]<退出>://在标注门窗的另一侧点取起点或者键入 A 改为垛宽定位

终点<退出>://在用线选择待标注的门窗时,线的终点即尺寸线标注终点

内门标注如图 10-43 所示。

5. 平行标注

(1) 执行方式

命令行：PXBZ。

菜单："尺寸标注 | 平行标注"。

(2) 操作步骤 对图 10-39 执行"平行标注"命令,命令行提示:

请选择起点或 [设置图层过滤 (S)]<退出>://选择起点

选择终点<退出>://点取终点

请点取尺寸线位置<退出>://选择标注线位置

请输入其他标注点或 [参考点(R)]<退出>://在创建的标注线上,添加需标注的尺寸

平行标注结果如图 10-44 所示。

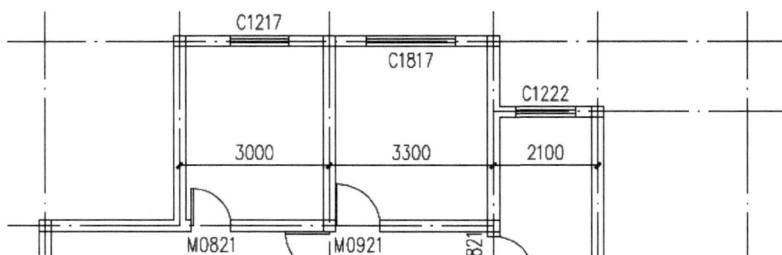

图 10-44 平行标注结果 (局部)

6. 双线标注

对已有天正图形,以指定路径方式进行双线标注。

(1) 执行方式

命令行：SXBZ。

菜单："尺寸标注 | 双线标注"。

(2) 操作步骤 对图 10-39 执行"双线标注"命令,命令行提示:

选择起点 [当前:墙面标注/墙中标注(C)]<退出>://选择起点

选择终点<退出>://选择终点

选择标注位置点://点选标注所在位置

选择终点或增删轴线、墙、门窗、柱子：//如果要略过其中不需要标注的轴线和墙,这里有机会去掉这些对象

绘制结果如图 10-45 所示。

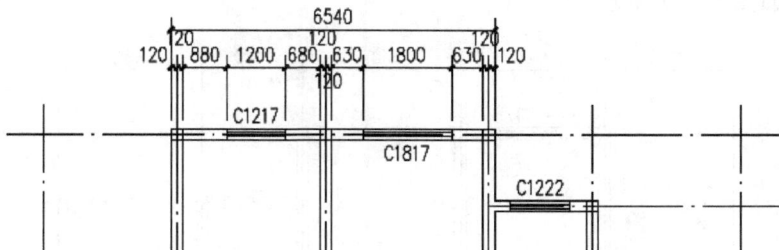

图 10-45　双线标注结果（局部）

7. 快速标注

"快速标注"命令可以快速识别图形外轮廓或者基线点，沿着对象的长宽方向标注对象的几何特征尺寸。

（1）执行方式

命令行：KSBZ。

菜单："尺寸标注|快速标注"。

（2）操作步骤　对图 10-39 执行"快速标注"命令，命令行提示：

请选择需要尺寸标注的墙［带柱子(Y)］<退出>：//指定对角点：框选需快速标注的位置

请选择需要尺寸标注的墙［带柱子(Y)］<退出>：//选取天正对象或平面图

系统会直接将框选的对象进行标注，绘制结果如图 10-46 所示。

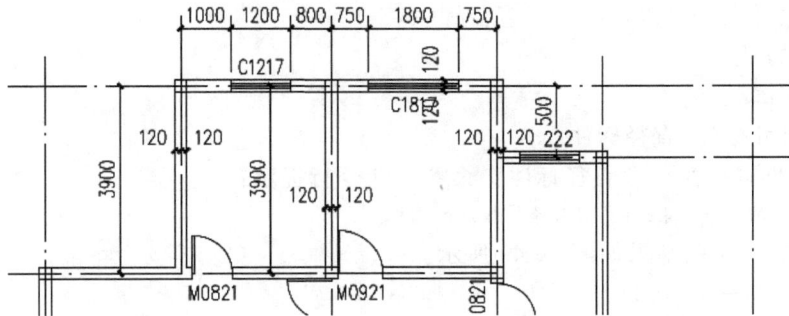

图 10-46　快速标注

8. 逐点标注

本命令是一个通用的灵活标注工具，对选取的一串给定点沿指定方向和选定的位置标注连续尺寸。特别适用于需要逐点定位标注的情况，以及其他标注命令难以完成的尺寸标注。

（1）执行方式

命令行：ZDBZ。

菜单："尺寸标注|逐点标注"。

（2）操作步骤　对图 10-39 执行"逐点标注"命令，命令行提示：

起点或［参考点(R)］<退出>：//选取待标注的起点

第二点<退出>://选取待标注的终点

请单击尺寸线位置或［更正尺寸线方向(D)］<退出>://创建标注尺寸线的位置

请输入其他标注点或［撤销上一标注点(U)］<退出>://依次点选其他需标注点即可完成标注操作

绘制结果如图 10-47 所示。

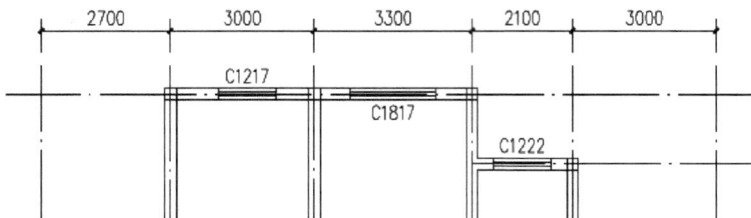

图 10-47　逐点标注（局部）

9. 半径标注

"半径标注"命令可以对弧墙或弧线进行半径标注。

（1）执行方式

命令行：BJBZ。

菜单："尺寸标注|半径标注"。

（2）操作步骤　执行"半径标注"命令，命令行提示：

请选择待标注的圆弧<退出>://选择圆弧

完成标注后，绘制结果如图 10-48 所示。

10. 直径标注

"直径标注"命令可以对圆进行直径标注。

（1）执行方式

命令行：ZJBZ。

菜单："尺寸标注|直径标注"。

（2）操作步骤　执行"直径标注"命令，命令行提示：

请选择待标注的圆弧<退出>：//选择待标注的圆弧

完成标注后，绘制结果如图 10-49 所示。

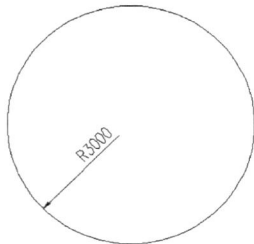

图 10-48　半径标注

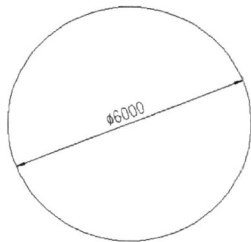

图 10-49　直径标注

11. 角度标注

"角度标注"命令可按逆时针方向标注两根直线之间的夹角，请注意按逆时针方向选择要标注直线的先后顺序。

（1）执行方式

命令行：JDBZ。

菜单："尺寸标注 | 角度标注"。

（2）操作步骤

1）绘制图 10-50。

2）执行"角度标注"命令，命令行提示：

请选择第一条直线<退出>://在标注位置点取第一根线

请选择第二条直线<退出>://在任意位置点取第二根线

请确定尺寸线位置<退出>://确定添加标注图元的位置

绘制结果如图 10-51 所示。

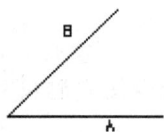

图 10-50　原有相交直线图

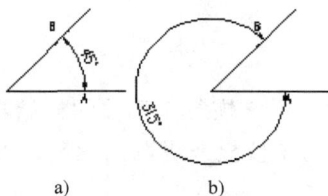

图 10-51　角度标注

a）角度标注 1　b）角度标注 2

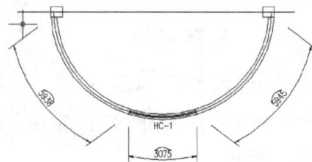

图 10-52　弧弦标注

12. 弧弦标注

"弧弦标注"命令可以按国家规定方式标注弧长。

（1）执行方式

命令行：HXBZ。

菜单："尺寸标注 | 弧弦标注"。

（2）操作步骤　执行"弧弦标注"命令，命令行提示：

请选择要标注的弧段://点取准备标注的弧墙、弧线

请移动光标位置确定要标注的尺寸类型<退出>://确定标注类型为弧长或弧度

请点取尺寸线位置<退出>://类似逐点标注，拖动到标注的最终位置

请输入其他标注点<结束>://继续点取其他标注点

……

请输入其他标注点<结束>://回车结束。

完成标注后，绘制结果如图 10-52 所示。

10.3.2　尺寸标注的编辑

尺寸标注的编辑是对尺寸标注进行编辑的命令。

1. 文字复位

本命令将尺寸标注中被拖动夹点移动过的文字恢复回原来的初始位置，可解决夹点拖动不当时与其他夹点合并的问题。

（1）执行方式

命令行：WZFW。

菜单："尺寸标注 | 尺寸编辑 | 文字复位"。

（2）操作步骤

1）绘制图 10-53。

2）执行"文字复位"命令，命令行提示：

请选择需复位文字的对象：//点取要恢复的天正尺寸标注,可多选

请选择需复位文字的对象：//回车结束命令,系统把选中的尺寸标注中所有文字恢复原始位置

绘制结果如图 10-54 所示。

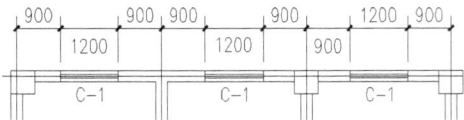

图 10-53　原有标注

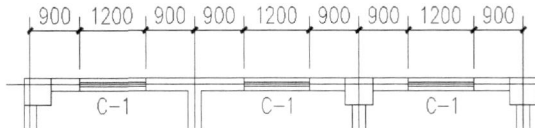

图 10-54　文字复位

2. 文字复值

本命令将尺寸标注中被修改的文字恢复至尺寸的初始数值。有时为了方便起见，会把其中一些标注尺寸文字加以改动，为了校核或提取工程量，可以使用本命令按实测尺寸恢复文字的数值。

（1）执行方式

命令行：WZFZ。

菜单："尺寸标注|尺寸编辑|文字复值"。

（2）操作步骤　执行"文字复值"命令，命令行提示：

请选择天正尺寸标注：//点取要恢复的天正尺寸标注,可多选

请选择天正尺寸标注：//回车结束命令,系统把选中的尺寸标注中所有文字恢复至实测数值

3. 剪裁延伸

"剪裁延伸"命令可以根据指定的新位置，综合了"Trim"（剪裁）和"Extend"（延伸）两命令，对尺寸标注进行剪裁或延伸。

（1）执行方式

命令行：CJYS。

菜单："尺寸标注|尺寸编辑|剪裁延伸"。

（2）操作步骤

1）绘制图 10-55。

2）执行"剪裁延伸"命令，命令行提示：

要裁剪或延伸的尺寸线<退出>：//选择轴线标注

请给出裁剪延伸的基准点或[参考点(R)]<退出>：//选 A

完成轴线尺寸的延伸，下面做尺寸线的剪切。

要裁剪或延伸的尺寸线<退出>：//选上侧门窗标注

请给出裁剪延伸的基准点或[参考点(R)]<退出>：//选 B

绘制结果如图 10-56 所示。

4. 取消尺寸

"取消尺寸"命令可以取消连续标注中的一个尺寸标注区间。

（1）执行方式

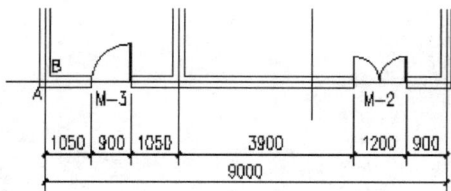

图 10-55　源图

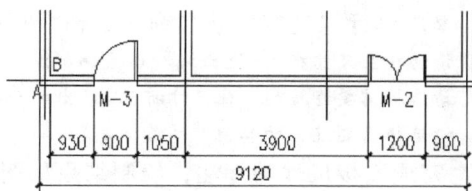

图 10-56　剪裁延伸

命令行：QXCC。

菜单："尺寸标注|尺寸编辑|取消尺寸"。

（2）操作步骤

1）打开图 10-47。

2）执行"取消尺寸"命令，命令提示：

选择待删除尺寸的区间线或尺寸文字[整体删除(A)]<退出>：//点取要删除的尺寸线区间内的文字及尺寸线

绘制结果如图 10-57 所示。

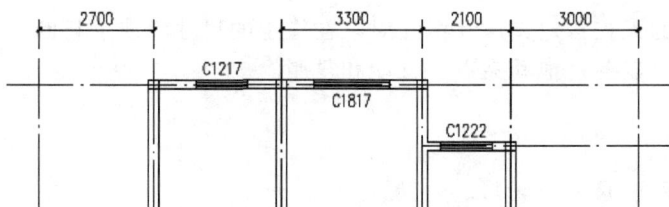

图 10-57　取消尺寸

5. 连接尺寸

本命令连接两个独立的天正自定义直线或圆弧标注对象，将点取的两尺寸线区间段加以连接，原来的两个标注对象合并成为一个标注对象，如果准备连接的标注对象尺寸线之间不共线，连接后的标注对象以第一个点取的标注对象为主标注尺寸对齐，通常用于把 AutoCAD 的尺寸标注对象转为天正尺寸标注对象。

（1）执行方式

命令行：LJCC。

菜单："尺寸标注|尺寸编辑|连接尺寸"。

（2）操作步骤

1）编辑源文件，如图 10-58 所示。

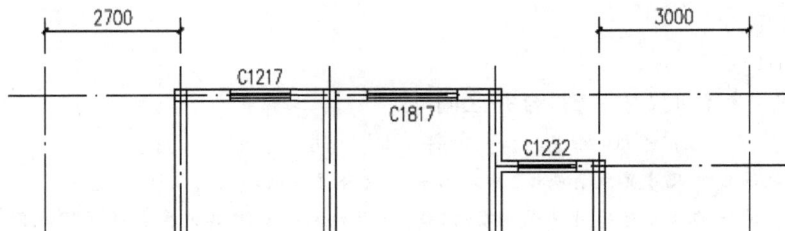

图 10-58　源图

2）执行"连接尺寸"命令，命令行提示：

请选择主尺寸标注<退出>://选左侧标注

请选择需要连接的其他尺寸标注<退出>://选右侧标注

请选择需要连接的其他尺寸标注<退出>://生成新的连接尺寸

完成连接尺寸的标注，绘制结果如图 10-59 所示。

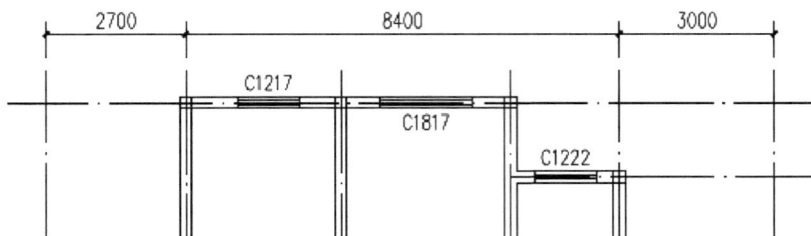

图 10-59　连接尺寸

6. 尺寸打断

本命令把整体的天正自定义尺寸标注对象在指定的尺寸界线上打断，成为两段互相独立的尺寸标注对象，可以各自拖动夹点、移动和复制。

（1）执行方式

命令行：CCDD。

菜单："尺寸标注|尺寸编辑|尺寸打断"。

（2）操作步骤　对图 10-59 执行"尺寸打断"命令，命令行提示：

请在要打断的一侧点取尺寸线<退出>://在要打断的位置点取尺寸线

系统随即打断尺寸线，选择预览尺寸线发现已经是两个独立对象，如图 10-60 所示。

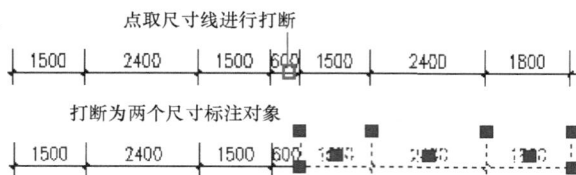

图 10-60　尺寸打断图

7. 合并区间

"合并区间"命令可以把天正标注对象中的相邻区间合并为一个区间。

（1）执行方式

命令行：HBQJ。

菜单："尺寸标注|尺寸编辑|合并区间"。

（2）操作步骤　对图 10-59 执行"合并区间"命令，命令行提示：

请框选合并区间中的尺寸界线箭头<退出>://框选要合并区间之间的尺寸界线

请框选合并区间中的尺寸界线箭头或［撤消（U）］<退出>://点取其他要合并区间之间的尺寸界线或者键入 U 撤销合并

绘制结果，如图 10-61 所示。

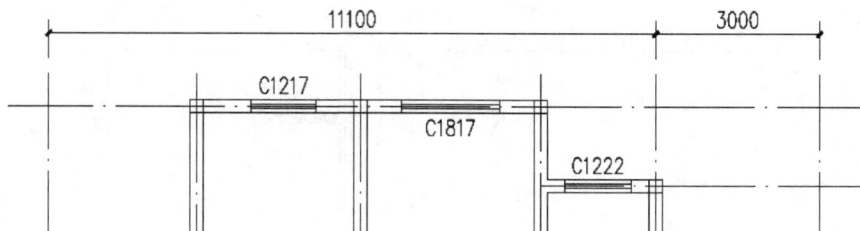

图 10-61　合并区间

8. 等分区间

"等分区间"命令可以把天正标注对象的某一个区间按指定等分数等分为多个区间。

（1）执行方式

命令行：DFQJ。

菜单："尺寸标注|尺寸编辑|等分区间"。

（2）操作步骤

1）打开图 10-61。

2）执行"等分区间"命令，命令行提示：

请选择需要等分的尺寸区间<退出>://选择待等分的区间尺寸

输入等分数<退出>:3

完成后将一个区间分成三等份，绘制结果如图 10-62 所示。

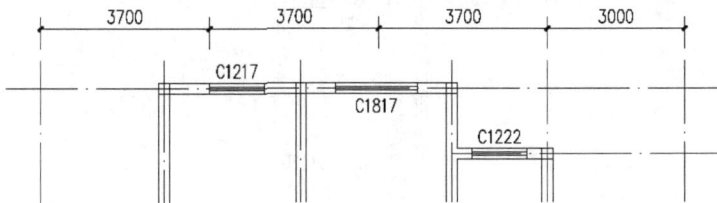

图 10-62　等分区间

9. 等式标注

"等式标注"命令可以把天正标注对象的某一个区间按多个相等区间乘积的形式表示。

（1）执行方式

命令行：DSBZ。

菜单："尺寸标注|尺寸编辑|等式标注"。

（2）操作步骤

1）打开图 10-62。

2）执行"等式标注"命令，命令行提示：

请选择需要等分的尺寸区间<退出>://选择需替换标注的区间

输入等分数<退出>://输入等分数量

绘制结果如图 10-63 所示。

10. 对齐标注

"对齐标注"命令可以把多个天正标注对象按参考标注对象对齐排列。

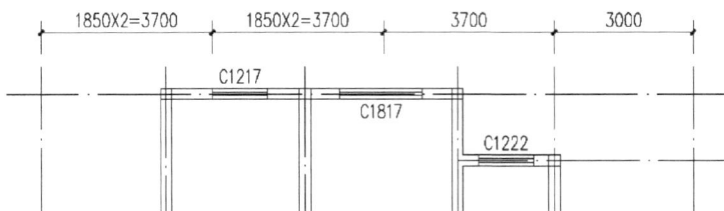

图 10-63   等式标注

（1）执行方式

命令行：DQBZ。

菜单：“尺寸标注|尺寸编辑|对齐标注”。

（2）操作步骤   绘制图 10-64，执行“对齐标注”命令，命令行提示：

选择参考标注<退出>://选取作为样板的标注,它的高度作为对齐的标准

选择其他标注<退出>://选取其他要对齐排列的标注 1

选择其他标注<退出>://选取其他要对齐排列的标注 2

选择其他标注<退出>://回车退出

绘制结果如图 10-65 所示。

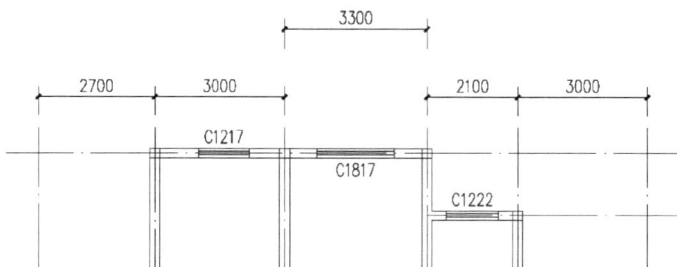

图 10-64   源图

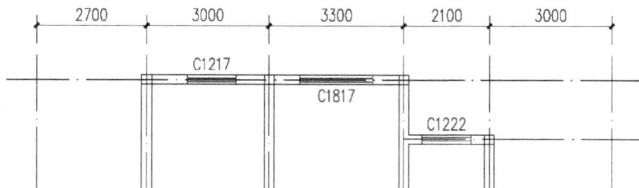

图 10-65   对齐标注

11. 增补尺寸

“增补尺寸”命令可以对已有的尺寸标注增加标注点。

（1）执行方式

命令行：ZBCC。

菜单：“尺寸标注|尺寸编辑|增补尺寸”。

（2）操作步骤   对图 10-65 执行“增补尺寸”命令，命令行提示：

点取待增补的标注点的位置或 [参考点（R）]<退出>://选取需要标注的点位

点取待增补的标注点的位置或［参考点（R）/撤消上一标注点（U）］<退出>://点取其他位置及参考点

完成增补尺寸标注，绘制结果如图 10-66 所示。

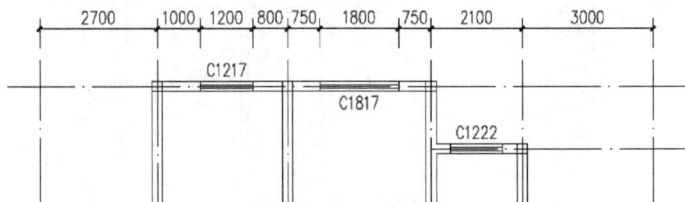

图 10-66　增补尺寸

12. 切换角标

"切换角标"命令可以对角度标注、弦长标注和弧长标注进行相互转化。

（1）执行方式

命令行：QHJB。

菜单："尺寸标注|尺寸编辑|切换角标"。

（2）操作步骤　对图 10-52 执行"切换角标"命令，命令行提示：

请选择天正角度标注://点取角度标注或者弦长标注，切换为其他模式显示

请选择天正角度标注：//以<Enter>键结束命令

绘制结果如图 10-67 所示。

13. 尺寸转化

"尺寸转化"命令可以把 AutoCAD 的尺寸标注转化为天正的尺寸标注。

（1）执行方式

命令行：CCZH。

菜单："尺寸标注|尺寸编辑|尺寸转化"。

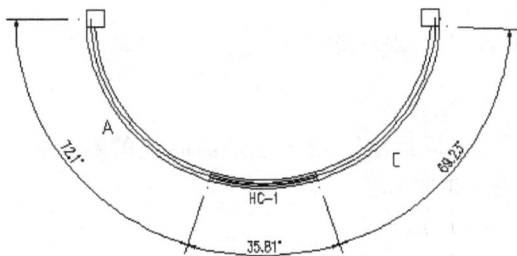

图 10-67　切换角标

（2）操作步骤

1）编辑源文件，如图 10-68 所示。

2）执行"尺寸转化"命令，命令行提示如下：

请选择 ACAD 尺寸标注://选择多个尺寸标注，回车进行转化

转化后绘制结果如图 10-69 所示。

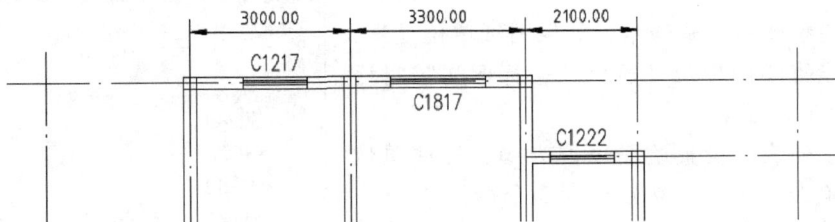

图 10-68　原有标注

14. 尺寸自调

"尺寸自调"命令可以对天正尺寸标注的文字位置进行自动调整，使得文字不重叠。

（1）执行方式

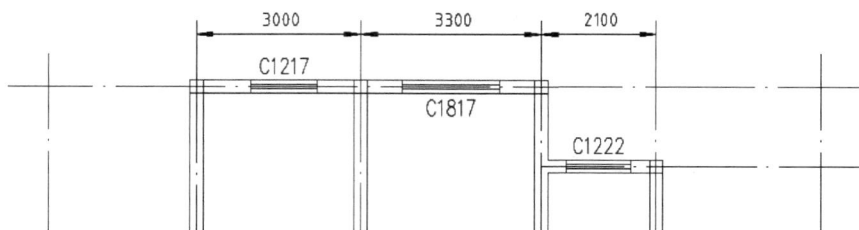

图 10-69 尺寸转化

命令行：CCZT。

菜单："尺寸标注|尺寸编辑|尺寸自调"。

（2）操作步骤 执行"尺寸自调"命令，命令行提示：

请选择天正尺寸标注://选择待调整的尺寸

请选择天正尺寸标注://以<Enter>键结束命令

10.4 符号标注

10.4.1 坐标符号

1. 坐标标注

"坐标标注"用于总平面图上的测量坐标定位，一般标注出建筑角点坐标或建筑边线处轴线定位坐标。

（1）执行方式

命令行：ZBBZ。

菜单："符号标注|坐标标注"。

（2）操作步骤

执行"坐标标注"命令，命令行提示：

当前绘图单位:mm,标注单位:M;以世界坐标系取值;北向角度90度

请点取标注点或［设置（S）\ 批量标注（Q）］<退出>：

看到当前绘图单位是毫米，如果图纸单位是米，需要键入 S 设置绘图单位，显示"坐标标注"对话框，如图 10-70 所示。

单击下拉列表，设置绘图单位为 M，标注单位也设为 M，单击"确定"按钮返回命令行：

当前绘图单位:M;标注单位:M;以世界坐标取值;北向角度 90 度

请点取标注点或［设置（S）\批量标注（Q）］<退出>：//选取所需标注点

点取坐标标注方向<退出>：//确定引出方向

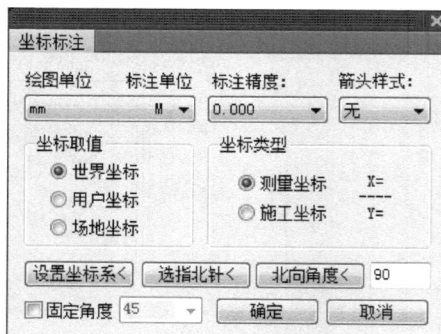

图 10-70 "坐标标注"对话框

请点取标注点<退出>://选取标注其他标注点或退出

2. 坐标检查

"坐标检查"一般用于筛选错误的坐标标注。

（1）执行方式：

命令行：ZBJC。

菜单："符号标注|坐标检查"。

（2）操作步骤

1）执行"坐标检查"命令，系统会弹出"坐标检查"对话框，如图 10-71 所示。

2）在设置好坐标检查信息之后，单击"确定"按钮，命令行提示：

选择待检查的坐标://框选需检查的坐标

如果选中的坐标正确，将提示"选中坐标，全部正确！"；如果选中的坐标不正确，将提示"选中的坐标中，其中有错！"

图 10-71 "坐标检查"对话框

程序会在错误的坐标位置显示一个红框进行提示，指出错误的坐标，并提示"纠正选项：[全部纠正（A）/纠正坐标（C）/纠正位置（D）/退出（X）]"，键入 C 纠正错误的坐标值，程序自动完成坐标纠正；键入 D，则不改坐标值，而是移动原坐标符号，在该坐标值的正确坐标位置进行坐标标注；键入 A，则全部错误的坐标值都进行纠正。

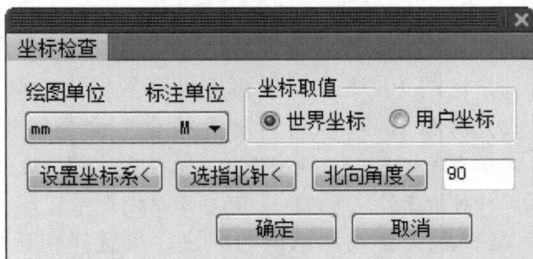

10.4.2 标高符号

1. 标高标注

本命令适用于平面图的楼面标高与地坪标高标注，可标注绝对标高和相对标高，也可用于立面、剖面图标注楼面标高，标高三角符号为空心或实心填充，通过按钮可选，两种类型按钮的功能是互锁的，其他按钮控制标高的标注样式。

（1）执行方式

命令行：BGBZ。

菜单："符号标注|标高标注"。

（2）操作步骤

1）绘制基础立面图元。

2）执行"标高标注"命令，弹出"标高标注"对话框，在对话框中勾选"手工输入"复选框，数据输入±0.000，定义标高参考线，如图 10-72 所示。

3）在绘图区域左击，命令行提示：

请单击标高点或[参考标高（R）]<退出>://选取参考标高 0.000 线的位置

请单击标高方向<退出>://选标标高方向

此时基准标高已定义完成，在执行添加其他标高点之前，需要注意将之前勾选的"手工输入"取消，这样再添加其他标高点时，就会以之前定义的标高参考线为基准，对新的标高点进行自动计算。

下一点或[第一点（F）]<退出>://依次选取窗上沿及窗下沿

下一点或［第一点（F）］＜退出＞：//右击退出

最终绘制结果如图 10-73 所示。

2. 标高检查

"标高检查"命令可以通过一个给定标高对立面或剖面图中其他标高符号进行检查。

（1）执行方式

命令行：BGJC。

菜单："符号标注｜标高检查"。

（2）操作步骤

1）将图 10-73 中二层窗底标高数据进行修改，得到图 10-74。

2）对图 10-74 执行"标高检查"命令，命令行提示：

选择参考标高或［参考当前用户坐标系（T）］＜退出＞：//选择检查标高的参考标高

选择待检查的标高标注：//选择图中标高

检查后，会找到错误的标注，可选择纠正标高或退出。如选择纠正标高，此时刚刚修改的标高会被修正为图 10-73。

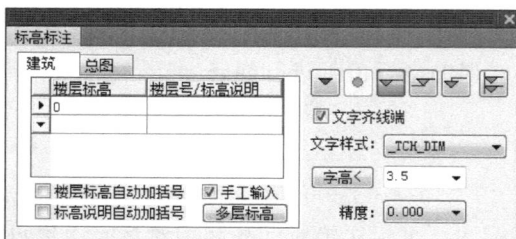

图 10-72 "标高标注"对话框

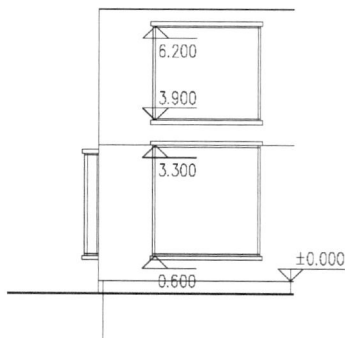

图 10-73 标高标注

3. 标高对齐

"标高对齐"命令可以对标高位置进行对齐规整。

（1）执行方式

命令行：BGDQ。

菜单："符号标注｜标高对齐"。

（2）操作步骤

1）绘制图 10-75。

2）执行"标高对齐"命令，命令行提示：

请选择需对齐的标高标注或［参考对齐（Q）］＜退出＞：//选取待执行对齐命令的多个标高

请选择需对齐的标高标注：

请点取标高对齐点＜不变＞：//将对齐后的标高图元，重新设定标注位置

绘制结果如图 10-73 所示。

10.4.3 工程标注的符号

工程符号的标注是在图纸上添加具有工程含义的图形符号对象。

1. 箭头引注

本命令绘制带有箭头的引出标注，文字可从线端标注也可从线上标注，引线可以转折多次，常用于绘制楼梯方向线、坡道坡度等。

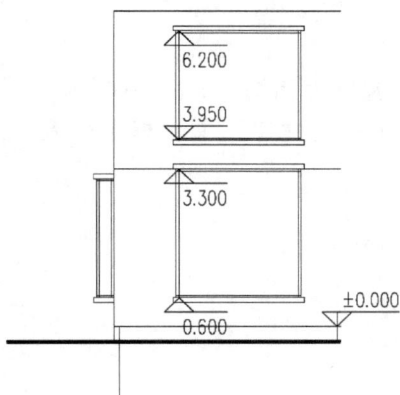

图 10-74　查源图

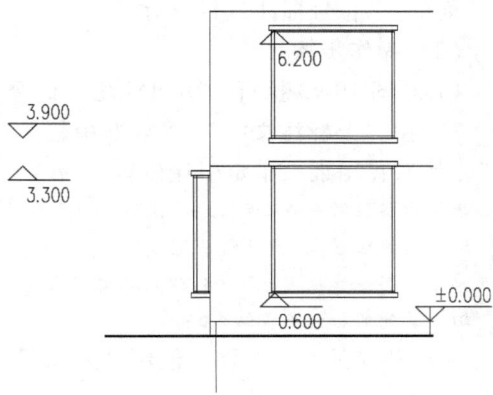

图 10-75　源图

（1）执行方式

命令行：JTYZ。

菜单："符号标注|箭头引注"。

（2）操作步骤

1）对图 10-73 执行"箭头引注"命令，打开"箭头引注"对话框，如图 10-76 所示。

2）在"上标文字"文本框中输入"窗户"，然后在图纸中指定引注位置，命令行提示：

箭头起点或［单击图中的曲线（P）/单击参考点（R）］<退出>://点取箭头起始点

直段下一点或［弧段（A）/回退（U）］<结束>://画出引线（直线或弧线）

直段下一点或［弧段（A）/回退（U）］<结束>://以<Enter>键结束

完成窗户的箭头引注，绘制结果如图 10-77 所示。

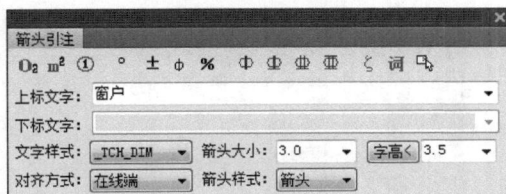

图 10-76　"箭头引注"对话框

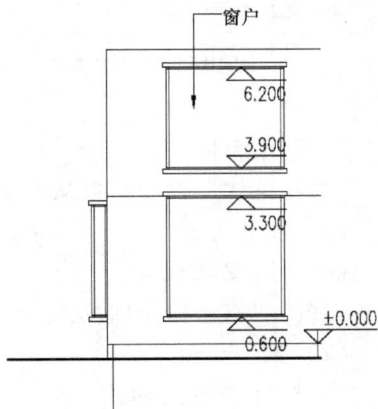

图 10-77　箭头引注图

2. 引出标注

本命令可用于对多个标注点进行说明性的文字标注，自动按端点对齐文字，具有拖动自动跟随的特性，常常用于立面材质标注等。

（1）执行方式

命令行：YCBZ。

菜单："符号标注|引出标注"。

（2）操作步骤

1）对图 10-73 执行"引出标注"命令，打开"引出标注"对话框，如图 10-78 所示。

2）在"上标注文字"文本框中输入"凸窗"，在"下标注文字"文本框中输入"三玻"，然后在图纸中指定引注位置，命令行提示：

请给出标注第一点<退出>://点取标注引线上的第一点

输入引线位置或［更改箭头型式（A）］<退出>://点取文字基线上的第一点

单击文字基线位置<退出>://点取文字基线上的结束点

输入其他的标注点 <结束>:

完成凸窗的引出标注，绘制结果如图 10-79 所示。

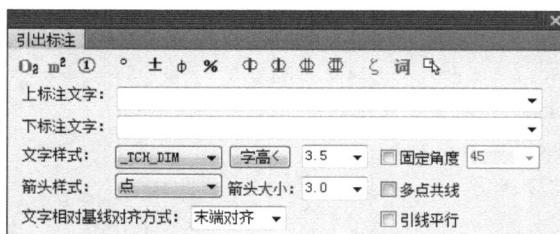

图 10-78 "引出标注"对话框

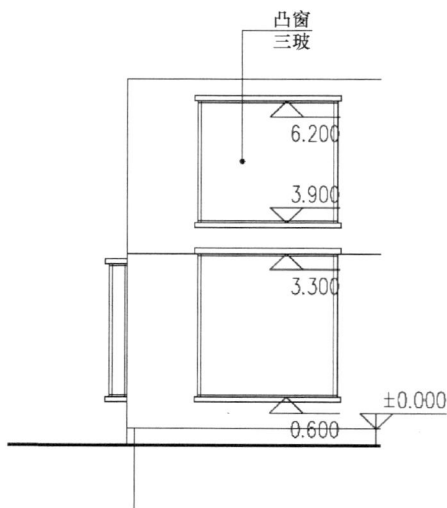

图 10-79 引出标注

3. 做法标注

"做法标注"命令可以从专业词库获得标准做法，用以标注工程做法。

（1）执行方式

命令行：ZFBZ。

菜单："符号标注|做法标注"。

（2）操作步骤

1）执行"做法标注"命令，打开"做法标注"对话框，如图 10-80 所示。

2）在文字框中分行输入"清水混凝土""垫层""灰土"。

3）在图纸中指定标注位置，命令行提示：

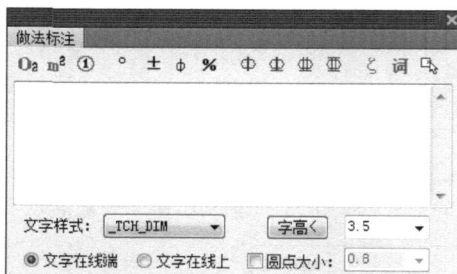

图 10-80 "做法标注"对话框

请给出标注第一点<退出>://选择标注起点

请给出文字基线位置<退出>://确定引出转折的位置

请给出文字线方向和长度<退出>://拖动选取文字长度及位置

请给出标注第一点<退出>:

完成做法标注，绘制结果如图 10-81 所示。

4. 索引符号

"索引符号"命令包括剖切索引号和指向索引号，索引符号的对象编辑提供了增加索引号与改变剖切长度的功能。

（1）执行方式

命令行：SYFH。

菜单："符号标注|索引符号"。

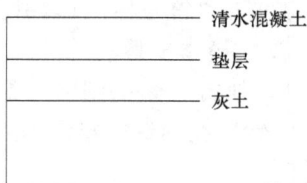

图 10-81 做法标注

（2）操作步骤

1）对图 10-79 执行"索引符号"命令，打开"索引符号"对话框，如图 10-82 所示。单击"指向索引"单选按钮，在对话框中填入相关内容。

2）在图纸中指定索引位置，命令行提示：

请给出索引节点的位置<退出>://点取需索引的部分

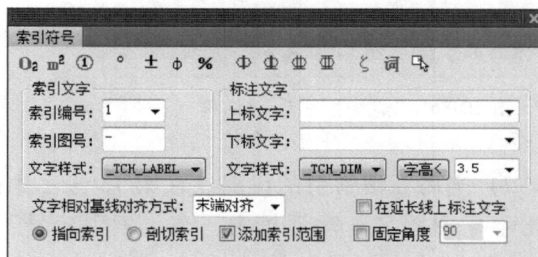

图 10-82 "索引符号"对话框

请给出索引节点的范围<0,0>://拖动圆上一点,单击定义范围或回车不画出范围

请给出转折点的位置<退出>://拖动点取索引引出线的转折点

请给出文字索引点的位置<退出>://点取插入索引号圆圈的圆心

请给出索引点的位置<退出>:

完成窗的指向索引，绘制结果如图 10-83 所示。

同时还可以对已添加的索引符号进行编辑，如图 10-84 所示。

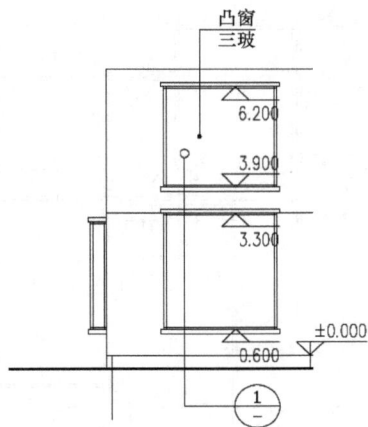

图 10-83 索引符号

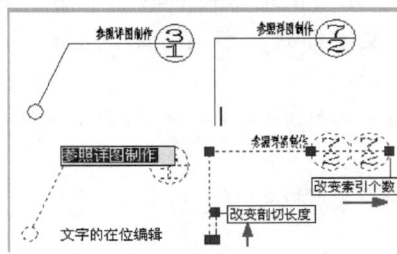

图 10-84 索引符号编辑

5. 索引图名

"索引图名"命令可以为图中局部详图标注索引图号，并且同时标注比例。

（1）执行方式

命令行：SYTM。

菜单："符号标注|索引图名"。

（2）操作步骤

1）执行"索引图名"命令，打开图 10-85 所示对话框，在对话框中"索引编号"输入"A"，然后在图纸中指定插入位置。结果如图 10-86a 所示。

图 10-85 "索引图名"对话框（一）

图 10-86 索引图名

2）当需要被索引的详图注在第 18 张图中时，单击"索引图名"对话框中，在"索引标号"选择"1"，"索引图号"输入"18"，如图 10-87 所示，然后在图纸中指定插入位置。

完成索引图名，绘制结果如图 10-86b 所示。

图 10-87 "索引图名"对话框（二）

6. 剖切符号

本命令在图中标注国标规定的断面剖切符号，用于定义一个编号的剖面图，表示剖切断面上构件及从该处沿视线方向可见的建筑部件，生成的剖面要依赖此符号定义剖面方向。

（1）执行方式

命令行：PQFH。

菜单："符号标注|剖切符号"。

（2）操作步骤

1）编辑一源文件，如图 10-88 所示。

2）执行"剖面剖切"命令，打开如图 10-89 所示对话框，在对话框中输入剖切编号、文字样式、字高等基础信息后，命令行提示：

点取第一个剖切点<退出>://点取剖切参考线起点

点取第二个剖切点<退出>://点取剖切参考线起点

点取剖视方向<当前>://选择剖切线的视线方向

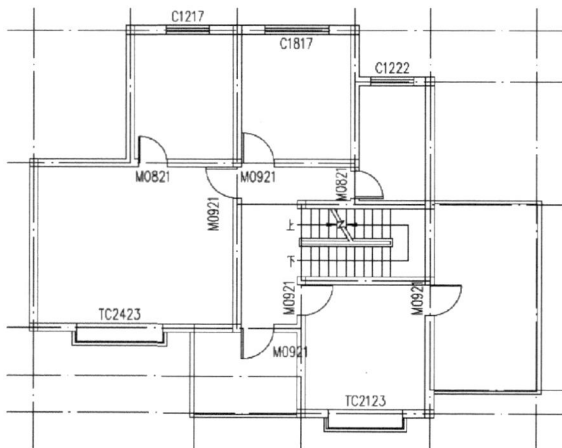

图 10-88 源图

完成剖面剖切的标注，绘制结果如图 10-90 所示。

图 10-89　"剖切符号"对话框

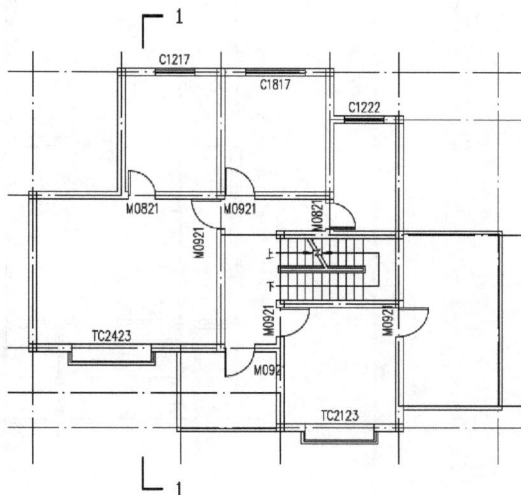

图 10-90　剖面剖切

7. 绘制云线

"绘制云线"命令起到图元标示凸显作用，一般用于图纸修改时标示修改处。

（1）执行方式

命令行：HZYX。

菜单："符号标注|绘制云线"。

（2）操作步骤

1）执行"绘制云线"命令，在弹出的"云线"对话框中设置云线参数，如图 10-91 所示。

2）在图纸中绘制云线，命令提示：

沿云线路径引导十字光标（鼠标拖动引导）

修订云线完成。

图 10-91　"云线"对话框

8. 加折断线

"加折断线"命令可以在图中绘制折断线。

（1）执行方式

命令行：JZDX。

菜单："符号标注|加折断线"。

（2）操作步骤

1）打开图 10-88。

2）执行"加折断线"命令，命令行提示：

点取折断线起点或［选多段线（S）\绘双折断线（Q），当前：绘单折断线］＜退出＞：//选择折断线起点

点取折断线终点或［改折断数目（N），当前＝1］＜退出＞：//选择折断线终点

当前切除外部,请选择保留范围或［改为切除内部（Q）］＜不切割＞：

完成加折断线的标注，绘制结果如图 10-92 所示。

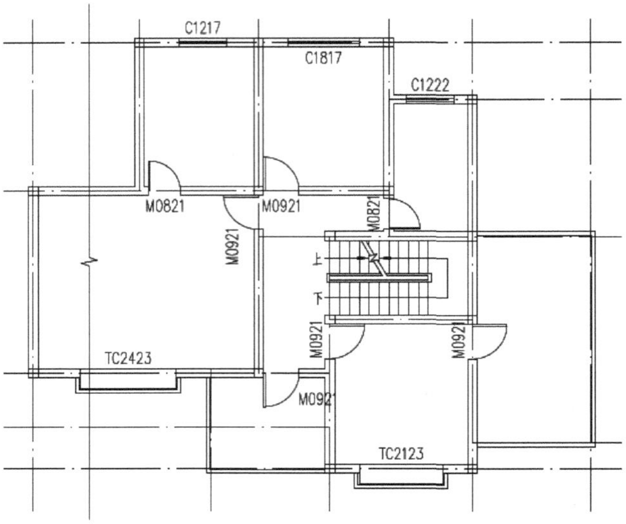

图 10-92　加折断线

9. 画对称轴

"画对称轴"命令可以在图中绘制对称轴及符号。

（1）执行方式

命令行：HDCZ。

菜单："符号标注|画对称轴"。

（2）操作步骤

1）编辑一源文件，如图 10-93 所示。

2）执行"画对称轴"命令，命令行提示：

起点或[参考点（R）]<退出>：//选择 A。

终点<退出>：//选择 B

完成画对称轴的标注，绘制结果如图 10-94 所示。

图 10-93　源图

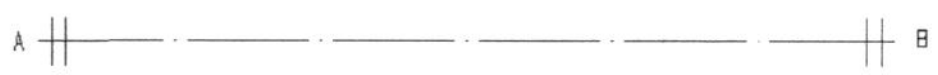

图 10-94　画对称轴

10. 画指北针

"画指北针"命令可以在图中绘制指北针。

（1）执行方式

命令行：HZBZ。

菜单："符号标注|画指北针"。

（2）操作步骤　执行"画指北针"命令，命令行提示：

指北针位置<退出>：//选择指北针的插入点

指北针方向<90,0>：//选择指北针方向

完成加指北针的标注，绘制结果如图 10-95 所示。

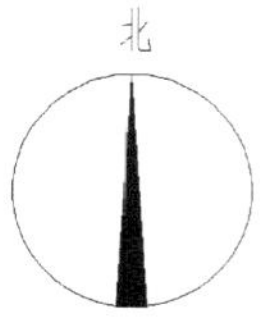

11. 图名标注

"图名标注"命令可以在图中以一个整体符号对象标注图名比例。

图 10-95　指北针

（1）执行方式

命令行：TMBZ。

菜单："符号标注|图名标注"。

（2）操作步骤

1）执行"图名标注"命令，打开"图名标注"对话框。

2）输入图名"办公楼立面图"，单击"国标"单选按钮，如图 10-96 所示，命令行提示：

请单击插入位置<退出>://确定图名标注插入位置

显示的图形如图 10-97a 所示。

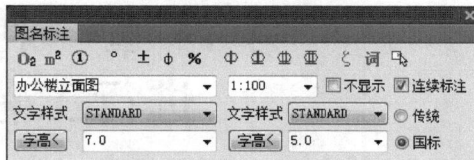

图 10-96　"图名标注"对话框（一）

办公楼立面图 1:100

a)

办公楼立面图 1:100

b)

图 10-97　图名标注

3）输入图名"办公楼立面图"，在对话框中选择"传统"方式，如图 10-98 所示，命令行提示：

请单击插入位置<退出>://确定图名标注插入位置

显示的图形如图 10-97b 所示。

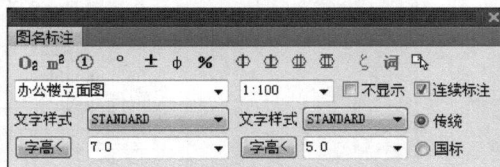

图 10-98　"图名标注"对话框（二）

本 章 小 结

本章主要讲解了文字表格与尺寸标注、符号的绘制与编辑方法，文字表格绘制与编辑。要掌握文字工具、表格工具；尺寸标注的绘制与编辑要掌握尺寸标注的创建、尺寸标注的编辑；符号的绘制与编辑要掌握标高符号、工程符号的标注等。

思 考 与 练 习

1. 熟练掌握本章讲解的命令。

2. 以本章学到的天正文字及尺寸标注知识，对第 9 章图 9-3 平面图进行文字、尺寸及标高标注。

第 11 章　利用天正建筑 T20
进行工程实例的绘制

本章以一个坐落于南方某城市的联排小型别墅为例（图 11-1~图 11-6），来进行 TArch20

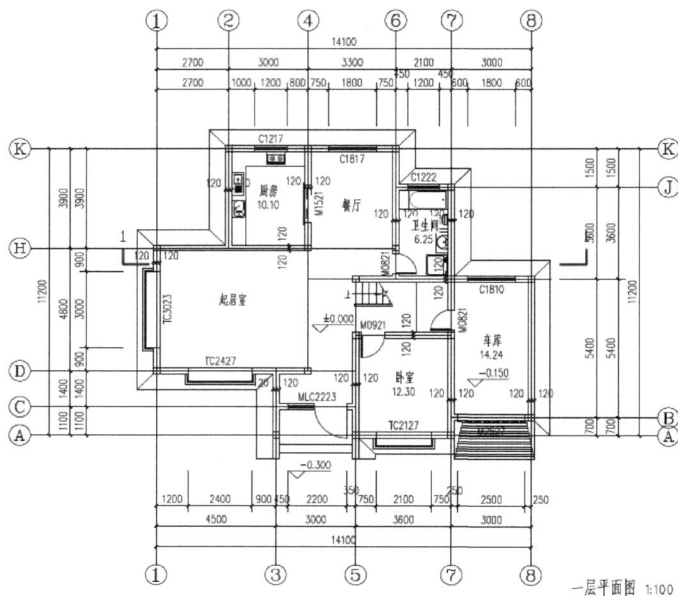

图 11-1　一层平面图

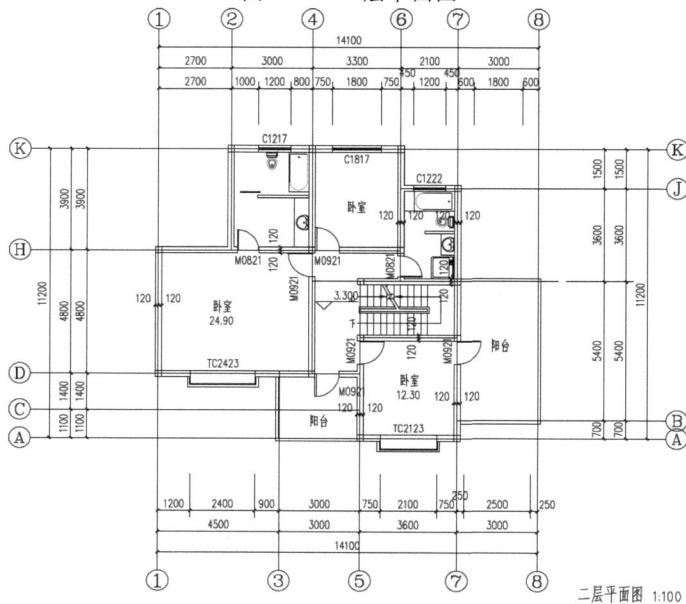

图 11-2　二层平面图

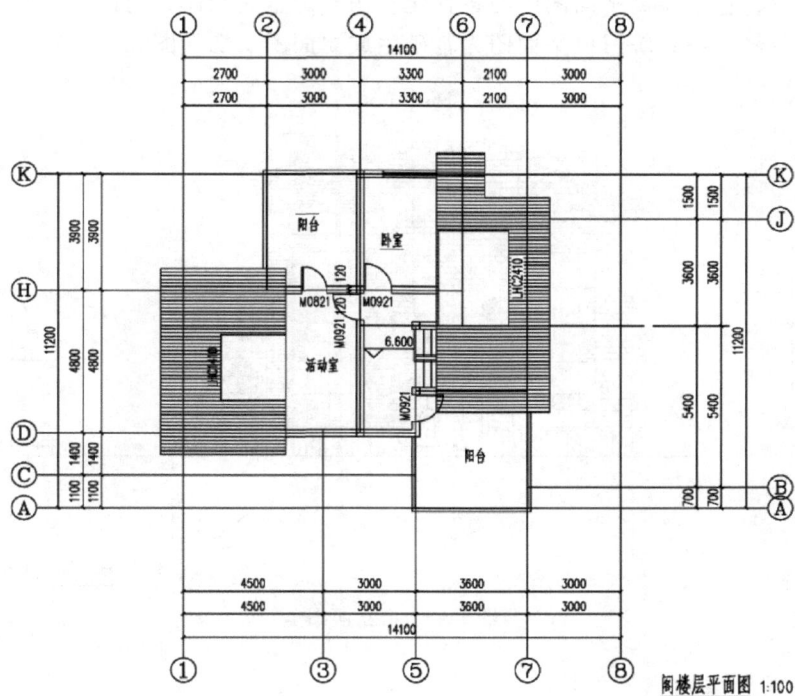

图 11-3　阁楼层平面图

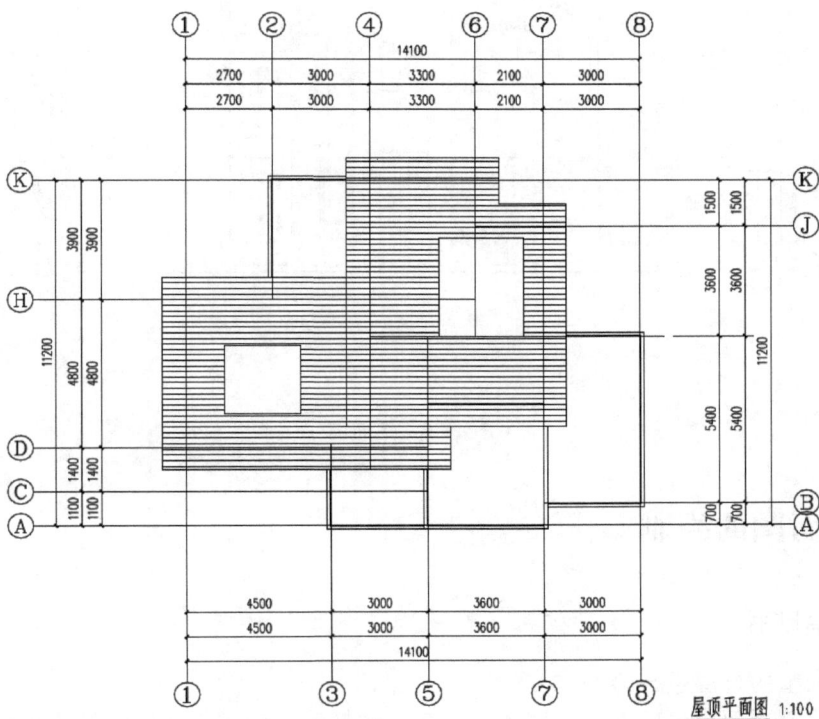

图 11-4　屋顶平面图

软件的绘图练习，包括绘制平面图中的各种建筑构件，生成墙体、门窗、楼梯及台阶等；进行尺寸标注和符号标注；练习以平面图为基础生成立面图及剖面图。

图 11-5　南立面图

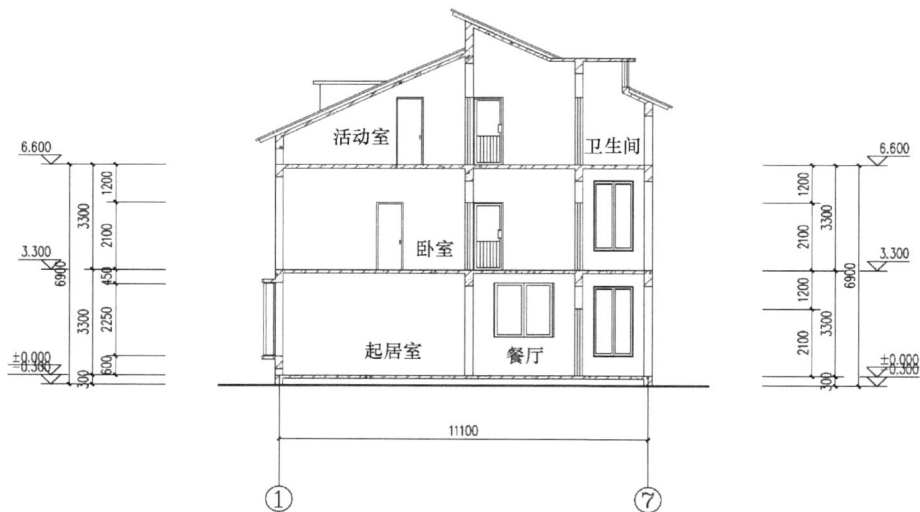

图 11-6　剖面图

11.1　平面图的绘制

11.1.1　轴网柱子

首先对别墅的首层进行绘制。

轴网是建筑平面定位的基础，墙体、门窗、楼梯等基础构件均以轴网的相对位置关系进行平面定位。故平面图绘制的第一步是绘制轴网，平面轴网绘制完成后再绘制柱子。

　　执行"绘制轴网"命令，输入"上开""左进"等参数配置，插入至图纸中，并进行轴线裁剪，如图 11-7 和图 11-8 所示。

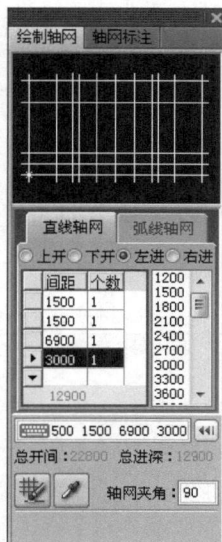

图 11-7　"绘制轴网"对话框

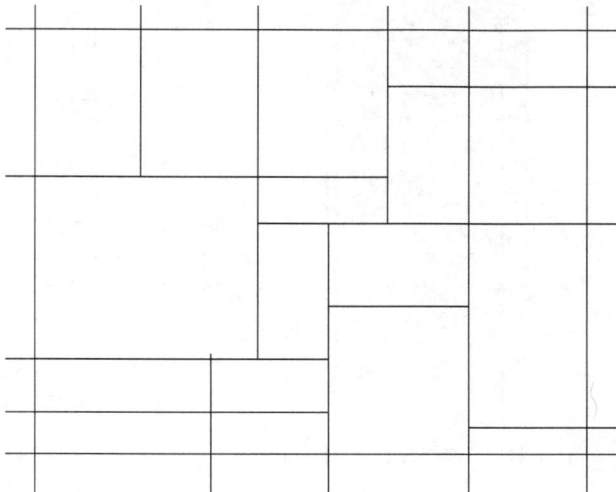

图 11-8　创建轴网

　　轴网绘制完毕后添加柱子。调用"标准柱"命令，添加主体柱子，注意柱子的尺寸及与墙体的相对关系，如图 11-9 和图 11-10 所示。

图 11-9　"标准柱"对话框

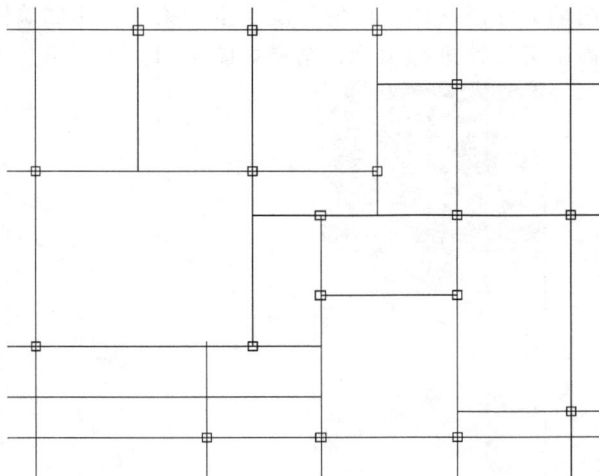

图 11-10　创建柱子

11.1.2　轴网标注

　　使用"轴网标注"命令对已创建的轴网进行轴号标注及平面尺寸标注，如图 11-11 和图 11-12 所示。

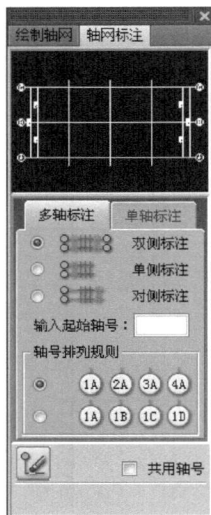

图 11-11 "轴网标注"对话框

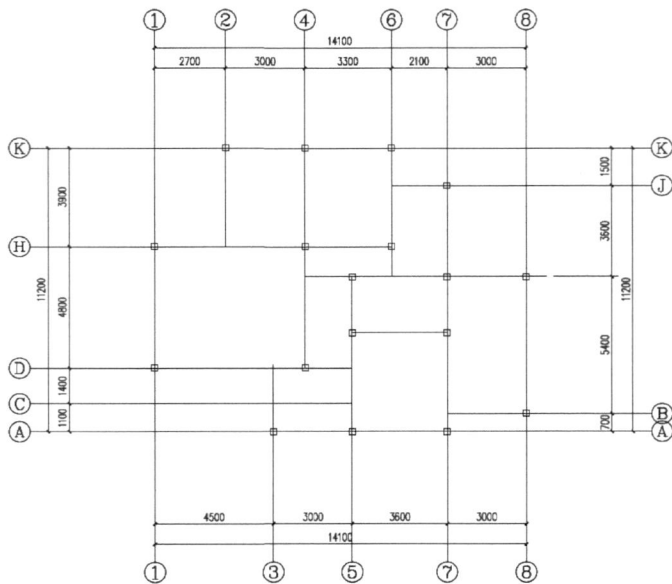

图 11-12 轴网标注

11.1.3 绘制墙体

在已绘制的轴网标注图中，添加建筑外墙及内部空间分隔墙，设计时要注意使用空间的尺度及空间关系。添加墙体的同时可以对墙体的材料、用途、防火等级、墙体高度等属性进行预设。本次墙体宽度采用 240mm，墙体高度采用 3300mm。在已绘制的轴网标注图 11-12 中，单击"墙体｜绘制墙体"，弹出"墙体"对话框，如图 11-13 所示。先布置外墙，再布置内墙，注意使用空间的尺度及空间关系。添加墙体时对墙体的材料、用途、防火等级、墙体高度等属性进行预设，结果如图 11-14 所示。

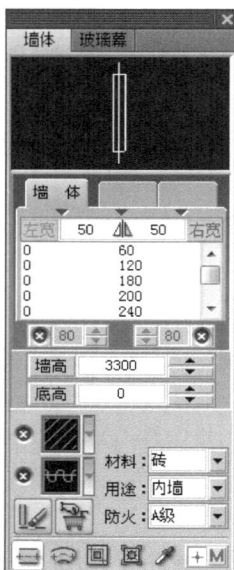

图 11-13 "墙体"对话框

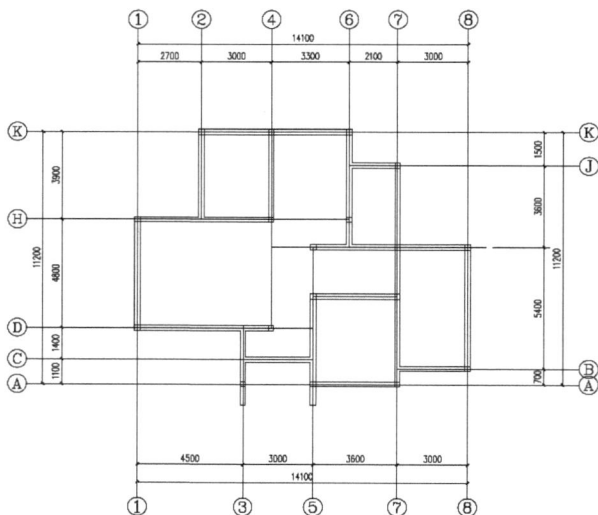

图 11-14 绘制墙体

11.1.4　绘制门窗

插入门窗，如图 11-15 和图 11-16 所示，设定尺寸后，单击缩略图，可在天正图库中进行样式选择，如图 11-17 所示，绘制结果如图 11-18 所示。

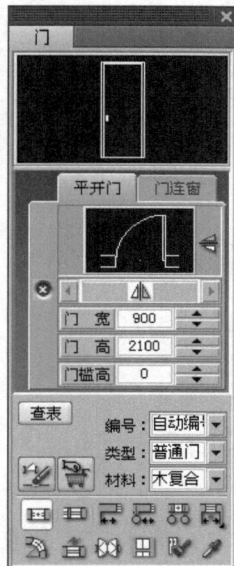

图 11-15　"门"对话框　　　　图 11-16　"窗"对话框　　　　图 11-17　"天正图库管理系统"窗口

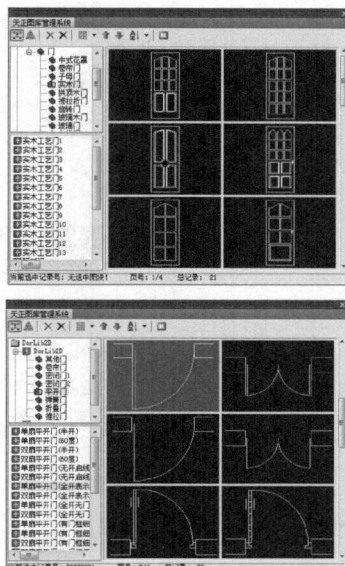

11.1.5　楼梯其他

1）选择"楼梯其他｜双跑楼梯"，参数设置如图 11-19 所示，设置完成单击"确定"

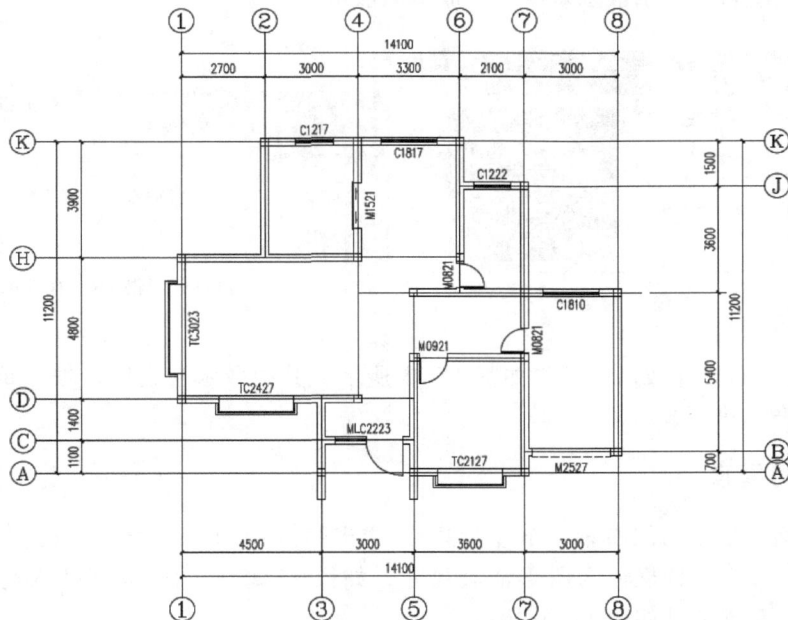

图 11-18　插入门窗

按钮，将楼梯插入图中即可。

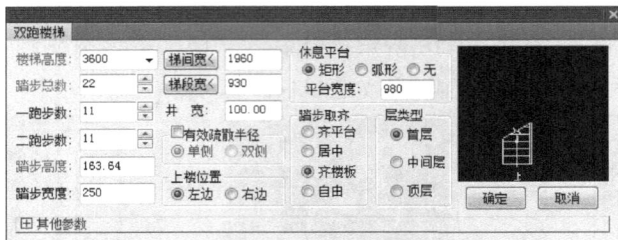

图 11-19 "双跑楼梯"对话框

图 11-20 "台阶"对话框

2）选择"楼梯其他｜台阶"，弹出图 11-20 所示"台阶"对话框，输入相应参数后，选取台阶起点及终点，即可生成台阶。

3）选择"楼梯其他｜坡道"，弹出图 11-21 所示"坡道"对话框，输入相应参数，单击平面插入点，即可生成坡道。

4）选择"楼梯其他｜散水"，弹出图 11-22 所示"散水"对话框，输入相应参数，全选平面图元，系统自动识别散水基线，生成平面散水。

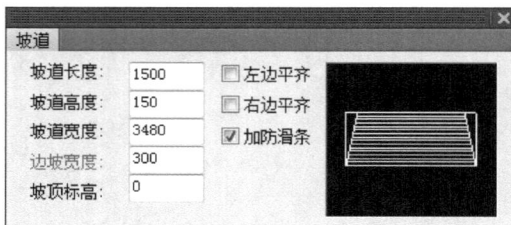

图 11-21 "坡道"对话框

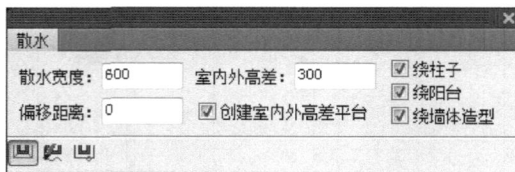

图 11-22 "散水"对话框

"楼梯其他"布置完成后的结果如图 11-23 所示。其中散水与台阶、坡道重合部分采用 CAD 基本绘图命令进行修改。

11.1.6 房间屋顶

选择"房间屋顶｜房间布置｜布置洁具"，弹出图 11-24 所示"天正洁具"窗口，选择相应的洁具后，弹出对话框输入所需洁具尺寸，如图 11-25 所示，同样插入坐便器及洗手盆。在卫生间内布置洁具如图 11-26 所示。

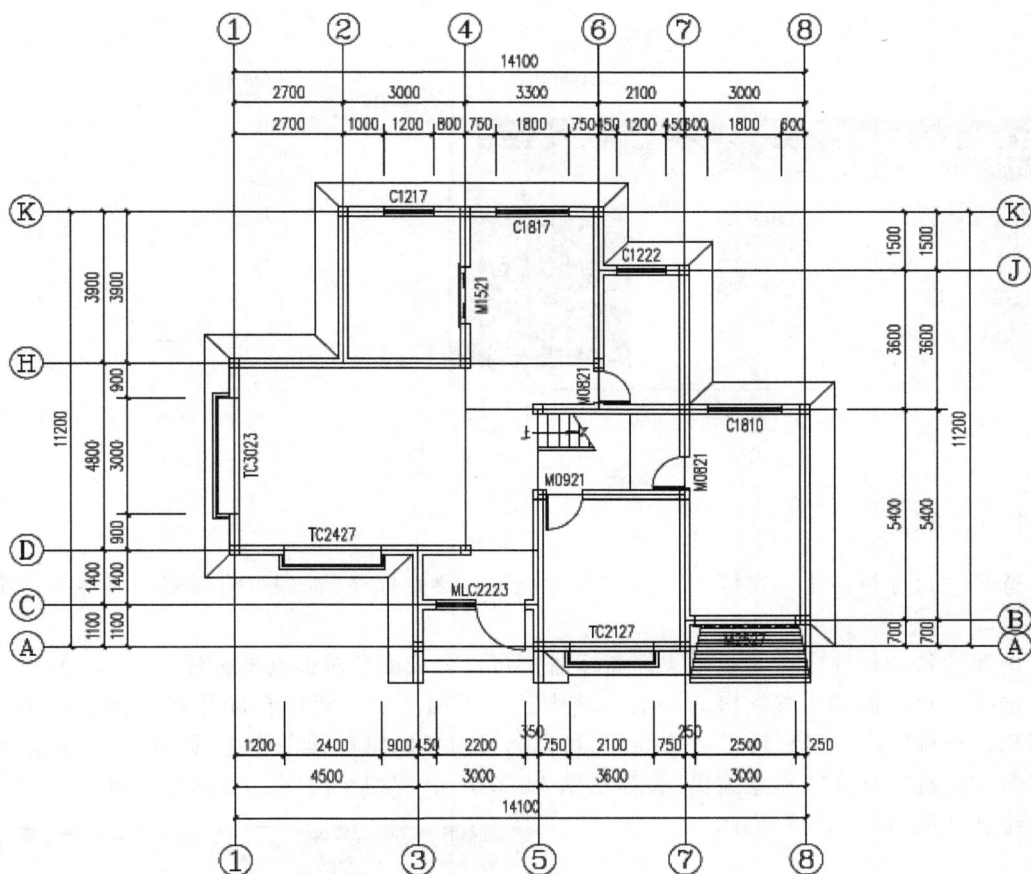

图 11-23　插入台阶、散水、坡道

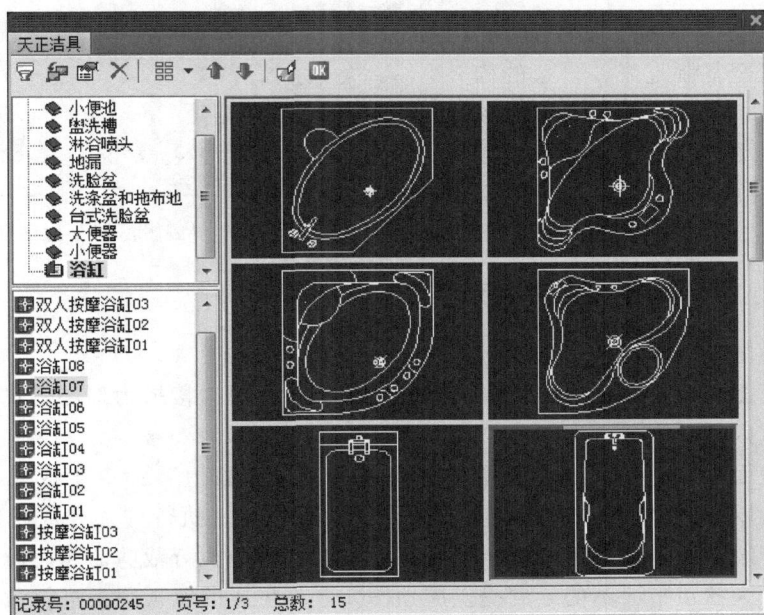

图 11-24　"天正洁具"窗口

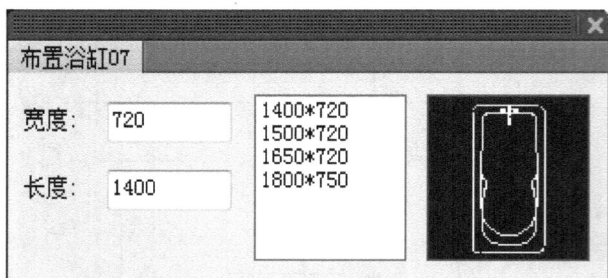

图 11-25　洁具尺寸设置

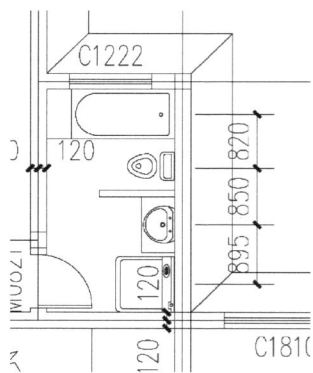

图 11-26　布置洁具

11.1.7　标注

选择"尺寸标注｜门窗标注"或"尺寸标注｜逐点标注"，即可将门窗、墙体等详细尺寸标出。

选择"符号标注｜图名标注｜标高标注"可以完成图名及标高的标注。

选择"房间屋顶｜搜索房间"后，选中整个平面图后，程序自动计算并标出房间名称和面积，默认的房间名称均为"房间"，可以通过对象编辑对其名称进行修改。用光标选择房间名称，右击选择"对象编辑"，弹出图 11-27 所示"编辑房间"对话框，可依次进行修改，绘制结果如图 11-28 所示。

11.1.8　二层平面图

在一层的基础上生成二层平面图，把一层平面图完全复制过来，多余的构件如台阶、散水、坡道等删除，楼梯改为中间层楼梯，墙体、门窗等也都做相应的修改，并将局部房间改为室外阳台。图 11-29 是二层平面图。

图 11-27　"编辑房间"对话框

11.1.9　阁楼层平面图、屋顶平面图

阁楼层平面图是阁楼层楼板层+1.2m 的水平剖切正投影。

把二层平面图完全复制过来，添加阁楼层建筑标高，更改楼梯为顶层模式，修改墙体及房间名，绘制室内部分图元。

绘制两坡屋面的屋顶边界线。选择"房间屋顶｜人字坡顶"命令生成坡屋顶，然后单击刚刚绘制好的屋顶边界线，输入坡度角30°，生成坡屋顶。执行"加老虎窗"为坡屋顶添加老虎窗。确定坡屋面不同高度的遮挡关系，对被遮挡部分执行裁剪命令。此时可备份生成的坡屋面图元，为屋顶平面图的绘制提供屋顶图元。将生成的屋顶图元进行裁剪，保留坡屋顶底标高部分与阁楼室内图元共同组合成阁楼层平面图，如图 11-30 所示。

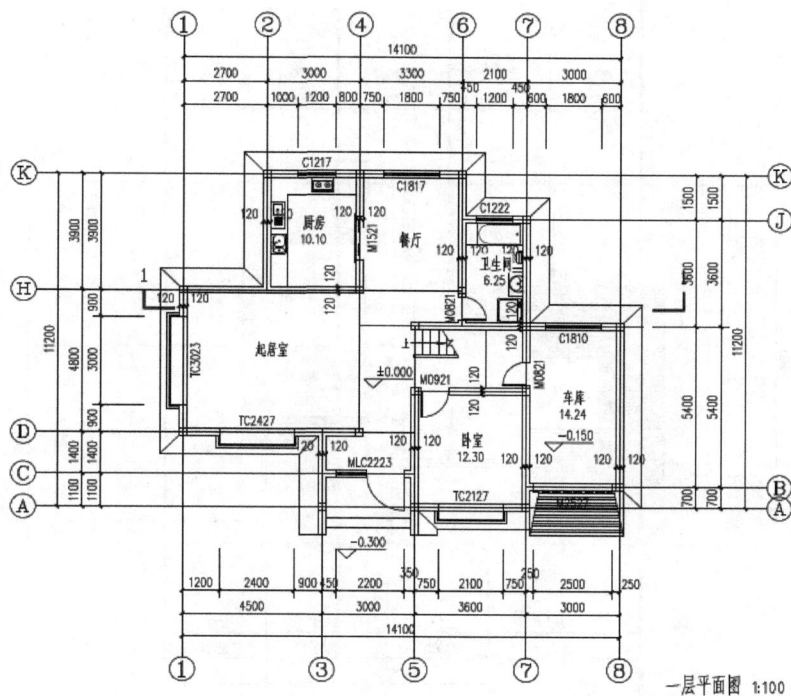

图 11-28　一层平面图

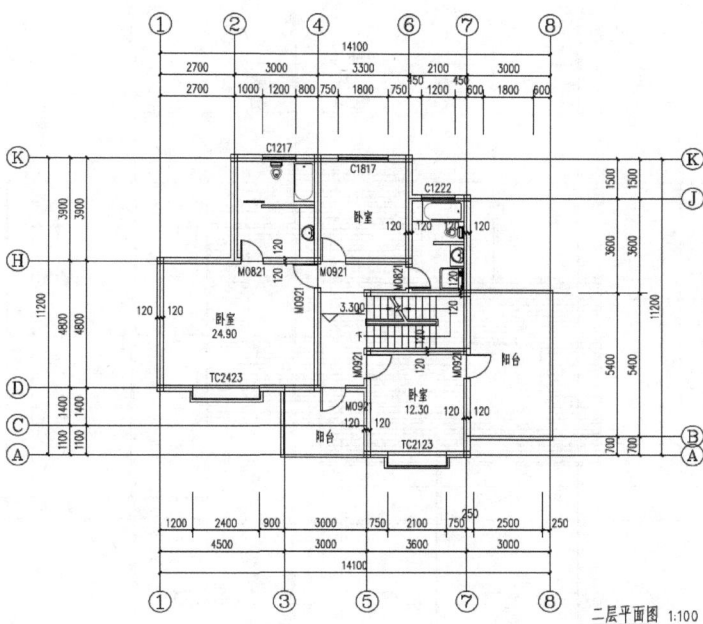

图 11-29　二层平面图

复制阁楼层平面图，删除楼梯、墙体、家具等图元信息，并将之前备份的坡屋面图元原位粘贴在屋顶平面图中，即可完成屋顶平面图的绘制，如图 11-31 所示。

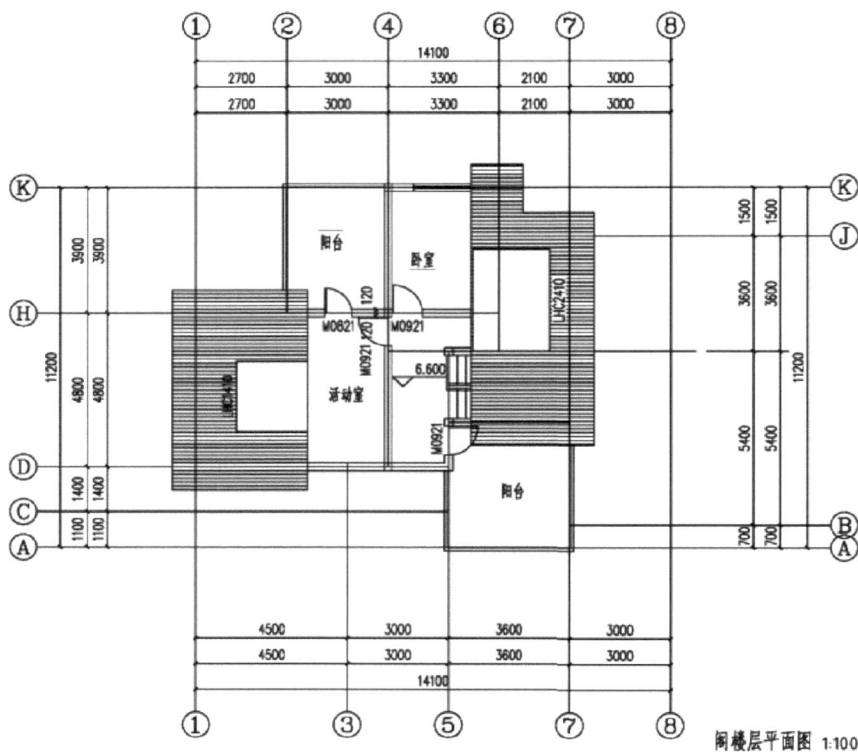

图 11-30　阁楼层平面图

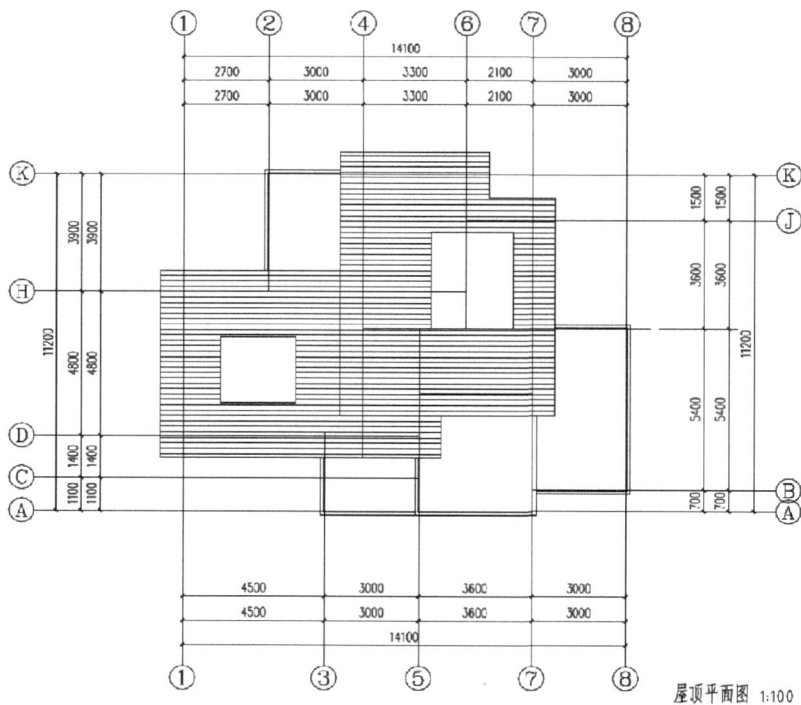

图 11-31　屋顶平面图

11.2　立面图的绘制

选择"立面 | 建筑立面",弹出图 11-32 所示提示对话框,单击"确定",弹出菜单,单击"工程项目"弹出下拉菜单,选择"新建工程",然后进行楼层设置,如图 11-33 所示。

然后单击"建筑立面",确定立面方向,设置室内外高差、出图比例等信息后,程序自动生成建筑立面图,如图 11-34 所示,利用建筑立面下拉菜单将坡屋面、深化门窗设计图元、立面材质等信息进行修改完善即可,如图 11-35~图 11-37 所示。

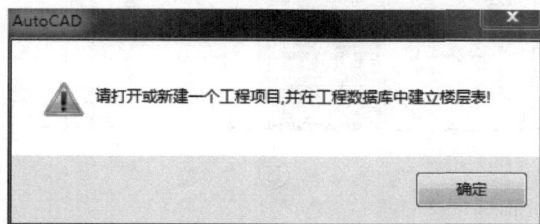

图 11-32　提示对话框

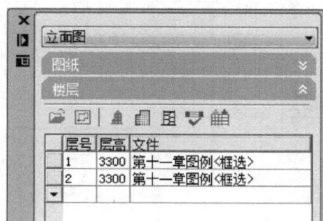

图 11-33　楼层设置

图 11-34　生成立面图

图 11-35　立面深化-1

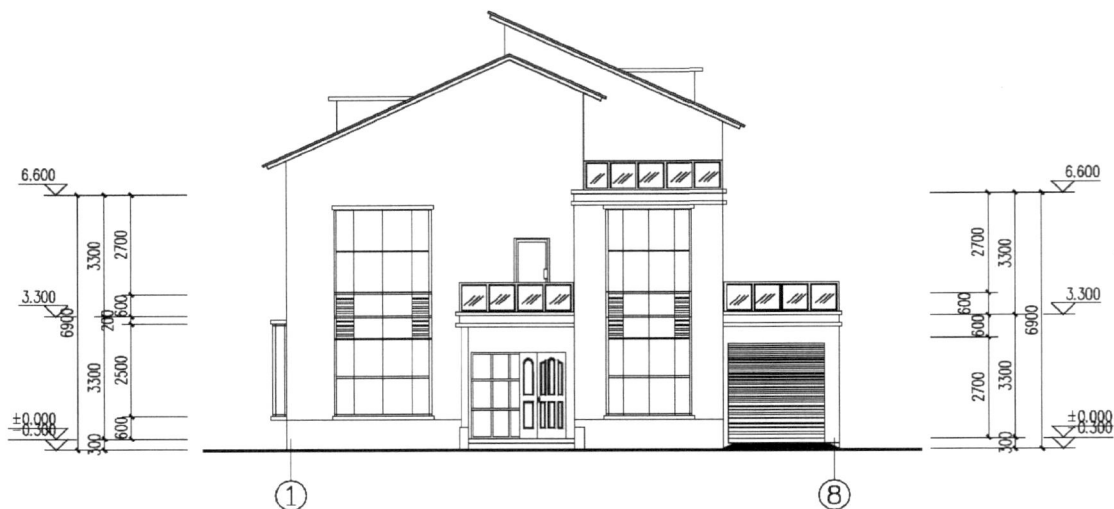

图 11-36　立面深化-2

南立面图 1:100

图 11-37　立面深化-3

11.3　剖面图的绘制

　　绘制剖面之前需要在首层平面图上作剖切号，选择"符号标注｜剖面剖切"，在平面图相应位置作剖切线即可。

　　选择"剖面｜建筑剖面"，选择剖切线和轴线，右击确定后弹出图 11-38 所示"剖面生成设置"对话框，设置后单击"生成剖面"按钮，程序自动生成建筑剖面图，如图 11-39 所示，利用建筑剖面下拉菜单在其上做一些修改完善即可，如图 11-40 和图 11-41 所示。

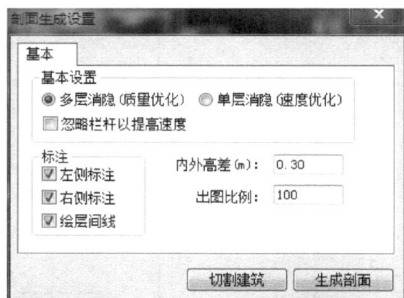

图 11-38　"剖面生成设置"对话框

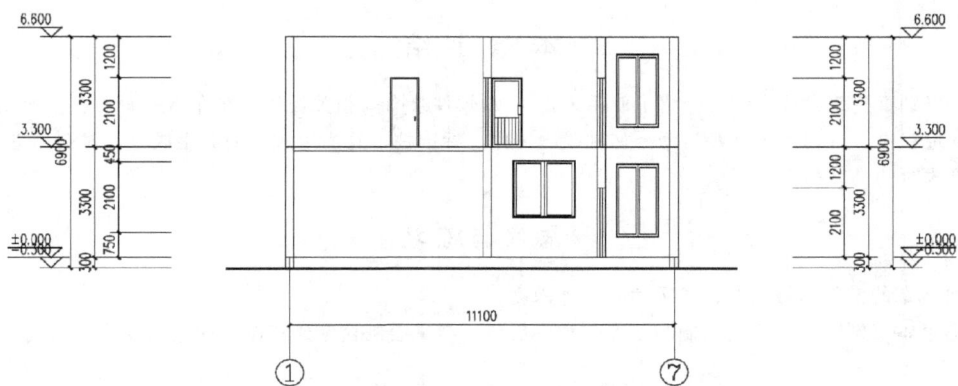

图 11-39　自动生成的剖面图

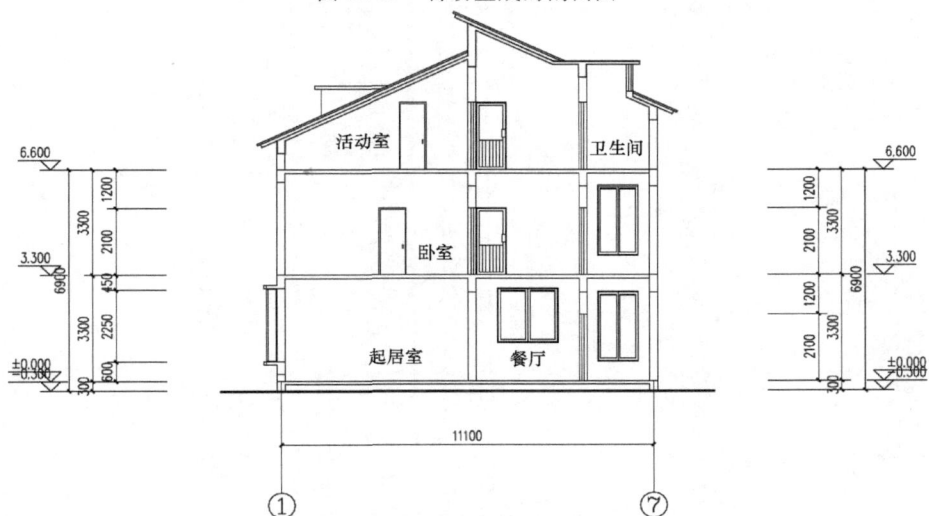

图 11-40　剖面深化图-1

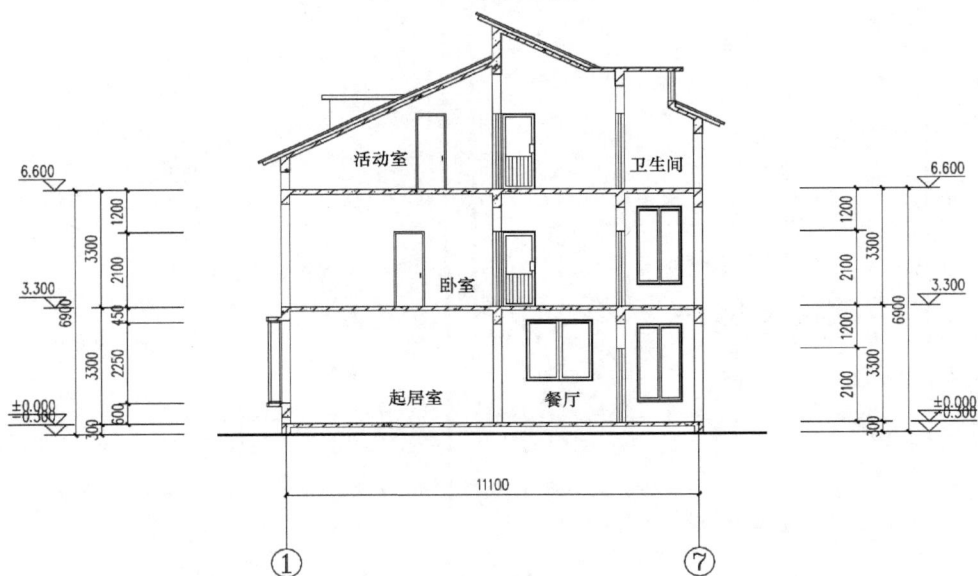

图 11-41　剖面深化图-2

本 章 小 结

本章以别墅建筑设计为例，介绍了使用天正 T 20 软件绘图的相关操作。在介绍平面图、立面图及剖面图的绘制过程中，讲解了 T20 各类命令如轴线、墙体、标准柱、立面生成、剖面生成等，对图形进行绘制、编辑与修改时的具体操作。

思考与练习

1. 将本章的实例重做一遍，要求达到设计深度。
2. 通过本章别墅全过程的绘制与学习，举一反三，尝试绘制住宅建筑图及简单的办公楼建筑图纸。

参 考 文 献

［1］ 茹正波. AutoCAD2005 及天正 TARCH6.5 建筑应用教程 ［M］. 北京：机械工业出版社，2006.

［2］ 李建成，王广斌. BIM 应用导论 ［M］. 上海：同济大学出版社，2015.

［3］ 王君明，马巧娥. AutoCAD 2010 教程 ［M］. 郑州：黄河水利出版社，2011.

［4］ 李刚健. AutoCAD 2010 建筑制图教程 ［M］. 北京：人民邮电出版社，2011.

［5］ 欧新新，崔钦淑. 建筑结构设计与 PKPM 系列程序应用 ［M］. 2 版. 北京：机械工业出版社，2010.

［6］ 张宇鑫，张燕. 建筑结构 CAD 应用教程 ［M］. 上海：同济大学出版社，2006.

［7］ 陈超核，赵菲，肖天鉴，等. 建筑结构 CAD-PKPM 应用与设计实例 ［M］. 北京：化学工业出版社，2012.

［8］ 张同伟. 土木工程 CAD ［M］. 2 版. 北京：机械工业出版社，2014.

［9］ 李波，刘升婷，李燕. AutoCAD 土木工程制图从入门到精通 ［M］. 北京：机械工业出版社，2013.

［10］ 程新宇，李敏杰. AutoCAD 2015 建筑制图从新手到高手 ［M］. 北京：清华大学出版社，2015.

［11］ 单春阳. AutoCAD 2018 建筑与土木工程制图快速入门实例教程 ［M］. 北京：机械工业出版社，2017.

［12］ 刘卫东，常亮，谭杰. T20——Arch 天正建筑设计从入门到精通 ［M］. 北京：机械工业出版社，2015.